U0867228

世界反恐怖军事行动年鉴

2017

WORLD COUNTERTERRORIST MILITARY OPERATIONS YEARBOOK 2017

武警反恐怖研究中心·编著

时事出版社
北京

图书在版编目（CIP）数据

世界反恐怖军事行动年鉴.2017/武警反恐怖研究中心编著.
—北京：时事出版社，2018.7
ISBN 978-7-5195-0220-1

Ⅰ.①世… Ⅱ.①武… Ⅲ.①反恐怖活动—军事行动—世界—2017—年鉴 Ⅳ.①D815.5-54②E16-54

中国版本图书馆CIP数据核字（2018）第103000号

出版发行：时事出版社
地　　址：北京市海淀区万寿寺甲2号
邮　　编：100081
发行热线：（010）88547590　88547591
读者服务部：（010）88547595
传　　真：（010）88547592
电子邮箱：shishichubanshe@sina.com
网　　址：www.shishishe.com
印　　刷：北京朝阳印刷厂有限责任公司

开本：787×1092　1/16　印张：28　字数：448千字
2018年7月第1版　2018年7月第1次印刷
定价：198.00元
（如有印装质量问题，请与本社发行部联系调换）

编审委员会

主　任　李保全

副主任　朱文军　郝向武

委　员　李　伟　梅建明　郑守华

王宝付　吉广俊　郭文忠

杨　明　孙博祥　黄天罡

编写人员

主　编　王兴东

副主编　王晓东

编　写　周红涛　吴忠超　刘　猛

王　斌　余本伟　宿庆武

张远水　周华鹏　刘海涛

赵铁佳

序／将反恐怖军事斗争进行到底

2017 年，国际恐怖主义依然十分活跃，反恐怖军事斗争仍然十分激烈。通过国际社会各方军事力量的艰苦努力，在叙伊战场上，军事打击“伊斯兰国”行动取得重大进展，“伊斯兰国”占据叙利亚和伊拉克的重要城市拉卡和摩苏尔被相继解放，这个以国家形态出现的恐怖组织被彻底击溃。

然而，后“伊斯兰国”时代的到来，并没有减弱恐怖主义的活动能力；相反，分散渗透到各地区的“伊斯兰国”恐怖分子，助推地区恐怖势力更加活跃，疯狂地寻求和实施更大规模的恐怖袭击活动。塔利班在阿富汗首都使馆区制造的爆炸袭击造成 90 人死亡、400 余人受伤，“耶路撒冷支持者”在埃及西奈半岛制造的爆炸袭击造成 305 人死亡，索马里“青年党”在首都摩加迪沙制造的爆炸袭击造成 276 人死亡、300 人受伤，“阿布沙耶夫武装”打出“伊斯兰国”旗帜占领菲律宾城市马拉维。除此之外，还有大量的恐怖袭击案件，都有“伊斯兰国”成员或其追随者参与其中。

有鉴于此，国际反恐怖军事行动本应继续努力、乘胜追击，将“伊斯兰国”余孽分子彻底清除，以此斩草除根、不留后患，给这个疯狂至极的恐怖组织以灭顶性打击，这样才可能彻底扭转国际反恐形势“越反越恐”的被动局面。然而，追求霸权主义的大国、强国，却戛然停止了打击“伊斯兰国”的军事行动，转而进行地区政治博弈与自身利益追求，美国居然还以“化武”为借口攻打叙利亚政府，致使“伊斯兰国”又有了喘息之机、生存之地，其旗下各层组织仍然能够在世界各地区猖獗活动，对全球安全形势构成严峻威胁。

军事是政治的延伸，军事是经济利益的继续，战争是利益矛盾发展到不可调和地步的产物。未来，世界反恐怖军事行动将如何发展？各国军事力量的反恐怖行动又将发生哪些新变化？让我们拭目以待，课题组成员将持续跟踪研究，准确反映世界反恐怖军事行动的新特点、新趋势。

孙子兵法曰："兵者，国之大事，死生之地，存亡之道，不可不察也。"纵观当今世界主要军事行动，绝大多数是围绕反恐而展开，反恐战争已悄然成为当今世界的主要作战形式，"反恐战"业已成为一种新型的作战样式。因此，反恐怖军事行动，同其他战争行动一样，也是一个国家的头等大事，关系到人民的生死，国家的存亡，是不能不慎重周密地观察、分析、研究的。

跟踪掌握国际反恐军事行动的最新形势与发展动态，研究创新军事反恐制胜的招法与对策，时刻防范恐怖袭击与破坏，随时做好有力打击恐怖分子的各项军事斗争准备，以维护国家安全和社会稳定，是武警部队肩负的重要职责与光荣使命。使命在身、职责重大，我们新一代特警人将不付重托、继续努力，誓与恐怖主义斗争到底，完成好党和人民赋予的神圣使命。

作　者

2018 年 4 月 22 日

目 录

第一章／2017年世界反恐怖军事行动*

第一节　世界反恐怖军事行动综述

2017 年，国际反恐斗争取得重要成果，“伊斯兰国”在叙伊国家占领的土地被全部解放，“伊斯兰国”武装力量被大量消灭，国际反恐联盟与合作呈现出团结一致的发展趋势。然而，国际反恐形势依然严峻，全球恐怖威胁的程度没有明显减弱，恐怖组织及其活动都呈现出新的方式和特点，局部地区局面进一步严峻。

一、世界面临的恐怖形势

全年全球有 68 个国家共发生 1136 起恐怖袭击案件，袭击数量比 2016 年减少 21%，恐怖袭击共造成 7656 名人员死亡，死亡人数较 2016 年下降 46.7%。[①] 中东、南亚、西非、东非等地区仍是国际恐怖主义的策源地和重灾区，东南亚、中亚地区成为恐怖主义新活跃区，欧洲成为“伊斯兰国”战败后恐怖分子回流的高危地区，反恐形势并未有根本性好转，恐怖主义威胁正在呈现出全球蔓延之势。

---

* 世界包括七大洲，即亚洲、欧洲、非洲、大洋洲、北美洲、南美洲、南极洲，共有 230 多个国家和地区。

① 参见宋汀、曹伟：《2017 年国际恐怖主义态势报告》，《中国信息安全》，2018 年第 1 期，第 99—103 页。

（一）“伊斯兰国”大本营被彻底摧毁，其残余势力迅速向全球扩散，致使世界生出更多乱点

在“伊斯兰国”被击溃的形势下，新一波极端主义、恐怖主义狂潮正从中东向全球外溢和扩散，从世界各地来到中东进行“圣战”的人员纷纷回流，对各国的安全和稳定形成严重威胁。比如，突尼斯有7000多人在叙利亚、伊拉克、利比亚等地进行“圣战”，不少人已陆续回国。在阿富汗，从中东过来的“伊斯兰国”人员已经建立新基地，发动了一系列恐怖袭击。2017年发生在欧美多国的自杀性爆炸和驾车撞人事件，大多也是由“中东经历”或受到“伊斯兰国”极端思想毒害的极端分子所为。在非洲和东南亚，“博科圣地”、索马里“青年党”、伊斯兰祈祷团、阿布萨耶夫等恐怖组织由于中东回流人员的加入再次活跃。① “伊斯兰国”外溢的恐怖分子多点出击，制造重大暴恐事件，全年发生伤亡人数超百人的袭击事件达几十起之多，严重影响了多国政治、经济等多领域的建设与发展，引发部分地区和国家动荡不安。

（二）国际恐怖组织呈现区域性活动特点，地区恐怖势力加紧扩张，不断滋生重大恐怖事件

在中东，由于伊拉克、叙利亚、利比亚、也门、苏丹、以色列、巴勒斯坦等国家持续动荡，各种外部势力不断插手干预，致使恐怖势力仍然能够长期存在。虽然“伊斯兰国”在表面上不复存在，但其在中东的恐怖分子依然活跃，而且这个组织完全可能卷土重来。在欧美国家，“伊斯兰国”恐怖分子回流威胁加剧，恐怖主义思想在一定范围内蔓延渗透，本土化“独狼式”恐怖袭击随时随地都可能爆发，人们时刻笼罩在恐怖威胁的阴影之中。在南亚，“塔利班”在阿富汗和巴基斯坦活跃度极高，有迹象表明其与“伊斯兰国”有合作和融合的趋势，而且“塔利班”与“哈卡尼网络”也有紧密联系，地区恐怖势力的错综复杂令反恐难度大增，各大势力在阿富汗和巴基斯坦犬牙交错。在东南亚，恐怖势力不断壮大，有的国家恐怖势力竟然能够与政府军直接对抗，严重威胁着国家的安全与稳定。在西非，反恐斗争始终没有大的收效，“博科圣地”恐怖组织异常活跃，

---

① 参见《恐怖主义狂潮外溢 2018 全球反恐面临哪些挑战》，《解放日报》，2018年01月08日，http：/m. jfdaily. com /。

恐怖袭击与绑架等大案令政府头痛难治。在东非，索马里“青年党”一刻也没有停止活动，不断制造令人震惊的重大恐怖袭击事件，而且恐怖组织与海盗集团相互勾结、相互支撑，活动范围在不断扩大，活动能力在不断提升。

（三）恐怖主义意识形态借助网络平台蔓延渗透，一些群体受其影响开始涉恐变恐，从而产生大量的“本土化”恐怖分子

据统计，在东南亚各国，被“伊斯兰国”控制或主动投向“伊斯兰国”的网站数以万计，仅在印尼就有 1.5 万个以上，当下光盘和网络在宣传恐怖、极端主义和“圣战”思想方面也发挥了恶劣作用。美国调查人员称，“伊斯兰国”通过网络建立全球金融网络，向在美国有意成为恐怖分子的人员非法转移资金。俄罗斯联邦安全局称，“伊斯兰国”等恐怖组织还积极扩大与黑客集团的联系，组织“网络部队”，其网络攻击的技术水平不断提高，攻击的复杂程度也不断加大，世界正面临来自恐怖分子的更多网络攻击。6 月 25 日，美国俄亥俄州、马里兰州和纽约市的政府网站被恐怖组织黑客攻击；8 月 16 日，世界大学运动会反恐调查局称 3 个网站遭“伊斯兰国”入侵；11 月 8 日，黑客攻击加拿大萨斯喀彻温省阿尔伯特王子警局的网站，并发布支持“伊斯兰国”的消息。据俄方估计，当前国际恐怖组织很可能把网络攻击的目标从国家信息资源转向重要、关键基础设施，企图制造技术性事故和生态灾难。有国际非政府组织提交的一份报告指出，法国 19 个核电站存在安全漏洞，面临恐袭威胁，如果恐怖分子一旦对关键基础设施发动攻击，后果不堪设想。①

（四）恐怖分子一直在追求最大的杀伤效果和破坏能力，不择手段发动更大规模的恐怖袭击，制造令世人震惊的大案要案

盘点全年发生的恐怖袭击案件，伤亡人数最多的是索马里摩加迪沙发生的爆炸袭击，发生于 10 月 14 日的袭击案件，造成 512 人死亡、316 人受伤，成为本年度伤亡最为严重的恐怖袭击事件，该恐袭为索马里“青年党”所为。其次是发生在埃及的恐怖袭击，发生于 11 月 24 日埃及西奈半

① 参见宋汀、曹伟：《2017 年国际恐怖主义态势报告》，《中国信息安全》，2018 年第 1 期，第 99—103 页。

岛的清真寺的恐怖袭击，造成311人死亡、至少122人受伤，该恐袭为“伊斯兰国”所为。还有5月31日发生在阿富汗喀布尔使馆区的爆炸袭击，造成至少150人死亡、413人受伤，该恐袭为“哈卡尼网络”所为。之前阿富汗的军事基地也遭遇恐怖袭击，造成至少140人死亡、160人受伤，“塔利班”宣称对袭击事件负责。另外，发生在叙利亚大马士革的连环汽车爆炸，造成至少114人死亡、150人受伤；发生在巴基斯坦信德省清真寺的恐怖袭击，造成91人死亡、93人受伤；发生在伊拉克纳西里耶的连环恐袭，造成至少84人死亡、93人受伤；发生在美国拉斯维加斯的枪击案，造成至少59人死亡、527人受伤。这些袭击事件，均有恐怖组织认领或宣称负责。

（五）恐怖组织仍拥有强大的武装力量，具备雄厚的经济基础，并且能够从秘密渠道不断获取武器装备

“伊斯兰国”除在东南亚大量征募人员之外，还在东南亚拥有庞大的资金网络，新加坡、印尼不断有破获“伊斯兰国”洗钱组织消息，资金流量动辄以亿计，其用途或用来招募人员，或用来抚恤阵亡人员家属，或渗透当地政府部门。在这样的扩张之下，东南亚的极端武装组织倒向“伊斯兰国”的趋势便十分明显，到目前为止，宣称与“伊斯兰国”有关或宣布为其分支下属的极端武装组织已达到30个，其中包括阿布沙耶夫武装在内的4个武装组织更是宣布，将菲律宾南部划为“伊斯兰国”的版图。在索马里，虽然一些著名军火贩子已经撤掉昔日明目张胆的店铺，但恐怖分子依然可以花1400美元从其那里买到一支AK－47突击步枪。[①]

（六）恐怖分子大多经过军事化训练或专业技能培训，具备实战经验或实战能力，极具极端化想法或思想意识

认真分析一些恐袭大案要案不难发现，发案的恐怖分子，绝大多数具备一定的战术素养和极强的战斗意识，要么训练有素、要么极端化思想极为强烈。1月16日，发生在土耳其伊斯坦布尔夜总会的“独狼”恐怖袭击，造成39人死亡，69人受伤。被捕的恐怖分子阿卜杜勒卡迪尔·马沙

---

① 参见《索马里海盗死灰复燃？西媒：当地富人幕后支持不法勾当》，参考消息网，2017年10月16日，http：//www.cankaoxiaoxi.com/。

里波夫，通晓 4 种语言，曾在阿富汗经受过严格的军事训练和专业技能培训，他完全是一名训练有素的恐怖分子。案发时，这名恐怖分子能够单枪匹马闯过保卫夜总会警察的拦阻，冲进当时有 700 多名顾客的夜总会内并朝人群开火，打死打伤百余人，其个人的实战能力是决不能被低估的。① 另外，1 月 27 日非盟驻索马里特派团位于索南部小镇库勒比约的营地遭索马里极端组织“青年党”袭击，造成 9 名肯尼亚籍士兵死亡、15 名士兵受伤；② 3 月 24 日，俄罗斯国民近卫军驻车臣部队遭遇恐怖袭击，6 名士兵牺牲，另有 3 名士兵受伤；③ 4 月 11 日，一伙恐怖分子对菲律宾中部岛屿保和岛发动攻击，并与政府部队发生激战，造成 5 人死亡，其中包括一名警察。上述恐怖分子攻击军警事件，均说明恐怖组织的整体作战能力不可小觑。

（七）恐怖势力搅动世界秩序，影响各国经济发展与建设，一些国家和地区因反恐而贫困落后

近年来，“博科圣地”不时在尼日利亚及其邻国制造恐怖袭击，导致大量人员伤亡。尼日利亚、尼日尔、乍得和喀麦隆等国组成的多国联合部队在尼日尔和尼日利亚边境地区对“博科圣地”展开大规模清剿行动，耗费大量人力物力，但始终没有根本性好转，国家和地区均因此背负沉重的反恐包袱，而且还造成大量难民无家可归。在尼日利亚境内有很多的难民营，据统计博尔诺州有 100 万人无家可归，其中 30% 的人生活在难民营里，对于这些难民来说，虽然营地提供了一个临时的家，但在营地待得太久，会逐渐丧失劳动技能，形成救济依赖，而救济成本仍在不断走高。④

---

① 参见《土耳其夜总会枪击案嫌犯系“训练有素的恐怖分子”》，中国新闻网，2017 年 01 月 18 日，http：//www. chinanews. com/。

② 参见《非盟驻索马里特派团一营地遭袭 9 名士兵死亡》，新华网，2017 年 01 月 28 日，http：//www. xinhuanet. com/。

③ 参见《俄驻车臣部队遇袭 普京要求共同反恐》，新华网，2017 年 03 月 25 日，http：//www. xinhuanet. com/。

④ 参见《记者手记：探访“博科圣地”大本营里的难民营》，新华社，2017 年 05 月 10 日，http：//www. xinhuanet. com/。

二、世界各国的反恐怖军事对策

运用军事力量强力打击恐怖主义，是 2017 年世界各国各地区普遍采取的重要反恐手段，并且取得可喜的战果——将“伊斯兰国”彻底击败。然而，要想彻底清除世界范围内的所有恐怖组织与恐怖势力，军事反恐之路还很漫长，主要国家的反恐力度还要进一步加大，防范与打击的对策还须不断完善与提高。

（一）多方组建联合反恐力量，分别聚焦叙伊战场打击“伊斯兰国”

在打击极端组织“伊斯兰国”上，俄罗斯和美国有过多次的接触与协议，同时两国还分别组建各自的反恐联盟力量。俄罗斯在中东的反恐“朋友圈”已初具规模，俄罗斯先后与突尼斯、伊朗、土耳其等中东多国建立反恐联盟与合作。同时，中国、德国、也门、日本、中亚等众多国家，都与俄罗斯在反恐领域结成合作与联盟关系。4 月，法国总统奥朗德、德国总理默克尔和俄罗斯总统普京通电话，三国领导人表示将加强反恐方面的合作。美国为应对日益严重的暴力恐怖袭击威胁，政府宣布推出一系列新举措，包括成立一个特别工作组和一个全球接触中心，以动员国内和国外力量打击暴力极端主义，括美国、法国、英国、加拿大和澳大利亚在内 13 个国家的国防部长将在巴黎召开会议，具体就摩苏尔战役的进展和战略进行仔细研究，讨论进一步打击“伊斯兰国”恐怖组织的战略。纵观国内外的反恐合作机制——多边合作和双边合作，虽然已经取得较好的成绩，但仍然存在一定的不足，主要体现在恐怖主义不受上述两种合作机制的限制，该成员国之间缺少有效的情报及司法的交流、合作机制，使得互相之间的信任度有待加强，因此恐怖分子很容易有机可乘，这使得国际反恐存在某种程度上的困难。

（二）加大反恐军事力量，有效进行军事部署，有力地打击恐怖组织并消灭其有生力量

美国五角大楼宣称，在叙利亚美国军方人员已经达到 2000 名，并开始改变论调，表示美国“只要有需要就会继续在叙利亚驻扎”。美国国防部发言人也曾宣称，美军增援力量已经部署在曼比季城内和西部郊区，执行

"安抚与威慑"任务，美军一改先前在叙行动的"低调"，增援的美军打出美国国旗"招摇过市"，这是向任何试图挑起战事的一方发出的显著提示，即现在的作战对象只能是"伊斯兰国"。随着世界各国加大对恐怖主义的打击力度，反恐成果显著，大批恐怖分子被消灭。在年终之时，叙利亚境内的"伊斯兰国"恐怖组织已被彻底击败，俄罗斯总统普京宣布，在叙利亚幼发拉底河两岸完全击溃"伊斯兰国"，叙利亚已经没有任何一个居民点或地区处在"伊斯兰国"控制下。俄军总参谋部消息称，在对叙利亚境内"伊斯兰国"最后据点的突击中，5 天内共消灭恐怖分子 550 多人，摧毁 6 辆坦克和 14 台车辆。同时，恐怖分子主要头目死伤惨重，仅"伊斯兰国"就有多名头目被消灭。比如，"伊斯兰国"在马来西亚分支头目再努再 · 卡马鲁丁被叙政府军打死；"伊斯兰国"的二号人物伊亚德 · 哈米德 · 朱迈里被伊拉克打死；阿富汗击毙"伊斯兰国"阿富汗分支头目阿卜杜勒 · 哈西卜；"伊斯兰国"头目穆哈杰里在叙利亚被俄空军和叙老虎部队联合行动中击毙；"伊斯兰国"的"战争部队"伊亚德 · 奥贝迪在伊拉克泰勒阿费尔市被消灭；"伊斯兰国"的"战争部长"哈利莫夫被俄军击毙；美国和俄罗斯先后声称，"伊斯兰国"最大的头目巴格达迪被打死。

（三）空袭行动成为军事反恐的主要作战样式，通过空袭消灭大量的恐怖分子

美军在打击恐怖分子时使用空袭的作战样式最为频繁，先后宣布多起空袭军事行动。1 月 18 日，美军空袭极端组织"伊斯兰国"在利比亚的两处训练营地，评估结果表明超过 80 名"伊斯兰国"武装分子被炸死。1 月 21 日，美军在也门中部地区发动多次无人机空袭，共打死 4 名疑似"基地"组织成员。此外，20 日美军还打死 1 名"基地"组织的军事指挥官，这是唐纳德 · 特朗普就任美国总统后美军的第一轮空袭。此外，美国领导的打击"伊斯兰国"军事联盟，也继续在叙利亚和伊拉克进行轰炸。2 月 17 日，美联社报道称，以美军为首的国际联盟最近密集轰炸拉卡地区，仅 16 日一天就在拉卡发动空袭 17 次，在代尔祖尔发动空袭 11 次，炸毁"伊斯兰国"多处军事设施，炸死数目不详的武装人员。3 月 3 日，美国对也门境内的"基地"组织发动大规模军事空袭行动，数十名恐怖分子被打死。也门新闻社报道说，美国空军多架战机 1 日晚间对也门中部地区进行空袭，2 日凌晨美军多架无人机和阿帕奇武装直升机对南部的萨义德地区

进行 25 次袭击。俄罗斯除使用各种航空器实施空袭外，还重棒出击使用巡航导弹进行空袭。10 月 31 日，俄罗斯国防部消息称，大诺夫哥罗德号潜艇发射“口径”巡航导弹，对“伊斯兰国”在叙利亚代尔祖尔省内的重要设施发动打击，3 枚巡航导弹摧毁恐怖分子位于代尔祖尔省阿布凯马勒居民区的指挥所、集结武装分子和装甲车的巩固防御区以及大型武器弹药库。在过去 2 个月中，自大诺夫哥罗德号潜艇进入俄海军在地中海的常规编队后，该潜艇共进行 4 次齐射，对 350—700 千米外的恐怖分子设施实施了精确打击。

（四）各地区国家组建强大的军事力量，强有力地打击恐怖势力，以遏制恐怖主义的滋生与蔓延

西非各国对极端组织“博科圣地”深恶痛绝，由尼日利亚、尼日尔、乍得和喀麦隆等国军队组成的多国联合部队对“博科圣地”展开了大规模的清剿行动，“数以千计”的喀麦隆士兵在尼日利亚军队的配合下，持续对“博科圣地”位于两国边境地区曼达拉山脉的“巢穴”进行打击，击毙至少 60 名武装分子，解救包括老人、妇女和儿童在内的 5000 多人。5 月 3 日，尼日利亚空军对“博科圣地”领导层实施了定点空袭，该组织头目谢考被炸伤，他的副手穆拉姆·阿巴和另一名高级负责人阿布·阿伊沙被当场炸死，此次空袭对“博科圣地”的打击是致命的。东非地区深受索马里“青年党”的迫害，持续的动乱给其造成了巨大损失，为实现国家的稳定与和平，年初索马里总统穆罕默德·阿卜杜拉希·穆罕默德就宣布全国进入战争状态，敦促索马里人民与政府军一道向极端组织“青年党”宣战。3 月，肯尼亚国防军袭击了“青年党”的两处营地，击毙了 31 名武装分子并缴获大量军用资源。4 月，隶属于非盟驻索马里特派团的肯尼亚军人在索马里南部打死 52 名极端组织“青年党”武装分子。12 月，索马里政府军在该国中部希兰地区击毙 11 名极端组织“青年党”武装分子。在东南亚，菲律宾为制止恐怖势力的扩散蔓延，政府军在马拉维大举展开清剿行动，7 月 4 日当晚菲军方共击毙恐怖分子 343 名，缴获武器 420 件，解救平民 1722 人。随后菲方宣称，政府军在马拉维战事中取得了重大进展，从恐怖分子手中夺回丹萨兰学校，这是恐怖分子在马拉维的一个重要据点。

（五）在重要时机和重大场合动用大量的军事力量进行警戒防卫，以高度防范恐怖袭击确保绝对安全

由于近期一些欧洲国家屡遭恐怖袭击和威胁，法国内政部元旦周末期间在全国范围内投入近 10 万军警和安保人员。在法国巴黎香榭丽舍大街和凯旋门，人们举办辞旧迎新跨年庆祝和申办 2024 年奥运会主题活动，为确保活动安全进行，巴黎警方现场布置的军警及安保人员达到 1700 人，并在香榭丽舍大街周围设立 20 余处安检入口，为防止类似尼斯和柏林卡车袭击案的发生，沿途还加设了 20 余个水泥隔离墩。[①] 由于布鲁塞尔机场和地铁曾遭遇系列恐怖袭击，之后比利时强化了安保措施，在圣诞和新年节日期间，布鲁塞尔更是如临大敌，严阵以待，通往市中心的两个地铁口和 5 条大街的入口都已关闭，进入市中心大广场的所有行人都必须接受严格的安全检查。1 月 15 日，特朗普就职典礼之前，美国安保人员如临大敌，全力以赴保证就职典礼安全，安排了 28000 名安保人员保护就职典礼安全，其中 7800 人是国民警卫队的精英。

（六）依据反恐怖形势需要，适时调整反恐军事力量，并加强反恐军事演练活动

在“伊斯兰国”被彻底击溃、被占领土全部解放之际，俄罗斯宣称开始组建驻叙常规部队。普京强调，今后与恐怖主义的斗争不同于以往，没必要大规模动用俄罗斯武装力量，如有需要，俄军将在叙利亚对恐怖分子进行定点打击。2017 年法国共挫败 20 起恐怖袭击图谋。鉴于瑞典斯德哥尔摩发生的卡车冲撞行人事件，日本东京警视厅在东京开展了设想巴士遭劫持的反恐演练。日警视厅正在面向 2020 年东京奥运会和残奥会推进反恐对策，包括对人群聚集但警力较为薄弱的“软目标”加强警戒等。5 月，美国和菲律宾两国举行为期 12 天的“肩并肩”联合军演，军演重点将放在人道主义援助、救灾和反恐三个方面，以此提升双方打击恐怖主义的能力，澳大利亚和日本方面将派出人员参加主要演习项目，菲军方还将邀请其他国家军队作为国际观察员参加。

---

① 参见《巴黎举办跨年庆祝活动 加大警力确保安全》，新华社，2017 年 01 月 01 日，http：//www. xinhuanet. com/。

（七）联合国组建专门反恐机构，以有效协调反恐怖军事行动

6 月，联合国大会通过决议，决定重组联合国反恐架构，设立联合国反恐怖主义办公室，以协调联合国系统有关反恐方面的努力，加大对各会员国反恐能力建设的支持等。反恐办公室的主要职责将包括：对由联合国秘书长负责的、联合国系统内反恐方面各类任务进行领导；加强联合国反恐执行工作队各实体的协调一致性；加强对会员国的反恐能力建设支持；提高联合国反恐努力的能见度，加强宣传，推动资源调动；确保联合国系统反恐、预防暴力极端主义的工作得到应有重视等。[①] 要看到，“9·11”恐怖袭击之后，美国针对恐怖分子的打击力度加大，但同时迫使某些国家站在美国的阵营，这使得某些国家在打击恐怖分子时出现不分敌国友国的尴尬境地，这种以美国说了算的反恐方式不但不利于反恐，反而进一步激化了美国与“基地”组织、塔利班、朝鲜、伊朗等矛盾。期待联合国通过成立专门反恐机构，能够有效协调各国家、各地区团结一致地展开各种反恐军事行动。

第二节　世界主要恐怖袭击事件

一、泰国南部度假地商场爆炸致 61 人受伤

5 月 9 日下午，泰国南部度假胜地北大年府一著名商场接连发生两次爆炸，造成约 60 人受伤，1 人伤势严重。

（一）事件背景

泰国南部邻近马来西亚的 4 个省份包括北大年、耶拉、那拉提瓦和宋卡省一向不稳定，经常有恐怖分子制造爆炸事件，过去以攻击军人、警察和教师居多，不过近几年也以公共场所为攻击目标。2016 年 8 月泰国就发生过在当地的海滩度假村爆炸事件，并造成人员伤亡，并有接连的爆炸和

---

① 参见《联合国决定设立反恐办公室 任命一名副秘书长领导》，新华社，2017 年 06 月 16 日，http：//www.xinhuanet.com/。

纵火事件。北大年府等泰南 3 省一直是极端分子活跃地区，经常发生恐袭，警方认为 9 日的爆炸可能是汽车炸弹袭击，嫌犯可能在爆炸前已经逃离现场。

（二）事件经过

爆炸地点是大型商场“Big C”，第一次爆炸发生于商场大门，当民众逃生时，停车场又发生爆炸，现场烟雾弥漫，近百辆车受损，伤者多为当地民众。有商场附近居民表示，听到很大的爆炸响声，之后救护车便赶至。此次爆炸，受伤人数已升至 80 人。警方目前扣留了 5 名案件嫌疑人，其中 2 人已被正式逮捕。另外，警方正在通缉其他 3 名嫌疑人。警方经调查发现，该案嫌疑人共有 8 人，其中包括一名当地镇级管理机构负责人在内的 5 个人参与抢劫一辆皮卡车用于放置炸弹，并将车主杀害。另外在发生爆炸商场附近的监控录像上发现其他 3 名嫌疑人涉嫌实施爆炸活动。泰国国家警察总署官员表示，警方于 11 日下午在当地一条河渠中发现一名男性遗体，颈部和身上有明显刀伤，经核实正是被凶徒用来放置炸弹皮卡车的车主。随后，警方扣留了涉嫌抢劫车辆并杀害车主的 5 名嫌疑人。目前，警方已正式拘捕这 5 人中的 2 名嫌疑人，包括一名当地学校的穆斯林教师，此人约 10 年前曾因参加游行抗议活动而被警方拘押。不过，他坚称与此次劫车、爆炸事件无关。警方表示，正在加紧案件的调查，全力追捕爆炸现场监控器上发现的 3 名嫌疑人。警方同时提醒南部地区经营业者和民众提高警惕，提防歹徒以其他方式制造袭击事件。

（三）事件影响

事件造成包括妇孺在内的 61 人受伤，其中 4 人重伤，约 100 辆汽车和摩托车被损毁。此次爆炸事件引发泰国社会各界极大关注。泰国政府发言人表示，总理巴育在接到案件报告后，对警方迅速侦破案件感到满意，并希望民众不要散播爆炸现场图像，以免让凶徒制造恐慌的目的得逞。当局目前已加强各项安保措施，防止类似事件发生。①

---

① 参见《泰国南部度假地商场被放置炸弹 两起爆炸致60 人伤》，中国新闻网，2017 年05 月10 日。

二、阿富汗首都爆炸致 90 人死亡、400 人受伤

5 月 31 日早上，阿富汗首都喀布尔使馆区发生自杀式汽车炸弹袭击，造成最少 90 人死亡，超过 400 人受伤，死者主要是平民，伤者包括多名妇女和儿童。爆炸地点接近德国大使馆正门，由于炸弹威力强劲，大使馆严重受损，所有玻璃窗被炸碎，附近多国大使馆均受波及，数百米外的建筑物大门也被炸飞。

（一）事件背景

目前，此次恐袭的元凶暂未被认定。爆炸发生后，极端组织“伊斯兰国”宣称对袭击事件负责。塔利班宣称该组织与这次爆炸无关，不过阿富汗情报组织认为与塔利班和“基地”组织联系紧密的恐怖组织“哈卡尼网络”参与了此次恐袭。喀布尔市警方发言人认为，袭击者的目标未必是德国大使馆。北约小组也表示，阿富汗安全部队阻止了载有炸弹的卡车进入受重度保护的地区，那里聚集了许多外国大使馆及该组织的办事处，因此袭击者可能没有完全达到目的。

近期，阿富汗国内安全局势严峻。塔利班 4 月 28 日宣布针对阿富汗军政目标发动新一轮“春季攻势”以来，阿富汗多地袭击事件频发，加上近年来“伊斯兰国”对阿富汗不断发动恐袭，进一步导致阿安全局势恶化。美国《时代》周刊撰文表示，近年来，武装分子在阿富汗全境的势力日益抬头，阿富汗政府控制或具有影响力的范围仅占全国的 60% 左右。阿富汗政府铲除恐怖主义威胁，恢复国内和平与稳定的道路依然漫长。

（二）事件经过

当地时间上午约 8 时 25 分上班高峰期间，一枚装置在运送污水卡车上的炸弹在德国大使馆入口处附近被引爆，逾 50 辆汽车损毁。有西方外交官表示，引发爆炸的运水车估计载有超过 1500 千克炸药，事后在地面留下 7 米深的巨坑。由于正值上班时间，不少车辆和上学中的学童受到波及，大量民众赶到现场寻找亲人下落。距离爆炸现场几个街区的医院场面非常混乱，救护人员忙着救治伤者，亲属则焦急地查看死者名单及向医疗人员探听消息。

喀布尔市警方发言人认为，爆炸现场周边还有其他的重要建筑物和办公室，袭击者的目标未必是德国大使馆。北约在阿富汗的“坚定支持”（Resolute Support）非战斗行动小组也表示，阿富汗安全部队阻止了载有炸弹的卡车进入受重度保护的绿色地区（Green Zone），那里聚集了许多外国大使馆及该组织的办事处，因此袭击者可能没有完全达到目的。

（三）事件影响

此次爆炸造成至少 90 人遇难，400 多人受伤，死伤者多为妇女和儿童。这是自 2017 年以来，阿富汗遭受的恐袭中平民伤亡最严重的一次。“这次袭击发生地点不仅邻近阿富汗总统府，也靠近德国、土耳其、伊朗等国驻阿使馆，距中国使馆直线距离约 300 米，我馆也受到波及，部分建筑物一定程度受损。”多国人员及使领馆工作人员在此次爆炸中受波及，两名德国驻阿富汗大使馆工作人员在爆炸时受伤，一位阿富汗籍使馆保安人员死亡；伊朗驻阿富汗大使受伤；11 名美国公民受伤；英国广播公司一名负责接送员工上班的阿富汗籍司机在袭击中丧生，4 名记者受伤；日本大使馆两名职员被碎裂玻璃割伤。此外，法国、土耳其、阿联酋、伊朗、保加利亚和巴基斯坦使馆的建筑亦有损坏。

爆炸发生后，阿富汗总统加尼指爆炸案是一起“战争罪行”，北约组织谴责袭击事件“野蛮”，并赞扬阿富汗保安部队“勇敢”。印度和巴基斯坦也严厉谴责爆炸事件。美国驻阿富汗大使洛伦斯发表声明，指袭击者“完全无视人命”，袭击事件让人“彻底鄙视”。德国外长加布里尔在社交网站发文说：“这类袭击不会阻碍我们继续支持阿富汗政府建立一个稳定的国家。”德国内政部发言人表示，遣送阿富汗难民回国的计划将暂时搁置。联合国秘书长古特雷斯、联合国安理会 5 月 31 日也分别发表声明，对喀布尔恐怖袭击表示强烈谴责。联合国安理会声明称，这起发生在穆斯林斋月期间的恐怖袭击“丑恶、懦弱”，对其进行最强烈的谴责，并敦促所有国家按照国际法和安理会相关决议所规定的义务，在这方面与阿富汗当局开展积极合作。①

---

① 参见《阿富汗首都爆炸致 90 人死亡》，中国新闻网，2017 年 6 月 1 日。

三、美国纽约发生卡车撞人恐怖袭击事件

10 月 31 日，美国纽约曼哈顿一名男子驾驶皮卡车冲撞行人，导致 8 人死亡、12 人受伤，警方开枪打伤嫌犯后将他拘捕。[①] 纽约市长表示，这是一起恐怖袭击事件。

（一）事件背景

恐怖主义以及各种“独狼”式袭击，是全人类面临的重大挑战，是对自由与繁荣的基础性冲击。而美国是国际恐怖主义的头号目标，围绕恐袭旗帜派生出的各种破坏活动将无孔不入地骚扰美国，消耗美国的大量资源。它们平时是“麻雀战”，但从没有放弃对美国搞“9·11”式“总攻”的梦想。[②]

（二）事件经过

据报道，嫌犯驾驶一辆皮卡汽车在曼哈顿西侧紧邻哈德逊河的西街行驶时，突然开上自行车道，冲撞多名行人。在开过大约 14 个街区后，皮卡汽车在位于西街与钱伯斯街路口的斯泰弗森特高中附近撞上一辆校车后停下，皮卡汽车司机弃车逃跑，被警察开枪击倒并逮捕，警方随后封锁了周边多个街区。警方在纽约恐袭嫌犯使用的卡车中找到一张字条，上面用英文声称，他是以“伊斯兰国”的名义发动本次袭击，随后警方在他的一部手机内发现大量与“伊斯兰国”有关的图片和视频。[③] 嫌犯名叫萨菲洛·塞珀弗（Sayfullo Saipov），29 岁男性，持有佛罗里达州驾照，但其长期在新泽西州居住。塞珀弗称，选择用卡车袭击是想“造成对平民最大规模的伤害”，而时间上选择万圣节是因“他相信节日的时候街上会有更多人”。

---

① 参见《纽约发生卡车撞人恐袭 外媒盘点近 20 年纽约恐袭案》，中国新闻网，2017 年 11 月 01 日，网址：http：//www. chinanews. com/。

② 参见《纽约恐袭会给美国战略界带来触动吗》，《环球时报》，2017 年 11 月 01 日，http：//www. huanqiu. com/。

③ 参见《纽约恐袭嫌犯曾查万圣节信息 原计划冲撞更多行人》，中国新闻网，2017 年 11 月 02 日，http：//www. chinanews. com/。

（三）事件影响

美国官方是非常慎用“恐怖袭击”这个词的，以往不得不使用时，通常也会用“本土恐袭”等限制性说法。这次曼哈顿袭击后，是美国官方这几年定性“恐袭”最快的一次。由于它发生在纽约最繁华的街区，又靠近“9·11”袭击地点，它对美国社会的冲击据信将非常强烈。特朗普发推特，称这是“又一起由一个极其病态的疯子实施的袭击”，他还表示，这种事“不允许发生在美国”。[①] 但是在美国社会震惊之余，政府大概不会采取战略性的应对调整。美国面临诸多严重问题，国家治理可以说顾得了东头顾不了西头。这个时期的特点就是社会矛盾激化，各个族群内部认同感和凝聚力增加，彼此之间则变得水火不相容。这样的国情、社情、民情实际上为发生各种极端事件提供了沃土，美国的“本土恐袭”和恶性枪击案一段时间以来明显越来越多。

第三节 世界主要反恐怖军事行动

一、巴基斯坦展开大规模全国反恐军事行动

巴基斯坦南部信德省2月16日发生恐怖袭击事件后，巴基斯坦军方自17日起，在全国范围内展开了清剿行动，共打死37名武装分子，逮捕约200名可疑人员。同时，巴基斯坦在全国范围内加强了安全戒备，在敏感地点增派安保力量，所有类似的宗教场所都被短暂关闭。

（一）行动背景

发生在16日夜间的塞赫万宗教场所自杀式爆炸袭击已造成88人死亡，另有343人受伤，信德省政府已宣布17日至19日为哀悼日，并为遇难者

① 参见《纽约恐袭会给美国战略界带来触动吗》，《环球时报》，2017年11月01日，http：//www. huanqiu. com/。

降半旗致哀，国际社会强烈谴责此次恐怖袭击事件。① 分析认为，巴基斯坦安全状况在过去两年内有了显著改善，但本周接连发生恐怖袭击事件，凸显该国反恐形势仍不容乐观。巴基斯坦军方自 17 日起，在全国范围内展开了清剿行动。

（二）行动概况

袭击发生后，信德省宣布进入为期 3 天的全省哀悼，并全面加强该省宗教场所安全措施。与此同时，巴基斯坦安全部队在全国多地迅速展开清剿行动。巴准军事化部队 16 日晚在信德省击毙了至少 18 名恐怖分子，开伯尔—普什图省警方在行动中打死了 17 名恐怖分子。此外，巴基斯坦军方还在袭击发生数小时后宣布，出于安全考虑，关闭该国与阿富汗的托克汉姆口岸。联合国秘书长古特雷斯 16 日通过发言人发表声明，谴责巴基斯坦南部信德省宗教场所遭到恐怖袭击，并敦促尽快将袭击者绳之以法。阿富汗总统加尼 17 日发表声明，对巴基斯坦塞赫万地区宗教场所遭恐怖袭击表示谴责。他说，阿富汗安全部队致力于打击包括“伊斯兰国”在内的所有恐怖势力。美联社援引巴知情官员的话说，爆炸惨案发生后，大批安全部门人员赶赴现场调查，目前已在信德省等地逮捕 47 名涉案疑犯。17 日晚些时候，巴军方发言人表示，藏匿在巴阿边境地带阿富汗一侧的恐怖分子指使谋划了信德省袭击事件，为此巴方已向阿富汗政府递交一份名单，要求阿方立即抓捕名单上的 76 名恐怖分子并把他们交给巴方。据半岛电视台报道，当地时间 16 日深夜，巴方关闭了与阿富汗接壤的托克汉姆口岸，17 日白天又关闭了连接巴基斯坦奎达市与阿富汗坎大哈省的查曼口岸，以防再度发生恐袭事件。

（三）行动评析

目前，巴基斯坦清剿行动仍是有效打击恐怖主义的主要途径，为了更有力地打击恐怖主义，巴基斯坦政府应当在审查既往反恐政策的同时，继续坚持细化和出台有针对性的举措，准确把握恐怖主义发展的新趋势，积极协调整合各方面资源，遏制恐怖主义势头，维护国家利益。但有分析认

---

① 参见《IS 酿巴基斯坦两年来最血腥袭击 巴方清缴极端势力》，中国新闻网，2017 年 02 月 18 日，网址：http：//www. chinanews. com/。

为，这一涵盖了多种反恐举措的反恐行动取得的进展有限，这与国家层面缺乏对该政策执行的监督存在重要关系。此外，巴基斯坦政府也未就如何切断支持恐怖分子和恐怖组织资金来源等问题提出有效对策。如何继续开展反恐斗争和在短期内取得立竿见影的反恐成效，已成为巴基斯坦当前的焦点问题。巴基斯坦政府一名反恐官员认为，单纯依靠诸如国家反恐局等单一国家机构打击具有渗透性的恐怖主义“癌症”是不切实际和难以奏效的。国家反恐局固然在打击恐怖主义行动中扮演重要角色，但巴基斯坦面临的挑战要求本国包括联邦政府和各省政府等在内的所有国家机构，携手开展更密切和更高效的合作，此种局面的形成尚需一个相对漫长的过程。①

二、菲律宾政府军在南部击毙 36 名恐怖分子

4 月 24 日，菲律宾政府军连日来在南部的南拉瑙省与“毛特”武装团伙持续激战，击毙 36 名恐怖分子，政府军方面也有 3 名士兵负伤。

（一）行动背景

“毛特”武装团伙据称与极端组织“伊斯兰国”存在联系。该团伙 2016 年 11 月曾在菲律宾南部袭击菲律宾总统到当地视察的先遣车队，造成多名总统府卫队成员及政府军士兵受伤。之后，菲律宾政府军持续对其开展追剿行动。

（二）行动概况

菲律宾政府军当地时间 24 日上午 10 时左右攻陷“毛特”武装团伙设在南拉瑙省皮亚加博镇的一座营地。菲律宾政府军 4 月 21 日开始对上述“毛特”武装团伙营地发动攻击，与大约 162 名武装分子连续交火数日，直至攻下营地。菲律宾政府军在交火地点缴获大批土制爆炸装置、手榴弹等物品，也发现一些外国人护照。赫雷拉称，军方从多个渠道获得的情报表明，36 名“毛特”团伙成员在战斗中被击毙，但目前只在营地里发现 3 具武装分子尸体，其中两人的长相像外国人。

---

① 参见《巴基斯坦展开大规模全国反恐军事行动》，人民网，2017 年 02 月 18 日，http://www.people.com.cn/。

（三）行动评析

由于政府军与“毛特”武装团伙在当地持续交火，皮亚加博镇 23 日宣布进入“灾难状态”。皮亚加博镇镇长苏达纳尔说，当地共有 416 个家庭、1828 位居民因战火被迫逃离家园。尽管菲律宾军方表示有信心在未来数日内剿灭恐怖份子，但从长远看，菲律宾南部地区安全局势依然不容乐观。菲律宾总统杜特尔特能否一劳永逸地解决南部问题将成为菲律宾人和国际社会关注的焦点。①

三、俄罗斯空袭消灭“伊斯兰国”30 名头目、300 余名武装分子

俄罗斯空天军在 5 月 28 日对“伊斯兰国”部署在其大本营之一叙利亚城市拉卡郊外的一处指挥所进行了空袭，共炸死了 30 名“伊斯兰国”头目，以及约 300 名武装分子。

（一）行动背景

俄罗斯国防部 5 月底获悉“伊斯兰国”即将召开高层会议，在核实会议时间和地点后，俄空天军对目标进行了空袭。

（二）行动概况

俄空天军 5 月 28 日晚上对“伊斯兰国”位于拉卡南郊的指挥部实施空袭。“伊斯兰国”高级成员当时正在开会，讨论从拉卡撤离的路线。俄空天军出动苏 –35 和苏 –34 战机，空袭持续 10 分钟，无人机之后确认目标已被炸毁，共歼灭“伊斯兰国”军事委员会一些高级成员和总计大约 330 名中层成员和武装分子。有消息显示，作为“世界最危险的恐怖分子”“全球头号通缉犯”巴格达迪出席了当晚的会议并且身亡。

（三）行动评析

从俄罗斯反恐的决心和行动来看，“伊斯兰国”在中东败局已定。但是这个恐怖实体的消亡可能造成大量恐怖分子的分流、回流，组织架构很

---

① 参见《菲律宾政府军在南部击毙 36 名恐怖分子》，中国新闻网，2017 年 4 月 25 日。

有可能就此转入地下。而更多来自中东之外的恐怖分子，在实体分裂后返回本国，会给国际社会的安全秩序带来更多不确定因素和威胁。如果不加以防范，回流后的恐怖分子会使国际反恐难度不断增大。①

① 参见《俄罗斯也说 IS 头目或被击毙 国际反恐反而更难了》，新华网，2017 年 06 月 18 日，http：//www. xinhuanet. com/。

第二章╱2017年美国反恐怖军事行动*

第一节　美国反恐怖军事行动综述

2017 年，美国一直笼罩于恐怖主义的阴影之中，接连发生多起个性化恐怖袭击与枪击大案，死伤人数居高不下，加之国外机构和人员频遭袭击，使得美国的反恐怖形势依然严峻。美国新一届政府虽然想极力摆脱恐怖威胁，增强反恐军事力量，加大反恐军事力度，并全球范围内扩大军事联盟，但其缺乏治标与治本有效结合的良策，致使其在反恐战场上没有取得更佳的效果。

一、美国面临的恐怖形势

美国的恐怖形势依然没有根本性转好，而且还有恶化的趋势，恐怖组织始终瞄准美国伺机发动袭击，本地“独狼式”恐怖分子不时制造爆炸恐袭，枪击大案突破历史记录造成重大伤亡，美国国外的人员与利益频遭袭击与破坏，美国民众的恐慌心理普遍存在。

---

* 美国全称为美利坚合众国（the United States of America），美国本土从大西洋到太平洋，几乎横跨整个北美洲大陆，面积仅次于俄罗斯、加拿大、中国，排名第四。它的领土还包括北极边缘的阿拉斯加以及远在太平洋赤道地区的夏威夷。本土东西长 4500 千米，南北宽 2700 千米，海岸线长 22680 千米。

（一）国内恐怖形势不但没有根本性好转且有恶化趋势

跨年夜，美国纽约时报广场为避免恐怖攻击，警方高度戒备，除了出动 7000 名警力外，还从海陆空全面监控时报广场，出动了近 70 辆装满砂石的重型卡车、100 辆警车，把曼哈顿中城的时报广场团团围住，以防卡车恐怖攻击，并从地铁站开始对参观民众和背包进行安检，而临近所有地铁站垃圾桶也以木板加盖防止被放置爆裂物。① 为保障总统特朗普就职典礼的安全，当局安排了 28000 名安保人员保护就职典礼安全，其中 7800 人是国民警卫队的精英。美国民意调查机构拉斯穆森报告（Rasmussen Reports）民调显示，77% 的美国公民认为，年内有可能在美国境内发生类似英国曼彻斯特爆炸的恐袭事件；其中 36% 的人认为，“非常有可能”发生曼城事件脚本的恐袭事件；只有 15% 的人认为，年内在美国发生这种恐袭事件可能性很小。②

（二）一些恐怖组织将美国作为主要攻击目标并有所行动

美国高级情报官员称，拉登曾一直在通过书信培养儿子哈姆扎接管“基地”组织。有报道称，28 岁的哈姆扎已经准备好继承“基地”组织领导的职务，哈姆扎似乎有意为父报仇，也做好了准备。哈姆扎在一些信件中充斥着复仇欲望，他表示要让美国人为他们对拉登、对伊拉克、对阿富汗所做的事付出代价。③ 6 月 21 日，在美国密歇根州弗林特市毕晓普国际机场，发生一起袭击警察事件，造成一名警察受伤，联邦调查局初步认定这是一起“独狼式”恐怖袭击。袭击事件发生在当天上午 9 时 45 分，凶手是一名 50 岁的加拿大公民，名叫阿摩尔·福图希，福图希在发动袭击时，还叫嚷着“你们在叙利亚、伊拉克和阿富汗杀人，我们都会死”。6 月 25 日，美国一些州政府和地方政府的网站遭黑客攻击，网站被黑后显示出支持极端组织“伊斯兰国”的信息。7 月 10 日，美国俄克拉荷马州塔尔萨

---

① 参见《严防袭击事件 纽约跨年活动安保等级升至历年最高》，中国新闻网，2017 年 01 月 01 日，http：//www. chinanews. com/。

② 参见《民调：七成美国人认为美国或发生类似曼城恐袭事件》，中国新闻网，2017 年 05 月 27 日，http：//www. chinanews. com/。

③ 参见《28 岁拉登之子誓言为父报仇：美国人，我们来了!》，中国日报网，2017 年 05 月 13 日，http：//cn. chinadaily. com. cn/。

市空军征兵中心外有一个爆炸装置被人为引爆，发生爆炸，爆炸发生时征兵中心已关门，并没有造成人员受伤，爆炸被作为可能的国内恐怖主义行为进行调查。从美国国内发生的一系列恐怖袭击看，恐怖组织将美国作为攻击目标的趋势呈现得非常明显。

（三）美国人员和机构在国外成为恐怖分子主要寻找的袭击对象

年内美国人员和机构在国外遭袭不断，种种迹象表明恐怖组织无法在美国国内实施恐怖袭击，遂将矛头转移到美国国外的利益目标。4 月 24 日，美军驻阿富汗东部霍斯特省一处军事基地附近当天遭自杀式汽车炸弹袭击，造成至少 5 人死亡、8 人受伤。时隔三天，美国驻阿富汗部队发表声明说，2 名美军士兵日前在阿东部楠格哈尔省执行任务时遇袭身亡。驻阿美军近期与阿富汗安全部队在楠格哈尔省阿钦地区展开联合行动，打击极端组织“伊斯兰国”武装，2 名美军士兵在 26 日夜间的行动中遭武装分子袭击身亡，另有 1 名美军士兵在交火中受伤。6 月 8 日，美国驻乌克兰基辅大使馆区内发生爆炸，警方已将此事件定为“恐怖袭击”刑事案件。当天零点 5 分，基辅警局值班人员收到消息称在基辅谢甫琴科区的美国大使馆区内发生爆炸，经查发现，不明人士向使馆区投掷一不明爆炸物，爆炸未造成人员受伤。8 月 2 日，2 名美军士兵在阿富汗南部坎大哈省执行护卫任务时，遇袭身亡。10 月 4 日，美军和尼日尔军队在尼日尔西南地区联合巡逻时受到袭击，3 名美国特种部队军人和 5 名尼日尔军人丧生，另有 2 名美军士兵受伤。

（四）持续频发的枪击案加重了美国社会的恐怖形势

枪击案是美国一直以来困扰社会安全稳定的顽疾，反恐怖形势因此而不断恶化并逐步升级，2017 年美国的枪击事件再次恶化到令世界震惊的程度。10 月 1 日，一名来自内华达州的 64 岁白人男子在拉斯维加斯的一个乡村音乐节上向人群开枪，造成 59 人死亡，超过 527 人受伤。[①] 这场惨剧刷新美国现代史上“最严重枪击案”纪录，此次枪击案再次重创美国公众心灵。

---

① 参见《美国枪击案的罪恶不比恐怖袭击小》，环球网，2017 年 10 月 03 日，http：//www. huanqiu. com/。

（五）针对伊斯兰民族和恐怖分子采取极端政策与手段恶化了美国反恐形势

美国总统特朗普上任后不久，便签署行政令限制叙利亚、利比亚、伊朗、伊拉克、也门、索马里和苏丹 7 国难民入境，以防止从这些特朗普所称的“高危地区”输入恐怖主义，同时针对申请入美的难民实行“极度严苛”的安全审查政策。[①] 特朗普以反恐为理由，禁止 7 个穆斯林国家国民入境，此举引发各界抗议，美国各地多处机场都有支持穆斯林的群众示威，一位联邦法官要求联邦政府暂停执行特朗普命令，暂时不要遣返被拒绝入境的外国人。[②] 特朗普还似乎有意重启“9·11”时代对恐怖分子的酷刑政策，并相信其“行之有效”。特朗普在接受美国广播公司的采访时，谈到美国与“伊斯兰国“恐怖分子持久斗争时表示，“我要保证国家的安全”。特朗普称：“恐怖分子射杀我们和其他国家的人民。在中东地区，无辜群众的头颅被砍下，只因为他们信仰基督教。ISIS 的暴行在黑暗的中世纪以后可谓闻所未闻，我还要反对实施酷刑吗？我认为，应该对恐怖分子以牙还牙。”特朗普曾强调加强对 ISIS 的打击，并称将采用非法的水刑（一种模拟溺水的刑讯方式）来审讯恐怖主义嫌犯，这种刑讯方式被认为是“比地狱更残酷”的方式。

二、美国反恐怖军事对策

自美国总统特朗普上台之后，随即采取了一系列反恐军事对策，继续扩大反恐军事联盟，增加军费以增强军事反恐力量，在全球范围内派遣军事力量干预地区国家反恐，在反恐战场上大量使用无人机，其情报部门在反恐军事行动上继续发挥了重要的作用，但其全球治理性的军事反恐政策，也带来军事人员疲于奔波等问题与弊端。

---

① 参见《特朗普再签行政命令 限制七国难民入境》，央视新闻，2017 年 01 月 28 日，http：// news. cctv. com/。

② 参见《特朗普穆斯林禁令 执意以反恐为由禁止 7 个穆斯林国家国民入境》，环球网，2017 年 01 月 30 日，http：// www. huanqiu. com/。

（一）建立多种联盟与合作共同打击恐怖分子

组建多种联盟、建立多方合作，是美国打击恐怖主义的主要做法之一。自从针对伊拉克和叙利亚的“伊斯兰国”展开反恐行动以来，美国组建庞大的联军，最多时联军共有68个国家参加。1月份，美国新任总统特朗普在白宫，分别与俄罗斯、德国、法国、澳大利亚以及日本领导人通电话。与俄罗斯总统普京进行近一个小时的通话，议题涉及合作打击“伊斯兰国”以及共同推动叙利亚以及整个世界的和平稳定。与德国总理默克尔在电话中，同意在打击恐怖主义和暴力极端主义方面加强合作，并共同维护西亚和北非地区的稳定。随后，特朗普又与沙特国王萨勒曼通话，表示支持在叙利亚和也门建立安全区，两国领导人还同意加强合作，打击恐怖主义，并共同应对威胁中东地区和平与安全的挑战，包括叙利亚和也门境内的冲突。2016年3月份，阿富汗安全部队在美国空军支援下“成功地”打击了阿富汗境内的“伊斯兰国”组织，把这个恐怖组织的人数减少到大约700人，他赞扬阿富汗的伙伴们所取得的成功。他还称，一年前，“伊斯兰国”组织激进分子的人数大约在2000—3000人，他们主要集中在与巴基斯坦接壤的阿富汗东部的楠格哈尔省。为落实联合反恐的政策，美国国务卿蒂勒森在华盛顿主持召开打击“伊斯兰国”全球联盟部长级会议，会议声明称将继续团结一致消灭“伊斯兰国”这一全球威胁，承诺采取综合手段打击“伊斯兰国”及其全球网络。

（二）继续使用军事力量干预地区反恐的做法

2017年驻守在北达科他州迈诺特空军基地的美军第23轰炸机中队，与所属B－52轰炸机即将部署中东，以打击极端组织“伊斯兰国”，这是迈诺特空军基地的B－52轰炸机12年来首度进入中东。4月7日，美国两艘军舰向叙利亚一座空军基地发射了59枚“战斧”巡航导弹。在也门，美国对其境内的“基地”组织发动大规模军事打击行动，并在该国多地空降海军陆战队对恐怖分子实施突袭，数十名恐怖分子被打死。同时，美国总统特朗普的执政团队还在科威特部署最多1000名美军士兵，作为对抗极端组织“伊斯兰国”的后备部队。值得一提的是，2017年美国军人开始担任索马里军队后勤训练的教官，以强化索马里军队在打击极端武装方面的后勤能力，大约40名美国大兵重新踏上索马里的土地，这是美国自1994

年以来在这个非洲之角国家最大规模的军事部署。

（三）有所侧重地对一些国家提供军事援助

年初，“叙利亚民主力量”武装联盟部队在哈塞克省获得了一批由美国提供的装甲车，“叙利亚民主力量”是一支由库尔德人主导的武装联盟，主要以打击叙境内的“伊斯兰国”为主要目标，该联盟于 2015 年 10 月成立，由大约 2.5 万名库尔德人和 5000 名阿拉伯人组成，其中有部分是受美国领导、西方联军支持的阿拉伯人部队。按照美国和菲律宾两国 2014 年签署的《加强防务合作协议》，美军 2017 年开始在 5 个菲律宾军事基地建设军事设施，帮助菲律宾打击恐怖分子。尤其是美国主导的打击极端组织“内在决心”的行动，美国派出陆军第 82 空降师抽调约 200—300 人，向伊拉克政府军提供顾问和军事支援，美国陆军第 82 空降师已经在伊拉克和科威特临时部署约 1700 人的兵力，这样美军共有约 6000 人在伊拉克执行各类任务。3 月份，美国还向巴基斯坦军队交付新一批塞斯纳飞机，用于加强该国的反恐能力和空中机动性。

（四）依据恐情发展趋势建立强大反恐力量

2017 年美国白宫发布财年预算框架，大幅提高国防预算以强化美国军事力量，为此不惜削减其他部门的开支。特朗普在竞选期间和上台之后始终把“让美军再次强大”作为优先政策之一，这次军费“历史性”上涨，符合特朗普以及幕僚推崇的所谓“力量促和平”战略思想，即以军事实力作为外交后盾。年内，有美军负责网络作战的指挥官在华盛顿表示，美军正在建立一支有进攻能力的网络作战预备军，以应对黑客对美国各部门网络系统的威胁。7 月份，有美媒披露，在大量私营企业的推动下，人工智能技术将很快用于作战，美军计划在 6 个月以内，开始使用商用人工智能算法来分析整理关于“伊斯兰国”极端组织的大量情报数据。

（五）持续加大情报反恐力度并卓见成效

美国官员称，总统特朗普已经赋予中央情报局（CIA）秘密的新权力，允许该机构针对恐怖主义嫌疑人实施无人机空中打击，此举改变了奥巴马政府限制中情局准军事角色的政策。而且美国中央情报局（CIA）成立一个新部门，专门负责收集和分析有关伊朗的情报。美国官员称，此举反映出特朗普政府决定提升伊朗在美国情报机构的目标优先级。4 月份，美国情报部门获悉，“伊斯兰国”和其他恐怖组织已经发明了将炸弹植入电子设备的方法，FBI 检测结果显示，其中一些微型炸弹甚至能够通过机场安全检查，对此美国及时发布规划，禁止乘坐飞机时携带电子设备，从而有效地避免电子炸弹恐怖的风险。2017 年有报道称，美研究机构合作研发制造了用于情报侦察被称为“蜻蜓眼”（Dragonfl Eye）的机器蜻蜓，而美国军事和情报部门将可能很快会把这一机器昆虫投入到反恐之中，运用到打击恐怖主义的战斗中。

（六）大量使用无人机执行反恐怖军事行动

使用无人机打击恐怖分子，是美国的一贯做法，2017 年美国一如继往地大量使用无人机于反恐战场。1 月 22 日美军在也门中部地区发动多次无人机空袭，共打死 4 名疑似基地组织成员。3 月初也门新闻社报道说，美国空军多架战机 1 日晚间对也门中部地区进行空袭，2 日凌晨美军多架无人机和阿帕奇武装直升机对南部的萨义德地区进行 25 次袭击。4 月初，美军在叙利亚使用无人机实行一次秘密的地面突袭行动，击毙与极端组织“伊斯兰国”最高领导人阿布·贝克尔·巴格达迪关系密切、且与年初土耳其一次恐袭直接相关的一名“伊斯兰国”头目，此人名为阿卜杜拉赫曼·乌兹别克。4 月 27 日，美国无人机对巴基斯坦西北部北瓦济里斯坦部族地区的塔利班武装目标实施空袭，造成至少 7 人死亡，当时巴基斯坦塔利班一名指挥官和 6 名随从正在一处据点开会，他们在空袭中全部被炸死，这是今年以来美国无人机在巴基斯坦境内实施的第二起空袭；3 月 2 日，美国无人机在西北部古勒姆部族地区实施空袭，炸死至少 2 名武装人员。

（七）美国反恐军事行动给其自身带来诸多问题

一是高强度全球反恐军事行动使美军特战部队不堪重负。美军特种作战司令部司令陆军上将雷蒙德·托马斯在参议院军事委员会作证时表示，由于美军特种部队铺的摊子太大，导致特种作战军人穷于应付、疲于奔命。托马斯在参议院作证时说，美军 8000 名特种作战军人部署在 80 多个国家和地区，特种作战司令部正在努力争取赢得从击败包括“伊斯兰国”在内的恐怖分子到抗衡俄罗斯进攻，同时还要备战朝鲜半岛意外事件，并承担保卫美国国土的作战行动，美国特战军人及其家属因为 15 年的持续作战感到疲惫不堪。① 二是反恐怖军事行动造成大量平民伤亡。美国承认其主导的打击极端组织“伊斯兰国”的军事行动自 2014 年发动以来已造成至少 352 名平民死亡，但与相关国际组织的统计相比，美军公布的这个数字要低得多。美国国防部 5 月份发表月度报告，更新美军在叙利亚和伊拉克打击极端组织“伊斯兰国”军事行动中“无意”致死平民人数。报告显示，2014 年 8 月至 2017 年 4 月期间，共有至少 484 名平民死于美军枪炮之下，仅 2017 年 3 月，就有 132 名无辜平民丧命。②

第二节　美国主要恐怖袭击事件

一、美国发生史上“最严重枪击案”

10 月 1 日，一名来自内华达州的 64 岁白人男子在拉斯维加斯的一个乡村音乐节上向人群开枪，造成 59 人死亡，超过 527 人受伤。这场惨剧刷新美国现代史上“最严重枪击案”纪录，此次枪击案再次重创美国公众心灵。

（一）事件背景

在枪击案问题上，美国给世界做了不好的示范：不正视问题，不采取坚决的措施。美国等于是给杀戮分出了“三六九等”，把公众注意力引导到了外部世界的问题上，而对美国内部社会治理的问题轻描淡写。实际上，美国和西方的治理体系有一些不适应新时代的缺陷，它们面临体制改革的严峻任务，但是下不了决心。因此当面对枪击案这种顽疾时，只能陷入震惊、容忍，再震惊、再容忍的恶性循环中，50 多个鲜活的生命又因为美国对枪击案的不作为而离开人世。据美国官方统计显示，美国一年死于枪击案的总人数达到 3 万多人，问题是还要有多少生命的逝去才能唤醒美

---

① 参见《高强度全球行动使美军特战部队不堪重负》，《中国青年报》，2017 年 06 月 08 日，http：//www. admaimai. com/newspaper/。

② 参见《美国军方承认 3 月份一次空袭炸死伊拉克百余平民》，央视新闻客户端，2017 年 05 月 26 日，http：// news. cctv. com/。

国体制的觉醒呢?①

（二）事件经过

美国拉斯维加斯10月1日晚举行露天音乐节，64岁的内华达州麦斯奎特人史蒂芬·帕多克从一赌场酒店32层向露天音乐节场内的观众扫射，至少造成50多人死亡，500余人受伤，凶手在警察进入房间前就已开枪自杀。警方的初步分析认为此次枪击案“与恐怖主义没有联系”。“现在所掌握的一切证据显示，这种不分青红皂白的大屠杀的每一个细节似乎都是精心策划的。”② 凶手在酒店装摄像头，警方认为这是凶手监控接近其房间的人员，但令人失望的是，没有人注意到枪手的不寻常举动。

美国警方在屠杀案枪手的酒店客房与家中，共搜出42支枪、数千发子弹与爆炸物，数量之多令人震惊，媒体形容此人几乎是拥有“一座军火库”。美国官员表示，在这些武器中，枪手史蒂芬·帕多克拥有两支撞火枪托（bump stock），能将半自动枪械改造成全自动武器，能把半自动步枪改造成每分钟发射400—800发子弹的全自动武器。有专家认为，虽然撞火枪托这几年才出现，但将半自动步枪改成具有自动步枪效果的方法很早就已经出现。撞火枪托的价格只要几百美元一个，在美国还是比较容易获得的。警方认为帕多克是单独作案，但其动机还是个谜。据美联社此前消息，极端组织“伊斯兰国”宣称对美国拉斯维加斯枪击事件负责，“伊斯兰国”称制造枪击案的凶手数月前皈依了伊斯兰教，“伊斯兰国”将枪手称为“一名伊斯兰国战士”，但该组织并未提供相应证据。③

（三）事件影响

特朗普当天上午在白宫发表公开讲话时说，美国人民对这起事件感到“忧伤、震惊和悲痛”，他对遇难者家属表示慰问，对现场救援人员表示感谢，并宣布将于4日前往拉斯维加斯进行慰问。白宫在特朗普讲话后发布

---

① 参见《美国枪击案的罪恶不比恐怖袭击小》，环球网，2017年10月03日，http://www.huanqiu.com/。

② 参见《美国本土极右翼屡犯血案 恐怖威胁不亚于极端组织》，参考消息网，2017年10月04日。

③ 参见《美赌城枪击案已致至少58死515伤 FBI：与国际恐怖主义无关》，环球网，2017年10月03日，http://www.huanqiu.com/。

公告，要求所有联邦建筑降半旗以示哀悼。这次袭击的死亡人数已经超过 2016 年奥兰多枪击案的死亡人数，虽然目前被认为与恐怖主义无关，但它作为美国史上“最血腥的”枪击案，引起的震动也十分强烈。反复发生的恶性枪击案暴露了美国社会治理的严重漏洞，每次枪击案都一时轰动，过后不了了之，美国社会总体上对解决这一严重问题没有作为，往往是舆论叫唤几声，政治人物发几句谴责，又得过且过了。控枪在美国永远处于争论状态，实现控枪看上去遥遥无期。①

专家指出，屠杀案枪手通常是愤怒、生活不如意的年轻男性。帕多克则是个退休白人会计师，经济宽裕、无犯罪记录、没服过兵役，也没有精神病历。他家人说，他没有明显的宗教和政治倾向，虽爱下大注赌博，但生活很正常。据了解，枪手史蒂芬·帕多克确曾有过一段时间的专业军事相关背景。美国军工企业巨头洛克希德·马丁公司在 2 号发布的一份声明中表示，帕多克在 80 年代为其工作了 3 年。声明称，帕多克曾于 1985—1988 年之间在洛克希德·马丁公司的前身公司工作，公司正在与当局合作，回答他们对帕多克先生的问题。

二、美国纽约发生卡车撞人恐怖袭击事件

详见第一章内容。

三、其他恐怖袭击事件

1 月 6 日，美国佛罗里达州东南沿海的劳德代尔堡—好莱坞国际机场发生枪击事件，造成至少 5 人死亡，8 人受伤，当局表示唯一一名涉嫌枪手已被拘捕。初步调查显示，枪手持美国军人身份证，身份证上姓名是埃斯特万·圣地亚哥，26 岁，是美国国民警卫队队员，他把手枪藏在已接受安检的托运行李中，并随航班在这个机场降落。

1 月 7 日，在墨西哥瓜达拉哈拉市，一名美国领事官员遭到一名假扮女护士的持枪男子袭击受伤，当局随后对这名持枪男子进行搜捕。

---

① 参见《美国枪击案的罪恶不比恐怖袭击小》，环球网，2017 年 10 月 03 日，http：// www. huanqiu. com/。

3月18日，一名男子开车抵白宫安全检查点，并表示车上有炸弹；此人立即被拘捕，车辆随即被进行搜查，但未证实车内有炸弹，尽管如此还是造成白宫安检升级，白宫附近的街道被封闭。

3月22日，一名美国官员称获得情报显示，“基地”分支组织已经接近于制造出可以藏在电子设备的电池或是电池组件里的爆炸装置，这促使美国出台了最新的航空禁令。

4月5日，一个与极端组织“伊斯兰国”相关的黑客团体日前在网络上发布一段视频，公布一份“杀人名单”，并号召追随者对这些目标人群发动“独狼式”袭击。名单中的目标群体似乎是随机挑选的，主要集中在美英两国共计8786人，其中有超过7000人是美国人。

4月16日，美国俄亥俄州一家夜总会发生枪击事件，造成至少9人受伤，伤者中有5名女性和4名男性，随后该市警方对枪击事实进行调查，但尚无有关嫌疑人的信息。

4月18日，美国加州弗雷斯诺（Fresno）发生枪击案，枪手在4个不同地点发射16枚子弹，造成3人死亡，期间枪手在跟警方进行对峙时高喊“Allahu Akba”（真主至大），最终警方拘捕了39岁的犯罪嫌疑人Kori Ali Muhammad。

4月24日，美军驻阿富汗东部霍斯特省一处军事基地附近当天遭自杀式汽车炸弹袭击，造成至少5人死亡、8人受伤。当天，一名袭击者在通过哨所时引爆汽车炸弹，造成袭击者本人和4名安全人员当场身亡，另有6名安全人员和2名妇女受伤。

4月27日，美国驻阿富汗部队发表声明说，2名美军士兵日前在阿东部楠格哈尔省执行任务时遇袭身亡。驻阿美军近期与阿富汗安全部队在楠格哈尔省阿钦地区展开联合行动，打击极端组织“伊斯兰国”武装，2名美军士兵在26日夜间的行动中遭武装分子袭击身亡，另有1名美军士兵在交火中受伤。

5月25日，一家国际非政府组织表示，美军无法确定部分被运往伊拉克和科威特的武器的所在位置，这些被运过去的、却又“失踪”的武器价值估计为10亿美元。有专家称，这批武器或早就已经落入包括恐怖组织“伊斯兰国”在内的武装团体手中。

6月8日，美国驻乌克兰基辅大使馆区内发生爆炸，警方已将此事件定为“恐怖袭击”刑事案件。当天零点5分，基辅警局值班人员收到消息称在基辅谢甫琴科区的美国大使馆区内发生爆炸，经查发现，不明人士向使馆区投掷一不明爆炸物，爆炸未造成人员受伤。

6 月 14 日，距美国首都华盛顿仅约 7 英里的一处棒球场发生枪击事件，包括国会众议院共和党党鞭史蒂夫·斯卡利斯在内 4 人受伤。

6 月 18 日，一名美国公民当天在阿富汗首都喀布尔市区遭武装分子绑架，绑架事件发生在喀布尔第三警区的卡特·查理街区附近，遭绑架的美国公民是一名参与世界银行在当地工程项目的工作人员，尚无任何组织宣称制造了此次绑架事件。

6 月 21 日，在美国密歇根州弗林特市毕晓普国际机场，发生一起袭击警察事件，造成一名警察受伤，联邦调查局初步认定这是一起“独狼式”恐怖袭击。袭击事件发生在当天上午 9 时 45 分，凶手是一名 50 岁的加拿大公民名叫阿摩尔·福图希，福图希在发动袭击时，还叫嚷着“你们在叙利亚、伊拉克和阿富汗杀人，我们都会死”。

6 月 25 日，美国一些州政府和地方政府的网站遭黑客攻击，网站被黑后显示出支持极端组织“伊斯兰国”的信息。

7 月 10 日，美国俄克拉荷马州塔尔萨市空军征兵中心外有一个爆炸装置被人为引爆，发生爆炸，爆炸发生时征兵中心已关门，并没有造成任何人受伤，爆炸被作为可能的国内恐怖主义行为进行调查。

8 月 2 日，2 名美军士兵在阿富汗南部坎大哈省执行护卫任务时，遇袭身亡。

8 月 5 日，美国中西部州明尼苏达的一个伊斯兰清真寺发生爆炸，一名男子驾驶一辆皮卡车，将爆炸装置从窗户扔进伊斯兰清真寺的主要办公室，当时寺内有 20 人在进行晨祷，所幸没有人受伤。

8 月 15 日，美国司法部网站发布消息称，一名通过在 Ebay 进行虚假交易自“伊斯兰国”极端组织获取资金的美国男子已经在美联邦法院认罪。这位名叫穆罕默德·埃勒希纳维（Mohamed Elshinawy）的男子早在一年前就已在马里兰州被捕，在联邦法院上他承认伙同他人支持“伊斯兰国”。埃勒希纳维曾通过一家“境外公司”获得 8700 美元，以便资助美国境内的恐袭活动。

9 月 11 日，驻阿美军巴格拉姆基地附近发生一起自杀式袭击事件，袭击者驾驶车辆驶入美军车队中引爆炸弹，袭击造成 3 名阿富汗平民受伤，尚不清楚是否有美军士兵受伤，塔利班已经宣布对此次袭击事件负责。这是巴格拉姆空军基地一周内遭到的第二起袭击事件，本月 6 日美军巴格拉姆空军基地门口发生了一起自杀式爆炸袭击，造成 3 名阿富汗平民受伤。

10 月 4 日，美军和尼日尔军队在尼日尔西南地区联合巡逻时受到袭击，3 名美国特种部队军人和 5 名尼日尔军人丧生，另有 2 名美军士兵受伤，遇袭的 5 名美军特种兵隶属于绿色贝雷帽特种部队，袭击发生在尼日尔首都尼亚美以北大约 190 千米的马里和尼日尔交界处，在那里尼日尔军队正在同激进分子作战，其中一些激进分子从马里跨境进入尼日尔。

10 月 18 日，美国马里兰州一个商业园区发生枪击事件，造成 3 人死亡、2 人受伤，枪手仍在逃。

10 月 23 日，美国联邦调查局（FBI）逮捕一名男子，称其企图在美国发动袭击，炸毁位于南佛罗里达州的一家购物中心。这名男子名叫索拉诺，现年 53 岁，一名线人向 FBI 提供了有关其计划的消息。

10 月 27 日，一架美国直升机在阿富汗洛加尔省东部坠毁，造成 1 名美军士兵死亡，其他 6 名美军机组人员受伤。北约在阿富汗的非战斗行动小组发表声明，承认这起军机事故，否认直升机是被塔利班击落的，指出直升机是因为起飞时撞到大树而坠毁的。

10 月 30 日，美国犹他大学校园附近发生枪击事件，导致 1 人死亡。事件现场有包括联邦调查局在内的至少 8 个执法部门，还有一架直升机在协助搜寻嫌犯。24 岁嫌犯奥斯汀（Austin Boutain）成为嫌犯，警方认为此人身上携带武器，可能驾驶一辆绿色卡车，脸上有纹身。

11 月 1 日，美国科罗拉多州丹佛市郊区一家超市发生枪击事件，导致 3 人死亡，据信案件嫌犯是两名男性。

11 月 5 日，美国得克萨斯州威尔森县萨瑟兰普林斯市一间教堂内突发枪击案，凶手向正在祈祷的人们开枪，造成 27 人死亡、25 人受伤。随后枪手身份得到确认，枪手 26 岁，在 2009 年至 2013 年期间曾服役于美国空军。

11 月 28 日，美国内华达州里诺市的一座公寓楼内，一名枪手挟持一名人质，从 18 楼处往楼下街道射击，所幸当晚街上几乎无人，包括人质在内，没有人因此受伤。

12 月 6 日，华裔学生众多的美国布鲁克林罗斯福高中收到炸弹袭击威胁后紧急拉响火警，将正准备上课的全体师生疏散至两个街区之外以保安全，经过两个多小时清查，执法人员确信校内并未放置炸弹，数千师生随后恢复正常教学秩序。

12 月 7 日，美国新墨西哥州阿兹特克市的阿兹特克高中发生枪击事件，一名不明身份的枪手制造了这次袭击，事件造成包括这名枪手在内的 3 人死亡。

12 月 11 日，美国纽约市曼哈顿中城发生爆炸，导致 4 人受伤，多条地铁公交线停运。一名“伊斯兰国”恐怖分子腰绑炸弹，在纽约时代广场（Times Square）附近、全美最大车站的地下通道制造了一起自杀式爆炸恐袭。纽约市长德布拉西奥说，这是“一起未遂恐怖袭击”，嫌疑人“未能达到他的最终目标”。

12 月 12 日，“伊斯兰国”猖狂地发布新一轮“恐怖威胁海报”，警告将对美国展开袭击。据悉，特朗普上周宣布承认耶路撒冷为以色列首都，这成为“伊斯兰国”发出警告的导火索之一。

12 月 13 日，美国宾夕法尼亚州州立大学河狸（Beaver）校区突发校园枪击案，导致 2 人死亡。警方称学校的一名女员工在她的车旁遭到枪击，开枪的或许是她的丈夫，随后枪手也开枪自杀。

12 月 30 日，美国拉斯维加斯再次发生枪击案，当地一家酒店赌场某房间发生骚乱，2 名保安人员在进入房间查看时遭枪击造成致命伤，随后嫌犯枪手向自己头部开枪，伤势危急。

第三节　美国主要反恐怖军事行动

一、美军无人机击毙“基地”组织的“二号人物”

涉嫌幕后策划“9·11”恐袭的本·拉登女婿、“基地”组织二号头目马斯里，在叙利亚伊德利卜省遭无人机击毙。

（一）行动背景

马斯里是埃及人，原名阿卜杜拉·穆罕默德·阿卜杜勒－拉赫曼，曾在埃及军队服役，2001 年“9·11”恐怖袭击前就已入伙“基地”组织。[①]

① 参见《“基地”证实“二号人物”死于美军空袭》，新华网，2017 年 03 月 04 日，http：//www.xinhuanet.com/。

2001 年“9·11”事件后，马斯里前往伊朗寻求庇护，其后逃往叙利亚，在当地指挥“基地”组织的分支，包括前称为支持阵线（即努斯拉阵线）、目前已和“基地”组织分裂的征服阵线。他因为涉嫌策划 1998 年驻肯尼亚和坦桑尼亚美国大使馆爆炸案遭美国政府通缉，美国追捕他已有 19 年之久。

（二）行动概况

2 月 26 日，中央情报局一架无人机在叙西北部城市伊德利卜附近锁定正在一辆车内的马斯里，无人机发射一枚“地狱火”导弹将他炸死。马斯里 59 岁，是“基地”组织仅次于大头目艾曼·扎瓦希里的“二把手”，也是“基地”组织在叙利亚的主要头目。马斯里负责协调“基地”组织与其他极端武装的关系，并在组织策划“境外阴谋”方面发挥核心作用。

（三）行动评析

“基地”组织2 日发布消息，这一恐怖集团的“二号人物”阿布－海尔·马斯里几天前在叙利亚死于美国空袭。美国情报官员称，马斯里的死亡标志着美国对其长达 19 年的追捕完结。有媒体分析，马斯里毙命对“基地”组织构成沉重打击，同时凸显叙利亚在当前全球反恐战场上的核心位置。①

二、美军首次派遣炮兵部队进入叙利亚并展开反恐行动

据美国《军事时报》3 月 8 日报道，一支美国海军陆战队的炮兵部队已经进入叙利亚，并在“伊斯兰国”所谓的“首都”拉卡外围展开反恐部署。

（一）行动背景

叙政府军在 2016 年年底收复阿勒颇后，拉卡已经成为决定叙利亚国内局势的关键节点。目前，以俄罗斯—伊朗—土耳其为主的反“伊斯兰国”

---

① 参见《本·拉登女婿在叙利亚被中情局无人机击毙》，环球网，2017 年 03 月 02 日，http：//www. huanqiu. com/。

阵营已在叙利亚战场上占据主动，如果美军及其支持的武装力量不能在拉卡战事中展示力量，那么在叙利亚战后事务中的话语权将进一步减小。此前尽管有美军部队在叙利亚展开行动，但规模较小，且多为军事顾问或引导空中打击的性质，不担负直接的作战任务。

（二）行动概况

一位美军军官表示，来自美国海军陆战队第 11 远征队的 200 名士兵已进抵拉卡外围，并在前沿部署了榴弹炮，向对“伊斯兰国”武装发起进攻的友军提供炮兵火力支援。[①] 另据《纽约时报》当地时间 9 日最新报道称，美国官员表示又新增 400 人前往拉卡，包括陆军游骑兵和海军陆战队的炮兵单位。美军打击“伊斯兰国”行动发言人表示，增派的海军陆战队士兵将部署在“伊斯兰国”在叙利亚境内的大本营拉卡附近，他们将为包围拉卡的行动提供火炮支援，陆军游骑兵将前往曼比杰地区。[②] 这位美军高官还表示，美军的部署只是暂时的，一旦“友军”不再需要军事支援，美军就会撤出。得到美军支持的、准备进攻盘踞在拉卡的“伊斯兰国”武装的当地部队主要有叙利亚反对派武装和库尔德武装，3 月 11 日美国政府消息人士透露，一支美国海军陆战队特种部队已进入叙利亚北部地区，支援当地武装进攻极端组织“伊斯兰国”宣称的“首都”拉卡，这支特种部队配备重型武器。[③]

（三）行动评析

美军炮兵部队在叙利亚展开反恐行动，是美军加大对叙利亚战事介入程度的明显信号。但也不难看出，美军直接介入的规模还是比较有限的，这说明特朗普的叙利亚政策仍没有成形，此举多少带有试探的意味。拉卡能否由上述两支武装攻占，决定了美军在战后能否留在叙利亚。

---

① 参见《美军炮兵部队首度进入叙利亚，专家：将与俄争夺战后话语权》，澎湃新闻，2017 年 03 月 10 日，http://www.thepaper.cn/。

② 参见《美军将再向叙利亚增派 400 名士兵打击“伊斯兰国”》，中国新闻网，2017 年 03 月 10 日，http://www.chinanews.com/。

③ 参见《美特种部队支援进攻“伊斯兰国”战略要冲》，新华网，2017 年 03 月 11 日，http://www.xinhuanet.com/。

三、美军发射数十枚导弹轰炸叙利亚军事基地

美军向叙利亚军事基地发射数十枚导弹，这次袭击表明美国在延续他们的错误政策，对叙利亚政府军的反恐努力造成了伤害。

（一）行动背景

美国口中的“叙政府发动化武袭击”，是“叙利亚人权观察组织”在4日公布的一则消息。这个总部位于英国伦敦的组织称，叙利亚伊德利卜省南部的一个小镇当天发生了毒气袭击，造成大量人员伤亡，对于此事，美国等西方国家和叙利亚反对派指责毒气袭击出自叙空军之手，叙利亚及俄罗斯等国则坚决予以反驳。①

（二）行动概况

4月7日凌晨，部署在地中海的美国军舰发射导弹，对叙利亚中部霍姆斯省一个叙政府军空军基地进行了打击，作为对日前叙反对派控制区发生疑似化学武器袭击的“报复”。俄国防部称，美军向叙利亚发射的59枚战斧式巡航导弹，只有23枚飞抵叙利亚政府军位于霍姆斯省的空军基地，剩余的36枚落在何处尚不清楚。② 这是特朗普就任美国总统后，美国首次对叙利亚政府军目标采取军事打击行动。美媒体报道，总统签署“行政命令”三小时后，“罗斯”号驱逐舰和“波特”号驱逐舰发射了59枚雷神公司制造的“战斧”巡航导弹，发射一小时后，导弹几乎同时击中目标，摧毁了叙利亚空军基地的油库以及约20架停放在飞机库里和跑道上的飞机。③ 美方也在7日袭击霍姆斯省空军基地后表示，叙政府军就是从该机场发动了化武袭击，美国因此采取行动摧毁“化武库存”。根据叙利亚方

---

① 参见《美军数十导弹轰炸叙基地 或引发中东地区新博弈》，中国新闻网，2017年04月08日，http：//www. chinanews. com/。

② 参见《俄国防部：美军向叙发射导弹有36枚不知所踪》，环球网，2017年04月08日，http：//www. huanqiu. com/。

③ 参见《美媒披露袭击叙利亚详情：59枚导弹同时击中目标》，参考消息网，2017年04月09日，http：//www. cankaoxiaoxi. com/。

面公布的消息，这次袭击造成 5 人死亡、7 人受伤，空军基地严重受损。①

（三）行动评析

美国 7 日发起的这次袭击，是特朗普政府成立以来，美军首次对叙利亚政府目标采取军事打击，也是叙国内冲突爆发 6 年多来美国首次进行直接军事干预。美国此次出其不意的实施军事干预，无疑会让持续了 6 年的叙利亚问题更加复杂化，其后续或还将引起连锁反应，引发中东地区的新一轮博弈。针对这场突如其来的袭击，叙利亚政府强烈回应，称美国的行为“愚蠢且不负责任”，是“侵略攻击”。美国则认为自己“出师有名”，总统特朗普称叙政府“毫无疑问使用了化学武器”，美国必须“阻止和遏制致命化学武器扩散”。

四、美国反恐使出巨型杀手锏“炸弹之母”

美国战机向阿富汗东北部的一个“伊斯兰国”地道设施投掷了有“炸弹之母”之称、重达一万千克的炸弹，这个爆炸装置自十多年前研发出来后，从未在战斗中使用过。

（一）行动背景

“炸弹之母”的研制工作始于 2002 年，在很短的时间之内，就完成了两次投掷试验并研制成功。2003 年 12 月 21 日，第二次测试取得成功之后，正式定型为 GBU－43/B。它的重量为 10. 3 吨，其中装药的重量为 8. 5 吨，全长 9. 19 米，直径 1. 03 米。由于体积非常庞大，需要由专门的平板车进行运输。② 威力仅次于原子弹的“炸弹之母”是美军在 2003 年伊拉克战争开始之后研发出的新型武器，在此前从未被使用过。阿富汗楠格哈尔省山区是极端组织相对活跃的地区，极端组织在该省控制了一定的区域，目前阿富汗军方正在美军的配合下对该地区的极端组织进行打击。

---

① 参见《美军空袭叙基地致 5 死 7 伤 叙疑提前疏散人员设备》，中国新闻网，2017 年 04 月 07 日，http：//www. chinanews. com/。

② 参见《美国“炸弹之母”是何“杀器”》，新华网，2017 年 04 月 14 日，网址：http：//www. xinhuanet. com/。

（二）行动概况

4 月 13 日晚上 7 点，当阿富汗东部楠格哈尔省亚钦地区还没有迎来夜幕的时候，一架 MC－130 飞机投掷巨型炸弹，极端组织藏匿的基地顷刻瓦解。这枚巨型炸弹，是迄今为止投入实战的最大常规炸弹，它就是 GBU－43/B，绰号“炸弹之母”。[①] 驻阿富汗美军指挥官约翰·尼科尔森发表声明说，此次袭击是为了“减少阿富汗和美军部队在该地区执行清剿任务时的危险程度”，美国总统特朗普也高度赞扬美军的行动，称投放“炸弹之母”为“非常非常成功的行动”。阿富汗楠格哈尔省政府表示，美军的这次空袭炸死 94 名极端组织“伊斯兰国”武装分子，没有平民在轰炸中丧生，不过美国国防部表示，美方不会公布“炸弹之母”造成的死亡人数。[②]

（三）行动评析

美军打击一般恐怖分子使用的平台包括武装直升机、无人机和近距攻击机，这次采取如此大的手笔，相信目标的确非同寻常。另一方面，此次行动也带有很大的实战考验意味，而且可对恐怖分子形成很好的震慑效果。阿富汗前总统卡尔扎伊强烈谴责美军在阿富汗使用有“炸弹之母”之称的大型空爆炸弹，他认为该行为是一种侮辱，且空袭产生的爆炸已经严重破坏阿富汗环境。

五、其他反恐怖军事行动

1 月 3 日，以美国为首的国际联军总部称，自在伊拉克和叙利亚的针对“伊斯兰国”的反恐行动开始以来，联军空袭已导致 188 名平民死亡。美国主导的国际联军自 2014 年起，对伊拉克和叙利亚境内的“伊斯兰国”阵地实施打击，美国联军中共有 68 个国家，其中仅有数个国家参与空袭行动。

---

① 参见《恐怖分子一锅端：美国使出巨型杀手锏“炸弹之母”》，网易军事，2017 年 04 月 14 日，http://news.163.com。

② 参见《美国防部：不会公布“炸弹之母”造成的死亡人数》，中国新闻网，2017 年 04 月 21 日，http://www.chinanews.com/。

1月5日，美国国务院宣布将乌萨马·本·拉登之子哈姆扎·本·拉登列为全球性恐怖分子，并对其实施制裁。声明说，哈姆扎·本·拉登在2015年8月正式加入“基地”组织，并在一段音频讲话中呼吁该组织追随者在西方国家的首都发动恐怖袭击，他还在2016年9月的另一段音频讲话中威胁要向美国采取报复行动，并警告说美国境内和境外的美国公民都将成为袭击目标。

1月6日，美国15号州际公路发生一起枪击警察事件，警方展开搜捕嫌犯。当地时间6日凌晨2点左右，警方发现15号公路上有一辆汽车超速行驶，警方试图让其停车。这辆汽车没有停下，反而车内有人向警察开枪射击，随后双方发生一段短暂的追逐，涉事车辆停在了路中间，警方与其对峙。在随后近7个小时的对峙中，警方不断要求该车内的人员下车，但没有收到回应。上午9时左右，警方接近涉事车辆，发现车内已经没人。

1月6日，美国外交学会数据显示，美国总统贝拉克·奥巴马在其任职总统的最后一年，向海外7个国家扔下26171枚炸弹，比2015年多出3000余枚，这些炸弹主要投向伊拉克和叙利亚，这两个国家各自遭到逾1.2万枚炸弹打击，这些炸弹主要用于针对“伊斯兰国”进行的空中打击。

1月10日，美国国务院称，极端组织“伊斯兰国”利用载满炸弹的卡车攻击摩苏尔伊拉克士兵的能力日益减弱，显示他们的势力已开始被削弱。

1月10日，俄罗斯国防部长绍伊古在莫斯科表示，俄空天军完成了在叙利亚的任务，而以美国为首的联军在叙的贡献为“负数”。

1月10日，美国总统奥巴马发表告别演说称，“在过去8年中，没有外国恐怖组织成功地在美国本土策划和执行袭击”，但他也提到，波士顿、奥兰多等地本土恐怖主义袭击，显示了恐怖主义激进化的危险性。他同时表示，美国在海外反恐过程中，击毙了包括本·拉登在内的数万名恐怖分子，领导多国联盟与作恶的极端组织“伊斯兰国”战斗，夺取被其占据的半数“土地”。奥巴马强调，“伊斯兰国”将最终被摧毁，对美国构成威胁的人不可能永远安全。他表示，美国应该保持警惕，但不应畏惧。

1月10日，美国纽约一家联邦法院对一名亚利桑那州男子进行庭审，该男子因涉嫌帮助一名纽约大学生前往叙利亚加入极端组织“伊斯兰国”而受到指控。

1月12日，北大西洋公约组织证实，驻阿富汗美军2016年在阿富汗昆都兹省一场冲突中，因“自卫”造成33名平民身亡，凸显军事行动造成的平民伤亡。

1月15日，美国国土安全部长表示，目前未发现有针对美国总统就职典礼的“特定或可信的袭击”，安保人员将全力以赴保证就职典礼安全，严防发生类似德国和法国的卡车恐怖袭击事件。

1月16日，2016年6月制造美国奥兰多夜店恐怖袭击的枪手的妻子被捕，此前有报道称该女子很可能在袭击策划阶段就已经知情。

1月18日，随着美国第45届总统就职典礼的临近，首都华盛顿的安全警戒也开始紧张起来，在恐怖袭击阴影的笼罩下，加上大量反特朗普抗议人士的涌入，特朗普总统就职典礼的安全形势将格外严峻，时下在位于白宫北面的拉菲特广场附近的街头已经开始设置路障。据报道，在就职典礼期间，美国十多个安全机构，包括国会警察局、联邦调查局、特勤局、国家公园管理局和国民卫队等，都将参与安保工作，整个典礼的安保费用将超过1亿美元。

1月18日，美军空袭极端组织“伊斯兰国”在利比亚的两处训练营地，评估结果表明超过80名“伊斯兰国”武装分子被炸死。美国防部发言人说，两架美空军B－2轰炸机从位于美国密苏里州的怀特曼空军基地起飞，对“伊斯兰国”在利比亚的大本营北部城市苏尔特的两处训练营实施了“精准打击”，这次行动耗资880万美元，美军在行动中总计投下100多枚精确制导炸弹，无妇女、儿童受伤。

1月20日，美国太平洋司令部司令哈里斯上将警告，如今“伊斯兰国”的恐怖行径世人皆知，包括菲律宾在内的亚太地区也都受到“伊斯兰国”的恐怖威胁，菲律宾的几个恐怖主义团体，如阿布沙耶夫和毛特集团，现都已承诺效忠于“伊斯兰国”。美国防部当然也没有放松对“伊斯兰国”的监管，并且国防部保证他们会对“伊斯兰国”保持高度警惕，且时刻关注他们的恐怖动态，IS的恐怖威胁尽在掌控之中。

1月21日，美国新任总统特朗普表示，“伊斯兰国”的势力逐渐衰弱，节节败退，但是成千上万的武装分子依然存在，作为一个分散的恐怖势力威胁着国际安全，“给了他们太多的时间发展壮大”，“不过应该很快就结束了”，“我们的战斗还不够激烈，我们必须结束它”。

1月21日，美军在也门中部地区发动多次无人机空袭，共打死4名疑似基地组织成员。此外，20日美军还打死1名基地组织的军事指挥官，这是唐纳德·特朗普就任美国总统后美军的第一轮空袭。此外，美国领导的打击“伊斯兰国”军事联盟，也持续在叙利亚和伊拉克进行轰炸。

1 月 24 日，根据五角大楼最新数据显示，美国为消灭极端组织“伊斯兰国”所付出的成本几乎翻倍，其发动的“坚定决心行动”每一天要花费纳税人 1250 万美元（约合人民币 8572. 12 万元）。自 2014 年 6 月以来，美国在打击“伊斯兰国”的行动中已耗资达 107 亿美元，截至 2015 年底，美国已在战斗中投入了 55 亿美元。

1 月 25 日，美国总统特朗普签署行政命令，禁止来自七个被认为是伊斯兰恐怖主义盛行的穆斯林国家的移民进入美国领土，这些国家包括叙利亚、伊拉克、伊朗、利比亚、索马里、苏丹和也门。除了禁止叙利亚等七国公民踏入美国，特朗普还将禁止大多数难民到美国寻求庇护。他的限制令将包含在美国国务院和国土安全部增强审查力度之前，禁止接受来自任何国家的难民。

1 月 26 日，特朗普似乎有意重启“9·11”时代对恐怖分子的酷刑政策，并相信其“行之有效”。特朗普称：“恐怖分子射杀我们和其他国家的人民，在中东地区无辜群众的头颅被砍下，只因为他们信仰基督教。‘伊斯兰国’的暴行在黑暗的中世纪以后可谓闻所未闻，我还要反对实施酷刑吗？我认为，应该对恐怖分子以牙还牙。”

1 月 27 日，美国总统唐纳德·特朗普表示，他打算很快与俄罗斯总统普京会谈，并称愿与俄一道打击“伊斯兰国”。

1 月 25 日，多家美国媒体曝光一份总统行政命令草案，显示美国总统唐纳德·特朗普已经着手恢复他的前任废除的美国情报机构的海外黑监狱。同一天，特朗普接受采访时再次表明，支持对恐怖和极端分子动用水刑。《纽约时报》、美联社等媒体报道，特朗普打算签署总统行政命令，废除前总统贝拉克·奥巴马颁布的两份总统令，一份是关闭古巴关塔那摩美军监狱，另一份是关闭中央情报局在海外监禁恐怖嫌疑人的设施和禁止违反军事规定对嫌疑人用刑，包括强制裸体、水刑、电击、火烫、性羞辱、假处决。

1 月 28 日，美国总统特朗普宣布推出措施，阻止极端伊斯兰恐怖分子入境美国，措施包括 90 日内限制伊拉克、叙利亚等多个国家人民入境美国，并会暂停美国接收难民计划 120 日。

1 月 28 日，美国总统特朗普在白宫，分别与俄罗斯、德国、法国、澳大利亚以及日本领导人通电话。与俄罗斯总统普京进行近一个小时的通话，议题涉及合作打击“伊斯兰国”以及共同推动叙利亚以及整个世界的和平稳定。与德国总理默克尔在电话中表示，同意在打击恐怖主义和暴力极端主义方面加强合作，并共同维护西亚北非地区的稳定。

1 月 29 日，美国总统特朗普签署暂禁全球难民和西亚北非 7 国公民入境的行政命令后，数十名飞抵美国机场的旅客被拘留或遣返，纽约、洛杉矶等地机场出现抗议示威，禁令在美国和全球引发争议。

1 月 29 日，美国总统特朗普下达全面禁令，不准难民进入美国，也限制 7 个穆斯林国家的人民入境，这一“大动作”不仅招致相关国家的报复，也遭到国际社会的抨击。伊朗宣布拟限制美国游客入境，报复美国总统特朗普签署“侮辱性”的行政命令。

1 月 29 日，美国白宫在一份声明中说，美国总统特朗普与阿联酋阿布扎比王储穆罕默德表示，两国将加强合作共同打击恐怖主义。

1 月 29 日，美国总统特朗普和沙特国王萨勒曼在通话中表示，支持在叙利亚和也门建立安全区。两国领导人还同意加强合作，打击恐怖主义，并共同应对威胁中东地区和平与安全的挑战，包括叙利亚和也门境内的冲突。

1 月 30 日，特朗普签署一项行政命令，要求美国军方在 30 天内制订一项“战胜”“伊斯兰国”组织的计划。这项计划将兑现特朗普在竞选过程中的一项关键承诺，他曾嘲弄并批评前任奥巴马在打击极端武装分子的斗争中所取得的缓慢进展。这项命令要求制订一项“战胜 IS 的全面战略和计划”，据悉这意味着将有更多的美军和军事装备前往伊拉克和叙利亚。

1 月 31 日，一名生活在宾西法尼亚州男子因使用推特账户向“伊斯兰国”恐怖组织汇款被捕，该男子名叫阿齐兹，20 岁，是一位生活在宾夕法尼亚州的美国人，他是“伊斯兰国”恐怖组织的支持者。阿齐兹承认向外国的恐怖组织提供物质支持，并且为恐怖组织传递信息，这两种行为从美国法律上来说都构成重罪，这种行为已经对美国的反恐怖行动造成威胁，美国将对他进行严厉惩处。

2 月 1 日，美国国防部为挫败“伊斯兰国”的在线宣传专门开发程序 WebOps，此程序是关于心理方面的运算，旨在阻止“伊斯兰国”建立强大的网络联系，破坏该组织的宣传活动。但是近来这个专用程序遇到了不少麻烦：被指控官员腐败，员工效率低下，上班时间喝酒，经常把阿拉伯语以及伊斯兰教文化混淆。

2 月 2 日，特朗普颁布的移民禁令在美国一些穆斯林社区引发强烈反弹，纽约市上千名也门裔移民联合关店罢工，以示对该禁令的抗议。

2 月 6 日，美国总统特朗普视察美国空军基地时称，绝不会让“伊斯兰国”组织在美国“生根”，并表示美国及盟国将铲除激进伊斯兰恐怖主义，该空军基地也是美国打击“伊斯兰国”组织的军事中心。当天特朗普在演讲中，还指责新闻媒体为恐怖袭击打掩护。他指出，欧洲到处“都有恐袭，但新闻媒体有意掩盖恐袭报道”。

2 月 6 日，美国《军事时报》的调查显示，自从美国开始对叙利亚和伊拉克境内的极端组织“伊斯兰国”发动空袭以来，一共有近 6000 次空袭未被美国国防部公布。

2 月 8 日，美军打击“伊斯兰国”行动指挥官汤森中将在伊拉克首都巴格达表示，被“伊斯兰国”自命为都城的摩苏尔、拉卡两地将在未来半年内解放。

2 月 8 日，美国国防部说，美军本月初对叙利亚伊德利卜附近的“基地”组织目标实施两次空袭，共炸死 11 名恐怖分子，其中包括一名该组织头目。

2 月 12 日，联合国表示，上周美国在阿富汗南部实施的空袭可能造成 18 名平民的死亡，这是联合国阿富汗援助团发表的声明中提供的消息。

2 月 13 日，总部位于纽约的“人权观察”组织发表报告称，叙利亚政府军 2016 年晚些时候为夺回阿勒颇，曾在这个由反对派控制的城市的部分地区使用化学武器。

2 月 15 日，美国总统特朗普抛出“北约过时论”后，美国国防部长马蒂斯首次出席在布鲁塞尔北约总部举行的北约国防部长会议，其主要目的除了明确北约的重要性、安抚欧洲盟国之外，更要亮明特朗普新政府的北约“改造计划”，而这一计划的两大关键词就是“军费”和“反恐”。

2 月 16 日，据外媒报道称，美国国防部可能会提出建议，首次派美军正规作战部队前往叙利亚，打击“伊斯兰国”武装分子，如果得到批准，这一举动将显著改变美国在叙利亚的军事行动。

2 月 17 日，美国五角大楼官员夸耀战功说，美军最近数月对围困在叙利亚北部拉卡的极端组织“伊斯兰国”实施的孤立战术成效显著，情报显示大量“伊斯兰国”领导层正在弃城逃亡。美联社也报道称，以美军为首的国际联盟最近密集轰炸拉卡地区，仅 16 日一天就在拉卡发动空袭 17 次，在代尔祖尔发动空袭 11 次，炸毁“伊斯兰国”多处军事设施，炸死数目不详的武装人员。

2 月 17 日，美国弗吉尼亚州男子哈里斯·卡马尔获刑 8 年监禁，他涉嫌企图为极端组织“伊斯兰国”提供支持，2016 年被美国联邦调查局特工“钓鱼执法”逮捕。

2 月 18 日，据美联社消息称，该社获得的一份草案备忘录显示，特朗普政府正考虑一项动员多达 10 万国民警卫队围捕非法移民的建议，这些非法移民包括数百万美墨边境附近的流浪者。这份 11 页的文件要求在波特兰州、俄勒冈州北部和路易斯安那州东部新奥尔良等地实行前所未有的移民执法军事化。

2 月 18 日，在美国佛罗里达州场集会人群前，美国总统特朗普宣称，要想解决难民危机，必须在叙利亚和其他战争频发的国家建立“安全区”，特朗普还特别强调，海湾国家应当负担“安全区”费用。

2 月 20 日，美国民意调查机构拉斯穆森报告（Rasmussen Report）的最新民调显示，80% 的美国人认为，伊斯兰恐怖主义是美国遭遇的严重威胁。

2 月 21 日，根据美国国土安全部的备忘录草案，美国政府计划扩大遣返移民类别，将加速执行数十万无证移民的遣返程序，此外还将提高庇护门槛，国安部则计划增加 1.5 万人手，以加强移民执法。

2 月 20 日，美国多地十余个犹太社区中心因接获炸弹威胁电话而进行疏散，不过经证实，这些电话均为假消息。

2 月 21 日，据外媒报道，虽然美国国土安全部出台强硬措施打击非法移民，但白宫发言人肖恩·斯派塞称，目前尚未出现大规模驱逐移民出境的现象。美国国土安全部门同时出台了两项新的移民令，开始全面打击非法移民，美国 1100 万未登记的非法移民恐怕难逃被驱逐的命运。

2 月 23 日，美国国防部长马蒂斯近日接连对阿联酋和伊拉克进行访问，这是美国新一届政府上台以来，美国防长首次出访中东。分析认为，马蒂斯此访意在加强美国与中东国家在打击恐怖主义方面的合作，同时安抚盟友，美国新政府的中东政策也初见端倪。然而，当地舆论认为，美国新政府在中东反恐方面很难拿出新鲜招数，也难以立见成效。

2 月 23 日，美国总统特朗普再次语出惊人，称政府驱逐非法移民属于

“军事行动”。特朗普在会见美国制造业领域的首席执行官们时说：“你们看看边境正在发生什么。这是我们第一次突然让帮派分子、毒枭和非常坏的家伙离开我们的国家……这是一场军事行动。”

2 月 24 日，纽约警方称特朗普大楼成恐袭目标，总统特朗普就任已超 1 个月，纽约市总计花费 2400 万美元维持特朗普大楼安全秩序，另外消防部门的相关开支为 170 万美元。

2 月 27 日，美国白宫发布 2018 财年预算框架，大幅提高国防预算以强化美国军事力量，为此不惜削减其他部门的开支。特朗普在竞选期间和上台之后始终把“让美军再次强大”作为优先政策之一，这次军费“历史性”上涨，符合特朗普以及幕僚推崇的所谓“力量促和平”战略思想，即以军事实力作为外交后盾。

2 月 27 日，发生在美国旧金山北美反诽谤联盟办公室的一起炸弹事件已经解除，当天美国 13 个州发生了 20 余起针对犹太人社区的炸弹威胁事件。

2 月 28 日，美国国防部表示，他们已将如何击败伊拉克和叙利亚境内“伊斯兰国”极端分子的初步计划提交给白宫，该计划旨在打击叙利亚和伊拉克以外的极端主义组织。美军参谋长联席会议主席邓福德上周表示，美国的反恐战略还瞄准中东等地区的基地组织和其他极端主义团体，这项计划不仅仅涉及军队，而是一个“政治军事计划”。

3 月 1 日，俄罗斯卫星网援引黎巴嫩电视台报道称，“叙利亚民主力量”武装联盟部队在哈塞克省获得了一批由美国提供的装甲车。“叙利亚民主力量”是一支由库尔德人主导的武装联盟，主要以打击叙境内的“伊斯兰国”为主要目标。该联盟于 2015 年 10 月成立，由大约 2.5 万名库尔德人和 5000 名阿拉伯人组成，其中有部分是受美国领导、西方联军支持的阿拉伯人部队。

3 月 2 日，美国军方发言人在记者会上称，阿富汗安全部队在美国空军支援下去年“成功地”打击了阿富汗境内的“伊斯兰国”组织，把这个恐怖组织的人数减少到大约 700 人，他赞扬阿富汗的伙伴们所取得的成功。他还称，一年前，“伊斯兰国”组织激进分子的人数大约在 2000—3000 人，他们主要集中在与巴基斯坦接壤的阿富汗东部的楠格哈尔省。

3 月 1 日，一名美国情报官员称，涉嫌幕后策划“9·11”恐袭的本·拉登女婿、“基地”组织二号头目马斯里，在叙利亚伊德利卜省遭无人机击毙。该情报官员称，马斯里的死亡标志着美国对其长达 19 年追捕的完结，他因为涉嫌策划 1998 年肯尼亚和坦桑尼亚的美国大使馆爆炸案遭美国政府通缉。

3 月 1 日，驻伊拉克美军司令说，俄罗斯和叙利亚政府军的战机对美国支持的“叙利亚阿拉伯联盟”进行轰炸，并导致伤亡。他还说，在该地区 4000—5000 米之外的美军部队发现了这次袭击，美军随后通过一条紧急电话线呼叫了俄军，之后轰炸停止。

3 月 3 日，美国对也门境内的“基地”组织发动大规模军事打击行动，并在该国多地空降海军陆战队对恐怖分子实施突袭，数十名恐怖分子被打死。也门新闻社也报道说，美国空军多架战机 1 日晚间对也门中部地区进行空袭，2 日凌晨美军多架无人机和阿帕奇武装直升机对南部的萨义德地区进行 25 次袭击。

3 月 6 日，美国国防部发言人杰夫·戴维斯在记者会上说，美军增援力量已经部署在曼比季城内和西部郊区，执行“安抚与威慑”任务。一改美军先前在叙行动的“低调”，增援的美军打出美国国旗，“招摇过市”。戴维斯说：“这是向任何试图挑起战事的一方发出的显著提示，即现在的作战对象只能是‘伊斯兰国’。”

3 月 6 日，也门军方称，美国海军在对也门特种部队进行反恐训练，这是两国合作反恐的一部分。

3 月 6 日，美国司法部长官员指出，美国联邦调查局（FBI）正在调查约 300 名获准入境美国的难民，这些人被怀疑涉及恐怖主义相关活动。

3 月 7 日，土耳其武装部队发布公告说，土耳其、俄罗斯、美国三国军事官员正在土耳其滨海城市安塔利亚就叙利亚和伊拉克问题举行三方会谈，会谈内容包括针对极端组织“伊斯兰国”大本营拉卡的下一步军事行动，以及叙利亚北部城市曼比季的军事协调方案等。

3 月 8 日，美俄两军分别在叙利亚北部城镇曼比杰外围村庄巡逻，试图化解当地敌对派系间的紧张关系，共同清剿极端组织“伊斯兰国”，尽管两军至今尚未正式碰头，但已是美俄自介入叙利亚局势以来，两军相距最近的一次。

3 月 8 日，驻守在北达科他州迈诺特空军基地的美军第 23 轰炸机中队，与所属 B－52 轰炸机即将部署中东，以打击极端组织“伊斯兰国”，这是迈诺特空军基地的 B－52 轰炸机 12 年来首度进入中东。

3 月 8 日，美国广播公司从美国防部消息人士处获悉，美军将向中东地区增派包括“三角洲”部队和“海豹”突击队在内的特种部队，执行更多秘密任务。多名不愿透露姓名的美国防部官员证实，虽然没有公开宣布，但向伊拉克、叙利亚和非洲东北部索马里等国增派特种部队的计划已在落实。

3 月 9 日，美国官员日前透露，总统特朗普的执政团队正在计划在科威特部署最多 1000 名美军士兵，作为对抗极端组织“伊斯兰国”的后备部队。

3 月 10 日，美国国务院宣布，美国将于 3 月 22 日在华盛顿举办打击极端组织“伊斯兰国”联军部长级会谈，会谈将由美国国务卿蒂勒森主持，蒂勒森将向外国同行重申，打击“伊斯兰国”将是美国国务院在中东地区的首要任务。

3 月 10 日，美国知情人士透露，美国总统唐纳德·特朗普正考虑向科威特调遣多达 1000 名美军士兵，作为打击叙利亚和伊拉克境内极端组织“伊斯兰国”的后备力量，这批军人将有别于美军驻科威特常规部队，成为快速响应地面战局变化的机动兵力。

3 月 10 日，美国政府称，目前还不知道“伊斯兰国”头目巴格达迪的具体隐藏地点，决定悬赏 2500 万美元将其捉拿归案。

3 月 14 日，美国官员称，总统特朗普已经赋予中央情报局（CIA）秘密的新权力，允许该机构针对恐怖主义嫌疑人实施无人机空中打击，此举改变了奥巴马政府限制中情局准军事角色的政策，让中情局与五角大楼再次陷入权力之争。

3 月 15 日，一名美国国防官员透露，美国国防部在拟定计划，要向叙利亚北部增派多达 1000 名美军士兵，美军向叙利亚增兵的人数限定在 500 人，但按当前情况来看，人数有必要增加。据悉，美国的增兵计划需要获得总统特朗普与国防部长马蒂斯的批准，目前在叙利亚的美军人数介于 800—900 人。

3 月 17 日，美国国防部发表声明称，美国国防部长詹姆斯·马蒂斯会见了沙特副王储兼国防部长穆罕默德·本·萨尔曼，双方就美国与沙特开展军事合作打击极端组织“伊斯兰国”一事展开了讨论。

3 月 17 日，美国中央司令部消息称，该国军方承认在叙利亚阿勒颇省一座清真寺附近实施了打击，并在核实有关轰炸造成 40 多名平民死亡的消息。此次袭击目标不是清真寺，而是清真寺 15 米外武装分子举行会议的一幢建筑，清真寺未被炸毁。

3 月 20 日，美国总统特朗普在白宫欢迎赴美访问的伊拉克总理阿巴迪，双方当天还进行会谈，就打击极端组织“伊斯兰国”等议题进行商讨。随后伊拉克总理阿巴迪称，美国政府打算加大对伊拉克在打击“伊斯兰国”恐怖组织方面的援助。

3 月 22 日，美国领导的联军对叙利亚小镇附近的一所安置流离失所人员的学校发起空袭，造成至少 33 人死亡。

3 月 22 日，美国国务卿蒂勒森在华盛顿主持召开打击“伊斯兰国”全球联盟部长级会议，会议声明称将继续团结一致消灭“伊斯兰国”这一全球威胁，承诺采取综合手段打击“伊斯兰国”及其全球网络。

3 月 22 日，以美国为首的联军把美军和叙利亚盟军空投至拉卡省塔卜卡附近，这项行动扩大了“叙利亚民主军”打击恐怖组织战役的规模，这项行动既是为了从“叙利亚民主军”占领地越过幼发拉底河夺取具有战略重要性的塔卜卡地区，又是为了遏制叙利亚政府军向那一方向挺进。

3 月 23 日，英国议会 22 日发生恐怖袭击事件，造成 5 人死亡、数十人受伤，美国当局密切关注这起袭击事件，与此同时，纽约、旧金山等大城市相继加强了安保措施。

3 月 25 日，美国军方承认，美国领导的联军在本月 17 日曾空袭恐怖组织“伊斯兰国”掌控的伊拉克摩苏尔地区（Mosul）。居民和伊拉克官员指称，空袭恐造成高达 200 名平民丧命。

3 月 27 日，美国主导的打击极端组织“内在决心”行动发言人约瑟夫·斯克罗卡说，美国陆军第 82 空降师将抽调约 200—300 人，向伊拉克政府军提供顾问和军事支援。美国陆军第 82 空降师已经在伊拉克和科威特临时部署约 1700 人的兵力，目前美军共有约 6000 人在伊拉克执行各类任务。

3 月 29 日，美国前朝鲜半岛问题首席谈判代表格鲁奇在参议院外交关系委员会的听证会上提议，为防止可转用于核武器的钚落入恐怖分子手中，应与日本谈判“要求停止对钚进行再处理和提取”。

3 月 30 日，美国国务卿蒂勒森在对土耳其进行访问时强调，在合力打击极端组织“伊斯兰国”方面，美国和土耳其目标一致，没有“间隙”。

3 月 31 日，美国向巴基斯坦军队交付新一批塞斯纳飞机，用于加强该国的反恐能力和空中机动性。自 2016 年 11 月以来，巴基斯坦陆军已经收到 6 架塞斯纳飞机，包括 2 架塞斯纳 208“大篷车”飞机和 4 架塞斯纳 206H 飞机。

4 月 1 日，CNN 消息，美国情报部门和执法人员相信，IS 和其他恐怖组织已经发明了将炸弹植入电子设备的方法，FBI 检测结果显示，其中一些微型炸弹甚至能够通过机场安全检查。

4 月 1 日，美国国防部说，美国主导的打击极端组织“伊斯兰国”军事行动自 2014 年发动以来已造成至少 229 名平民死亡。

4 月 3 日，美国总统特朗普与来访的埃及总统塞西在白宫举行会谈，双方承诺合作打击恐怖主义。特朗普在与塞西会谈前表示，美国是埃及的“好朋友和盟友”，坚决支持塞西政府。他强调，他和塞西虽然在少数地方存在分歧，但在众多问题上都立场一致，双方将携手打击恐怖主义。

4 月 3 日，美国众院全体会议以多数赞成通过了一项跨党派法案，要求国务院把持续开发核力量和导弹的朝鲜再度列为美国单边金融制裁对象的“支持恐怖主义国家”。

4 月 5 日，俄罗斯内务部官方发言人表示，俄罗斯内务部部长弗拉基米尔·科洛科利采夫与美国国土安全部部长约翰·凯利日前讨论了合力打击国际恐怖主义的必要性，双方一致认为有必要合力打击国际恐怖主义。

4 月 10 日，两艘美国军舰 7 日向叙利亚一座空军基地发射了 59 枚“战斧”巡航导弹，美国总统特朗普称，今后可能根据情况采取进一步行动，民调显示约半数美国人支持此次打击行动。

4 月 13 日，美军中央司令部证实，美国主导的国际联盟在本月 11 日的一次空袭中误炸叙利亚库尔德武装“叙利亚民主军”的据点，造成 18 人遇袭身亡。

4 月 14 日，美军非洲司令部称，美国军人将担任索马里军队后勤训练的教官，以强化索马里军队在打击极端武装方面的后勤能力，大约 40 名美国大兵将重新踏上索马里的土地，这是美国自 1994 年以来在这个非洲之角国家最大规模的军事部署。

4 月 19 日，美国国防部长马蒂斯本周对中东北非多国进行访问，主要议题是商讨在打击极端组织方面如何展开进一步协调。

4 月 19 日，美国多名不愿公开姓名的政府高官透露，特朗普政府正在考虑向打击也门胡塞武装的沙特阿拉伯部队提供更多军事支援，以迫使胡塞武装坐到谈判桌前。这些官员说，美军提供的军事支援将主要包括情报支持，但美军不会出动地面部队。

4 月 20 日，美国微软公司创始人比尔·盖茨警告称，生物恐怖袭击将比核袭击更具破坏力，随空气快速传播的病原体在不到一年内就可能杀死 3000 万人，恐怖分子有可能会重新创造出像天花一样给人类带来浩劫的疾病。

4 月 21 日，美军中央司令部发言人宣布，本月初美军在叙利亚一次秘密地面突袭中，击毙与极端组织“伊斯兰国”最高领导人阿布·贝克尔·巴格达迪关系密切、且与年初土耳其一次恐袭直接相关的一名“伊斯兰国”头目，此人名为阿卜杜拉赫曼·乌兹别克，在叙利亚迈亚丁附近美军的一次地面突袭中被击毙。

4 月 24 日，美国国防部长马蒂斯突访阿富汗，马蒂斯此访的目的是评估美军在阿情况，目前特朗普政府正衡量是否要向阿派遣更多美军士兵。

4 月 26 日，美国华盛顿大都会政府委员会在首都华盛顿及其附近郊区组织针对恐怖袭击的大规模演练，以防范类似巴黎系列恐袭事件的发生。

4 月 27 日，美国无人机对巴基斯坦西北部北瓦济里斯坦部族地区的塔利班武装目标实施空袭，造成至少 7 人死亡。当时，巴基斯坦塔利班一名指挥官和 6 名随从正在一处据点开会，他们在空袭中全部被炸死。这是今年以来美国无人机在巴基斯坦境内实施的第二起空袭，3 月 2 日美国无人机在西北部古勒姆部族地区实施空袭，炸死至少 2 名武装人员。

4 月 29 日，美军坦克和装甲车队近日开到叙利亚与土耳其的边境地区，开始执行巡逻和侦查任务，美军这一低调动作实为“拉架”，意在阻止土耳其军队和库尔德武装再起军事冲突。叙利亚人权观察组织负责人拉米·阿卜杜勒－拉赫曼说，美军这一最新部署规模不大，实际上相当于在土耳其军队与叙利亚库尔德武装之间建立一个缓冲地带。

4 月 29 日，大约 300 名美国海军陆战队队员“重返”阿富汗赫尔曼德省，这些人将主要负责为阿富汗安全部队提供培训，并担任顾问帮助阿富汗打击塔利班武装。

4 月 30 日，美国承认其主导的打击极端组织“伊斯兰国”的军事行动自 2014 年发动以来已造成至少 352 名平民死亡，但与相关国际组织的统计相比，美军公布的这个数字要低得多。

5 月 3 日，美国国家情报总监丹尼尔·科茨在一份报告中称，尽管法律限制美国国家安全局搜集民众通话细节信息，但国安局在 2016 年内仍搜集了 1.51 亿民众的通话信息。

5 月 4 日，沙特阿拉伯外交大臣阿德尔·朱拜尔表示，美国总统唐纳德·特朗普已解冻向利雅得出售精确制导炸弹的交易，且已敦促政府采取措施促进与美国盟友的交易。

5 月 4 日，美国国防部已承认，美军 3 月中旬在叙利亚阿勒颇省实施空袭时击中一座清真寺，造成超过 40 人死亡。此前，美方一直否认摧毁该清真寺，但社交媒体上流传的照片显示，这栋建筑被毁、多具尸体被抬走。人权组织指责，美方授权空袭前没有仔细确认袭击目标是否无误。

5 月 7 日，据《福克斯新闻》报道，美研究机构合作研发制造了用于情报侦察被称为“蜻蜓眼”（DragonflEye）的机器蜻蜓，而美国军事和情报部门将可能很快会把这一机器昆虫投入到反恐之中，运用到打击恐怖主义的战斗中。

5 月 9 日，美国政府决定向阿富汗增派兵力，定员人数或为 5000 名。俄罗斯总统阿富汗问题特使证实了这一消息，但他认为美军此举并不能保障阿富汗局势稳定。

5 月 9 日，美国白宫证实，总统特朗普已授权国防部向在叙利亚境内参与打击极端组织“伊斯兰国”的库尔德武装提供武器。

5 月 9 日，美国政府和格鲁吉亚政府在华盛顿签署了情报保护协定，美国务院表示协定为两国情报共享确立法律基础，并将有助于加强两国反恐合作。

5 月 10 日，美国国务院发表声明，将为确认叙利亚恐怖组织“胜利阵线”头目穆罕默德·乔拉尼的身份或位置，提供 1000 万美元的赏金。

5 月 12 日，美国总统国家安全事务助理麦克马斯特说，美国总统特朗普首次出访中东将敦促中东盟友加强反恐、促进地区和平。

5 月 19 日，美国驻阿富汗部队发表声明说，极端组织“伊斯兰国”在阿富汗遭受严重损失，该组织阿富汗分支占领区的 2/3 已被收复。美军称，过去数月，驻阿美军与阿安全部队成功击毙“伊斯兰国”阿富汗分支头目哈菲兹·赛义德及其继任者阿卜杜勒·哈西卜。美军强调，2017 年 3 月以来，至少有 750 名“伊斯兰国”成员在清剿行动中被击毙，该组织部分地下掩体、隧道据点和指挥设施被摧毁。

5 月 21 日，特朗普在利雅得举行的阿拉伯伊斯兰美国峰会上指出，反恐是一场“草菅人命的野蛮罪犯对所有爱惜人命的正派宗教人士之间的战争”。有分析称，他此次演讲旨在设法修补他和伊斯兰世界之间的关系。

5 月 23 日，美国国防部表示，美国军队在也门发动空袭，7 名“基地”组织武装人员在袭击中丧命。

5 月 23 日，美军负责网络作战的指挥官在华盛顿表示，美军正在建立一支有进攻能力的网络作战预备军，以应对黑客对美国各部门网络系统的威胁。

5 月 24 日，美国国务卿雷克斯·蒂勒森称，美国希望北约能够形式上加入打击“伊斯兰国”恐怖组织的联盟。

5 月 25 日，美国军方承认，在 3 月份的一场空袭中造成至少 105 名伊拉克摩苏尔平民死亡。

5 月 25 日，一家国际非政府组织表示，美军无法确定部分被运往伊拉克和科威特的武器的所在位置，这些被运过去的、却又“失踪”的武器价值估计为 10 亿美元。有专家称，这批武器或早就已经落入包括恐怖组织“伊斯兰国”在内的武装团体手中。

5 月 26 日，美国领导的联军当天凌晨在叙利亚东部城镇马雅丁（Mayadeen）发动空袭，炸死 80 名极端组织“伊斯兰国”“圣战”分子的亲属。

5 月 27 日，美国新泽西州纽瓦克（Newark）国际机场航站楼发现可疑高压锅，客运大楼全部疏散，可疑装置随即被清除。

6 月 2 日，美国国防部发表月度报告，更新美军在叙利亚和伊拉克打击极端组织“伊斯兰国”军事行动中“无意”致死平民人数。报告显示，2014 年 8 月至 2017 年 4 月期间，共有至少 484 名平民死于美军枪炮之下，仅 2017 年 3 月，就有 132 名无辜平民丧命。

6 月 2 日，外媒报道，美国中央情报局（CIA）成立一个新部门，专门负责收集和分析有关伊朗的情报。美国官员称，此举反映出特朗普政府决定提升伊朗在美国情报机构的目标优先级。

6 月 5 日，作为对菲反恐援助计划的一部分，美国当天向菲律宾海军陆战队移交数百支机关枪、手枪以及榴弹发射器。美国驻菲大使馆在声明中说，上述武器装备将提升菲律宾的反恐能力，并有助于保护在菲南部从事反恐行动的士兵。

6 月 8 日，美军特种作战司令部司令陆军上将雷蒙德·托马斯在参议院军事委员会作证时表示，由于美军特种部队铺的摊子太大，导致特种作战军人穷于应付、疲于奔命。托马斯在参议院作证时说，美军 8000 名特种作战军人部署在 80 多个国家和地区，特种作战司令部正在努力争取赢得从击败包括“伊斯兰国”在内的恐怖分子到抗衡俄罗斯进攻，同时还要备战朝鲜半岛意外事件，并承担保卫美国国土的作战行动，美国特战军人及其家属因为 15 年的持续作战感到疲惫不堪。

6 月 8 日，美国主导的打击极端组织“伊斯兰国”多国军事联盟，当天再次轰炸了一支进入叙利亚南部“冲突降级区”的亲叙政府武装力量。美国主导的多国军事联盟曾在 5 月 18 日和 6 月 6 日两次打击过进入坦夫山“冲突降级区”的亲叙政府武装。

6 月 9 日，驻阿美军在该省空袭行动中击中一处安全检查站，导致至少 3 名阿富汗边防警察死亡，另有 2 人受伤。

6 月 10 日，美国驻马尼拉大使馆发言人表示，近来位于菲律宾南部的马拉韦市遭与“伊斯兰国”结盟的武装分子围困，美国特种作战部队正在帮助菲律宾武装部队结束围困局面。

6 月 10 日，菲律宾军方和美国驻菲律宾大使馆证实，美军特种部队参与了菲律宾南部城市马拉维的反恐作战，这是双方首次承认美军介入这场战事。

6 月 10 日，一名阿富汗士兵当天开枪打死 2 名驻阿美军士兵，并打伤 2 名美军士兵，事件发生在楠格哈尔省阿钦地区，这名阿富汗士兵在打死打伤 4 名美军士兵后被美军击毙。

6 月 11 日，菲律宾总统杜特尔特否认向美国求援，称“我从未向美国寻求帮助”“美国特种兵到达前才知道此事”。

6 月 11 日，伊朗武装力量副总参谋长穆斯塔法·伊扎迪表示，伊朗已掌握证据和文件，证实美国直接支持极端组织“伊斯兰国”。

6 月 12 日，阿富汗东部楠格哈尔省政府发言人说，驻阿美军车队在当地遭遇地雷袭击，随后美军士兵开枪打死两名儿童，其中一人 8 岁，另一人 10 岁。

6 月 14 日，尽管美国总统特朗普批评卡塔尔资助恐怖主义，两国防长还是签署了一份向卡塔尔出售数十架战斗机、总额为 120 亿美元的初步协议。与此同时，参加美国和卡塔尔联合军演的两艘战舰，在协议签署当天抵达卡塔尔。美联社认为，美方的连续示好表明，华盛顿方面与卡塔尔依然维系着重要的军事联系。

6 月 14 日，联合国叙利亚问题独立国际调查委员会称，自 2017 年 3 月以来，美国主导的打击极端组织“伊斯兰国”多国军事联盟对叙利亚拉卡市的空袭造成至少 300 名平民死亡。

6 月 15 日，根据美国特朗普政府高层透露的消息，美军将在近日向阿富汗增派 4000 名士兵，以应对塔利班和极端组织等带来的威胁。

6 月 15 日，联合国大会通过决议，决定重组联合国反恐架构，设立联合国反恐怖主义办公室，以协调联合国系统有关反恐方面的努力，加大对各会员国反恐能力建设的支持等。

6 月 15 日，美军把高机动性炮兵火箭系统从约旦运至叙利亚南部的阿特坦夫基地，这意味着五角大楼将部分叙利亚领土，视为自己同时向多个方向进攻的固定战略基地，对此俄罗斯国防部指责认为这套武器针对叙利亚政府军。

6 月 16 日，美国社交媒体脸书日前表示，社交媒体不应成为恐怖分子发声的地方，并公布了它如何通过新技术、人力和对外合作阻止其平台被用于恐怖主义活动。

6 月 17 日，近期美国多州接连发生严重枪击事件，本月 14 日东西部两地更相继发生了枪击案件，这不仅受到广泛关注，也再次引起舆论对美国枪支暴力和控枪问题的讨论。但在枪击案频繁发生的同时，美国的控枪形势却在“逆转”，2017 年以来全美多个州酝酿或者通过立法，放宽枪支管控，这种趋势引发了反枪支暴力团体与民众的反对与担忧。

6 月 18 日，一架美国战机击落了一架叙利亚政府的 SU－22 飞机，这是美国飞行员首次在叙利亚内战中攻击叙利亚政府的飞机。第二天俄罗斯做出反应，威胁要把所有美国及其盟国的飞机作为“瞄准目标”，俄罗斯已经在叙利亚部署了最具威力 S－400 反导弹系统。有防务专家指出，S－400 系统是飞行员的“噩梦”。

6 月 20 日，美国国防部说，美军在叙利亚东南部击落一架搭载武器的伊朗制无人机，这是美军近一个月来第三次击落亲叙政府武装的飞机。

6 月 24 日，阿富汗前总统卡尔扎伊在第六届世界和平论坛上谈及反恐问题时表示，美国在阿富汗驻军进行反恐，却没有遏制恐怖主义，越反越恐，其行为逐渐令阿富汗人民产生了怀疑。他表示，美国要做的应该是努力推动和平，而不是引爆炸弹。

6 月 26 日，据央视新闻客户端援引库尔德媒体报道，由美国支持的

“叙利亚民主军”成立的“拉卡民事议会”在 24 号赦免了 83 名恐怖分子，以期在库尔德人领导的拉卡行动中，得到当地人的好感与支持。

6 月 26 日，“脸书”（Facebook）、微软（Microsoft）、“推特”（Twitter）和 YouTube 等科技巨擘宣布组成反恐伙伴联盟，以阻遏极端主义内容在互联网上传播。

6 月 27 日，美国国防部长马蒂斯表示，美国可能给在叙利亚境内的库尔德武装力量提供长期支持。

6 月 28 日，“美国已在叙利亚霍姆斯基地附近部署军舰和战机”，白宫发出“叙利亚正准备新一轮化武攻击”的警告后不到 3 天，美国及其盟国已在叙利亚强化军事部署。俄罗斯表示，美军已经做好随时打击叙利亚的军事准备，正为动手寻找借口。

6 月 29 日，库尔德武装已经向美军转交了从“伊斯兰国”手中夺取的塔卜卡空军基地的支配权，该基地位于拉卡省西部，距拉卡市约 60 公里。

6 月 29 日，美国国防部长詹姆斯·马蒂斯与北约盟国防长举行会谈，商讨向近来安全局势恶化的阿富汗增兵。他会后证实，部分成员国已答应增兵。

7 月 1 日，美国“科罗纳多”号濒海战斗舰加入菲律宾“拉蒙—阿尔卡拉斯”号巡逻舰的行列，在苏禄海一带进行了巡逻，自 2015 年以来，这一海域频发海盗袭击商船的现象。

7 月 3 日，叙利亚外交部副部长费萨尔·梅克达德向美国警告称，美方若再次打击叙利亚政府军，就将受到来自后者盟友的报复。

7 月 5 日，多位有影响力的美国参议员告诫总统特朗普，单单增派美军无助于赢得阿富汗战争。他们认为，美国外交缺乏关注点“令人非常不安”。

7 月 6 日，美俄亥俄州一位名叫亚伦·特拉维斯·丹尼尔斯的男子在哥伦布市联邦地区法院认罪，承认自己曾尝试给极端组织“伊斯兰国”提供支持，丹尼尔斯将面临 20 年监禁。

7 月 7 日，受美国支持的叙利亚反对派武装“叙利亚民主军”，对极端组织“伊斯兰国”在叙大本营拉卡的进攻已取得重要进展，但遭遇武装分子顽强抵抗。

7 月 7 日，二十国集团（G20）领导人在德国汉堡发表声明说，G20 成员将继续加强反恐合作，包括落实既有国际反恐承诺、强化反恐情报交流与共享、打击对恐怖主义的资金支持、打击激进化以及利用互联网开展恐怖主义活动的行为。

7 月 10 日，美国参议院军事委员会主席约翰·麦凯恩认为，华盛顿正在输掉阿富汗战争。麦凯恩表示："我们没有战略，我们正在失败。"

7 月 10 日，美国联邦调查局宣布，一名美军士兵因涉嫌勾结极端组织"伊斯兰国"日前在夏威夷州首府檀香山被逮捕。

7 月 10 日，美国国防部证实，极端组织"伊斯兰国"在伊拉克的大本营摩苏尔已在伊拉克安全部队控制下，但摩苏尔战役胜利不代表打击"伊斯兰国"行动结束。

7 月 11 日，美国和卡塔尔在卡塔尔首都多哈，签署打击资助恐怖主义谅解备忘录。

7 月 12 日，白宫高级代表向记者表示，美国总统特朗普将在 7 月 14 日至 15 日访问巴黎，期间与法国总统马克龙及其顾问讨论反恐问题。

7 月 12 日，伊拉克总理阿巴迪在第二大城市摩苏尔发表胜利宣言，宣布伊军战胜残酷的恐怖主义，将极端组织"伊斯兰国"彻底推翻。但美军方警告战事还未结束，称"伊斯兰国"武装分子正密谋重组军力反击，不能掉以轻心，以免"伊斯兰国 2.0"崛起，美军在伊拉克的驻军人数近期不会减少。

7 月 12 日，美国国防部发言人瑞安·狄龙说，美军已经进入极端组织"伊斯兰国"在叙利亚的大本营拉卡，协助当地武装同"伊斯兰国"作战。

7 月 13 日，在大量私营企业的推动下，人工智能技术将很快用于作战使用，美军计划在 6 个月以内，开始使用商用人工智能算法来分析整理关于"伊斯兰国"极端组织的大量情报数据。

7 月 14 日，美国国防部长马蒂斯说，美方目前无法证实极端组织"伊斯兰国"最高头目阿布·贝克尔·巴格达迪是否死亡。

7 月 14 日，美国国防部发表声明称，美军在一次突袭行动中击毙恐怖组织"伊斯兰国"阿富汗分支的头目阿布·赛义德。

7 月 17 日，叙利亚拉塔基亚省守备部队工程服务指挥官表示，叙利亚政府军日前在拉塔基亚的一次排雷行动中，发现了一处存放超过 30 个美国重型反坦克导弹系统的仓库。

7 月 17 日，美欲将伊斯兰革命卫队列为恐怖组织，伊朗武装力量总参谋长穆罕默德·侯赛因·巴盖里表示，美国若将伊朗伊斯兰革命卫队列为

“恐怖组织”，自己将承担后果。

7 月 19 日，在大量私营企业的推动下，人工智能技术将很快用于作战使用，美军计划在 6 个月以内，开始使用商用人工智能算法来分析整理关于“伊斯兰国”极端组织的大量情报数据。

7 月 21 日，总统特朗普决定终止中情局（CIA）秘密武装和培训叙利亚反对派项目，这正是俄罗斯长期寻求的目标。

7 月 21 日，美国国防部长马蒂斯说，他认为极端组织“伊斯兰国”最高头目阿布·贝克尔·巴格达迪依然活着，美军将会继续追踪巴格达迪。

7 月 22 日，北约“坚决支援”行动指挥部发布消息称，由于美军在阿富汗赫尔曼德省境内实施空袭期间误炸，导致 16 名阿富汗官兵丧生、2 人受伤。

7 月 24 日，一名美国堪萨斯州男子因策划代表极端组织“伊斯兰国”对美国一军事基地展开自杀式炸弹袭击未果，被判处 30 年监禁。

8 月 1 日，美国主导的国际联盟在过去数小时内对叙利亚东部实施空袭，造成 60 名平民死亡。

8 月 4 日，美国国防部先进技术局（DARPA）选中了三个团队开始第一阶段车载反无人机系统演示项目制造，该项目的目的是研制一种能够保护车队免遭小型无人机威胁的防空武器，因为在伊拉克、叙利亚战场上，恐怖分子经常使用“大疆”之类的小型无人机投掷手榴弹、枪榴弹、迫击炮弹小型弹药，给伊拉克政府军造成相当的心理压力和一定伤亡。

8 月 8 日，有报道称，美国和印度将于 9 月 14 日至 27 日在美国刘易斯—麦科德联合基地（Joint Base Lewis-McChord）举行代号为“准备战争”（Yudh Abhyas）的联合军事演习，该军演主要以反叛乱、反恐为主题，印度方面将派出 200 名士兵参加营级野外训练演习。

8 月 8 日，伊拉克什叶派民兵组织“人民动员组织”下属的“赛义德·舒海达旅”发表声明，指责美军 7 日轰炸了其武装人员控制区域，造成数十名武装人员丧生。

8 月 9 日，也门方面的消息称，为打击“基地”武装，美军要向也门派遣地面部队。

8 月 9 日，据美国媒体报道，美国在阿富汗的军事行动早已陷入胶着状态，美国总统特朗普对此愈发不满，特朗普政府正在考虑实施一项前所未有的计划，打算将阿富汗战争“私有化”，私人雇佣兵能帮助美国早日摆脱这个"泥潭"，并恢复阿富汗的秩序。

8 月 11 日，美军正在伊拉克北部建立新的军事基地，目前已完成一半的工程。美国军方解释说，这是为了有效打击仍在伊拉克境内的恐怖武装。

8 月 11 日，驻阿美军在东部楠格哈尔省进行空袭时击中一辆汽车，造成车内 16 名平民不幸身亡。

8 月 14 日，两名防务官员说，五角大楼正在考虑一项允许美国军方对菲律宾的"伊斯兰国"进行空袭的计划，作为集体自卫的一部分对"伊斯兰国"目标进行打击的授权可能成为一项正式军事行动的一部分，可能派遣武装无人机进行打击。

8 月 15 日，当白宫正在考虑下一步的阿富汗政策时，阿富汗塔利班组织给美国总统提供了他们的建议，要求美国从阿富汗撤军，结束这场历时 16 年的战争。

8 月 18 日，美国参谋长联席会议主席邓福德表示，特朗普政府"非常接近"完成对阿富汗的"长期"政策承诺，将解决阿富汗地面部队最高指挥官约翰·尼克尔森要求增加国际部队，结束阿富汗部队和塔利班之间僵局的请求。

8 月 20 日，当攻打极端组织"伊斯兰国"在叙利亚老巢拉卡的战役正在进行时，美国支持的叙利亚反对派武装"叙利亚民主军"称，击败"伊斯兰国"后，美军仍将在叙北部"待很久"，与"叙利亚民主军"建立"长久关系"。

8 月 21 日，美国总统特朗普宣布向阿富汗增派 4000 名美军，特朗普列出美国在阿行动的几项目标，并重申美国在阿行动的决心，不过他也表示，美国对阿富汗政府的耐心"不是没有限度的"。

8 月 22 日，美国主导的国际联盟连续多日对叙境内极端组织"伊斯兰国"目标实施空袭，造成近百名平民死亡。

8 月 23 日，据美国国防官员近日透露，美国国防部在阿富汗的实际驻军人数超过了 12000 人，比其公开承认的人数多出大约 3500 人。

8 月 30 日，美军部队在叙利亚北部土耳其支持的反政府武装控制地区屡遭枪击后，美国国防官员称，盟军部队将继续在土耳其支持的曼比季军事委员会控制地区巡逻，面对任何威胁，将进行自卫。

8 月 30 日，据多家阿富汗当地媒体报道，美军在阿富汗东部卢格尔省的一次空袭造成致至少 11 名阿富汗平民死亡。

8 月 31 日，美国法院判处恐怖主义嫌犯塞巴斯蒂安·格雷格森 45 个月监禁，他曾购买爆炸物，并表示支持“伊斯兰国”组织。

9 月 1 日，美国国务院发布声明说，美国政府已暂停对巴基斯坦数额为 2.55 亿美元的军事援助，希望看到巴方在阿富汗反恐方面作出更大贡献。

9 月 1 日，美军主导的打击极端组织“伊斯兰国”国际联盟承认，在叙利亚和伊拉克打击“伊斯兰国”军事行动中“无意”致死的平民数量新增 61 人。

9 月 5 日，美国国防部宣布，美将军保罗·芬克（Paul Funk）当天接替斯蒂芬·汤森（Stephen Townsend）中将，成为美国主导的打击“伊斯兰国”多国联盟指挥官，负责“内在决心”行动。

9 月 7 日，美国官员透露，美国将向阿富汗增派 3500 名士兵，一旦执行，驻阿美军的数量将增至约 14500 人。

9 月 9 日，美国智库的高级研究员马修·侯赫说，美国即将迎来“9·11”恐怖袭击事件 16 周年，美军在阿富汗打响反恐战争也将进入第 17 个年头，然而从目前来看，特朗普政府仍没有摆脱美国长久以来重军事、轻外交的反恐陋习，如果这一反恐政策“硬伤”不改，美国将难以逃出“越反越恐”的怪圈。

9 月 13 日，美国主导的国际联盟对叙利亚境内目标实施空袭，造成 22 名平民死亡。

9 月 24 日，美国军方称，美军对利比亚境内的“伊斯兰国”营地进行了多次空袭，17 名武装分子被打死。

9 月 25 日至 27 日，美国国防部长马蒂斯对印度进行访问，与印方商讨打击恐怖主义等议题。

10 月 1 日，鉴于国际安全局势升温，美国特朗普政府准备放宽向盟友出售武器的限制。然而，对于美国增加武器出口是否是好事，专家们看法不一，有专家就担心，随着各国武器越来越多，整个世界的危险性无形中也提高了。

10 月 3 日，在美国拉斯维加斯发生美国历史上死伤最惨重的枪击事件后，纽约警察局（NYPD）表示，已经提高了纽约市的安保级别，在时报广场等重要地点也已增派了反恐小组。

10 月 6 日，美国国防部防务安全合作局发表声明说，美国国务院已批准向沙特阿拉伯出售价值约 150 亿美元的“萨德”反导系统及相关配套设备。

10 月 8 日，美国司法部起诉 3 名密谋对纽约市发动恐怖袭击的男子，这三人通过互联网取得联系，要以“伊斯兰国”组织的名义发动袭击，目标包括时报广场和纽约市地铁系统。

10 月 9 日，据俄新闻消息称，在叙境内袭击俄军警观察哨的武装分子拥有美欧产武器。另据叙军方消息，叙军缴获部分带有手工制光学瞄准镜紧固件的美制 M－16 步枪，并搜集到武装分子从境外获得武器的其它证据；美方向叙反对派提供的 1421 辆装有军用物资和武器的卡车，最终落入 IS 以及相关的武装分子手中。

10 月 9 日，叙利亚政府军将领表示，美国向“伊斯兰国”和“征服阵线”组织提供武器，而非向反对派提供武器。

10 月 10 日，俄罗斯国防部指控美军，“假装”打击极端组织“伊斯兰国”，嘴里喊着反恐，实则减少空袭次数，好让伊拉克境内的极端分子保存实力，涌入叙利亚对付俄罗斯军队支持的叙利亚政府军。

10 月 10 日，美国政府悬赏上千万美元捉拿黎巴嫩真主党两名头目，此举旨在为美国总统唐纳德·特朗普即将公布的遏制伊朗新战略定调。

10 月 11 日，巴基斯坦总理称：“巴基斯坦不再依赖美国以满足本国的军事和其他需求”，“尽管我们的军队主要装备美式武器系统，但我们也对自己的武器库进行了多样化的处理。”

10 月 11 日，俄罗斯国防部发言人科纳申科夫表示，美国减少了对伊拉克境内武装分子的打击力度，美国在伊并非真正反恐。

10 月 11 日，伊朗政府日前对美国发出警告，称不要把伊朗革命卫队认定为恐怖分子组织。伊政府称，美国如果这样做，就是站在了极端组织“伊斯兰国”一边。

10 月 11 日，自特朗普 8 月宣布美国对阿富汗新战略以放宽对阿富汗袭击限制和扩大袭击军事目标范围以来，在阿富汗的美国战机发动袭击的次数猛增，袭击频度是自 2010 年美国在阿富汗士兵人数达到高峰之后，未曾出现过的。相关军事数据显示，9 月美国空军在阿富汗共投掷了 751 枚炸弹，比 8 月份时的 503 枚炸弹增加了将近 50%。这是 7 年来美国在一个月内向阿富汗投放炸弹数量最多的一次。

10 月 12 日，美国白宫和国务院分别发表声明称，在巴基斯坦政府的协助下，已经成功解救被塔利班分支机构“哈卡尼网络”绑架五年的凯特兰·科尔曼、乔舒亚·博伊尔夫妇和他们的三个孩子。

10月17日，经过四个月的战斗，美国支持的“叙利亚民主军”宣称完全控制极端组织“伊斯兰国”在叙大本营拉卡。美国总统特朗普在电视节目中称，“伊斯兰国”逃离拉卡要归功于他“担任了美国总统”。

10月18日，据美国军事网报道，美国陆军参谋长马克·米莱（Mark Milley）对外公开表示，美军未来将换装一款比世界现役所有突击步枪射程更远的步枪，单兵武器装备的综合性能也将在现有基础上大幅提高。

10月20日，俄罗斯国防部发言人称，美国国务院首次承认恐怖集团“沙姆解放组织”在叙利亚使用化学武器。此前美国国务院表示，恐怖集团“沙姆解放组织”正在伊德利卜省使用“轻重型武器、自制爆炸装置和化学武器”。

10月20日，土耳其总统埃尔多安指责美国、法国和德国等国支持土耳其反政府武装库尔德工人党，使得土方在反恐战争中处于孤立境地。

10月20日，美国国务卿蒂勒森发表声明，祝贺叙利亚收复拉卡，称这是全球联合打击“伊斯兰国”的重要里程碑。

10月22日，美国中央情报局将向阿富汗派遣更多有丰富作战经验的军官，协同阿富汗展开联合搜查以及打击塔利班武装分子的行动。

10月23日，美国前国防部长帕内塔在华盛顿出席哈德逊研究所会议时表示，美国应该建立一个不仅能够打击恐怖分子，而且还能抵制伊朗日益增长的影响力的中东联盟。

10月24日，美国参议院情报委员会以12票赞成、3票反对，通过了更新的《外国情报监视法》（FISA）。

10月25日，美国将领近日表示，随着极端组织“伊斯兰国”连失其伊拉克和叙利亚的大本营之后，开始向非洲转移阵地，为此美国考虑扩大在非洲的驻军，以防该组织有机可乘。

10月30日，美国军方称，“伊斯兰国”武装被打败后，美国部队也会伊拉克和叙利亚长期存在，这是为了打击“伊斯兰国”残余势力和阻止伊朗在该地区扩大其影响力。

10月30日美国总统特朗普宣布，美军在利比亚抓获美国驻班加西领事馆遇袭事件嫌疑人之一穆斯塔法·伊马姆。

10月31日，美国国务卿蒂勒森呼吁国会允许政府不限范围地使用武力打击恐怖分子，以打击那些不尊重边界，也不因此受到限制的敌人。

10 月 31 日，美国终于同意提供 6000 万美元支援萨赫勒非洲 5 国反恐维安行动，但仍拒绝批准由联合国秘书长古特雷斯、萨赫勒 5 国、法国及大部分安理会成员提出以联合国名义支援的要求。

10 月 31 日，4 名美国特种兵在尼日尔阵亡的消息让国会和媒体不禁发问：美军士兵在非洲到底在干什么？五角大楼尚未给出明确答复。但可以确定的是，目前美国在尼日尔驻扎有 900 名军人，在非洲 20 多个国家的驻军总人数大约为 6000 人，而且美国在非洲的军事存在并未受到政府的政治掩护。

11 月 1 日，白宫发布消息称，美国总统特朗普接受了印度总理莫迪对纽约袭击案的深切慰问，两国领导人商定合作打击恐怖主义。

11 月 2 日，纽约马拉松将在当地时间 5 日举行，鉴于 10 月 31 日刚刚发生了皮卡车撞人袭击事件，纽约市长德布拉西奥对公众表示，纽约警局将在马拉松比赛上投入更多警力保障安全。

11 月 3 日，美国军方表示，美军对索马里境内极端组织“伊斯兰国”武装进行了两次空袭，打死多名武装分子，这是美军在非洲首次向“伊斯兰国”发动打击行动。

11 月 4 日，美国总统特朗普与沙特阿拉伯国王萨勒曼通电话，表示期待同沙特加强反恐合作。

11 月 8 日，美国空军对第 2 代小直径炸弹（SDB－II）完成了一系列严格的高速风洞试验，使这款武器可能在 2018 年部署到 F－15 战斗机上。按照设计，SDB－II 炸弹将用于在各种天气条件下摧毁移动目标，比如在皮卡车上处于移动中的小股“伊斯兰国”组织成员或恐怖分子战斗人员。

11 月 9 日，美国军方表示，美军对非洲国家索马里境内的极端组织“青年党”进行了一次空袭，击毙多名极端分子。

11 月 9 日，美国国土安全部发布一份最新的恐怖主义活动公告，强调无人机武器化、化学攻击和持续针对商用飞机的恐怖威胁。

11 月 13 日，美国国防部长詹姆斯·马蒂斯在五角大楼说，美军将长期在叙利亚保持军事存在，防止新的“伊斯兰国”出现。

11 月 20 日，美国和阿富汗军队联合对阿境内塔利班目标发起空袭行动，在行动中美军出动了 F－22 战机和 B－52H 轰炸机，阿富汗军方则出动了 A－29 超级巨嘴鸟攻击机。

11 月 21 日，美军非洲司令部发表声明说，美军当天对索马里极端组织“青年党”目标实施空袭，打死该组织 100 余名武装分子。

11 月 23 日，美国多地举行感恩节大游行，民众热闹欢乐的同时，也忍受着交通拥堵带来的不便，而为了维护治安、防范恐怖袭击，今年节日期间安保更是严上加严。

11 月 24 日，美国总统特朗普与土耳其总统雷杰普·埃尔多安通话后表示：美国将不再向叙利亚境内的库尔德武装提供武器装备。这一表态符合土方长期以来在叙利亚问题上的诉求。

11 月 26 日，在简易爆破装置（IED）成为美国在伊拉克和阿富汗战争惨痛教训的十余年后，美国国防部此刻正为另一个可能在未来对美军造成重创的装置——无人机做好反制准备。

11 月 27 日，美军非洲司令部发表声明说，美军当天对索马里境内极端组织“伊斯兰国”武装发动空袭，打死一名武装分子。

11 月 27 日，美国封锁其位于叙利亚阿特坦夫（AlTanf）军事基地附近的 55 千米的地区，导致 5 万多人被隔离，这些人需要人道援助。

11 月 27 日，五角大楼官员称，美国和盟国军队在感恩节周末对“伊斯兰国”组织进行了 11 次打击，大多数打击是在 24 日和 25 日进行的，打击的目标是“伊斯兰国”组织的一个战术部队，摧毁了敌方的一辆汽车。

11 月 28 日，驻阿美军司令、陆军上将约翰·尼科尔森，当天就美军此前空袭致当地平民伤亡事件表示道歉。

11 月 30 日，美国军方称，为进一步打击塔利班武装，将向阿富汗增派 1000 多名官兵，从 2018 年初开始，将加大对塔利班武装的打击力度，为此一支由 1000 名多官兵组成的部队将被派往阿富汗。

11 月 30 日，一名美国政府官员说，尼日尔本周早些时候批准美军在这个非洲国家境内使用武装无人机，从而扩展了美军在当地打击极端武装人员的军事能力。

12 月 1 日，美军无人机在阿东部楠格哈尔省发动空袭，打死至少 12 名极端组织“伊斯兰国”武装人员。

12 月 1 日至 5 日，美国国防部长马蒂斯对中东和南亚的 4 个国家进行穿梭访问，积极谋求有关各方合力反恐，并共同打击“伊斯兰国”等极端组织。

12 月 4 日，美国智库“新美国基金会”最新报告指出，“9·11”之后美国本土的恐怖主义相关的袭击，超过八成是由美国公民或者永久居民实施的，其中多数是出生在美国的二代移民。不难看出，美国国内的恐怖袭击形态已经完成了从输入型向内生型和本土化的转变，“独狼”式袭击显著增加。

12月9日，美国国防部发布消息，美国空军发动空中打击，消灭5名阿拉伯半岛“基地”组织分支武装分子。

12月9日，美国国务院发表声明称，祝贺伊拉克政府从恐怖组织“伊斯兰国”手中夺回被占的全部领土，并表示将继续支持伊拉克反恐和恢复重建工作。

12月12日，美国总统特朗普签署总额约7000亿美元的2018财年国防授权案，这一法案将提升美军现代化水平，提供所需战斗装备，加速提升美国军力。

12月12日，美军非洲司令部表示，一架美军无人机当天在索马里挫败一起汽车炸弹袭击图谋，未造成平民伤亡，美军指认此次袭击的策划者是极端组织索马里“青年党”。

12月13日，美国和阿富汗特种部队准备对“伊斯兰国”极端组织在阿富汗西北部地区盘踞的地点发动攻势，尽管盟军为清除这些落脚点采取了密集的行动，该组织仍得以在这一区域立足。

12月20日，美国军方称，美军今年向也门境内“圣战”分子展开超过120次空袭行动，空袭大部分是攻击也门的阿拉伯半岛“卡伊达组织”（AQAP）的恐怖分子，此外美军也攻打了“伊斯兰国”组织在也门的一个分支。美国表示，美军的空袭大多使用无人遥控机进行，同时美军也展开一系列的地面军事行动。

12月22日，美国联邦调查局（FBI）官员说，一名26岁的前美国海军陆战队士兵计划圣诞节期间在旧金山著名景点渔人码头（39号码头）制造恐怖袭击事件，此人已被逮捕。

12月27日，据美媒报道，万圣节以来纽约市已经出现了2次恐怖袭击事件，因此警方加大了安全保障力度，纽约人除夕夜要到时报广场庆祝新年到来时，将会遇到最严密的保安措施。

12月27日，美国及北约驻阿部队指挥官约翰·尼科尔森透露，美国将在2018年派遣更多军人及军事顾问到阿富汗，增兵人数大概在6000人左右。

2017 年美国遭受恐怖袭击次数及伤亡人数

时　间	1 月	2 月	3 月	4 月	5 月	6 月	7 月	8 月	9 月	10 月	11 月	12 月	合计
袭击次数	1	0	1	4	0	3	1	2	1	7	3	6	29
伤亡人数	13	0	0	27	0	5	0	2	3	629	105	11	795
	全年，美国共遭受恐怖袭击 29 次，伤亡 795 人。												

第三章／2017年俄罗斯反恐怖军事行动*

第一节　俄罗斯反恐怖军事行动综述

2017 年从俄罗斯圣彼得堡地铁站爆炸案到“电话恐怖主义”事件，俄罗斯在不断遭遇恐怖威胁，同时也再次提醒世人，国际恐怖势力一直在活动，它们正在把恐怖威胁投放到俄罗斯、欧洲乃至世界任何角落。俄罗斯政府在反恐方面一直毫不手软，反恐行动的果断高效，令人印象深刻。国家近卫军成为俄罗斯的反恐利器，除了完善反恐机制、加大反恐力度外，俄罗斯还在反恐领域扩大国际合作，在叙利亚基本剿灭了“伊斯兰国”极端组织。

一、俄罗斯面临的恐怖形势

苏联解体至今，俄罗斯一直是恐怖袭击的重灾区，深受恐怖袭击之痛。2017 年，俄罗斯面临的恐怖形势更加严峻，爆恐袭击和电话袭扰对普通民众在一定程度上也造成心理恐慌。

---

* 俄罗斯位于欧亚大陆的北部，领土包括欧洲的东半部和亚洲的西部，是世界上国土最辽阔的国家，国土占原苏联面积的76.3%，大体呈长方形。疆界长达6万里，其中2/3为海疆，1/3为陆界。海岸线长达4.3万千米，濒临3大洋的12个海；陆界长达1.7万里，与14个国家接壤，即挪威、芬兰、爱沙尼亚、拉脱维亚、立陶宛、哈萨克斯坦、格鲁吉亚、阿塞拜疆、白俄罗斯、乌克兰、中国、蒙古、朝鲜；中苏边界线长达7300千米。隔海还与日本相望，北部领土中36%在北极圈内。

（一）俄罗斯在中东地区展开大规模反恐行动后，国际恐怖主义组织正成为俄罗斯面临的新安全威胁

3 月 24 日俄罗斯国民近卫军驻车臣部队遭遇恐怖袭击，总统普京要求团结各方力量，共同打击恐怖主义。俄国民近卫军随后发布公报说，极端组织“伊斯兰国”已宣称制造此次袭击。俄罗斯对叙利亚境内“伊斯兰国”目标和其他恐怖组织进行军事打击，“伊斯兰国”多次扬言要进行报复，俄罗斯面临的恐怖威胁上升。4 月 21 日，俄联邦安全局发布公告称，其哈巴罗夫斯克边疆区分局的接待室遭到袭击，导致一名工作人员和一名来访者丧生，袭击者被击毙。8 月 19 日上午 11 点 20 分左右，位于俄罗斯中部汉特—曼西自治区的苏尔古特市发生一起街头持刀行凶事件，导致 7 人受伤，由于袭击者暴力拒捕，被赶至现场的警察击毙，极端组织事后宣称是他们制造了这次袭击。8 月 28 日，俄北部高加索的达吉斯坦有 2 名警员遇袭，极端组织“伊斯兰国”宣称对此次袭击负责。

（二）“诈弹”威胁使俄罗斯饱受“电话恐怖主义”袭扰

9 月 10 日俄多个地区接到大量声称有炸弹威胁的匿名报警电话，莫斯科从 13 日起也遭波及，一直未能平息。安保人员多次紧急疏散大量市民。但经排查，所有报警信息最后都被证明是“诈弹”。自此之后持续三个月，俄罗斯各大城市多次接到虚假炸弹威胁报警电话，每天都有数千乃至上万民众被疏散。匿名炸弹威胁电话给俄罗斯民众生活带来了巨大压力和不便，还给俄罗斯社会造成了经济损失。

（三）因情报泄露，俄罗斯中将在叙遭炮击身亡

俄罗斯国防部 9 月 24 日宣布，在叙利亚领导俄罗斯军事顾问小组的俄罗斯陆军中将瓦列里·阿萨珀夫在代尔祖尔地区遭恐怖分子的迫击炮炮击身亡。俄罗斯国防部称，阿萨珀夫当时身在叙政府军指挥所，协助指挥解放代尔祖尔市的行动，然而“伊斯兰国”武装分子突然发动迫击炮炮击，阿萨珀夫受了致命伤。叙利亚方面对俄中将瓦列里·阿萨珀夫在叙身亡一事的初步调查证实，有情报被泄露给极端组织“伊斯兰国”恐怖分子。该消息人士称：“对阿萨珀夫中将在代尔祖尔身亡一事的初步调查结果显示，有关其所在位置的情报被泄露给炮击方。”俄联邦委员会国防和安全事务委员会第一副主席克林采维奇 26 日表示，阿萨珀夫是因被出卖才在叙遇

害，现在正搜寻叛徒。①

（四）社交媒体"阅后即焚"功能或已成为恐怖组织传播消息的安全渠道

俄罗斯电视台网站 20 日报道，从事网络安全研究的安德烈娅·斯特罗帕通过软件数据分析，辨别出超过 5 万个与"伊斯兰国"支持者有关的账户，这些账户持有者均使用 Instagram 的动态故事功能，Instagram 动态故事功能以其"阅后即焚"的便利性，鼓励用户上传日常"蠢事"。但斯特罗帕说，这批账户中至少有 1 万个与"伊斯兰国"存在强烈关联，账户持有者不仅关注了"伊斯兰国"的核心账户，与这一极端组织有关的全部内容中的 30%，都由这些账户持有者发布。他们传达的信息是，他们知道（内容）会消失，但他们知道受众是谁。他们正把动态故事作为共享信息的安全渠道。②

二、俄罗斯反恐怖军事对策

（一）俄罗斯与国际社会广泛合作，谋求共同反恐

1 月 1 日俄罗斯总统普京就伊斯坦布尔遭遇恐怖袭击事件向土耳其总统埃尔多安致慰问电，同时重申俄罗斯是土耳其反恐的可靠伙伴。1 月 18 日，俄罗斯和土耳其空军发起联合行动，合力向控制了阿勒颇北部城镇巴卜（al-Bab）的"伊斯兰国"组织发动空袭。土耳其国防部长称，土耳其将竭尽所能与俄罗斯合作解决叙利亚问题，把阿勒颇战略城镇贾拉布鲁斯（Jarablus）、达比克（Dabiq）从"伊斯兰国"手中解放出来。1 月 28 日在俄罗斯总统普京和美国总统特朗通话后，双方商定将致力于实现两国关系的稳定和发展，合作处理重大国际问题。双方讨论了反恐、中东局势、乌克兰危机、朝鲜半岛问题等，商定俄美将为解决这些问题开展伙伴式合作，并优先集中力量打击国际恐怖主义，为消灭叙利亚境内的"伊斯兰

---

① 参见《俄中将在叙遭炮击身亡 俄官员称因被叛徒出卖》人民网—环球时报，2017 年 09 月 27 日，人民网 http://www.people.com.cn/。

② 参见《IS 看上社交媒体"阅后即焚"功能 或利用其传播消息》，新华社，2017 年 09 月 23 日，http://www.xinhuanet.com/。

国”及其他恐怖组织而协调行动。2月27日，中国外交部部长助理李惠来在俄罗斯首都莫斯科同俄副外长瑟罗莫洛托夫共同主持中俄副外长级反恐安全磋商。双方就国际地区反恐形势、双多边反恐安全合作等议题深入交换意见。双方一致认为，中俄应进一步加强反恐安全合作，共同维护两国和地区安全稳定。3月20日，日俄防长举行会谈，确认将就反恐防务等展开合作。3月22日，英国议会大厦外发生袭击事件，造成1人死亡，10余人受伤，俄表示愿向英国提供情报信息助其调查袭击事件。6月7日，俄罗斯总统普京就早先发生在伊朗的恐怖袭击向伊朗总统鲁哈尼致慰问电，表示希望进一步与伊朗在反恐领域展开联合行动。8月9日正在印度尼西亚访问的俄罗斯外长拉夫罗夫与印尼外长蕾特诺在雅加达举行会晤，双方承诺加强在打击恐怖主义和网络安全等领域的合作。10月12日俄罗斯驻菲律宾大使馆宣布，本月俄罗斯捐赠菲律宾5000支AK－47突击步枪和100万发子弹及20辆军用卡车，以增援菲军正在进行的反恐反极端主义行动。11月24日，俄罗斯总统普京向埃及总统塞西致电，谴责发生在西奈半岛清真寺的恐袭事件，强调俄愿与埃及发展反恐协作。

（二）加强反恐能力建设，打造俄罗斯反恐利器

3月24日，俄东部军区部署在布里亚特共和国、阿穆尔州、后贝加尔边疆区、哈巴罗夫斯克边疆区和滨海边疆区的部队参加了演习，共动用了100多件军事装备。演习内容包括封锁和消灭非法武装等，重点演练了小分队突袭、任务支援、火力掩护和战术撤退等科目，部队还演练了对恐怖分子渗透和破坏军事设施行为的应对措施，从而加强反恐能力建设。4月6日俄罗斯国家近卫军在俄南部阿斯特拉罕州境内消灭4名非法武装分子，这些非法武装分子与日前在当地发生的袭警事件有关联。而此前，根据俄罗斯国家近卫军近日提交给俄总统普京的报告，组建一年以来，俄国家近卫军共在俄境内摧毁300余个非法武装分子营地，铲除了80多个非法武装集团，消灭了125名非法武装分子，成为俄打击恐怖分子的利器。国家近卫军由俄总统直接指挥，近卫军总司令是俄最高决策机构联邦安全会议成员，参与俄国家最高层面的重大决策和行动。在人身受到威胁或犯罪分子逃离的情况下，近卫军不用发出警告就可以直接使用武器。在戒严状态下，近卫军在进行战斗值班时有权直接进入居民住宅。近卫军有权检查公民证件、查扣车辆、使用水炮、装甲车等专用设备制止骚乱，根据需要有

权暂停社会及组织的通信网络等。当前恐怖主义越来越具有有组织犯罪的性质，恐怖分子往往经受过严格的专业训练，把国家近卫军从俄内务部中剥离出来，将专业和精锐的力量组成一支独立之师，避免了权力部门之间的相互推诿，有效提高了俄应对突发事件和恐怖袭击的能力。①

（三）为降低恐怖主义威胁，建立地铁统一调度中心

俄罗斯《消息报》4 月 5 日发表波格丹 · 斯捷波沃伊的文章《调度员将监视莫斯科的恐怖分子》称，莫斯科正在研究建立地铁统一调度中心的计划，这将大大增进乘坐公共交通的市民的安全。接近市政府的消息人士透露，统一调度中心可以监控很多交通设施，在线跟踪地铁和莫斯科中央环线的情况。如果发生紧急事件，这里可以组织应急指挥部的工作。运输安全指挥部的办公室一共有 100 多人工作，他们跟踪监视器上的一举一动，如果发生紧急情况，可以把附近摄像头或城市交互地图调到大屏幕上。现在，地铁共安装了 1. 7 万多个摄像头。它们一部分用来对环境进行局部和全景监视，另一部分用于自动识别人脸，后者可以捕捉数万人的信息。视频监视和情景分析的智能系统能对乘客进入禁区、逆人潮行动、在大厅或站台聚集、遗落东西等情况作出反应。运输安全指挥部的工作人员不必时刻盯着画面，在必要时候，智能系统会帮助判断异常情况。如果系统发现可疑情况，转播画面的屏幕会亮起红灯提示。地铁摄像头拍到的画面将在运输安全指挥部保留 30 天。为保存这些视频建立了数据处理中心。在必要情况下，情报部门可以要求在运输安全指挥部调用他们感兴趣的信息。数据处理中心能紧急提高工作效率。一旦发生紧急情况，调度员将实时向相关部门发出信号。这里还可以建立应急指挥部。换句话说，反应速度成倍提高。统一调度中心有助于迅速解决各种运输任务。如果发生地铁事故，该中心工作人员将实时向市领导提供在事故地点组织运输的决策信息，或帮助制定派遣公交车进行路面运输的线路。专家指出，统一调度中心将显著改善各部门的协作水平，最重要的是，这种系统有助于降低恐怖主义

---

① 《看普京调教一年带出来的反恐精英怎样打“真 CS”》新华网，2017 年 04 月 18 日，http：//www. xinhuanet. com/。

威胁。①

（四）俄罗斯使用远程轰炸机空袭、潜艇发射巡航导弹等方式对叙境内“伊斯兰国”实施精确打击

1 月 23 日，俄罗斯 6 架图 – 22MZ 远程轰炸机 23 日从俄境内机场起飞，对位于代尔祖尔的“伊斯兰国”指挥部、军火库实施了空袭，空袭摧毁了所有预定目标。5 月 31 日，俄海军“埃森海军上将”号护卫舰和“克拉斯诺达尔”号潜艇一昼夜内向叙利亚巴尔米拉地区“伊斯兰国”恐怖组织设施发射 4 枚“口径”巡航导弹并击中所有目标。据悉，打击目标是巴尔米拉以东地区掩体，那里有重型技术设备，从拉卡调遣来的武装分子也在那里聚集。5 月 29 日至 30 日晚，俄空天军作战部队紧盯 IS“分兵”，空袭 3 支车队炸死数十人。6 月 23 日，俄海军“埃森海军上将”号、“格里戈罗维奇海军上将”号护卫舰和“克拉斯诺达尔”号潜艇向叙境内的恐怖组织“伊斯兰国”设施发射了 6 枚“口径”巡航导弹，密集导弹袭击摧毁了“伊斯兰国”恐怖分子的指挥站和位于哈马省的大型武器弹药库，武装分子的军火库在被“口径”巡航导弹击中后爆炸。9 月 1 日，俄罗斯国防部网站消息证实，俄罗斯空天军一周内在叙利亚摧毁 900 多个国际恐怖组织的设施。9 月 6 日，俄罗斯驻叙利亚部队指挥官谢尔盖·苏罗维金表示，俄空天部队在两周内在叙歼灭了 1200 余名恐怖分子，并摧毁 80 多辆装甲车、200 多辆汽车。9 月 8 日，俄战机在空袭中炸死极端组织“伊斯兰国”多名高级头目，包括曾在美国接受培训的“战争部长”，几乎把“伊斯兰国”指挥层“连锅端”。9 月 14 日，俄军潜艇从水下发射巡航导弹，对叙利亚境内“伊斯兰国”目标实施打击。9 月 22 日，隶属俄罗斯黑海舰队的“大诺夫哥罗德”号潜艇在地中海东部某海域，向极端组织“征服阵线”控制的叙利亚西北部地区发射数枚巡航导弹，摧毁了该组织多处设施，以回击该组织此前对俄宪兵发动的攻击。9 月 26 日，俄空天部队图 – 95MS 战略轰炸机编队向盘踞在叙利亚伊德利卜省和代尔祖尔省的极端组织目标发射了数枚巡航导弹，摧毁了大量目标。11 月 3 日，俄空天部队协同海军机动编队对盘踞在叙利亚代尔祖尔省的极端组织“伊斯兰国”目标实施大

---

① 参见《莫斯科地铁调度员将监视恐怖分子：摄像头可识别人脸》，《参考军事》，2017 年 04 月 16 日，http：//www. cankaoxiaoxi. com/。

规模海空打击，摧毁该组织大量目标。11 月 17 日援引俄罗斯国防部图表数据报道称，俄罗斯空天军一周内在叙出动 500 余次，无人机出动 300 余次，发现武装分子设施 432 处。在此期间，俄罗斯工兵测试超过 1238 公顷领土，排除爆炸物约 4.5 万件。

第二节　俄罗斯主要恐怖袭击事件

2017 年俄罗斯恐怖事件频发，多地发生民众和国家工作人员遭遇恐怖袭击，其中“圣彼得堡地铁爆炸案”“诈弹涉恐电话事件”，影响时间长，范围广。

一、圣彼得堡地铁爆炸案凸显俄罗斯反恐新威胁

4 月 3 日，俄罗斯圣彼得堡“先纳亚广场”和“技术学院”两个地铁站发生爆炸，导致至少 16 人死亡，数十人受伤。

（一）事件背景

这起事件与俄罗斯在国际舞台上的强硬表现以及在国际反恐领域的行动有关。车臣战争结束后，俄罗斯一直深受北高加索地区的分离主义组织之害，多次遭遇恐怖袭击。从 2004 年的别斯兰人质事件到 2010 年莫斯科地铁爆炸案，腥风血雨的背后都有车臣恐怖分子的身影。从 2015 年 9 月开始，俄罗斯对叙利亚境内“伊斯兰国”目标和其他恐怖组织进行军事打击，“伊斯兰国”多次扬言要进行报复，俄罗斯面临的恐怖威胁上升。俄北高加索地区的极端势力与“伊斯兰国”存在千丝万缕的联系，这一地区不断有人前往中东投奔恐怖组织，也有人在受训后返回俄罗斯。①

（二）事件经过

4 月 3 日俄罗斯圣彼得堡“先纳亚广场”和“技术学院”两个地铁站

① 参见《圣彼得堡地铁爆炸案凸显俄反恐新威胁》，新华社，2017 年 04 月 04 日，http：//www.xinhuanet.com/。

发生爆炸，爆炸造成 16 人死亡，数十人受伤。爆炸疑由人造爆炸装置引起，俄总统普京表示，将调查导致圣彼得堡地铁爆炸事件发生的各种原因，包括恐怖主义。

俄罗斯第二大城市圣彼得堡地铁爆炸案，被当局定性为恐怖袭击。经 DNA 检测确认，袭击者为生于吉尔吉斯斯坦的俄罗斯公民阿克巴尔容·贾利洛夫。一个名为“伊玛目谢米尔营”（Imam Shamil Battalion）的组织发表的声明，称该组织在“基地”组织头目艾曼·扎瓦赫里（Ayman al-Zawahiri）的指令下发动了袭击。该组织还称，对圣彼得堡地铁发动袭击是为了报复俄罗斯对叙利亚、利比亚与俄罗斯车臣共和国等国家的“暴力行动”。①

（三）事件影响

圣彼得堡地铁爆炸案震惊国际社会，多国政要表示哀悼慰问。俄多地机场、地铁加强安保，爆炸事件导致周边地区陷入混乱，繁忙的莫斯科大街禁止车辆穿行，大批紧急救援车辆、直升机赶到出事地铁站外待命。此次事件表明俄境内开始出现“本土杀手，就地取材、随时随地发动袭击”这一“暴恐新趋势”。俄罗斯境内的反恐安保体制正面临新的挑战，这起恐怖攻击暴露了俄罗斯大众运输安全措施的薄弱，也让多个国家纷纷加强安保措施。

二、俄罗斯多座城市因“诈弹”威胁，多场所被迫进行人员疏散

俄罗斯境内的“涉恐电话事件”，零星出现于 2017 年 2 月。自 9 月 11 日以来“电话恐怖主义”浪潮不断，但没有一条炸弹威胁消息得到证实。在接到大规模炸弹威胁电话以来的两个月内共在 186 个城市累计疏散 230 万余人，仅莫斯科就疏散超过 25 万人。②

---

① 参见《与“基地”疑似有关联团体宣称犯下俄地铁爆炸案》，中国新闻网，2017 年 04 月 26 日，http：//www. chinanews. com/。

② 参见《俄国家杜马接待室因匿名炸弹威胁电话疏散 200 人》，中国新闻网，2017 年 11 月 17 日，http：//www. chinanews. com/。

（一）事件背景

“电话恐怖主义”是恐怖分子经常使用的一种攻击方式，其目的是扰乱社会秩序，引发民众恐慌情绪。从俄执法机构透露的信息来看，对俄实施“电话恐怖主义”行动的恐怖势力可能来自“伊斯兰国”或乌克兰。自2015 年 9 月底俄罗斯空军在叙利亚展开针对“伊斯兰国”武装的空袭行动以来，“伊斯兰国”不断声称要对俄罗斯采取报复行动。事实上，“伊斯兰国”近年来不断筹划在俄各地实施恐怖袭击，尽管多数袭击计划因俄安全部门抢先采取行动而未能得逞，但一些包括空难和炸弹袭击在内的恐怖活动还是给俄罗斯造成了相当大的损失。另一方面，由于俄罗斯对乌克兰东部武装一直持支持态度，乌克兰与俄罗斯的关系近 3 年多来一直处于紧张不安的氛围之中。俄分析人士认为，这也是俄罗斯民众能够接受“电话恐怖主义”或许来自乌克兰的一个重要原因。目前，乌克兰东部地区仍处于民间武装与政府军交战状态，因此从乌境内打来的“恐怖袭击电话”对俄罗斯人来说并不是意料之外的事情。①

（二）事件经过

自 9 月 12 日起，俄罗斯各大城市开始接到虚假炸弹威胁报警电话。俄罗斯多座城市因收到有关炸弹的匿名电话而对火车站、商业中心和学校进行疏散。彼尔姆市所有中小学校当日的课程被取消，原因是此前接到匿名消息称 7 所学校中有爆炸装置。这些学校的 5000 多名师生被疏散，火车站也接到有炸弹的信息，但是并没有找到爆炸装置。当日接到匿名电话称有炸弹的还有南萨哈林斯克，该市疏散了一系列商业中心。马加丹市也疏散了 2 个电影院、一系列中小学、大学和市场的人群。符拉迪沃斯托克也疏散了一系列建筑的人群。克拉斯诺亚尔斯克的机场也被疏散。此外，接到匿名消息的城市还有车里雅宾斯克、乌法和鄂木斯克。② 随后，此类电话数量逐渐增多，持续近三个月之久。据统计，俄罗斯 85 个联邦主体中，有

---

① 参见《谁在用假炸弹威胁俄罗斯》，《光明日报》，2017 年 09 月 17 日，http：//m. gmw. cn/。

② 参见《俄多座城市收“诈弹”威胁 多地学校车站等疏散》，中国新闻网，2017 年 9 月 13 日，http：//www. chinanews. com/。

75 个受到“电话恐怖主义”浪潮波及，截止 11 月初共有 186 座城市遭受过匿名电话“诈弹”威胁，疏散的目标包括机场、火车站、购物中心、学校、政府机关、电影院等，累计疏散超过 230 万人。

（三）事件影响

俄安全部门把从 9 月起的这些炸弹威胁电话称为“电话恐怖主义、电话流氓行为”，俄媒体则把这段时间的匿名炸弹威胁电话统称为“电话恐怖主义浪潮”。匿名炸弹威胁电话给俄民众生活带来了巨大压力和不便，并且据俄罗斯内务部副部长伊戈尔·祖波夫此前表示，“电话恐怖主义”导致俄罗斯遭受几十亿卢布的损失。

三、其他恐怖袭击事件

3 月 24 日，俄罗斯国民近卫军驻车臣部队遭遇恐怖袭击，总统普京要求团结各方力量，共同打击恐怖主义。

4 月 3 日，俄罗斯媒体报道，俄罗斯圣彼得堡地铁站于当日发生爆炸，截至目前，爆炸造成 10 人死亡，50 人受伤。俄总统普京表示，将调查导致圣彼得堡地铁爆炸事件发生的各种原因，包括恐怖主义。

4 月 4 日，俄罗斯卫生部长斯克沃尔佐娃称，圣彼得堡地铁爆炸已经导致 14 人死亡，49 人目前在医院接受治疗。此次事件已经被俄方定性为恐怖袭击。

4 月 6 日，俄罗斯南部城市顿河畔罗斯托夫一所学校附近发生爆炸，造成 1 人受伤。据称，在这起事件中，爆炸装置被伪装成了手电筒。

4 月 13 日晚 19 点，俄罗斯圣彼得堡瓦西里岛沿海地铁站附近一处图书馆门口发生爆炸，一名年轻男性在爆炸中受重伤。

4 月 21 日，俄联邦安全局发布公告称，其哈巴罗夫斯克边疆区分局的接待室遭到袭击，导致一名工作人员和一名来访者丧生，袭击者已被击毙。

7 月 16 日，俄罗斯驻叙利亚大使馆再次遭到炮击，无人员伤亡。

8 月 10 日，俄罗斯赤塔工业区的废旧金属回收站发生爆炸，造成 2 人死亡，另有 1 人伤势严重被送往医院。

8 月 19 日，俄罗斯苏尔古特市发生一起持刀袭击事件，造成 8 人受伤。袭击者已经被警方打死。

9月4日，2名俄罗斯士兵在叙利亚代尔祖尔附近，被极端组织“伊斯兰国”的炮弹击中导致身亡。

9月12日，俄罗斯多座城市因收到有关炸弹的匿名电话而对火车站、商业中心和学校进行疏散。

9月17日晚，俄罗斯首都莫斯科11个大型商业中心在一小时内先后接到匿名报告炸弹威胁的电话，约8000人被紧急疏散。

9月24日，包括首都莫斯科在内，俄罗斯有11个城市接到匿名炸弹威胁电话，总共疏散5万多人。

10月7日19时30分起，俄罗斯圣彼得堡市的各大购物中心陆续接到声称有恐怖袭击的电话，相关购物中心立即开始组织人员疏散。到当晚21时许，圣彼得堡已有10家大型购物中心接到类似电话并组织人员疏散，4家购物中心主动重新进行了安保检查。

10月16日，莫斯科市包括4家宾馆在内的10处场所因遭匿名炸弹电话威胁，24小时内已疏散约3000人。

10月18日，莫斯科多地再次接到炸弹威胁电话，致数百人被疏散。

11月5日，莫斯科再遭炸弹威胁电话，超两万人被疏散。

11月6日，叙利亚境内恐怖分子引爆远程控制炸弹，导致4名俄罗斯电视台的记者和5名俄士兵受伤。

11月16日，接到匿名炸弹威胁电话后，从国家杜马接待室疏散大约200人。

11月17日，正在圣彼得堡出席活动的俄总统普京的车队当天受到“诈弹”电话袭扰。

11月20日，俄罗斯外交部发布消息，俄驻叙利亚使馆当天遭炮击，但使馆人员没有伤亡。

12月5日，俄莫斯科紧急情况部门消息人士表示，在接到匿名炸弹威胁电话后，从俄首都西南部一座商业中心疏散了约1300人。

12月27日晚，圣彼得堡大街一家连锁超市店内发生爆炸。造成13人受伤，其中8名伤者仍在医院就医，俄罗斯总统普京将圣彼得堡爆炸事件称为恐怖袭击。

第三节　俄罗斯主要反恐怖军事行动

2017年俄罗斯反恐怖军事行动重点体现在打击国内恐怖犯罪活动和摧毁叙利亚“伊斯兰国”极端组织两个方面。

一、俄土在叙利亚联合空袭，摧毁“伊斯兰国”多处目标

1月18日，俄罗斯和土耳其在叙利亚北部巴卜展开联合空袭，击毁极端组织“伊斯兰国”多处目标，这是两国首次在叙利亚展开联合军事行动。

（一）行动背景

中东地区介于三洲（亚洲、欧洲、非洲）五海（阿拉伯海、红海、地中海、黑海和里海）的交汇地带，不仅是繁忙、便捷和经济的运输通道，还是具全球意义的军事战略要地。中东不仅地缘位置重要，更控制着世界油气资源的“阀门”，一直以来都是“大国的竞技场”。美俄在中东地区都有着广泛利益。此外，从地理位置看，保持黑海和里海地区局势稳定，与该地区国家建立同盟或友好关系，对于俄罗斯来说至关重要。

近些年来，叙利亚危机久拖不决，客观上导致以“伊斯兰国”为代表的极端恐怖势力在该地区迅速坐大。这些极端恐怖势力不仅严重威胁叙利亚和伊拉克的国家安全和领土完整，还对约旦、黎巴嫩、埃及、土耳其等周边国家的稳定与社会安全构成严重挑战。“伊斯兰国”组织前首领巴格达迪甚至宣称将势力扩大至中亚地区，并扬言“解放”俄罗斯部分领土（北高加索、鞑靼斯坦共和国和俄罗斯南部的伏尔加河地区）。有数据显示，加入“伊斯兰国”组织作战的俄罗斯籍武装人员已达2400人，其中已有部分俄籍极端分子“回流”至俄罗斯，成为俄罗斯国家安全的重大潜在威胁。俄罗斯海军开始重返叙利亚塔尔图斯港军事基地，进一步增加了俄在黑海和里海地区的问题解决及反对外来势力干涉方面的发言权。基于上述原因，中东地区成为俄罗斯摆脱政治危机、捍卫国家利益的突破口。

2015 年 9 月 30 日以来，俄罗斯空天军、海军和特种部队在叙利亚参与反恐。①

（二）行动概况

俄罗斯和土耳其在叙利亚北部巴卜展开联合空袭，击毁极端组织“伊斯兰国”36 处目标，这是两国首次在叙利亚展开联合军事行动。在这次空袭中，俄方出动了一组战机，包括四架苏 24M，四架苏 – 25 和一架轰炸机苏 – 34。土方也出动了八架土耳其战机，四架 F – 16ISIS 和四架 F – 4。过去两天来，俄土两军动用无人机和卫星对巴卜附近进行了军事侦察，共同选定了这些目标。

（三）行动评析

这次联合行动是在叙利亚政府军协调下展开的。这意味着叙利亚政府军首次间接与土耳其军方联手打击“伊斯兰国”。土耳其在叙利亚内战中一直站在政府的对立面、寻求颠覆巴沙尔·阿萨德政权，不过近来放低了调门，不仅与俄罗斯联手促成了停火，还寻求在叙利亚和谈中发挥作用。

二、俄罗斯空袭消灭“伊斯兰国”30 名头目、300 余名武装分子

（详见第一章内容）

三、其他反恐怖军事行动

1 月 11 日，俄罗斯车臣共和国领导人卡德罗夫宣布，车臣共和国军警在近日的行动中逮捕了数十名非法武装人员及其同伙。

1 月 18 日，俄罗斯联邦空天部队与土耳其空军在叙利亚阿勒颇省首次共同进行了打击恐怖组织“伊斯兰国”的空中军事行动。俄罗斯和土耳其在叙利亚北部巴卜展开联合空袭，击毁极端组织“伊斯兰国”多处目标。

---

① 参见《普京闹中东的真实意图》，新华网，2017 年 10 月 27 日，http：//www. xinhuanet. com/。

1 月 22 日，俄国防部信息和大众传媒司发布消息称，六架图－22M3远程轰炸机从俄罗斯境内起飞，对代尔祖尔省“伊斯兰国”（IS）恐怖分子的设施进行打击。

1 月 30 日，俄罗斯车臣共和国领导人卡德罗夫表示，当天车臣执法人员击毙了 3 名恐怖分子，期间 2 名执法人员死亡。

2 月 3 日，数架图－22M3 远程轰炸机从俄罗斯境内起飞，掠过伊朗和伊拉克上空，对叙利亚代尔祖尔省迈亚丁市区恐怖分子占据的一系列设施进行空袭，“伊斯兰国”组织的大型军火库等目标均被摧毁。

2 月 6 日，俄罗斯东部军区开始举行多兵种反恐演习，演练各参演兵种在反恐行动中的协调作战能力，此次演习持续至 11 日。

2 月 17 日，俄军数架图－95MS 战略轰炸机当天飞越伊拉克和伊朗领空，对叙利亚拉卡地区的极端组织目标发动攻击，俄军驻扎在叙利亚赫梅米姆空军基地的苏－30SM 和苏－35S 战斗机为轰炸机提供了空中掩护。

2 月 27 日，中国外交部部长助理李惠来在俄罗斯首都莫斯科同俄副外长瑟罗莫洛托夫共同主持中俄副外长级反恐安全磋商。双方就国际地区反恐形势、双多边反恐安全合作等议题深入交换意见。

3 月 1 日，俄罗斯联邦安全局宣布在俄罗斯巴什基尔共和国首府乌法市逮捕了 7 名恐怖分子。

3 月 24 日，俄东部军区部署在布里亚特共和国、阿穆尔州、后贝加尔边疆区、哈巴罗夫斯克边疆区和滨海边疆区的部队举行了大规模反恐演习，共动用了 100 多件军事装备，2000 多名军人参加。演习内容包括封锁和消灭非法武装等，重点演练了小分队突袭、任务支援、火力掩护和战术撤退等科目。

3 月 29 日，俄罗斯总统普京在参加“俄国民近卫军日”庆祝活动时表示，国民近卫军应该利用自己的巨大潜力，粉碎恐怖分子和极端主义分子的阴谋计划，切断其与境外恐怖组织的联系，并应对破坏俄罗斯社会稳定的任何企图。一年来，俄国家近卫军参与特别行动 8000 多次，摧毁非法武装分子营地 300 余个，铲除非法武装集团 80 多个，消灭非法武装分子 125 人，逮捕犯罪嫌疑人超过 1.5 万，查获非法武器 2000 多件及各类弹药 29 万件。

4 月 3 日，圣彼得堡地铁发生爆炸事件后，俄罗斯多地机场地铁加强安保，爆炸现场救护车直升机待命。

4 月 5 日，俄罗斯圣彼得堡地铁爆炸事件发生的第二天，随着调查推进，制造这起恐怖袭击的嫌疑人身份已经得到确认。与此同时，俄当局在圣彼得堡展开行动，逮捕了多名来自中亚的恐怖嫌疑人。

4 月 6 日，俄执法部门在圣彼得堡抓获 3 名地铁爆炸案涉案嫌疑人并缴获数个爆炸装置零件。俄罗斯国家近卫军在俄南部阿斯特拉罕州境内消灭 4 名非法武装分子，这些非法武装分子与日前在当地发生的袭警事件有关联。

4 月 19 日，俄联邦安全局在弗拉基米尔州开展的抓捕行动中击毙 2 名与国际恐怖分子招募者有联系的中亚人。

4 月 20 日，俄罗斯最高法院根据司法部的诉讼做出裁决：俄罗斯境内的“耶和华见证人”宗教团体为极端组织，禁止该组织在境内活动。

4 月 21 日，深夜 11 点左右，斯塔夫罗波尔边疆区安全人员在路上设卡盘查过往车辆时，恐怖分子驾驶汽车试图逃避检查，还向安全人员开枪。交火中，两名恐怖分子被击毙。22 日，安全人员在搜查其中一名恐怖分子的住处时，还发现了一些枪支弹药、爆炸装置，以及印有极端组织标志的旗子和极端思想读物。

5 月 25 日，俄罗斯联邦安全局公共关系中心发布消息，执法人员在莫斯科逮捕 4 名企图针对首都公交设施发动恐怖袭击的极端组织“伊斯兰国”成员。

5 月 31 日，俄海军“埃森海军上将”号护卫舰和“克拉斯诺达尔”号潜艇一昼夜内向叙利亚巴尔米拉地区“伊斯兰国”恐怖组织设施发射 4 枚“口径”巡航导弹并击中所有目标。

5 月 29 日至 30 日晚间，俄空天军作战部队在对 3 支自叙利亚拉卡城逃往该市南部巴尔米拉的“伊斯兰国”武装分子车队实施打击，炸死 80 余名武装分子，摧毁 36 辆汽车、8 辆油罐车以及 17 辆安装有迫击炮和机枪的皮卡。

5 月 28 日，俄罗斯空天军在对“伊斯兰国”部署在其大本营之一——叙利亚城市拉卡郊外的一处指挥所进行了空袭，空袭一共炸死了 30 名“伊斯兰国”头目，以及约 300 名武装分子。

6 月 10 日，莫斯科当地时间傍晚，在莫斯科东部市郊的克拉托沃小镇发生的恶性袭击事件，经过数小时的激烈枪战交火最终以警方和国家警卫队联合发动特别行动击毙枪手而告终。事件共造成 4 名当地居民丧生，另有 4 名特别行动队成员受轻伤。

6 月 23 日，俄海军“埃森海军上将”号、“格里戈罗维奇海军上将”号护卫舰和“克拉斯诺达尔”号潜艇向叙境内的恐怖组织“伊斯兰国”设施发射了 6 枚“口径”巡航导弹，“克拉斯诺达尔”号潜艇从水下发射了巡航导弹。俄罗斯空天军轰炸机从空中又实施了打击。叙利亚境内的“伊斯兰国”武装分子和设施残留被消灭。

7 月 28 日，俄罗斯联邦安全局宣布，特勤人员当天抓获 7 名企图在圣彼得堡市发动恐怖袭击的嫌疑人，上述 7 人来自中亚地区，情报显示这些人企图对圣彼得堡市的铁路设施和人群密集场所发动恐袭。

7 月 31 日，俄罗斯联邦安全局的工作人员在莫斯科州抓获了“伊斯兰国”恐怖组织的支持者，在审讯过程中，被捕者承认与恐怖分子接触的事实，其中一名男子在互联网上号召恐怖主义。他们宣布，他们打算实施恐怖主义行动，并前往阿富汗加入“伊斯兰国”。

8 月 14 日，俄罗斯联邦安全局抓获一个计划对莫斯科人群聚集地实施恐怖袭击的团伙，这些人准备在莫斯科人群大量聚集的地方制造恐怖事件。叙利亚境内的“伊斯兰国”组织在背后策划了此次袭击。

8 月 18 日，俄罗斯国防部网站发布消息，俄空天军一周内摧毁了叙利亚境内 730 多处恐怖组织设施。

8 月 21 日，俄空天部队在叙利亚最近的一次行动中摧毁了极端组织“伊斯兰国”的一支车队，歼灭了 200 多名极端武装分子。

8 月 25 日，在“军队 -2017”国际军事技术论坛框架下，俄罗斯军方举行叙利亚问题圆桌会议，探讨俄在叙反恐军事行动方面的经验。

8 月 31 日，俄罗斯联邦安全局发布消息称，抓获 2 名计划对莫斯科实施袭击的恐怖分子。

9 月 1 日，俄罗斯国防部网站消息证实，俄罗斯空天军一周内在叙利亚摧毁 900 多个国际恐怖组织的设施。

9 月 5 日，俄海军“埃森海军上将”号护卫舰向叙利亚代尔祖尔地区的极端组织“伊斯兰国”设施发射了“口径”巡航导弹。导弹打击摧毁了极端组织的指挥所、通信站、武器弹药库，以及恐怖分子的装甲车维修厂，歼灭了 1200 余名恐怖分子，并摧毁 80 多辆装甲车、200 多辆汽车。

9 月 13 日，莫斯科遭遇匿名炸弹电话威胁，包括各大火车站和大型商业中心在内的 50 多个公共场所被威胁放置了炸弹，导致共有 4 万多人被疏散。

9月14日，俄军潜艇从水下发射巡航导弹，对叙利亚境内“伊斯兰国”目标实施打击。

9月22日，隶属俄罗斯黑海舰队的“大诺夫哥罗德”号潜艇在地中海东部某海域，向极端组织“征服阵线”控制的叙利亚西北部地区发射数枚巡航导弹，摧毁了该组织多处设施，以回击该组织此前对俄宪兵发动的攻击。

10月4日，俄罗斯国防部在叙利亚的特别行动中，国际恐怖组织“征服阵线”的指挥部被摧毁，“征服阵线”领导人阿布·默罕默德·朱拉尼遭到俄空天部队打击后陷入昏迷。

10月10日，俄罗斯紧急部门消息人士表示，俄境内因炸弹威胁举报电话已累计在144个城市对96万余人进行疏散。

10月31日，俄罗斯“大诺夫哥罗德”号潜艇从地中海东部海域发射“口径”巡航导弹对“伊斯兰国”位于代尔祖尔省内的重要设施发动打击。

11月3日，俄罗斯联邦安全局发布消息称，抓获一群试图袭击警察并制造大规模骚乱的极端分子。

11月15日，俄军出动6架图－22M3远程轰炸机，对叙利亚阿布卡迈勒市周边的极端组织“伊斯兰国”目标实施打击。

11月28日，由于接到匿名炸弹威胁电话，俄圣彼得堡国立赫尔岑师大疏散人员进行炸弹排查。

12月2日至13日，中俄在银川举行“合作－2017”特种战术演习。俄方派由“勇士”和“山猫”特种部队士兵组成的联合部队参加。中方参加军演的是武警部队“沙狐”反恐突击队。

2017年俄罗斯遭受恐怖袭击次数及伤亡人数

时间	1月	2月	3月	4月	5月	6月	7月	8月	9月	10月	11月	12月	合计
袭击次数			2	4			1	4	9	8	5	2	35
伤亡人数			6	18				4	3	1	0	0	32
全年，俄罗斯共遭受恐怖袭击35次，伤亡32人。													

第四章/2017年中国反恐怖军事行动*

第一节　中国反恐怖军事行动综述

2017 年，我国较前几年频发的恐怖事件有所减少，反恐形势总体上趋向于平稳。但从国际来看，反恐形势愈发严峻，恐怖事件呈现新的变化。譬如，恐怖主义蔓延态势的全球化、恐怖分子的本土化、策划手段的高端化、袭击方式的独狼化、袭击目标的随机化、招募联络的网络化等鲜明特点，要想彻底消灭恐怖主义并不乐观，甚至在未来的某一段时间内，反恐形势还可能进一步恶化。虽然目前看，国内总体反恐形势平稳，但我们应该清醒地认识到，在反恐之路上，无人能真正“独善其身”。因此，我们必须继续加强与国际社会的合作，加大对世界反恐形势研究，加大反恐和维稳的力度，合力打击恐怖活动。

一、中国地区面临的恐怖形势

在全球恐怖主义活动猖獗的背景下，我国的安全形势也同样不容乐观，“疆独”“藏独”“东突”组织等受民族主义思想影响的狂热分子不断蓄意制造事端，制造恐怖袭击，恐怖主义袭击逐渐进入我国社会，其危害与影响也正在不断扩大。

---

* 中国周边与 14 个国家接壤，即俄罗斯、哈萨克斯坦、吉尔吉斯斯坦、塔吉克斯坦、蒙古、朝鲜、越南、老挝、缅甸、印度、不丹、尼泊尔、巴基斯坦、阿富汗。

（一）中国境内与国际恐怖势力联系越来越密切

当前，恐怖主义的国际化、本土化趋势明显，受到全球化发展的影响，我国境内恐怖势力与国际联系也越来越密切。譬如，巴基斯坦与阿富汗等边境地区已成为我国“东突”分子的据点，长期策动新疆分裂的“世维会”也在此大肆发展壮大，他们通过境外培训、境外策划、境内实施等方式，制造恐怖活动。还有消息称在叙利亚的“伊斯兰国”控制区内部出现了所谓的“东突营”。“东突”恐怖分子与国际和地区恐怖组织勾连聚合，互传伎俩，流窜作案，给中国的国家安全构成重大威胁。此外，近几年我国出现了一些名为“伊吉拉特”的团伙，与境外恐怖势力相勾连，对外偷渡人员，出境参加“东伊运”，或者到欧洲加入“世维会”，一部分人员还通过东南亚国家回流作案。

（二）我国海外利益受到恐怖主义的威胁增大

随着我国改革开放不断推进，我国经济、制造、金融等产业迅速发展壮大，利益遍布全球已成为不争的事实。特别是习主席提出“一带一路”倡议后，经济全球化已被世界所认同。但是，在很多“一带一路”沿线国家，安全问题都很突出，深受暴力恐怖主义威胁的国家不在少数，不断发生的恐怖活动对中国的外交人员、在当地工作的中国人以及中国的海外经济利益造成严重的损害。比如，2016 年 8 月我国驻吉尔吉斯斯坦大使馆遭到汽车炸弹袭击，根据吉方通报，恐袭事件的主谋持有塔吉克斯坦护照，是“东伊运”在叙利亚的成员，并受到“努斯拉阵线”的指使。由此可见，我国在境外面临的恐怖主义威胁的复杂性超出了我们的想象。①

（三）“东伊运”恐怖势力不容小觑

长期以来，“东伊运”（全称“东突厥斯坦伊斯兰运动”）暴恐势力是中国面临的主要恐怖主义威胁。“东伊运”不仅主张民族分裂，颠覆中国政权，采取的爆恐活动直接危害国家稳定，给人民的生命和财产带来直接威胁，还受境外敌对势力的指挥，在中国境内，特别是在新疆，制造一系列的恐怖主义活动。近 10 年来，据有关统计，“东突”制造了 260 多起恐

---

① 参见《观察全球反恐形势的三个视角》，《世界知识》，2016 年第 24 期。

怖事件，致 160 余人死亡。目前，中国在打击"东伊运"恐怖主义活动方面取得了明显的成效。但是我们必须清醒认识与恐怖分子斗争的严酷性、复杂性和长期性，保持高度警惕，一刻也不能放松。[①]

（四）极端恐怖主义势力蠢蠢欲动

随着美国全球战略的调整，中亚、西亚的恐怖势力也开始出现异动，其活动范围越来越来广，组织也愈发壮大，有消息称，极端恐怖主义组织正试图从中东向中国周边的中亚、南亚，甚至东南亚转移、渗透。据报道，称超过 1000 名新疆地区极端分子在叙利亚和伊拉克参加战斗，一旦这些恐怖分子回流，直接牵涉到新疆地区的稳定与发展，也直接关乎中国发展的重要战略机遇期。

二、中国的反恐怖军事对策

近年以来，我国相继成立了以《反恐怖主义法》为代表的多部反恐法律法规，表明了我国对打击恐怖行为的决心和意志，对恐怖分子实施的高压态势，采取露头就打的方针，全面遏制恐怖分子的嚣张气焰，但我们必须认识到，反恐依旧曲折坎坷，道路还十分漫长。

（一）加强国际合作，共同打击恐怖分子

中国作为一个负责任的大国，不仅重视内部反恐，也重视国际反恐合作。迄今已经与十多个国家建立了反恐合作机制，尤其是对促进中国同毗邻地区国家的经济合作和安全合作，发挥了至关重要的作用。中国还深入参与了联合国、上合组织、"一带一路"沿线国家和全球反恐论坛等多边合作机制。2016 年 1 月 1 日起开始实施的《中华人民共和国反恐怖主义法》中专门的一个章节为《国际合作》，对中国参与国际反恐合作给予了法律层面的规定与指导，表明了中国积极参与国际反恐合作的决心和力度。

---

① 参见《加强全球反恐合作，维护世界和平稳定》，《今日中国》，2017 年 03 月 15 日。

（二）加强反恐力量建设，全面提高反恐能力

不断加强反恐力量建设，加大经费投入，建强建全反恐怖力量。要针对恐怖袭击多点暴发，恐怖分子多股、多向流窜作案，采取枪击、爆炸等复合式袭击手段等情况，紧密结合驻地建筑、地形、交通等特点，按照“快反、快打、精打制胜”的作战理念，重点对公共交通工具、人员密集场所反劫持，地标性建筑、繁华商业区、重要民生目标袭击、反爆炸等不同战场环境下快速投送，火力打击、协同配合等关键性问题，特别强化对城市反恐作战、山地反恐作战、境外反恐作战、边境封控作战等行动研究，有针对性的进行建设，使中国反恐力量即能打击境内恐怖分子，又能有效维护境外中国利益。①

（三）持续强化反恐，保持高压态势

由于中东、非洲等地区长期动荡不安，给恐怖主义的滋生创造了新的土壤，中国受外部恐怖影响，民族分离主义、极端主义抬头，境外恐怖分子回流趋势明显，国内重要目标和海外机构人员面临恐怖袭击风险呈上升态势，新疆地区受打击暴恐分子二次施暴活动显现。特别是近年来，境内外恐怖组织网上网下内外勾连，常常是外乱内动、内呼外应。因此，对暴力恐怖分子，必须保持严打高压态度，先发制人，露头就打，打早、打小、打苗头，不给恐怖分子任何喘息的机会。

第二节　中国主要恐怖袭击事件

2 月 15 日，3 名暴徒在皮山县城某小区内持刀砍杀群众，袭击事件造成 10 名群众受伤，其中 5 人因伤势过重经医院抢救无效死亡。

4 月 30 日，网民举报李某（男，汉族，24 岁，石河子市人）非法持有暴恐音视频。经核实，并根据有关法律法规，公安机关依法对李某予以行政拘留。

---

① 参见《21 世纪前期反恐形势与中国反恐军事力量建设》，《中国军事科学》，2017 年第 1 期，第 50—59 页。

5 月 1 日，网民举报阿某（男，维吾尔族，37 岁，和田市人）、阿某（男，维吾尔族，32 岁，和田市人）、阿某（男，维吾尔族，25 岁，和田市人）、阿某（男，维吾尔族，30 岁，和田市人）4 人存储多部涉“圣战”等内容的音频。经核实，并根据有关法律法规，公安机关依法对阿某等 4 人予以刑事拘留。

5 月份，一对年轻的中国夫妇在巴基斯坦西南部俾路支省首府遭到绑架。时隔 5 个月后，巴基斯坦外交部证实两人确实已被杀害。

5 月 9 日，网民举报瓦某（男，维吾尔族，19 岁，乌鲁木齐市人）持有并利用快牙软件向阿某（男，维吾尔族，24 岁，乌鲁木齐市人）传播暴恐音视频。经核实，并根据有关法律法规，公安机关依法对瓦某、阿某予以刑事拘留。

6 月 3 日，网民举报铁某（男，蒙古族，34 岁，巴州和静县人）在微信群内传播煽动民族仇恨视频。经核实，并根据有关法律法规，公安机关依法对铁某予以行政拘留。

6 月 7 日，网民举报侯某（男，汉族，29 岁，乌鲁木齐市人）存储、传播多部暴恐音视频。经核实，并根据有关法律法规，公安机关依法对侯某予以刑事拘留。

6 月 22 日，安徽蚌埠一男子微信传播暴恐音视频被行政拘留 13 天。

7 月 26 日，意大利警方拘捕持德国护照的“世界维吾尔代表大会”人员多力坤·艾沙。随后多方事实证明，“世维会”秘书长艾沙本人就是恐怖分子，他以暴力犯罪活动起家，曾参与策划新疆新和县系列爆炸案，并担任被联合国认定为恐怖组织的“东突解放组织”副主席。

8 月 14 日，中国外交部长王毅同土耳其外长恰武什奥卢在北京举行了中土外长磋商机制第二次会议。会后，土耳其政府宣布将“东伊运”列入土耳其政府监控的恐怖组织名单。

10 月 23 日，堪培拉南部近日发生多起袭击中国学生的事件，两名留学生受伤严重，其中一名学生的右眼被缝 7 针，眉骨断裂，造成不良影响。

10 月 31 日，外交部发言人华春莹证实，2017 年 5 月下旬在巴基斯坦被绑架的两名中国公民已不幸遇害。

12 月 8 日，中国驻巴基斯坦使馆发布重要安全提醒称：恐怖分子策划近期对中国驻巴基斯坦机构和人员发动系列恐袭。中国驻巴使馆提醒在巴中资机构和中国公民切实提高安防意识，加强内部防范，尽量减少外出，避免前往人员密集场所。如遇巴军警盘查，请予积极配合。如遇紧急情况，请及时报警并联系中国驻巴使领馆寻求帮助。

第三节　中国主要反恐怖军事行动

一、新疆皮山县发生一起暴力袭击事件，公安成功处置，击毙3名暴徒

（一）行动背景

新疆社会大局总体稳定，由于新疆位于我国边陲，处于恐怖活动重灾区边缘，再加上新疆地广人稀，自然条件恶劣，地形复杂，境内外恐怖分子长期勾结互联，受国外恐怖组织压力没有根本改变，稳定形势依然复杂严峻，特别是“三股势力”打着民族宗教的幌子，以宗教极端为思想基础，以暴力恐怖为主要手段，蒙蔽裹挟各族群众，挑拨民族关系，伤害民族感情，制造民族仇恨，破坏民族团结，用心极其险恶。经常在新疆地区制造各种暴力恐怖活动。

（二）行动概况

2017 年 2 月 15 日 14 时 20 分许，3 名暴徒在皮山县城某小区内持刀砍杀群众，公安闻讯后，公安便民警务站民警一分钟内迅速处置，成功将 3 名暴恐分子当场击毙，案件造成 10 名群众受伤。其中，5 人因伤势过重经医院抢救无效死亡，5 人正在全力救治。

（三）行动评析

此次恐怖事件，是一起典型受“三股势力”蛊惑，采取“孤狼式”恐怖袭击事件，这种“独狼式”事件系列案件背后反映的极端化威胁突出，极端意识形态影响大等特点。目前，我国以“东伊运”为代表的“东突”恐怖势力在叙利亚和阿富汗有根据地，在东南亚等地区有流窜通道，与国际恐怖势力和极端势力相互勾结，并通过境外策划操控，境内实施恐怖袭击的方式，严重危害民众安危，增大处置难度。同时，我们也应该看到，新疆地区便民警务站的优势，发生暴恐事件后，便民警务站民警一分钟内

进行处置，大大减少人员伤亡，提高处置的成功率。

二、其他反恐怖军事行动

1 月 1 日，为贯彻落实好中央、自治区对维稳工作的一系列部署，打击暴恐犯罪，维护社会大局稳定，和田市政府在团结广场举行反恐维稳誓师大会。

1 月 3 日，新疆维吾尔自治区反恐维稳誓师大会在武警新疆总队西山反恐训练基地举行。

1 月 6 日，锡林浩特铁路公安处西乌旗车站派出所联合车站职工开展反恐处突模拟演练。

1 月 8 日，和田公安机关在追捕皮山县 2015 年“4·22”暴恐团伙 3 名在逃人员时遇暴力拒捕，暴徒被我当场击毙。我方无人员伤亡。

1 月 9 日，武警云南总队第二支队特勤中队组织新年第一次以劫持人质为背景的课题演练。

1 月 14 日，呼和浩特铁路公安处联合呼市公安局特警支队、武警内蒙古总队呼市支队开展反恐防爆实战演练，以确保“平安、有序、温馨”的春运环境。

2 月 18 日，武警云南总队组织新年度首次大规模跨昼夜反恐演练，演练持续 20 多个小时，涉及城市、村庄、山间丛林等复杂环境。

2 月 22 日，南海舰队远海训练编队在东印度洋海域组织实弹射击训练和反恐反劫持演练，以检验我军新型主战舰艇性能，锤炼了官兵应急处突能力和遂行多样化任务能力。

3 月 6 日，东营南站派出所与东营市公安局特警支队组织开展了联合反恐演练，确保“两会”安全。

3 月 15 日，柳北区教育系统在柳州市滨江小学开展柳北区教育系统 2017 年反恐防暴应急观摩活动。

3 月 23 日，贵州省贵阳市公安局观山湖分局深入贵阳市第一中学开展反恐防恐联合演练。

4 月 12 日，山东潍坊举行“海卫—南渤湾”联合反恐演练。在三个小时的时间里，当地边防、消防、海事、海监等部门联合演练了陆海联动追捕、海上搜查、海上处突和海上逮捕等技战法。

5 月 4 日，天津空管进行“一带一路”高峰论坛反恐应急演练。演练在东区航管楼举行，进行以不法分子驾驶车辆冲击航管楼院区为背景的反恐应急演练。

6 月 6 日，为切实提高反恐实战能力和水平，营造严打震慑暴力恐怖犯罪的声势，云南省红河州在州公安局反恐基地举行反恐综合演练。

6 月 10 日，昌吉市文化宫转盘，来自自治区公安厅特警总队、武警昌吉州支队、昌吉市公安局等维稳力量共 600 人开展反恐维稳联合武装徒步拉动演练。

6 月 16 日，天水机场举行反恐防暴应急处置演练。

6 月 19 日，青岛边防支队燕儿岛边防派出所联合温馨巴士安达分公司开展了一场以制服暴恐分子持刀砍人为模拟警情的联合防恐反恐专项应急演练。

6 月 23 日，合肥市应急办、反恐办、安监局、国资委、公安局、公交集团等多部门联合进行反恐演练。

6 月 27 日，代号为“天山 -3 号（2017）”的上海合作组织成员国中吉边防部门联合反恐演习在中吉两国边境同时打响，两国边防部门采取“实地、实兵、实装、实弹、实爆”方式进行联合反恐演习。

7 月 5 日，武警山西总队依托晋东南地域地形，辗转长治、晋中部分地区，组织百余名特战官兵进行“魔鬼周”极限训练，锤炼特战反恐能力。

7 月 10 日，凉山州举行“利剑 -2017”军警民联合反恐处突汇报演练。

7 月 12 日，中国武警部队与白俄罗斯内务部内卫部队进行的首次联合反恐训练。

7 月 16 日，三明市公安局、武警、卫计委、环保局、气象局、外侨办、消防等多个部门进行反恐处突综合演练。

7 月 20 日，中俄“海上联合 -2017”双边海军演习定于 7 月 21 日至 28 日在波罗的海启动第一阶段的军演科目。

7 月 25 日，中老缅泰四国第 60 次中老缅泰湄公河联合巡逻执法编队在云南西双版纳关累港鸣笛起航，进行为期 5 天的联合执法行动。

8 月 3 日，为有效强化特战队员反恐防袭意识，切实推动实战化练兵，武警福建总队龙岩支队不打招呼不提前预演，对特战队员反恐处突能力进行实战化全方面检验。

8 月 4 日，浙江省舟山公安边防支队协调 5 家涉海部门在沈家门港区举行海上反恐处突应急演练。

8 月 10 日，为进一步提升对处置突发事件特别是暴力恐怖袭击事件的能力水平，检验全州反恐处突应急预案机制运行情况以及力量建设、快速反应能力，切实提高各应急力量、各警种之间的协调配合水平，云南大理州反恐工作领导小组在州政法训练基地举行 2017 年反恐处突应急综合演习。

8 月 11 日，南宁、百色、崇左、钦州和防城港等广西警方桂西南片区公安部门，在中越边城崇左市举行代号“边陲 2017”应急装备保障演练，集中展示反恐处突、抢险救灾工作的应急处置能力。

8 月 24 日上午，河南检验检疫局在洛阳北郊机场国际联检大厅举行了洛阳机场口岸核生化涉恐突发事件应急处置演练。

8 月 29 日，“护航 -2017“海上联合反恐处突演练在青岛黄岛口岸举行。

9 月 1 日，“龙江 -2017”全省反恐怖实战对抗演练第二阶段暴恐活动现场处置实战对抗演练在齐齐哈尔市昂昂溪区溪水森林公园举行。这次演习在全市范围内抽调了特警、武警、公安分（县）局 100 余名精干反恐特战队员参加了实战对抗演练。

9 月 3 日，福建省平和县检察院根据该院《反恐应急预案》，开展了“无预告”的模拟反恐应急演练，演练进一步强化了该院干警的安全意识，提升了干警突发事件应急处置能力。

9 月 10 日，湖南省党的十九大安保工作誓师暨“三湘铁拳 · 2017”反恐怖跨区域演练在湘潭九华工业园区泰富重工生产基地举行。

9 月 12 日，为期 3 天半的武警部队“卫士—17 · 天山”反恐实兵演习 12 日在新疆圆满结束。在乌鲁木齐、伊犁、阿克苏、喀什等多地同时举行的这次演习中，武警新疆总队、兵团指挥部、8660 部队、高岭训练基地特战对抗中队等万余名官兵参演。

9 月 21 日，俄罗斯太平洋舰队海军陆战队靶场硝烟弥漫，参加“海上联合 -2017”军事演习的中俄两国海军陆战队在这里举行联合反恐比赛，主要内容包括 1200 米障碍和自动步枪、轻机枪、40 火箭筒实弹射击等。经过一番激烈角逐，中俄双方均取得优异成绩，为即将拉开的海上阶段演习打下坚实基础。

9 月 25 日，为期近 20 天的中巴空军“雄鹰 - Ⅵ”联合训练在新疆某机场圆满落幕，双方参训部队陆续准备归建。从“雄鹰 - Ⅰ”到“雄鹰 - Ⅵ”，在开创中外空军联训诸多先例的同时，彰显了中国空军的开放自信，展现了中巴两国传统友谊。

9 月 27 日，杭州市公安局开展以“利箭”突击大队为主体的全市特警“砺箭 2017”反恐 24 小时实战综合演练。

9 月 28 日，由辽宁省反恐办组织协调，辽宁机场管理集团、沈阳桃仙国际机场主办，深圳航空沈阳分公司、南航沈阳维修基地、辽宁省公安厅机场公安局协办，在沈阳桃仙国际机场组织代号“合力 2017”反恐救援综合演练。

9 月 28 日，武警兰州市支队和交通治安分局、特警支队分别围绕暴恐袭击、劫持人质、围捕涉恐嫌疑人、处置严重骚乱事件等进行综合演练。

10 月 11 日，经联合国驻黎巴嫩临时部队司令部批准，代号为“钢铁风暴 - 2017”的实兵实弹演习在黎巴嫩南部任务区纳古拉镇举行。中国驻黎巴嫩维和建筑工兵分队首次以战斗分队身份参演，重点演练了简易工事构筑、兵力输送和海上目标实弹射击等课目。

10 月 25 日，吉首市公安局特警大队走进第六小学，开展反恐怖安全讲座暨反恐演练活动。

11 月 13 日，青岛市公安局在地铁二号线东韩站内举行反恐演练。3 名“歹徒”进入地铁意图实施暴恐活动，被安检员发现后进行纵火并向站内投掷爆炸物，砍杀现场乘客，并劫持人质。面对警方仍然不肯退却投降，刑警、特警、消防等警种迅速开展处置，将两名“歹徒”制服，另一名击毙，成功解救人质。

11 月 29 日，包头东车站派出所联合特警支队在包头东火车站开展以“进站口发现刀斧砍恐怖分子”为设定警情的反恐实战演练。

11 月 30 日，广西壮族自治区监狱管理局在广西警官学校举办了全区监狱特警队反恐防暴技能比武竞赛开幕式，来自南宁、桂林、柳城、钦州等 19 个监狱单位共 200 多名特警队员、辅警参加比赛。

12 月 2 日至 13 日，俄罗斯联邦国民近卫军特种部队与中国武警部队在银川举行“合作 - 2017”特种战术演习，俄方派出“勇士”和“山猫”特种部队士兵组成的联合部队参加，中方参演力量为武警部队“沙狐”反恐突击队。

12 月 6 日，上海合作组织“厦门 - 2017”网络反恐联合演习在厦门举行，8 个成员国主管机关代表团及地区反恐怖机构执委会代表团参加，就如何及时发现预防、有效打击网络恐怖主义活动等重要课题进行模拟演习。

12 月 28 日，为防范和应对长沙火车南站地区暴恐袭击事件，确保安全稳定，全力备战 2018 元旦特护期，长沙火车南站地区开展反恐防暴专项演练。

2017 年中国遭受恐怖袭击次数及伤亡人数

时　间	1 月	2 月	3 月	4 月	5 月	6 月	7 月	8 月	9 月	10 月	11 月	12 月	合计
袭击次数		1								2			3
伤亡人数		10								4			14
	全年，中国共遭受恐怖袭击 3 次，伤亡 14 人。												

第五章／2017年中东地区反恐怖军事行动*

第一节　中东地区反恐怖军事行动综述

中东地区既是伊斯兰教和伊斯兰文明的起源地，也是全球伊斯兰极端主义滋生蔓延的输出地。2017 年仍然政局持续动荡、教派对立严重、民族矛盾激化、战乱冲突不止，尤其“伊斯兰国”仍是影响中东地区安全稳定的首要威胁。在多国联合反恐行动打击下，极端组织“伊斯兰国”占领的地盘被逐一收复，伊拉克在美军的帮助下，收复北部最大的城市摩苏尔，叙利亚在俄罗斯的帮助下，收复了大部分国土，叙利亚境内的“伊斯兰国”势力在政府军和库尔德民主联军联合打击下已基本被清除。中东反恐的“节点性”进展提振了国际社会继续打击恐怖主义的信心。“‘伊斯兰国’已经是强弩之末，扩张势头已经消失。军事上铲除、消灭、围剿它只是时间问题。”但与此同时，其煽动力不可小觑，加之宗教矛盾、教派冲突、大国博弈以及全球发展失衡、贫富差距悬殊等深层次因素长期交织，打击“伊斯兰国”变得更加复杂。要想彻底铲除“伊斯兰国”的流毒和影响，不是仅通过军事手段就能达到的，更主要的是要消除其思想根源及滋生土壤，而这需要相当长的时间。

---

* “中东”一般泛指西亚和北非地区共 24 个国家。西亚国家包括：沙特、伊朗、科威特、伊拉克、阿联酋、阿曼、卡塔尔、巴林、土耳其、以色列、巴勒斯坦、叙利亚、黎巴嫩、约旦、也门和塞浦路斯，不包括阿富汗。北非包括：苏丹、埃及、利比亚、突尼斯、阿尔及利亚、摩洛哥、马德拉群岛、亚速尔群岛。

一、中东地区面临的恐怖形势

年内，中东地区仍然是动荡不安，国家间、教派间、种族间、武装力量间矛盾冲突不断，尤其是来自恐怖主义的威胁更加严重，虽然“伊斯兰国”在其占领区受到打击和重创，但其疯狂的报复性活动却更加肆虐，致使中东各国倍受其害，人民生命财产遭受巨大损失。

（一）中东地区正在走向多极化格局

伊朗的崛起影响深远。这个非阿拉伯的伊斯兰国家在 21 世纪走近拥核的边缘，与世界六强平起平坐签订核协议，与伊拉克、叙利亚和黎巴嫩真主党结成穿越阿拉伯世界的同盟，直抵以色列边界，重绘中东地区的地缘政治地图。沙特和以色列十分焦虑。2011 年爆发的叙利亚战争延续六年之久，导火索是中东变局，缘起却是叙利亚巴沙尔政权与伊朗结盟。进入 21 世纪第二个十年，叙利亚战争和“沙特—伊朗”矛盾成为中东地区新闻点击量最高的关键词，巴以冲突被边缘化。以色列将注意力转向伊朗，视伊朗为头号敌人。随着叙利亚战争接近尾声，沙特对伊朗坐大的恐惧陡增，于是以色列和沙特等一度敌对的国家结成反伊朗的“非神圣同盟”。沙特与伊朗的矛盾已远远超出逊尼派与什叶派教派之争的范畴，成为地缘政治利益的博弈。在叙利亚战争初期，土耳其曾与美国和沙特一起卷入推翻叙利亚总统巴沙尔的战争，但是 2015 年未遂政变发生后，土耳其与美国、欧盟渐行渐远，反而与俄罗斯和伊朗走近。中东两大阵营的矛盾和对立格局在 2017 年越来越清晰。俄罗斯以反恐名义直接军事干预叙利亚，与伊朗一道支撑巴沙尔政权。俄罗斯西部的战略空间不断遭美国挤压，而叙利亚战争为其强势重返中东、对冲美国的压力提供了机会，迫使美国让出在叙利亚的部分地盘，还与土耳其化敌为友。连沙特也不得不调整在安全和经济上绝对依靠美国的大国关系格局。尽管俄罗斯在伊核和叙利亚等问题上与沙特的立场相左，但今年沙特国王不顾年迈体衰出访俄罗斯。沙特与俄罗斯改善关系，正是为迎接中东格局多极化的到来谋篇布局，积极做好准备。俄罗斯重新成为中东问题不可忽略的角色。两派的背后有美国和俄罗斯，博弈的主战场在叙利亚和也门。地区大国之间不希望直接交手，但代理人之间的战争正在进行。尽管俄美原先在打击“伊斯兰国”这个问题上有一些共同利益，但是随着“伊斯兰国”被逐渐消灭，双方在叙利亚问题上尚未解决的矛盾会重新浮出水面。也门被胡塞武装掌控是沙特之痛和伊朗手中的筹码，任何一方都不会轻易放弃。

（二）“伊斯兰国”风光不再

在伊拉克和叙利亚两个战场上，“伊斯兰国”节节败退，溃不成军，元气大伤，成建制的主力基本被歼。7 月 8 日，伊拉克政府军收复“伊斯兰国”大本营摩苏尔，消灭了其建立的“哈里发国”。该极端组织在叙利亚首都拉卡也于 10 月 17 日被叙“民主军”拿下。然而，这并不意味着“伊斯兰国”已被全部铲除。首先，“人还在，心不死”。“伊斯兰国”的残余势力犹存。他们的骨干或潜逃其他地区，或转入地下。一旦风头过去，有点风吹草动，他们便会出来兴风作浪，制造事端。其次，“伊斯兰国”在利比亚、也门、埃及、阿富汗等国家的活动基地仍会继续大打出手，进行疯狂报复，甚至流窜到欧美、东南亚等地制造恐袭，扰乱社会治安。第三，地区动乱、宗教矛盾、经济发展滞后、失业、民生凋蔽、贪污腐败、种族歧视等均为“伊斯兰国”提供生存空间。鉴此，铲除该极端组织绝非轻而易举，尚需国际社会团结一致，共同努力。

（三）库尔德独立公投，致使地区局势趋紧

9 月 15 日，伊拉克库尔德斯坦自治区议会通过了库区主席马苏德 · 巴尔扎尼举行独立公投的建议。此事立即引起轩然大波。尽管遭到两伊、土耳其、美欧和联合国安理会的反对，但公投仍在库区如期进行。27 日公投最终结果显示，近 93% 的库尔德人支持独立。当日，伊拉克总理阿巴迪要求库区政府取消公投结果。10 月 16 日，伊拉克政府军“闪电”夺取基尔库克，库尔德武装几未抵抗，迅速撤离。27 日，伊拉克政府与库区同意临时停火。同日，美国务卿蒂勒森与阿巴迪通话，敦促双方展开对话。库区领导人马苏德因独立无望，于 11 月 1 日卸任。与此同时，伊拉克军方与库尔德武装开始磋商化解危机。目前看来，库区公投虽遭压制，但却带动了库尔德问题整体升温，成为地区潜在乱源。

（四）伊朗恐袭引发人们对中东地区宗教冲突的担心

伊朗首都德黑兰 7 日突然爆发大规模恐怖袭击。当天，位于德黑兰的

伊朗议会和伊朗前精神领袖霍梅尼墓地分别遭数名武装分子袭击。袭击已造成至少 12 人死亡，42 人受伤。“老问题，新危机”，尽管“伊斯兰国”已经自称是伊朗恐怖袭击的幕后指使者，不过由于最近才爆发沙特等逊尼派国家断绝与卡塔尔的外交关系，原因就是卡塔尔接近什叶派邻国伊朗，这不得不让人怀疑伊朗袭击背后的宗教原因。即使事件没有宗教原因，卡塔尔危机和伊朗恐怖袭击也会引发人们对中东地区宗教冲突的担心。叙利亚战争以来，什叶派的伊朗影响力增大，伊朗已经在伊拉克和叙利亚加大了影响力。逊尼派的沙特认为自己比以往任何时候受到的威胁更大。特朗普不久前访问沙特，为沙特站台并将矛头直指伊朗，一个反伊朗的阿拉伯联盟已经形成。伊朗和沙特现在扩大中东影响力的势头旺盛，近来发生的一连串事件，将点燃中东宗教纷争的火苗。

（五）中东地区恐怖袭击事件频发，造成大量平民伤亡

今年 3 月份伊拉克境内发生的暴力冲突和恐怖袭击事件共导致 543 名平民丧生，另有 561 名平民受伤。摩苏尔市所在的尼尼微省和首都巴格达所在的巴格达省位列平民伤亡最严重省份前两名。在基督教徒庆祝棕枝主日（Palm Sunday）之际，埃及坦塔市和亚历山大市的两座基督教堂连遭自杀式爆炸袭击，造成至少 47 人死亡，137 人受伤。9 日上午，教徒们齐聚坦塔市科普特基督教堂参加棕枝主日弥撒，一枚埋在座椅底下的炸弹在教堂爆炸，造成至少 29 人死亡，71 人受伤。幸存者拍摄的照片显示，爆炸现场一片狼藉，受伤人员血肉模糊，躺在地上等待救援，坦塔教堂袭击发生约两小时后，埃及亚历山大市圣·马可教堂附近又发生自杀式爆炸袭击，爆炸造成至少 18 人死亡，66 人受伤。9 日除两场血腥爆炸袭击，安全人员还在坦塔市一座清真寺拆除两个爆炸装置，这座清真寺内含伊斯兰教苏菲派圣殿，系当地第二大清真寺。当地时间 11 月 25 日，发生在埃及北西奈省清真寺恐怖袭击事件造成的死亡人数已达到 305 人，128 人受伤，其中包括 27 名儿童。

（六）第二极端组织正在崛起，引起地区恐慌

随着伊拉克和叙利亚打击极端组织的战役推进，极端组织的势力范围越来越小，第二个极端组织正在叙利亚西北部地区崛起，这个组织非常危险，他们持有大量武器，而西方国家并没有意识到他们的存在。曾在 2012

年被叙利亚“征服阵线”绑架的美国记者西奥·柯蒂斯表示，在叙利亚西北部，第二个极端组织正在崛起，而西方国家对叙利亚地面的情况并不清楚。而这个“第二极端组织”的组成人员主要是恐怖组织“征服阵线”和与“征服阵线”关系密切的部分叙利亚反对派成员。“征服阵线”曾与“基地”组织有关联，并一直与叙利亚政府军作战，这些人正在叙利亚西北部伊德利卜省集结，行为极其残暴，由于西方国家一直在为叙利亚反对派提供武器，很多武器也落入了他们手中。

（七）“伊斯兰国”外溢风险加大，给世界造成严峻的威胁

2017 年新年伊始，伊拉克政府军在第二大城市摩苏尔市内对极端组织“伊斯兰国”发动了新一轮攻势。事实上，进入 2016 年后，极端组织“伊斯兰国”攻城略地的扩张势头得到初步遏制，进入下半年后，“伊斯兰国”在叙利亚和伊拉克两线接连失去大片控制区域。失去大片控制区域，并已面临严重生存危机。原因在于国际反恐力量加大了打击“伊斯兰国”的力度，同时也加强了相关的反恐合作。2015 年 9 月俄罗斯军事介入叙利亚，对“伊斯兰国”进行空袭，成为打击“伊斯兰国”斗争的重要转折点，2015 年 11 月巴黎恐怖袭击后，促成了美、欧、俄打击“伊斯兰国”新联盟的形成，美欧与俄罗斯协调打击行动，进而对“伊斯兰国”构成了实质性压力。除控制区域大幅缩小外，由于其石油生产设施和运输工具遭到俄空袭，“伊斯兰国”的资金来源大幅减少。2016 年 3 月该组织石油贸易收入从 2015 年每月 8000 万美元降至 5600 万美元，美军对“伊斯兰国”的金库进行了系统性轰炸，至少炸毁 8 亿美元现金。资金锐减削弱了“伊斯兰国”的人员招募能力，2016 年一季度该组织招募外籍人员数量从 2015 年的每月 1500 至 2000 人减至 200 人。此外，美、俄等国还加大了对“伊斯兰国”领导层的打击力度，“伊斯兰国”的多名核心领导人在 2016 年被炸身亡。因此，“伊斯兰国”的领土控制能力、资金来源、人员招募、核心领导层在 2016 年都遭到重创。从 2017 年的发展趋势看，如美俄及地区国家继续合作，对“伊斯兰国”保持高压态势，“伊斯兰国”的生存危机将更趋严重，不排除消灭作为物理实体的“伊斯兰国”，但其外溢和扩散可能给世界造成更严峻的威胁。首先，在意识形态上，“伊斯兰国”特别强调建立所谓“哈里发国家”，顽固坚持反对什叶派极端思想，强调打击“远敌”（西方）和“近敌”（世俗的阿拉伯政权及其支持者）并重的“进攻性圣战”的宗教极端主义对于极端分子具有巨大的蛊惑力。其次，在国际反恐联盟打压下，“伊斯兰国”采取内线阵地战与外线袭扰战并重的策略，导致巴黎恐怖袭击后全球恐怖主义进入新的活跃期。第三，“伊斯兰国”极端分子与难民问题相交织且不断外溢，已构成全球治理的难题，并在国家、地区及全球层面冲击不同文明的关系和族群关系，彰显了“伊斯兰国”外溢效应的持续扩大。最后，“伊斯兰国”分支机构、极端分子回流、“独狼式”极端主义分子将继续在世界各地尤其是欧洲和广大伊斯兰世界扩散，并频繁制造恐怖袭击。

（八）极端组织“文化清洗行动”再毁古建筑

叙利亚古城巴尔米拉又有古迹遭极端组织“伊斯兰国”破坏，包括最为著名的四塔门及古罗马剧场。四塔门建于公元 3 世纪罗马皇帝戴克里先时期，在遭受新一轮破坏前，已经只剩下 4 座柱脚，每座有 4 条石柱，新一轮破坏令底座损毁，16 条石柱只剩下 2 条。古罗马剧场则建于公元 1 世纪，极端组织破坏了原本作为舞台背景的剧场门面。2015 年 5 月占领巴尔米拉后，“伊斯兰国”一直将剧场用作刑场，处决人质，大批人质在剧场遭处决，“伊斯兰国”的文化清洗行动夺走了叙利亚人的过去及未来。“伊斯兰国”于 2015 年 5 月攻占巴尔米拉后，先后炸毁贝尔神庙、巴尔夏明神庙及“胜利拱门”，虽然政府军一度于 2016 年 3 月收复失地，但古城在 4 月再次沦陷。极端组织“伊斯兰国”21 日炸毁了位于摩苏尔老城区的具有 800 多年历史的努里清真寺和该清真寺的宣礼塔。伊拉克反恐部队在摩苏尔老城区继续推进，在推进至距努里清真寺约 50 米时，“伊斯兰国”组织恐怖分子犯下这一历史性罪行，炸毁了努里清真寺和历史悠久的宣礼塔。努里清真寺建成于公元 1172 年，是摩苏尔市地标性建筑，历史上其主体建筑多次被毁，但该清真寺的宣礼塔得以保存下来。

二、中东地区的反恐怖军事对策

随着中东地区恐怖形势的加剧，中东各国的反恐力度也在不断加强，“联合防恐、联合打恐”成为年度反恐的突出特色，国际社会先后近百次举办以反恐为主题的各种会议，深入研究反恐对策，制定出台一系列反恐措施。国际反恐力量聚焦中东地区，多方联合打击恐怖主义，“伊斯兰国”

等一些极端恐怖组织的实力受到重创，其攻占的领土大部分被夺回，建国梦想被彻底破灭。要想彻底铲除中东地区的恐怖组织，持久的战斗还会相当漫长，反恐之路依然艰难。

（一）多国稳中求进发展深得民心

一年来，中东地区多数国家政府积极致力于稳定政局，发展经济，改善民生，取得了较好成果。地区经济有所恢复，人民生活水平也有了不同程度的提高。土耳其政府对内加大维稳力度，深度推行全面整改，成功实现了修宪。据该国统计局公布的数据，2017 年土耳其 GDP 为 8567.9 亿美元，同比增长 2.9%，人均 GDP 达 10807 美元；对外，土耳其调整政策，同美欧适当拉开距离，加强同俄罗斯合作，改善与伊朗、伊拉克和以色列关系。土耳其支持并参与叙利亚危机的政治解决，同俄、伊（朗）一起达成在叙建立 4 个“冲突降级区”的协议。土耳其总统埃尔多安在国际场合频频亮相，强调反恐和坚决打击极端组织“伊斯兰国”的态度。土耳其国际孤立处境有所改善，政权也得到了进一步巩固。目前，该国因未遂政变带来的负面影响正逐步弱化。6 月 21 日，沙特国王兼首相萨勒曼“废旧立新”，宣布免去侄儿穆罕默德·本·纳伊夫的王储、副首相和内政大臣职位，任命其子穆罕默德·本·萨勒曼为新王储和副首相，并继续担任国防大臣一职。这是 2017 年中东发生的一个重大政治事件，其影响深远，标志着人们关注的地区“老人政治”正在转型。对沙特而言，萨勒曼国王迈出了终结“兄终弟及”继承制的关键一步，开始了权力交接垂直化的新时代。对此变革，沙特国内外反应正常。究其原因，主要有以下几点：第一，萨勒曼国王老谋深算，精心策划；第二，沙特密切同美国的关系，得到美国的认可和支持；第三，小萨勒曼人气较旺，他的崛起是“沙特年轻人希望的象征，这个国家一半的人口在 25 岁以下”；第四，地区局势不稳，各国自顾倾向日增，无暇顾及沙特；第五，欧美国家普遍看好小萨勒曼，故而大加赞扬。埃及重视吸引外资。2017 年 6 月颁布新《投资法》，确定了平等、透明、可持续发展等招商引资原则，拟在土地出让模式、所得税减免等方面提供优惠政策。与此同时，埃及政府关注民生，加大推进保障住房工程、提高养老金标准、确保基本生活物资供应；为了减少财政开支，政府先后宣布削减对面粉、燃油等物资的政府补贴；对旅游业，埃及政府改善和扩建了许多旅游景点和设施，增加对外国游客的吸引力。一年来，埃及治安基本正常，但也发生了几起恐袭事件。对外，埃及高举反恐旗帜，支持叙利亚危机政治解决，加入叙“冲突降级区”担保国行列，促成了巴勒斯坦两大主要力量法塔赫和哈马斯达成和解协议。今年 4 月，埃及总统塞西访美，同特朗普举行会谈，重启埃美关系。最近，埃及和俄罗斯达成了关于两国战机可以使用对方空军基地的协议。突尼斯政局相对平稳，未再发生重大暴恐事件，旅游业有了较大发展，农业也有起色，粮食不仅自给自足，而且有盈余出口。据报道，全国 78% 的人拥有自己的住房，74% 的居民享受医疗保险，8% 的居民持有免费医疗证，99.9% 的家庭拥有固定电话，80% 的人拥有移动电话，90% 的家庭享有饮用水和供电。而广大农村，特别是山区居民生活依旧十分困难，是产生极端势力的温床。突政府现已制定 2016 年—2020 年五年发展规划，重点突出港口、铁路、高速公路等大型基础设施项目建设，意在提振经济，吸引外资，创造就业，改善民生，实现国家可持续发展。

（二）埃及北西奈省一座清真寺受袭，多国表示严打恐怖势力

埃及北西奈省一座清真寺 11 月 24 日遭受恐怖袭击，清真寺位于北西奈省首府阿里什市以西约 40 千米处。袭击发生时，大量民众正在清真寺内做礼拜，恐怖分子先在清真寺外引爆了爆炸装置，然后向从清真寺逃出的民众和随后赶来的救护车开枪，已造成至少 235 人死亡、109 人受伤，国际社会纷纷对袭击予以谴责，对遇难者表示哀悼，并呼吁共同打击恐怖主义。联合国安理会 24 日发表声明，“以最强烈的言辞”谴责这一“恶毒和懦夫式的”恐怖袭击，声明对死者家属和埃及政府致以最深切的同情和慰问，祝愿伤者早日康复。联合国秘书长古特雷斯当天也通过发言人发表声明，强烈谴责此次袭击，呼吁尽快将行凶者绳之以法。阿拉伯国家联盟秘书长盖特发表声明，谴责袭击者毫无人性，并表示坚定支持埃及政府打击恐怖主义。摩洛哥国王穆罕默德六世表示，强烈谴责这起针对信徒并亵渎宗教场所的“罪恶”、“卑鄙”的袭击，对埃及政府和受害者家属致以慰问，并表示摩洛哥将和世界各国一起打击各种形式的恐怖主义。以色列教育部长纳夫塔利·贝内特说，俄罗斯、欧洲、美国、以色列和阿拉伯国家都曾受到恐怖袭击，国际社会必须联合起来，共同打击恐怖主义。美国白宫发表声明，强烈谴责此次恐袭事件，对事件中死难者家属表示慰问。美国同时呼吁国际社会继续加强力量打击恐怖主义，并去除滋生恐怖主义的

极端思想。法国总统马克龙通过社交媒体推特向这次严重恐袭事件的遇难者表示哀悼。法国巴黎市长伊达尔戈表示，巴黎埃菲尔铁塔在 24 日午夜熄灭灯光，以哀悼埃及袭击事件的遇难者。加拿大总理特鲁多对埃及恐袭表示震惊与谴责，并表示与埃及人民站在一起。

（三）伊拉克部队接近底格里斯河，恐怖分子指挥系统出问题

2017 年 01 月 08 日，伊拉克政府军在摩苏尔城区开始了第二阶段的解放行动并取得不错的进展。继 6 日凌晨伊拉克反恐部队发动突袭成功占领了城区东北部的穆萨那区之后，7 日，该部队已经接近底格里斯河仅有几百米的距离，城内恐怖分子被包围，得不到酬劳而且指挥系统也出了问题。2016 年 10 月就开始的解放摩苏尔行动，在前期顺利推进外围清剿行动后，进入摩苏尔城区的进展慢了下来。在 12 月底，伊拉克联军开始了新一阶段的攻势，更好地进行协调并采取新的策略，过去几天接连取得战果。据伊拉克国防部的数据，从新一阶段攻势开始到现在已经有 1750 多名“伊斯兰国”组织的恐怖分子被杀死。主要担负城内解放行动的伊拉克反恐部队 6 日首次实施了夜间突袭行动，成功解放了东北部的穆萨那区。摩苏尔被底格里斯河分为东西两部分，现在的战斗集中在东部，尚未跨越底格里斯河。不过 7 日的时候，反恐部队控制了东南部临近河岸的阿勒巴斯区，部队离底格里斯河上的第四大桥仅有 500 米左右，而且部队还进入了附近的阿勒瓦赫达区。伊拉克联邦警察部队当天在这一区域也夺回了一家医院。反恐部队和联邦警察部队在东部和南部两个战线都取得进展，伊拉克联军已经控制了城市东部约 70% 的区域。对于城内“伊斯兰国”组织的情况，城内的恐怖分子已经被包围，不同地方恐怖分子也无法自由地调度。现在的情况是，恐怖分子无法从他们所在地区撤退，他们处在伊拉克安全部队的包围之下，所以他们的人数每天都在减少，而且各个社区之间的道路被控制，敌人也无法从一个地方到另一个地方进行调度。在开始解放摩苏尔战役之前，伊拉克和美国为首的国际联军针对“伊斯兰国”组织的石油走私和伊拉克与叙利亚之间的后勤补给线进行了打击，目前摩苏尔城内的恐怖分子得不到报酬，其指挥系统出现了问题。如今在这个组织内部，外国的指挥官和本地战士之间也有一些问题，因为，现在他们没有主要的、单向的来源发布命令，而且，那些主要的指挥官，外国指挥官他们之前已经撤离了，被留下的战士不仅害怕，还得不到报酬，因为“伊斯兰

国”的领导已经停止了每月给他们的工资。

（四）俄罗斯、土耳其结成新反恐联盟，合力对抗“伊斯兰国”等恐怖组织

2017 年 01 月 20 日，土耳其和俄罗斯空军发起联合行动，合力向控制了阿勒颇北部城镇巴卜（al-Bab）的“伊斯兰国”组织发动空袭，这是俄罗斯和土耳其空军第一次进行联合行动，此次空袭得到了叙利亚政府的同意。在这次空袭中，俄方出动了一组战机，包括四架苏－24M，四架苏－25 和一架轰炸机苏－34，土方也出动了八架土耳其战机，四架 F－16“伊斯兰国”和四架 F－4。17 日，美军承若支持土耳其把巴卜从“伊斯兰国”控制中解放，但土耳其谴责美军没有做好地面反击。故 18 日，寻求新的联盟，与俄罗斯发起联合空袭。近来，俄罗斯与土耳其的联合越来越频繁，特别是双方在 12 月下旬斡旋叙利亚停战以后。双方将于 1 月 23 日在哈萨克斯坦阿斯塔纳举行叙利亚谈判。此次谈判不仅关乎叙利亚。土耳其总统埃尔多希望与俄罗斯进行电子系统，弹药和导弹技术的采购交易。2016 年 11 月，土耳其武装部队总参谋长胡鲁西·阿卡尔访问俄罗斯，讨论军事合作问题。2016 年 8 月 9 日的首脑会议上，双方签署了关于国防工业伙伴关系的宣言。双方还同意组成一个联合军事和情报机制，以协调双方在中东的活动，这是前所未有的。据土耳其国防部长 Fikri Isik 称，土耳其将竭尽所能与俄罗斯合作解决叙利亚问题。他说：“在俄罗斯与国防合作的历史上，一个新篇章已开启。”他称反对派从阿勒颇撤离时俄罗斯与土耳其合作的结果，土方与俄方密切的军事联盟有利于把阿勒颇战略城镇贾拉布鲁斯（Jarablus）、达比克（Dabiq）从“伊斯兰国”手中解放出来。2 月 27 日，土耳其总统首席顾问 Ilnur Cevik 表示，若非俄罗斯支持，土耳其于叙利亚塔里克塔里克巴卜进行的军事行动将无法取得成功，对此，土耳其方很感激俄罗斯。“普京一直为土耳其提供大力援助。我们对他在叙利亚问题上所处立场深表感谢。土耳其军队的塔里克巴卜行动（Al-Bab Operation）最终取得胜利。”土耳其军方参谋长阿卡尔（Hulusi Akar）24 日表示，塔里克巴卜地区已得到控制，而在叙利亚进行的代号为“幼发拉底之盾”的军事行动目的也已达到。

（五）树立命运共同体意识，根治地中海地区乱象

联合国安理会 11 月 17 日下午就地中海区域的安全挑战举行了公开会议。联合国秘书长古特雷斯在会上指出，地中海区域在跨国有组织犯罪、难民和移民等多个问题上面临严峻挑战，一些非法毒品、武器和石油产品贸易十分猖獗，大规模的移民和难民流动在有关国家产生了巨大社会治安问题。萨赫勒地区不稳定因素导致大量非正规移民前往欧洲，联合国将继续支持萨赫勒五国集团及其联合部队开展维稳行动。在巴勒斯坦和以色列问题上，联合国将继续推进实现两国方案，同时，塞浦路斯问题全面政治解决也将有助于减轻该区域政治紧张气氛。如果利比亚、伊拉克和叙利亚等国不加速重建和恢复经济，打击恐怖主义团体取得的进展有可能会丧失殆尽。中国常驻联合国代表团临时代办吴海涛指出，地中海地区是亚洲、非洲、欧洲交汇之地，近年来利比亚、叙利亚和萨赫勒地区形势恶化，热点问题交替升温，恐怖势力猖獗并不断蔓延，武器非法转让问题严重，地区局势动荡不稳，严重影响地区国家发展和人民生活。不少国家面临发展不平衡、种族矛盾突出、难民和移民大规模流动、跨国有组织犯罪严重等多重挑战。地中海地区国家和人民的命运休戚与共，地区局势对周边广泛区域的辐射影响不可小觑。如何尽快改善地区局势，找到一条实现地区稳定、预防新的冲突、构筑持续和平与发展的道路，需要国际社会共同努力。国际社会应聚焦地区热点问题，加快政治解决进程；应加强国际和地区努力与当事国的协调合作，共同直面安全挑战；应坚决打击恐怖主义，妥善处理难民移民问题。彻底解决该地区问题，应推动包容、普惠、平衡性发展，尊重文明多样性，树立命运共同体意识。战乱冲突、恐怖主义、难民移民危机，都能从贫困落后上找到根源，发展是解决全球性问题的根本钥匙。应谋求地中海地区开放创新、包容互惠的发展前景，帮助发展中国家落实 2030 年可持续发展议程，增强减贫脱困、自主发展能力，实现共同发展，促进持久和平。应坚定维护《联合国宪章》宗旨和原则，秉持共同、综合、合作、可持续的新安全观，合力编织地区安全网。建设“对话而不对抗、结伴而不结盟”的伙伴关系，加强不同文明和宗教间的对话，摒弃零和思维，坚持和平解决争端的大方向，推动通过政治手段化解分歧。地中海地区具有重要的战略地位、丰富的自然资源、独特的文化背景和巨大的发展潜力。中方致力于同地区国家和国际社会一道，继续关注地

中海地区形势发展。地中海地区是“一带一路”沿线的重要一环，基于共商共建共享理念，近年来中方提出并积极推进共建“一带一路”倡议，得到包括地中海地区在内的国际社会积极响应，中方并与地区国家在互联互通与基础设施建设等领域开展深层次务实合作，取得积极进展。中方将继续为实现地中海地区安全、稳定与持久发展贡献力量，致力于共同构建人类命运共同体。

第二节　中东地区主要恐怖袭击事件

一、土耳其伊斯坦布尔的一家夜总会遭遇新年恐怖袭击

1 月 1 日，土耳其伊斯坦布尔的一家夜总会遭遇恐怖袭击。极端组织“伊斯兰国”枪手开枪打死一名夜总会保安人员和一名平民，然后闯入了这家名为“雷纳”的夜总会进行扫射，导致 39 人遇难，另有 69 人受伤。

（一）事件背景

困兽犹斗，垂死挣扎，这是一般的战争规律。对于“伊斯兰国”武装这种恐怖组织而言，眼下正日益明显地表现出这种大失败前夕的绝望特征。2014 年夏天，“伊斯兰国”在伊拉克西北部快速扩张后，夺取了包括摩苏尔在内的多个城市，这座盛产石油的北方重镇从此沦为该组织在伊拉克境内的大本营，大约 50 万人口在战乱中流落他乡，其中包括 10 万基督徒。“伊斯兰国”武装不仅对城内外控制区的少数宗派进行残酷的宗教迫害、压榨、驱逐甚至杀戮，而且相继摧毁了一大批有数千年历史的文化遗存，包括《圣经》旧约时代的约拿、但以理等先知墓、亚述艺术博物馆以及多个清真寺。2016 年 10 月 16 日，在摩苏尔沦陷近两年半后，陆续收复其他城镇的伊拉克政府及国际反恐联盟，调集 10 万大军完成了对该城的四面围困，并发起被一再拖延的攻城战，揭开了摧毁“伊斯兰国”武装东部大本营的决战序幕。“伊斯兰国”不甘坐以待毙，自 2016 年 11 月起，“伊斯兰国”武装对反恐联盟的决战清剿还以颜色，派人渗透到巴格达等后方城市，策划各种形式的袭击“伊斯兰国”武装扩大袭击范围、提高袭击频

率和制造更大杀伤与恐怖效应的小高峰。

（二）事件经过

袭击发生在当地时间凌晨 1 时 15 分左右，两名枪手当时装扮成圣诞老人进入会场，枪手在雷纳夜总会入口处射杀了一名警察和一名平民，而后进入夜总会并用长管枪支向密集的人群扫射。导致至少 39 人死亡，其中 20 名死者被确认为外国人，另外有 69 人受伤，其中 4 人伤势严重。目前 20 名遇难者被确认来自多个国家，分别为沙特阿拉伯、伊拉克、印度和突尼斯，以及叙利亚、加拿大、以色列、黎巴嫩和科威特等。袭击发生后，枪手趁乱逃出了夜总会。极端组织“伊斯兰国”发表声明，宣称对造成 39 人死亡的土耳其夜总会枪击事件负责。

（三）事件影响

袭击发生后，多国领导人表示强烈谴责。土耳其总统埃尔多安发表声明，严厉谴责这一恐怖袭击事件。土耳其一如既往地坚持“打击恐怖主义”。他表示：“绝不向这种肮脏的行为妥协”，“决意从根源上摧毁恐怖主义袭击和威胁”。俄罗斯总统普京发表声明，对此次袭击事件进行谴责。普京称，俄罗斯在反恐领域将继续做土耳其可靠的伙伴。表示全力支持土耳其打击恐怖主义。他在发给埃尔多安的一封电报中表示，“坚定地抗击恐怖袭击是我们的义务”。美国总统奥巴马、北约秘书长斯托尔滕贝格、欧盟外交与安全政策高级代表莫盖里尼等也纷纷表态对恐怖袭击进行谴责，并对土耳其人民表示支持。中国外交部发言人华春莹 1 日就土耳其伊斯坦布尔发生枪击事件答记者问时表示，中方强烈谴责这一事件，坚决反对一切形式的恐怖主义。华春莹说，王毅外长已就枪击事件向土耳其外长恰武什奥卢致慰问电。中方愿同土方及国际社会一道加强协调合作，维护地区和世界的和平与安全。

二、叙利亚什叶派撤离人员车队遭自杀式袭击百余人死伤

叙利亚北部城市阿勒颇西郊发生针对撤离人员的自杀式汽车爆炸袭击。总部位于伦敦的“叙利亚人权观察”组织称，袭击者驾驶一辆原本用来运输救援物资的厢式货车，目标是亲政府的撤离人员。爆炸袭击造成至

少 126 人死亡，其中有 68 名儿童。

（一）事件背景

据卡塔尔半岛电视台 16 日报道，2014 年至今，叙利亚政府与反对派武装陆续达成一系列协议，允许被围困的武装人员离开政府军控制区，前往反对派武装控制区。14 日，根据叙政府和反对派武装在伊朗和卡塔尔两国斡旋下达成的协议，2300 多名反对派武装人员及其家属当天从叙首都大马士革西北郊扎巴达尼和马达亚镇撤出，搭乘 60 辆大巴前往被反对派武装控制的叙西北部伊德利卜省。

与此同时，约 5000 人从被反对派武装围困的伊德利卜省什叶派小镇卡夫拉亚和福阿撤出，乘坐近 80 辆大巴计划前往政府军控制的北部城市阿勒颇。上述四座城镇曾包含在以前的疏散平民和运送人道救援物资的协议中。卡夫拉亚和福阿已经被叙利亚反对派武装围困长达 2 年之久。联合国和救援机构时常抱怨说，尽管达成了协议，但他们有时仍然无法进入这些城镇。联合国一再呼吁叙利亚各派武装停止使用围困的战术。

不过，因叙政府和反对派武装在撤离的亲政府武装人员数量上出现分歧，被撤离的居民滞留在阿勒颇西郊的拉希丁大巴车队转运站数个小时，随后遭到汽车炸弹袭击。英国广播公司（BBC）16 日报道称，叙政府和反对派武装在 2016 年 12 月也尝试过交换彼此人员，后因反对派武装烧毁运送撤离人员的大巴而未能成行。路透社 16 日报道称，反对派武装虽然同意伊朗和卡塔尔斡旋下的协议，但他们一直对协议有抵制情绪，因为他们认为，撤离无异于强制将反对政府的人员从主要城市撵走，留下的基本都是支持巴沙尔的居民。

（二）事件经过

4 月 15 日，恐怖分子在载有难民的车队附近，引爆了一辆大货车。当时车队所处地带仍在武装分子控制下，距离分界线还有 3000 米的路程。这批难民在缺水和食品的情况下，几乎一昼夜都在等待武装分子批准继续前行。恐怖分子开来一辆汽车，向难民分发水和土豆片，随后发生爆炸。爆炸导致 126 人死亡，主要是妇女和儿童。据目击者说，看到恐怖分子扔下藏有炸弹的汽车从现场逃逸。根据叙利亚官方发布的消息，自杀式袭击者驾驶装有炸药的卡车冲入撤离人员车队经停的拉希丁地区并引爆。现场照片显示，爆炸威力巨大，多辆搭载撤离人员的汽车被当场炸毁，冒起滚滚黑烟，人们纷纷惊慌躲避。大批救援人员在袭击发生后清理现场，搜寻幸存者。

（三）事件影响

叙利亚官方对袭击事件予以谴责，并表示不少遇难者是妇女和儿童。叙利亚官方将袭击事件归咎于恐怖分子所为。目前尚无组织或个人宣称对袭击事件负责。反政府武装方面否认袭击事件与其相关。叙利亚政府军与反政府武装的交战仍然持续，造成多个城镇被长期围困，被困民众的生活面临严峻挑战。外界担忧当地的人道主义危机会进一步恶化。

袭击发生后，叙利亚反对派和革命力量国家联盟通过推特发表声明，强烈谴责针对平民、反对派武装和医疗人员的恐怖袭击。联合国秘书长古特雷斯 15 日通过发言人发表声明，对数千名撤离人员在叙利亚阿勒颇遭袭事件予以谴责，并呼吁将袭击实施者绳之以法。美国国务院 16 日也谴责这起针对妇女和儿童在内的平民的“野蛮袭击”。英国外交大臣约翰逊则再次将矛头指向巴沙尔政府，在《每日电讯报》上刊文呼吁俄罗斯放弃对巴沙尔的支持并积极参与美国领导的反恐国际联军。

三、利比亚塞卜拉泰冲突已致近百人死亡

持续 3 周的利比亚西部城市塞卜拉泰的武装冲突已经造成将近 100 人死亡，其中包括 8 名平民，另有超过 180 人受伤。

（一）事件背景

双方此番交火与利比亚的难民问题有关。据报道，塞卜拉泰市军事委员会下属武装团体目前获得意大利政府的支持，是阻止难民从利比亚涌向欧洲的主要力量。该武装团体指责反“极端组织”作战部队从事人口走私、组织偷渡等活动。反“极端组织”作战部队成立于 2016 年，隶属于利比亚民族团结政府。该部队常驻塞卜拉泰市，但未得到塞卜拉泰市军事委员会的支持。

（二）事件经过

交火双方分别是利比亚反“极端组织”作战部队和塞卜拉泰市军事委员会下属武装团体，反“极端组织”作战部队发表声明称赢得了战斗。持续几周的武装冲突造成塞卜拉泰大量建筑毁坏，当地几千个家庭逃离家园。此外，当地一处被联合国教科文组织列为《世界遗产名录》的古罗马城市遗址也遭到破坏，武装冲突已经造成将近 100 人死亡，其中包括 8 名平民，另有超过 180 人受伤。

（三）事件影响

利比亚安全局势持续恶化，政府无法对海岸边界实施有效管理。一些来自撒哈拉以南非洲国家的难民纷纷以利比亚为中转站，穿越地中海偷渡至欧洲，而塞卜拉泰市正是难民取道利比亚去往欧洲的主要出发地，致使两地关系更加紧张。

四、“伊斯兰国”犯下又一罪行：炸毁有 800 多年历史的努里清真寺

伊拉克军方表示，21 日极端组织“伊斯兰国”炸毁了位于摩苏尔老城区的具有 800 多年历史的努里清真寺和该清真寺的宣礼塔。

（一）事件背景

努里清真寺是摩苏尔市地标性建筑，建成于公元 1172 年，其主体建筑历史上多次被毁，但宣礼塔得以保存。2014 年 6 月 29 日，极端组织头目巴格达迪也正是在这里宣布建立“伊斯兰国”，自立为哈里发，即“国王”。这座清真寺名为努里清真寺，又称摩苏尔大清真寺，名字取自当地一个抗击欧洲十字军的乡绅贵族。清真寺位于摩苏尔老城区南部，是该城主要地标。这座清真寺的宣礼塔尤其有名，因其向地面倾斜，类似意大利的比萨斜塔，当地人称之为“驼子”。

“伊斯兰国”2014 年占领摩苏尔后，其最高头目巴格达迪在努里清真寺宣布，建立一个横跨伊拉克和叙利亚的“哈里发国”。这也是“伊斯兰国”唯一一次公开巴格达迪抛头露面的镜头。巴格达迪据信早已逃离摩苏尔，现在藏身伊拉克与叙利亚的边境地区。也有俄罗斯方面消息称，巴格

达迪在一次俄方空袭中丧生。但这一说法没有得到美国和伊拉克方面证实。

（二）事件经过

伊拉克联合行动指挥部中将亚拉拉说，伊拉克反恐部队当天在摩苏尔老城区继续推进，在推进至距努里清真寺约 50 米时，“伊国”组织恐怖分子又犯下一个历史性罪行，炸毁了努里清真寺和历史悠久的宣礼塔。伊拉克军方媒体办公室航拍的一张照片显示，努里清真寺及其 45 米高的宣礼塔已被夷为平地，现场一片废墟。

（三）事件影响

从这些迹象以及目前战局看，“伊斯兰国”在中东似乎败局已定，气数将尽。在伊拉克，持续数月的摩苏尔老城区战事已进入最后阶段。摩苏尔是“伊斯兰国”控制的最大城市，一旦被政府军收复，“伊斯兰国”在伊拉克的堡垒将不复存在，必将加速其全面溃败。

“伊斯兰国”在叙利亚也是节节败退，美国支持的库尔德武装“叙利亚民主军”已经控制拉卡 4 个主要街区和城郊的多片区域，正对这个“伊斯兰国”所谓的“首都”形成全面包围之势。叙利亚政府军则在产石油的代尔祖尔省等地继续收复大片失地，并于上周末与伊拉克政府军首次在两国边界口岸会师。

“伊斯兰国”炸毁“建国清真寺”，并非是向伊拉克政府军屈服，更多是想展现鱼死网破、玉石俱焚的姿态，宁肯让这座具有象征意义的清真寺毁在自己手里，也不愿让伊拉克政府军的旗帜在其上空飘扬。可以预见，“伊斯兰国”仍将继续负隅顽抗，即便在实体上消亡，其组织架构也可能转入地下，从当初攻城略地、高调“建国”，以整体存在彰显实力，转向化整为零、混迹民间的隐蔽战术，触发大量极端和恐怖分子向中东以外的地区分流、回流。

这从近期欧洲频发“独狼式”恐怖袭击可以看出一些端倪。这种更分散、不确定性更大的恐袭，无疑给今后的反恐行动增添了难度。想在短时间内彻底消灭该极端组织还不太可能。

五、埃及恐袭事件已造成 305 人死亡、128 人受伤

11 月 24 日，恐怖分子在埃及西奈半岛北部埃尔—阿里什市以西的一座清真寺内引爆了一个爆炸装置。并随后对逃离的人群射击。埃及官方透露，恐怖分子人数大约在 25—30 人之间。

（一）事件背景

埃及近期反恐形势严峻。此前在埃及西奈半岛发生的恐怖袭击大多针对埃及军警。2016 年年底以来，恐怖分子向开罗、亚历山大等埃及大城市渗透，并接连发动数起针对科普特教堂的恐袭。袭击均为“伊斯兰国”所为。

（二）事件经过

遇袭的清真寺位于北西奈省首府阿里什市以西约 40 公里处。袭击发生时，大量民众正在清真寺内做礼拜。制造袭击的恐怖分子有 25 至 30 人，分乘五辆越野车抵达清真寺后，向内投掷爆炸物并开枪扫射。恐怖分子头戴黑色面罩，身穿制服，袭击时一边开枪一边挥舞“伊斯兰国”标志性黑旗。他们在袭击后点燃清真寺周边停放的一些车辆，然后乘越野车逃离现场。24 日发生的清真寺恐怖袭击已造成至少 305 人死亡、128 人受伤。

埃及军方 25 日宣布，埃及军队 24 日晚启动的对恐怖分子的空中打击进入第二天。埃及空军继前一晚击毁数台车辆、打击若干恐怖分子基地后，又在地面部队和西奈民众的配合下，于 25 日摧毁一些恐怖分子基地，炸毁大量武器弹药和爆炸装置。

（三）事件影响

埃及南西奈省议员贾齐·萨阿德说，这次袭击是恐怖分子第一次针对清真寺发动袭击，十分恶劣，埃及军方应该引起重视，有所回应，否则未来类似的恐袭肯定还会发生。

埃及军方表示，埃及空军在袭击发生后接连两天对恐怖分子发动空中打击，摧毁数台车辆、消灭车上人员，并打击了若干恐怖分子基地。埃及

安全部队正在地面搜索、追踪残余恐怖分子。

六、其他恐怖袭击事件

1 月 1 日，土耳其伊斯坦布尔一家夜总会发生枪击事件，39 人丧生，死者中包括 16 名外国人。

1 月 1 日，土耳其伊斯坦布尔的一家夜总会遭遇恐怖袭击。极端组织“伊斯兰国”枪手开枪打死一名夜总会保安人员和一名平民，然后闯入了这家名为“雷纳”的夜总会进行扫射，导致 39 人遇难。

1 月 2 日，在巴格达东部萨德尔城发生一起汽车炸弹袭击，造成至少 35 人死亡、61 人受伤。

1 月 5 日，土耳其第三大城市伊兹密尔一家法院的门口发生汽车炸弹袭击，造成至少两人死亡，10 人受伤。

1 月 5 日 ，巴格达接连发生两起汽车炸弹袭击，共造成至少 14 人死亡，十多人受伤。

1 月 6 日，叙利亚政府军控制城市杰卜莱的商业中心区当天发生汽车炸弹爆炸，造成至少 9 人死亡、15 人受伤。

1 月 6 日，巴格达东部的什叶派聚居区，一辆停在市场外的汽车发生炸弹爆炸，造成至少 9 人死亡、4 人受伤。

1 月 7 日 ，叙利亚北部阿勒颇省北郊阿扎兹市一个法院大楼外遭到汽车炸弹袭击，目前已造成至少 15 人死亡、数十人受伤。

1 月 8 日，伊拉克巴格达东部萨德尔城发生一起自杀式汽车炸弹袭击，造成至少 11 人死亡、25 人受伤。

1 月 8 日，叙利亚首都大马士革西郊小镇一座清真寺遭汽车炸弹袭击，目前已造成至少 5 人死亡、15 人受伤。

1 月 8 日 ，耶路撒冷发生卡车冲撞人群事件，目前已造成至少 4 人死亡，另有 15 人受伤。死者中包括 3 名女性和 1 名男性。

1 月 9 日，埃及北西奈省阿里什市的一个检查站遭汽车炸弹袭击，造成至少 9 名军警死亡、10 人受伤。

1 月 10 日，土耳其东南部加济安泰普省警察总部遭遇不明身份武装人员袭击，警方与武装分子发生激烈交火，一疑似自杀式袭击者被击毙，另有 1 名警察和 1 名平民受伤。

1 月 12 日，叙利亚大马士革发生自杀式爆炸袭击，造成至少 8 人死亡，另有多人受伤。

1 月 16 日，埃及西南部瓦迪杰迪德省发生武装分子袭击检查站事件，导致 8 名警察死亡，3 名受伤。

1 月 18 日，在叙利亚中部古城巴尔米拉，极端组织“伊斯兰国”杀害了 12 名平民。

1 月 21 日，伊斯坦布尔警察总部当晚遭火焰投射器袭击，但没有造成人员伤亡。

1 月 24 日，伊拉克巴格达市区底格里斯河东岸的一个繁华商业区遭遇汽车炸弹袭击，造成两人死亡、10 人受伤。

1 月 31 日，沙特的一艘军舰遭也门胡塞武装船只自杀式袭击，导致 2 名沙特海军士兵死亡。

2 月 8 日，以色列埃拉特当天深夜遭到 4 枚火箭弹袭击，以方“铁穹”火箭弹拦截系统拦下其中 3 枚，另外 1 枚在无人空地爆炸。

2 月 11 日，伊拉克政府和外国使领馆所在的巴格达“绿区”遭三枚火箭弹击中。

2 月 15 日，在伊拉克巴格达东部的萨德尔城发生自杀式汽车炸弹袭击，造成至少 15 人死亡，50 人受伤。

2 月 16 日，伊拉克首都巴格达遭遇严重袭击，目前造成造成 48 人死亡，近 60 人受伤，极端组织“伊斯兰国”已经宣称对事件负责。

2 月 17 日，土耳其桑尼乌法 Viransehir，当地一法官和检察官公寓附近发生爆炸，造成 1 名 3 岁男童死亡，多人受伤。

2 月 24 日，叙利亚阿勒颇省西部城市巴卜（Al-Bab）镇附近发生自杀炸弹袭击，造成至少 42 人死亡。

2 月 24 日，也门南部阿比扬省一座警察局遭自杀式爆炸袭击。袭击导致至少 10 人死亡、20 人受伤。

2 月 24 日，叙利亚北部城市巴卜发生汽车炸弹袭击事件，造成包括叙利亚反对派武装和平民在内至少 60 人丧生、100 人受伤。

2 月 25 日，叙利亚中部城市霍姆斯两处安全机构当天遭连环自杀式爆炸袭击。袭击导致至少 42 人死亡，另有数十人受伤。

2 月 26 日，在阿尔及利亚君士坦丁市一名自杀式袭击者制造了一起针对警察的爆炸袭击事件，造成 2 名警察受伤。

3 月 8 日，伊拉克提克里特市附近一场婚礼上发生自杀式炸弹袭击，已经导致 30 人遇难，还有 26 人受伤。

3 月 11 日，叙首都大马士革当日发生两起爆炸袭击，造成至少 40 人死亡、数十人受伤。

3 月 15 日，叙利亚首都大马士革一法院发生炸弹袭击事件，造成至少 30 人死亡。

3 月 15 日，土耳其东南部一条高速公路上发生一起炸弹爆炸事件，造成正在巡逻的两名土耳其士兵身亡。

3 月 15 日，叙利亚首都大马士革一家餐馆遭自杀式袭击，造成 24 人受伤。

3 月 20 日，伊拉克首都巴格达发生自杀式炸弹袭击，造成至少 23 人死亡，另有 45 人受伤。

3 月 23 日，叙利亚中部城市霍姆斯一处军事检查站当天遭汽车炸弹袭击，造成多名士兵死亡。

3 月 23 日，埃及军队在北西奈省追捕武装分子时遭炸弹袭击，10 名军人身亡。

3 月 24 日，乌克兰驻利比亚大使馆遭未知人员枪击，大使馆外墙壁和玻璃发现数枚弹孔。

3 月 24 日，埃及首都开罗市郊发生爆炸，造成 1 人死亡、3 人受伤。

3 月 27 日，也门南部拉赫季省一地方政府办公区遭武装分子汽车炸弹和持枪袭击，造成 6 名安全人员遇难，多名武装分子被击毙。

4 月 1 日，耶路撒冷老城大马士革门附近发生一起持刀袭击事件，袭击导致两名以色列青年和一名警察受轻伤，袭击者随后被以警方击毙。

4 月 1 日，埃及北部城市坦塔一所警察训练中心附近发生爆炸，共有 14 名警察和两名平民在爆炸中受伤。

4 月 4 日，伊北部萨拉赫丁省首府提克里特市一街区晚遭武装分子袭击，造成 32 人死亡、28 人受伤。

4 月 9 日，位于埃及北部城市坦塔的一所教堂发生爆炸，爆炸由安置在教堂座椅下的炸弹引起，造成至少 30 人死亡、50 人受伤。

4 月 11 日，在土耳其东南部城市迪亚巴克尔市的安全局大楼发生爆炸，袭击者从外部挖掘地道到达安全局大楼地下，并在其中放置爆炸装置。爆炸事件目前已造成 3 人死亡，其中包括一名警察和两名平民，另有

10 至 12 名伤者正在医院接受治疗。

4 月 14 日，耶路撒冷当天发生持刀袭击事件，造成 1 人死亡、2 人受伤。袭击事件发生在一辆轻轨列车上，当列车到达“以色列国防军”广场站时，一名 57 岁的巴勒斯坦乘客拔刀刺向一名 25 岁的英国游客，致其重伤。伤者随后被送往医院，经医治无效死亡。袭击事件发生时，列车紧急制动还造成一名 30 岁孕妇和一名 50 岁左右男子受轻伤。

4 月 16 日，在叙利亚阿勒颇以西地区，载有数千名什叶派撤离人员的车队遭自杀式袭击，袭击造成 126 人死亡，其中有 68 名儿童。

4 月 16 日，极端组织“伊斯兰国”（IS）用芥子剂攻击了伊拉克一个军事单位，该军事单位中有美国及澳大利亚的军事顾问，有 25 名士兵需要就医，有 6 名士兵出现呼吸困难症状。

4 月 19 日，叙利亚阿勒颇发生炸弹爆炸，造成 6 人死亡、32 人受伤。

4 月 27 日，叙利亚大马士革国际机场附近发生了“剧烈爆炸”，目前还无法确认爆炸原因。

4 月 27 日，阿尔及利亚北部艾因迪夫拉省发生炸弹爆炸，造成 3 人死亡、4 人受伤。阿尔及利亚主要媒体《消息报》网站援引当地安全人士的话说，爆炸发生在首都阿尔及尔以西 150 千米的艾因迪夫拉省。一些人当时正在该省一个山上打猎，遭到一枚自制炸弹爆炸袭击。

4 月 28 日，伊拉克巴格达卡拉达区交通管理局的停车场发生汽车炸弹袭击，导致 5 人死亡、10 人受伤。

5 月 2 日，一辆埃及警方巡逻车在开罗市郊附近遭遇武装袭击，造成至少 3 名警员丧生，另有 5 人受伤。

5 月 2 日，伊拉克西部安巴尔省一处军事基地当天遭到极端组织“伊斯兰国”武装分子袭击，造成 10 名士兵死亡、6 人受伤。

5 月 2 日，极端组织“伊斯兰国”对位于叙伊边界叙利亚一侧的一座难民营发动袭击，造成至少 32 人丧生，约 30 人在袭击中受伤。

5 月 3 日，叙利亚北部边境城市阿扎兹发生一起汽车炸弹袭击事件，造成至少 15 人死亡、20 多人受伤。

5 月 5 日，约旦和叙利亚交界处附近的一座难民营发生爆炸，导致 4 人死亡。

5 月 5 日，两辆客车在从南苏丹首都朱巴驶往中部琼莱州首府博尔的途中遭武装人员袭击，造成至少 21 人死亡、25 人受伤。

5 月 19 日，叙利亚极端组织当天袭击了位于连接阿勒颇和霍姆斯主干道附近的多个村庄。叙利亚人权观察组织称，袭击共造成 52 人死亡，其中包括 15 名平民。

5 月 22 日，叙政府当天重新全面控制了中部重镇霍姆斯。而叙北部同日遭炸弹袭击，导致数十人丧生。

5 月 20 日，极端组织“伊斯兰国”过去 24 小时内在叙东部地区的袭击中打死 15 名平民。“伊斯兰国”对叙政府军在代尔祖尔省首府代尔祖尔市的控制区发动袭击，造成包括妇女和儿童在内的 15 人死亡，另有 63 人受伤。

5 月 23 日，叙利亚中部重镇霍姆斯，一辆汽车冲破霍姆斯当地警方的拦截，袭击者在该市扎哈拉区引爆了装在汽车里的炸药，造成 4 人死亡、30 人受伤。

5 月 26 日，埃及的明亚省发生枪击事件，有枪手向一辆大巴上的人群扫射，至少有 29 人在枪击事件中死亡，24 人受伤。

5 月 28 日，伊拉克东部迪亚拉省首府巴古拜的一个警方检查站，一名身穿炸弹背心的袭击者在遭到警方拦截后引爆了炸弹，造成至少 3 人死亡、16 人受伤。

5 月 30 日，伊拉克首都巴格达及其西侧一个城镇发生两起汽车炸弹和 1 起自杀炸弹攻击，造成至少 35 人丧生、逾 100 人受伤。这是穆斯林斋戒月期间以深夜人群为目标的典型攻击。

6 月 1 日，沙特东部城市盖提夫一条主要街道旁发生汽车炸弹袭击，目前还没有相关的伤亡报告，也没有组织或个人宣称对事件负责。盖提夫是沙特国内人口占少数的什叶派穆斯林聚居区之一，此前曾多次出现安全人员和车辆遇袭事件。

6 月 3 日，伊朗南部法斯省希拉兹市，一处购物中心发生爆炸，已造成 37 人受伤。

6 月 7 日，伊朗首都德黑兰发生连环袭击事件，伊朗议会大楼与已故最高领袖霍梅尼陵墓遭枪手与自杀式炸弹手袭击，造成至少 17 人死亡，43 人受伤。伊朗情报部说，当局还逮捕了第三组欲实施袭击的恐怖分子。

6 月 9 日，在伊拉克巴格达南部城市穆赛伊卜的一个市场，一名自杀式炸弹袭击者引爆炸弹，造成至少 20 人死亡，至少有 34 人在袭击中受伤。

6 月 8 日，南苏丹一辆军车在南部边境地区遭武装分子伏击，造成至少 14 人死亡，另有多人受伤。

6 月 9 日，在土耳其东南部巴特曼省科兹卢克市发生多起袭击事件，2 名武装人员向该市市长专车开枪射击，殃及相邻的民用车辆，造成至少 4 人死亡，其中包括一名 22 岁女教师。

6 月 10 日，伊拉克萨拉赫丁省一个村庄当天遭极端组织“伊斯兰国”袭击，14 名村民在袭击中死亡。

6 月 12 日，在沙特阿拉伯东部省份盖提夫，军警在当地巡逻时遭引爆的爆炸装置攻击，一名士兵被炸死，两名安全人员受伤。

6 月 14 日，土耳其首都安卡拉西北部工业区的一家汽车零配件商店商店发生爆炸，造成 2 人死亡、4 人受伤。

6 月 23 日，叙利亚南部德拉市连续两天遭极端组织武装分子发射的火箭弹袭击，造成 6 人死亡、18 人受伤。

6 月 28 日，距南苏丹首都朱巴 70 多千米的蒙加拉地区遭武装分子袭击，至少 9 人死亡、4 人受伤。

6 月 30 日，黎巴嫩部队在黎巴嫩和叙利亚边境难民营附近巡逻时遭自杀式炸弹袭击，导致 1 名女童身亡，7 名黎巴嫩士兵受伤。

7 月 2 日，在叙利亚大马士革东部城区的解放广场，发生自杀式汽车炸弹袭击事件，造成 8 人死亡、20 人受伤。

7 月 2 日，伊拉克西部安巴尔省一处平民安置营地当天发生一起自杀式袭击，导致 14 人丧生、20 人受伤。

7 月 4 日，一辆在沙特东部什叶派聚居区巡逻的警车当天遭炸弹袭击，一名警察被炸身亡，另有 3 名警察受伤。

7 月 6 日，叙利亚中部城市哈马当天发生一起自杀式炸弹袭击，造成至少 2 人死亡，另有 9 人受伤。

7 月 6 日，在沙特东部卡提夫地区米斯瓦尔村执行巡逻任务的一辆警车遭恐怖分子炸弹袭击，导致 1 人死亡、3 人受伤。

7 月 7 日，埃及北西奈省拉法市拜尔斯村一处检查站当天遭自杀式汽车炸弹袭击，随后，数名戴面具的武装分子向检查站士兵开枪射击，造成至少 10 名士兵死亡。

7 月 10 日，土耳其东南部哈塔伊省一座警方检查站遭武装分子袭击，造成 2 名警察遇难、1 名警察受伤。

7 月 13 日，伊拉克西部安巴尔省一处民兵营遭极端组织“伊斯兰国”

发动的自杀式爆炸袭击，至少造成 9 名民兵身亡，12 人受伤。

7 月 14 日，在以色列耶路撒冷圣殿山附近发生一起袭击事件。三名袭击者向警方开枪，造成多人受伤。袭击者最终被安保人员击毙。

7 月 14 日，以色列执法机构表示，2 名该国警察上午在耶路撒冷历史中心遭武装袭击中受伤牺牲。

7 月 14 日，耶路撒冷老城圣殿山（穆斯林称“尊贵禁地”）附近发生枪击事件，造成 2 名以色列警察丧生，3 名袭击者被打死，另有多人受伤。

7 月 14 日，埃及红海海滨城市霍尔格达一个度假村发生袭击事件，造成 2 名乌克兰籍游客死亡，另有 4 名外籍游客受伤。

7 月 15 日，伊朗警方当天上午在位于伊朗首都德黑兰南部地区的一个地铁站内开枪击毙一名持刀袭击者。

7 月 16 日，俄罗斯驻叙利亚大使馆再次遭到炮击。叙利亚官方媒体报道说，两枚炮弹射向俄罗斯大使馆，其中一枚击中使馆建筑群，另一枚落在附近。

7 月 24 日，北西奈省阿里什市附近一座检查站发生汽车炸弹袭击事件，7 名平民在爆炸中丧生。

7 月 25 日，一名男子持刀刺伤了位于摩洛哥东北部梅利利亚市的一名边境警察，事发地点位于摩洛哥和西班牙交界处，该男子随后被拘留。

7 月 30 日，利比亚退役将领、世俗势力代表人物哈利法・哈夫塔尔领导的“国民军”在东部城市德尔纳的检查站遭到极端武装分子袭击，造成 5 名士兵丧生，另有 4 人受伤。

7 月 31 日，伊拉克驻阿富汗大使馆附近发生第二次爆炸，而极端组织“伊斯兰国”通过其宣传机构表示，对阿富汗喀布尔爆炸案负责。

8 月 2 日，“基地”组织在也门南部制造了自杀炸弹袭击，并绑架杀死 6 名阿联酋“反圣战士”部队的士兵。

8 月 4 日，埃及伊斯纳的警察巡逻队遭袭，2 人死亡，3 人受伤。

8 月 10 日，3 名涉嫌参与此前袭击教堂和基督徒的极端分子日前被埃及警方击毙，一名警察在交火中身亡。

8 月 11 日，也门政府军与反政府武装在也门北部边界焦夫省交火，造成至少 17 人死亡。

8 月 13 日，土耳其伊斯坦布尔一名警察于在押解犯人途中被其刀刺身亡，该犯疑为极端组织“伊斯兰国”成员。

8月14日，据俄罗斯卫星网援引土耳其《自由报》报道，伊斯坦布尔一名疑似“伊斯兰国”武装分子持刀袭警，造成一名执法人员因伤身亡。

8月17日，巴勒斯坦伊斯兰抵抗运动（哈马斯）安全官员伊亚德·阿勒布祖姆证实，加沙地带南部当天发生一起自杀式爆炸袭击，造成2人死亡、5人受伤。

8月20日，黎巴嫩军方公布，一辆军车当天在黎东北部遭地雷袭击被炸毁，造成3名士兵死亡，另有1名士兵受重伤。

8月20日，叙利亚大马士革国际博览会的举办地遭遇火箭弹袭击，叙利亚媒体称袭击已造成至少6人身亡。

8月28日，伊拉克首都巴格达东部萨德尔城当天发生一起汽车炸弹袭击，造成12人丧生、24人受伤。

8月29日，土耳其东南部迪亚巴克尔省发生一起针对军用装甲车的炸弹袭击事件，造成2名军人死亡。

8月31日，土耳其西部城市伊兹密尔市（Izmir）发生爆炸案，一枚放置在垃圾桶内的炸弹爆炸，造成附近一辆接驳巴士上的数名乘客受伤。

8月31日，阿尔及利亚国家媒体援引警方消息称，一名阿尔及利亚警察在阻止一位自杀炸弹袭击者的过程中牺牲。

8月31日，利比亚东部城市苏尔特以东的诺费里耶地区发生一起汽车炸弹袭击事件，造成至少3人死亡、2人受伤。

9月2日，伊拉克警方公布，北部萨拉赫丁省萨迈拉市的一座发电厂当天遭到自杀式袭击，造成包括袭击者在内的15人丧生，另有9人受伤。

9月11日，埃及一支安全巡逻队当天在西奈半岛遭汽车炸弹袭击和伏击，事件造成18名警察和平民死亡，另有5人受伤。

9月12日，据利比亚媒体报道，利比亚班加西市当天发生路边地雷爆炸事件，造成两人受伤。

9月16日，伊拉克北部基尔库克省警方一名消息人士对新华社记者说，该省首府基尔库克市南部当天晚上发生一起汽车炸弹袭击事件，造成至少3人丧生，另有9人受伤。

9月22日，利比亚西部城市塞卜拉泰的武装冲突仍在持续，当天的炮弹袭击造成2人死亡、3人受伤。

9月26日，以色列警察和医疗机构称，一名袭击者在耶路撒冷外一个城镇的入口开火，导致 3 名以色列人死亡。

10 月 2 日，巴林首都麦纳麦郊区的一个什叶派聚居区发生爆炸事件，造成 5 名警察受伤。

10 月 4 日，土耳其东南部发生爆炸，造成 3 名军人死亡，另有 5 人受伤，爆炸发生在哈卡里省于克塞科瓦区。土耳其军方称，爆炸袭击是库尔德工人党武装分子所为，并在事发后出动大批装甲车捉拿武装分子。

10 月 7 日，利比亚国防部一名官员告诉新华社记者，一名不明身份的袭击者当日袭击了位于的黎波里西部小镇阿齐济耶的检查站，导致利比亚民族团结政府武装力量的 2 名士兵丧生。

10 月 8 日，沙特阿拉伯王室在红海海岸的夏宫遭到枪击袭击，两名王宫守卫被打死，另有 3 名卫士受伤。王室护卫部队击毙了枪手。袭击事件发生时国王萨勒曼在俄罗斯访问。

10 月 11 日，叙利亚大马士革发生的 3 起爆炸共造成 1 人死亡，6 人受伤。此前媒体报道，有两名自杀式袭击者在大马士革警局外引爆炸弹，导致人员伤亡。

10 月 11 日，叙首都大马士革当天发生针对警察的自杀式爆炸袭击，造成除袭击者外的 2 人死亡、10 人受伤。

10 月 11 日，伊拉克西部安巴尔省一个咖啡馆当晚遭自杀式爆炸袭击，造成至少 10 人死亡，另有 20 多人受伤。

10 月 17 日，土耳其南部城市梅尔辛发生一辆警用客车遭炸弹袭击事件，造成 18 人受伤。

10 月 21 日，埃及内政部发表声明说，埃及一支警察巡逻队当天在西部沙漠地区遭到恐怖分子袭击，造成多名警察死伤。

10 月 27 日，巴林内政部公布，巴林一辆载有警察的车辆当天遭路边炸弹袭击，造成 1 名警察死亡、8 名警察受伤。

11 月 1 日，一名持刀男子在突尼斯议会附近一处广场砍伤两名执勤警察。这名嫌疑人是极端分子，警方已将其逮捕，相关调查正在进行中。

11 月 3 日，摩洛哥当局表示，马拉喀什一个旅游区发生一起枪击案，当地居民称，有 1 名男子被枪杀，另外还有 2 人受伤。据当地相关部门表示，据初步调查显示，死者为袭击者的确定目标。

11 月 3 日，据俄罗斯卫星网援引外媒报道，叙利亚城市哈德尔发生自杀式爆炸袭击，6 人死亡，20 多人受伤。

11 月 3 日，据叙利亚通讯社报道，叙南部库奈特拉省当天发生一起自杀式爆炸袭击，造成至少 6 人死亡、21 人受伤。

11 月 4 日，叙利亚东部代尔祖尔省发生自杀式汽车炸弹袭击，造成数名人员伤亡。

11 月 5 日，也门政府安全部门总部附近接连发生两起自杀式袭击，目前已造成 5 名士兵死亡。据也门安全部门的官员称，袭击者很可能是来自阿拉伯半岛基地组织驻也门分支机构的特工。极端组织“伊斯兰国”在也门的分支声称制造了这起袭击。

11 月 8 日，南苏丹军方证实，政府军与警方当日晚在该国南部和一伙不明身份的武装分子发生交火，造成 3 人死亡。

11 月 10 日，利比亚东部城市班加西安全部门一名消息人士称，利比亚民族团结政府内政部副部长法拉吉・艾格埃姆的驻地当天遭到迫击炮袭击，造成 3 名安全人员死亡，另有 9 人受伤。

11 月 11 日，巴林首都麦纳麦以南约 15 公里的一处输油管道爆炸起火，巴林内政部发表声明说，巴林一处输油管道 10 日夜爆炸起火是一起恐怖袭击事件。

11 月 16 日，叙利亚首都大马士革多个居民区遭到炮弹袭击，造成至少 6 人死亡，另有 45 人受伤。

11 月 21 日，据法新社报道，伊拉克巴格达北部 TuzKhurmatu 地区发生汽车炸弹袭击事件，已致 21 人死亡，爆炸事件还造成至少 40 人受伤。

11 月 23 日，南苏丹官员证实，政府军与反对派武装自本月 19 日爆发冲突以来，已造成双方至少 25 人死亡。

11 月 27 日，伊拉克内政部官员公布，首都巴格达东南的奈赫赖万地区当天发生袭击事件，造成 8 人死亡、37 人受伤。

11 月 29 日，也门官方消息称，位于也门临时首都亚丁的财政部大楼遭汽车炸弹袭击，造成至少 5 人死亡，12 人受伤。极端组织“伊斯兰国”宣布对此负责。

11 月 30 日，由于收到虚假炸弹威胁，土耳其航空公司一架客机在苏丹喀土穆国际机场紧急迫降。

12 月 5 日，据叙利亚国家电视台报道，叙利亚中部城市霍姆斯发生一起巴士自杀袭击事件。报道称，一名恐怖分子在载有乘客的巴士上引爆了炸弹。据了解，爆炸造成了人员死伤，但到目前没有详细信息，也暂未有组织宣布对袭击负责。

12 月 7 日，以色列国防部发布消息称，以色列遭到三枚来自加沙地带的炮弹袭击，其中两枚落在加沙地带，一枚落入以色列南部地区，但并未造成人员伤亡。随后，以军出动一辆坦克和一架战机，对加沙地带的两个目标进行了报复性回击。

12 月 24 日，伊拉克警方称，伊警方人员当天在北部基尔库克省遭极端组织“伊斯兰国”武装分子袭击，5 人丧生，随后伊拉克安全部队随后对逃离的武装分子展开搜捕。

12 月 26 日，伊拉克安全部门说，极端组织“伊斯兰国”武装分子当天在伊北部萨拉赫丁省制造一起袭击事件，造成 4 名民兵死亡、6 名民兵受伤。

12 月 26 日，也门政府消息人士称，胡塞武装“安萨尔真主”运动日前发射火箭弹失败，造成也门一家十口全部遇难，该火箭弹在也门首都萨那爆炸。

12 月 27 日，新华社巴格达安全官员称，隶属于国防部的两名情报人员当天在局势敏感的北部城市基尔库克遇袭身亡，袭击者随后逃离现场，安全部队在该地区展开了搜捕。

12 月 28 日，埃及军方说，一辆军车在北西奈省针对武装分子的行动中遭遇路边炸弹袭击，袭击造成 6 名军人身亡。

12 月 29 日，埃及首都开罗南部赫勒万区的马尔·米纳教堂遭不明身份武装分子袭击，至少 10 人死亡、多人受伤。极端组织“伊斯兰国”宣称犯案。

第三节　中东地区主要反恐怖军事行动

一、埃及强力回应恐怖袭击事件，对恐怖分子展开空袭

（一）行动背景

5 月 26 日上午，满载科普特基督徒的公交车队在埃及明亚省遭不明身份武装分子枪击，袭击造成 29 人遇难，极端组织“伊斯兰国”宣布对袭

击事件负责。袭击事件发生后，埃及总统塞西宣布埃及“向恐怖主义宣战”，在利比亚陷入乱局以来，其外溢效应严重影响埃及国家安全。近两年来，有近千辆非法车辆越境进入埃及，恐怖分子的所为破坏了埃及的稳定和团结，埃及将“代表世界上所有国家同恐怖主义宣战”，“埃及将毫不犹豫地打击国内外的恐怖主义基地。”

（二）行动概况

当地时间 27 日中午，埃及空军对利比亚东部城市德尔纳一带的恐怖分子据点和训练营实施了“不分昼夜的多次空袭”。埃及与利比亚方面在空袭前进行了充分沟通，行动“完全摧毁了预定目标”，战机在任务结束后返回埃及国内。

（三）行动评析

埃及空军 26 日晚开始实施此次空袭行动，以回应埃及中部明亚省公交车遭袭击事件。对明亚省公交车实施袭击的恐怖分子曾在利比亚境内的营地受训。位于明亚省的极端分子同邻国利比亚有联系，至少通过埃及西部的沙漠公路接收来自利比亚的物资援助。埃及军方在该国境内逮捕了 48 名极端分子，这些人曾在利比亚和叙利亚接受极端组织培训，并通过埃及和利比亚边境偷运金钱和武器进入埃及，明亚恐怖袭击事件促使埃及政府迅速采取行动，捍卫国家安全。

二、恐怖魔头走向末日，“伊斯兰国”承认巴格达迪死亡

（一）行动背景

2004 年，巴格达迪出狱后很快就与包括“基地”组织在内的多个极端组织建立联系。2006 年，他宣布效忠“基地”组织在伊拉克的分支头目扎卡维。两年后，扎卡维被美军炸死，他的继任者是极端分子马斯里。2006 年 10 月，马斯里宣布解散“基地”组织伊拉克分支，正式成立“伊拉克伊斯兰国”组织。这段时间，巴格达迪曾被派往叙利亚活动，后来又回到伊拉克担任组织顾问。2010 年，在马斯里被美军击毙后，巴格达迪被推举为组织新头目，从幕后走向台前。

“伊斯兰国”不仅在中东活动，还频频在美国、英国、法国等西方国

家发动恐怖袭击。一时间，“伊斯兰国”的疯狂程度让人心惊，“伊斯兰国”的统治残酷而血腥。巴格达迪就是要通过威吓惩罚、暴力折磨维持统治。在摩苏尔，武装分子将无数平民用作“人肉盾牌”，阻挡政府军的攻势，那些试图逃跑的平民如果被抓住，就会被砍掉手脚，甚至被砍头。

（二）行动概况

过去两年多来，伊拉克和叙利亚政府军重整旗鼓发动反攻，在各方力量的协助下，不断收复失地，“伊斯兰国”控制的地盘逐渐萎缩。巴格达迪也失去了昔日的“威风”，只能想尽办法保命。

为了抓捕巴格达迪，美国开出了2500万美元的悬赏金，还成立一支专门的追踪队伍，专门负责搜寻巴格达迪的下落。这支部队包括特种部队士兵、中情局特工等，还得到其他情报机构支援，可以使用包括间谍卫星在内的各种情报技术手段。

巴格达迪非常担心下属可能为了拿到高额悬赏而出卖自己，为了躲避追捕，巴格达迪不用手机，只通过很少几个线人跟“伊斯兰国”指挥官联系。

5月底俄军对“伊斯兰国”位于拉卡南郊的指挥部实施空袭。“伊斯兰国”高级成员当时正在开会，讨论从拉卡撤离的路线。空袭歼灭了“伊斯兰国”军事委员会一些高级成员和总计大约330名中层成员和武装分子，巴格达迪出席了当晚的会议并且被炸身亡。

（三）行动评析

极端组织“伊斯兰国”已经承认其最高头目阿布·贝克尔·巴格达迪死亡，并称该组织将在不久之后产生新头目。10日，伊拉克总理阿巴迪在摩苏尔宣布，“伊斯兰国”在摩苏尔的统治被彻底推翻，这座城市当天全面解放。

三、黎、澳挫败“芭比娃娃”炸机阴谋

（一）行动背景

4名策划炸毁客机的是哈立德、马哈茂德、塔里克和阿米尔·哈亚特四兄弟，黎巴嫩裔，澳大利亚国籍。涉嫌携带简易爆炸装置登机，策

划实施恐怖活动，原本打算在飞机起飞 20 分钟后引爆炸弹，共携带两个爆炸装置，作为“双保险”，分别藏在绞肉机和一个“芭比娃娃”中。他们计划发动炸弹袭击的客机共有大约 400 名乘客，其中 120 人来自黎巴嫩，目的是惩罚阿联酋和澳大利亚加入美国主导的打击“伊斯兰国”多国联盟。

（二）行动概况

4 名嫌疑人把爆炸装置藏入“芭比娃娃”和绞肉机，企图引爆一架从澳大利亚悉尼市起飞的航班，幸运的是，行李超重 7 千克，悉尼机场工作人员把行李退了回来，阿米尔未能按计划把行李带上飞机，炸机行动由此失败。

（三）行动评析

4 名黎巴嫩兄弟决定在澳大利亚针对阿提哈德航空公司航班发动袭击。这起事件说明，全球应当一同打击恐怖主义，所有安全机构之间应当全天 24 小时进行协调，制止这种袭击事件发生。

四、其他反恐怖军事行动

1 月 2 日，土耳其军方在叙北部打死 34 名极端组织成员。

1 月 2 日，叙政府军打死多名“伊斯兰国”武装分子。

1 月 3 日，土耳其展开血腥报复，出动战机坦克打击上百“伊斯兰国”目标。

1 月 5 日，土耳其已掌握夜店枪击案枪手身份，逮捕 36 名嫌犯。

1 月 6 日，土耳其恐袭枪手身份确认，近 40 名嫌犯被捕。

1 月 7 日，伊兹密尔遭恐袭，土耳其警方已扣押 18 名嫌疑人。

1 月 8 日，土耳其总理访伊拉克，两年内高官首访关系或回暖。

1 月 8 日，沙特安全人员击毙两名恐怖分子。

1 月 10 日，耶路撒冷恐袭，以色列警方逮捕 9 名嫌犯。

1 月 12 日，摩洛哥禁止生产销售“波卡”罩袍。

1 月 15 日，叙政府军击退极端组织大规模进攻。

1 月 17 日，“伊斯兰国”马来西亚分支头目在叙利亚被炸死。

1 月 19 日，伊拉克政府军宣布已完全收复摩苏尔东区。

1 月 19 日，俄罗斯、土耳其首次采取联合行动在叙利亚空袭“伊斯兰国”据点。

1 月 20 日，俄罗斯、土耳其结成新反恐联盟，合力对抗“伊斯兰国”等恐怖组织。

1 月 21 日，俄罗斯、土耳其首次在叙利亚联合空袭，摧毁 36 个“伊斯兰国”目标。

1 月 23 日，伊斯坦布尔警察总部遭袭击，当局逮捕嫌疑人。

1 月 23 日，土耳其军方称在叙北部打死 65 名“伊斯兰国”武装分子。

1 月 24 日，俄罗斯轰炸机从本土起飞轰炸叙境内“伊斯兰国”目标。

1 月 24 日，伊政府军已完全收复摩苏尔东区。

1 月 26 日，普京会见约旦国王，双方就推动叙利亚问题解决等举行会谈。

1 月 30 日，埃及军方在西奈半岛对极端恐怖主义分子展开清剿行动。

2 月 5 日，叙利亚政府军在巴尔米拉周边取得进展。

2 月 6 日，土耳其警方逮捕 763 名疑似“伊斯兰国”组织成员。

2 月 7 日，土耳其大规模清剿“伊斯兰国”抓捕 820 名嫌疑人。

2 月 7 日，极端组织穷途末路，在叙利亚遭“全面包围”。

2 月 8 日，联合国呼吁在打击“伊斯兰国”方面加强国际合作。

2 月 12 日，伊朗逮捕 8 名密谋破坏伊斯兰革命纪念活动的恐怖分子。

2 月 13 日，土叙抵抗力量即将攻占“伊斯兰国”控制的重镇。

2 月 13 日，土耳其在叙利亚开展军事行动清除恐怖主义。

2 月 14 日，伊拉克军方空袭“伊斯兰国”，首脑巴格达迪生死未卜。

2 月 15 日，在收复了摩苏尔底格里斯河东岸地区之后，14 日，伊拉克政府军宣布派出部队前往摩苏尔底格里斯河西岸地区，准备发起收复摩苏尔西部地区的军事行动。

2 月 15 日，北约计划在 2017 年年底前在其位于那不勒斯的联合部队司令部中建立新的“监控”中心，以应对来自北约南部周边地区的安全威胁和安全挑战。

2 月 17 日，沙特阿拉伯内政部宣布，该国安全机构近日捣毁了极端组织“伊斯兰国”的 4 个团伙，共逮捕了 18 名成员。

2 月 17 日，联合国中东和平进程特别协调员姆拉登诺夫（Nickolay

Mladenov）在安理会关于中东局势的会议上指出，极端主义，流血和流离失所正持续困扰中东地区，这些现象正在给其他地区带来不容忍、暴力和宗教激进主义。

2月20日，花钱太多，收入锐减，“国土迅速缩水”，令全球最大恐怖组织“伊斯兰国”财务崩溃。

2月20日，伊拉克武装部队开始对据守在北部重镇摩苏尔西部城区的极端组织“伊斯兰国”武装人员展开新一轮军事行动。

2月21日，土耳其部队在叙利亚西北部巴卜镇（Al-Bab）展开空袭，加上以美国为首国家联盟部队的空袭，共炸死44名“伊斯兰国”武装分子。

2月22日，叙利亚国内打击“伊斯兰国”战事取得进展，由库尔德人主导的“叙利亚民主力量”联盟当天首次进入叙东北部代尔祖尔省展开打击“伊斯兰国”的行动。

3月1日，叙库尔德武装联盟获美国军援打击“伊斯兰国”。

3月1日，一名美国情报官员称，涉嫌幕后策划“9·11”恐袭的本·拉登女婿、“基地”组织二号头目马斯里，周日在叙利亚伊德利卜省遭无人机击毙。

3月2日，盘踞在摩苏尔西部城区的“伊斯兰国”武装的生命线已被伊拉克政府军切断，他们正在“等死”。

3月3日，伊拉克政府军将领和摩苏尔居民证实，政府军当天切断了极端组织“伊斯兰国”从摩苏尔城内通向城外的最后一条主要通道，摩苏尔已被彻底包围，摩苏尔之战即将进入倒计时。

3月3日，埃及与德国将在反恐及遏制非法移民等方面加强合作。

3月4日，俄罗斯总参谋部行动总局局长鲁茨科伊在莫斯科说，近一个月来，俄空军及军事顾问与叙利亚政府军密切配合，在后者从恐怖组织手中重新夺取叙中部古城巴尔米拉的战斗中，大力提供支援并取得诸多战果。

3月4日，约旦处决10名恐怖分子。

3月10日，美国总统唐纳德·特朗普正考虑向科威特调遣多达1000名美军士兵，作为打击叙利亚和伊拉克境内极端组织“伊斯兰国”的后备力量。这批军人将有别于美军驻科威特常规部队，成为快速响应地面战局变化的机动兵力。

3 月 17 日，埃及总统塞西已签署总统令，决定建立常驻北大西洋公约组织（北约）代表处。

3 月 17 日，为加快收复摩苏尔西部城区的速度和减少平民的伤亡，政府军使用大量无人机对那里的“伊斯兰国”武装进行精准打击。

3 月 17 日，贝尔瓦利指出，“一带一路”倡议以友好、发展的方式加强各国联系，扩展各国关系，对中东地区的和平有非常积极的作用。

3 月 26 日，阿尔及利亚国防部发布声明说，阿军方 25 日晚在阿东部地区打死极端组织“伊斯兰国”在当地的一名头目。

3 月 29 日，第 28 届阿拉伯国家联盟（以下简称“阿盟”）首脑会议在约旦死海拉开帷幕。为期两天的会议将聚焦地区政治、经济、社会等重要议题，并将商讨如何进一步加强地区反恐合作。

4 月 1 日，伊拉克军方当天空袭极端组织“伊斯兰国”武装分子藏身地点，炸死 150 至 200 名恐怖分子。

4 月 2 日，极端组织“伊斯兰国”的二号人物伊亚德 · 哈米德 · 朱迈里日前在政府军对该国西部地区进行的一次空袭中被炸死。

4 月 9 日，伊朗和俄罗斯总参谋长穆罕默德 · 侯赛因 · 巴盖里及瓦列里 · 格拉西莫夫日前举行电话会谈，表示已准备好加强对在叙利亚的恐怖分子的打击力度。

4 月 10 日，阿尔及利亚官员宣布将与欧盟建立磋商机制，共同打击威胁地区安全的恐怖主义。

4 月 13 日，伊拉克政府军对伊北部地区发动空袭，炸死 35 名极端组织“伊斯兰国”武装分子。

4 月 15 日，伊拉克政府军正与极端组织在摩苏尔西部进行激烈战斗，极端组织一名高级头目在摩苏尔西部空袭中被打死。

4 月 16 日，在其近期与叙利亚军方联合开展的打击叙境内极端组织“伊斯兰国”行动中，叙战机炸毁了“伊斯兰国”多处指挥部，炸死多名武装分子。

4 月 21 日，“伊斯兰国”武装负责部落事务的头目在摩苏尔西部城区被炸死，同时被炸死的还有他的多名保镖。

5 月 1 日，军方当天展开一系列空袭及其他军事行动，共打死至少 54 名极端组织“伊斯兰国”武装分子。

5 月 8 日，埃及总统与科威特国王萨巴赫举行了会面，二人就两国关系以及中东地区问题进行了探讨。

5 月 17 日，伊拉克政府军在解放摩苏尔西部城区的行动中击毙了 IS 武装负责安全的头目，并缴获了大量武器和弹药。

5 月 18 日，埃及布海拉省达曼胡尔市刑事法院因袭击警察局判处在该国被禁的“穆斯林兄弟会”当地分支的 8 名成员死刑。

5 月 21 日，土耳其警方在首都安卡拉实施的突袭行动中击毙两名疑似极端组织“伊斯兰国”武装人员。

5 月 22 日，“伊斯兰国”负责伊拉克和叙利亚两地协调工作的头目在摩苏尔被伊拉克空军炸死。

5 月 27 日，埃及空军当天对利比亚境内一些恐怖分子训练营地发动多次空袭，以回应埃及南部明亚省大巴车遭袭击事件。

5 月 27 日，叙政府军近日发起代号为“伟大黎明”的军事行动，以打击极端组织“伊斯兰国”。

5 月 29 日，埃及常驻联合国代表团当日致信联合国安理会，通报埃及军队近日对利比亚境内恐怖主义目标进行空中打击的情况。

6 月 4 日，约旦军方当天击毙了数名试图从叙利亚入境的恐怖分子，但未透露恐怖分子的具体人数。

6 月 5 日，叙利亚政府军及其盟军在阿勒颇省东部摧毁了恐怖组织“伊斯兰国”的最大据点，重获马斯卡纳居民点的控制权。

6 月 10 日，伊朗执法机构扣留 41 名德黑兰恐袭事件嫌犯。

6 月 10 日，伊朗相关部门逮捕了 8 名与德黑兰恐怖袭击事件有关的恐怖嫌犯。

6 月 13 日，德黑兰恐怖袭击背后的“总指挥”已被伊朗特工在某个邻国击毙，近 50 名涉案嫌疑人已经落网。

6 月 18 日，开罗刑事法院当天宣布，31 名涉嫌参与 2015 年刺杀埃及前总检察长的极端分子被判处死刑。

6 月 18 日，伊拉克政府军在伊拉克西部安巴尔省发动大规模清剿行动，目前已打死 27 名极端组织“伊斯兰国”武装分子。

6 月 19 日，伊朗伊斯兰革命卫队当晚对叙利亚境内的恐怖组织实施了导弹打击，以“回应”本月初发生在伊朗首都德黑兰的恐怖袭击。

6 月 21 日，美国领导的打击“伊斯兰国”国际联军证实，“伊斯兰国”的最高宗教领袖在上月月底被联军击毙。

6月24日，沙特安全机构当天挫败了一起针对麦加大清真寺的恐怖袭击阴谋。

6月26日，土耳其安全部门近日在该省境内抓获5名从叙利亚潜入的自杀式袭击者，及时挫败了一起爆炸袭击图谋。

7月3日，伊朗最高领袖哈梅内伊的一名代表的话说，“伊斯兰国”领导人巴格达迪“绝对死了”。

7月4日，恐怖组织“伊斯兰国”头目之一拉夫德利姆·穆哈杰里（Lavdrim Muhaxheri）在叙利亚被击毙。

7月11日，“伊斯兰国”武装分子称该组织“最高领袖”巴格达迪已经死亡。

7月12日，土耳其警方在中部省份科尼亚击毙5名疑似极端组织“伊斯兰国”恐怖分子。

7月16日，伊朗安全部队与武装分子在伊东南部边境地带交火，击毙一名“恐怖分子”，另有两名当地民众死亡。

7月22日，埃及军方过去几天在北西奈省击毙30名极端分子，逮捕5名极端分子。

7月22日，沙特阿拉伯警方在该国东部卡提夫地区击毙3名恐怖分子。

7月22日，伊朗伊斯兰革命卫队挫败一起原计划在当天晚上实施的恐怖袭击图谋，并打死3名恐怖分子。

7月27日，埃及总统塞西颁布总统令，决定成立全国反恐委员会，旨在团结社会力量，采取国家综合战略，在国内乃至全球范围内清除恐怖主义根源。

8月1日，阿尔及利亚政府军当天在该国北部的一次反恐行动中打死6名恐怖分子。

8月7日，伊拉克军方在北部萨拉赫丁省的一系列空袭行动中，消灭170多名极端组织“伊斯兰国”武装分子。

8月7日，伊朗伊斯兰革命卫队在伊朗西北部西阿塞拜疆省捣毁一个恐怖分子团伙，击毙2名恐怖分子，并缴获一批武器弹药和军用物资。

8月9日，伊拉克中央刑事法庭判处27名涉嫌参与屠杀1700名政府军士兵的罪犯死刑。

8月12日，伊拉克政府军在安巴尔省西部展开为期两天的军事行动，打死 11 名极端组织“伊斯兰国”武装分子。

8 月 20 日，土耳其哈塔伊省警方当天抓获 5 名极端组织“伊斯兰国”嫌疑人。

8 月 29 日，阿塞拜疆安全部门当天在阿中部地区挫败了一起恐怖袭击图谋，击毙一名恐怖分子嫌疑人。

8 月 31 日，伊拉克空军近日对西部安巴尔省一个城镇发动空袭，炸死 94 名极端组织“伊斯兰国”武装分子。

9 月 3 日，伊拉克政府军在收复泰勒阿费尔的军事行动中打死超过 2000 名极端组织“伊斯兰国”武装分子，有 115 名政府军人员在行动中牺牲。

9 月 6 日，土耳其警方在该国南部梅尔辛省击毙一名企图袭击警察局的自杀式炸弹袭击者。

9 月 7 日，西班牙国家警察和摩洛哥对内安全总局扫除了在两国境内活动的伊斯兰恐怖组织。

9 月 8 日，西班牙警方和摩洛哥警方联合捣毁了一个极端主义小组，逮捕了 6 名恐怖主义分子。

9 月 10 日，俄战机在空袭中炸死极端组织“伊斯兰国”多名高级头目，包括曾在美国接受培训的“战争部长”，几乎把“伊斯兰国”指挥层“连锅端”了。

9 月 13 日，沙特阿拉伯安全部门挫败极端组织“伊斯兰国”针对沙特国防部大楼的一起恐袭图谋，并且逮捕多名涉嫌从事间谍活动的嫌疑人。

9 月 28 日，叙利亚宗教领袖大穆夫提访问印度，并与印度内政部长进行了会晤。印度内政部稍后发布的声明表示，将支持其对抗极端组织“伊斯兰国”，而叙利亚方面则表示，叙利亚愿与印度共享“伊斯兰国”恐怖组织分布情况的情报。

9 月 30 日，“伊斯兰国”三个高级重要头目在叙利亚境内被美国主导的国际联盟空军炸死。

10 月 4 日，沙特安全机构捣毁一个与极端组织“伊斯兰国”有联系的恐怖团伙，2 名恐怖分子死亡，5 人被抓获。

10 月 5 日，在叙利亚仅次于极端组织“伊斯兰国”的第二大圣战组织遭受重创。

10月8日，巴勒斯坦安全部门在加沙地带南部抓获1名“伊斯兰国”重要头目及3名亲“伊斯兰国”成员。

10月8日，土耳其总统埃尔多安宣布，土耳其已联手土耳其支持的叙利亚反对派武装，在叙利亚北部伊德利卜省展开“郑重行动”，围剿破坏叙利亚政府军与反对派武装停火协议的极端组织。

10月10日，伊拉克库尔德民兵组织当天在伊北部基尔库克省击毙多名极端组织“伊斯兰国”武装人员。

10月11日，利比亚第三大城市米苏拉塔的反恐部队逮捕20名恐怖分子，其中包括2名恐怖分子头目。

11月3日，土耳其安全部队与库尔德工人党武装人员发生交火，土耳其官方称目前冲突已经造成30人丧生。

11月6日，美国总统特朗普与沙特阿拉伯国王萨勒曼通电话，表示期待同沙特加强反恐合作。

11月10日，土耳其当天早上在首都安卡拉及其周边地区发起大规模反恐行动，已知有上百人被捕。

11月14日，以军逮捕巴勒斯坦伊斯兰圣战组织一名高级领导人。

11月16日，利比亚空军空袭了极端组织“伊斯兰国”在海滨城市苏尔特附近的一个据点，数十名武装分子在空袭中丧生。

11月22日，伊朗总统鲁哈尼向全国发表电视直播讲话时，宣布极端组织“伊斯兰国”已经灭亡。

11月24日，伊拉克军方在伊拉克西部安巴尔省沙漠地带对极端组织展开清剿行动，极端组织力量已经土崩瓦解，但还有少数武装分子流窜于沙漠地带，打击极端组织的行动将会继续，直到保证伊拉克与叙利亚接壤地带足够安全，防止极端组织开展越境袭击。

11月28日，逮捕苏丹达尔富尔地区最大部落首领穆萨·希拉勒酋长。

11月29日，土耳其空军空袭并摧毁41处位于伊拉克北部的库尔德工人党目标。

11月29日，埃及军警当天在北西奈省和伊斯梅利亚省打死14名恐怖嫌疑人，并逮捕14人。

11月30日，埃及安全部队反恐行动击毙11名嫌疑人，逮捕6人

12月3日，约旦国王阿卜杜拉二世在约旦首都安曼会见了前来参加反恐会议的多国高官。阿卜杜拉二世当天会见的官员包括来自西非多个国家

的首脑，美国国防部长马蒂斯，欧洲多个国家官员以及国际组织代表等。会见结束后，他们将一起参加本周末在约旦海滨城市亚喀巴举行的反恐会议。

12 月 4 日，叙利亚政府军攻占了大马士革古塔东区两大反政府武装的重要据点，迫使其撤退，并打死 1 名反政府武装指挥官。

12 月 5 日，埃及安全部队当日在沙奇亚省（Charqiya）突袭一个极端组织据点的行动中，击毙了 5 名疑似恐怖分子。

12 月 10 日，伊拉克总理阿巴迪宣布，在重新控制了伊拉克和叙利亚的所有边境地区之后，胜利结束打击“伊斯兰国”的战争。

12 月 15 日 ，叙利亚安全部门挫败了一起针对首都大马士革的自杀式汽车炸弹袭击。

12 月 16 日，伊拉克军政府军当天在东部迪亚拉省击毙 10 名极端组织“伊斯兰国”武装分子。

12 月 16 日，沙特支持的伊斯兰反恐军事联盟将为非洲萨赫勒地区联合反恐部队提供后勤保障、情报和培训。

12 月 17 日，伊拉克军队开始在伊拉克中部乡村地区展开行动，清剿潜伏在那里的极端组织“伊斯兰国”残余势力。

12 月 21 日，埃及国家安全部门成功挫败一起拟在圣诞期间对埃及数省教堂发动恐袭的阴谋。

12 月 25 日，埃及安全部队当天在东部省进行的一次突击行动中打死 9 名恐怖分子，在首都开罗的另一场行动中逮捕 9 名恐怖分子嫌疑人。

12 月 26 日，土耳其伊斯坦布尔警方在反恐突击检查中逮捕了至少 22 名涉嫌参与“伊斯兰国”恐怖组织的外籍公民。

2017 年中东遭受恐怖袭击次数及伤亡人数

时　间		1 月	2 月	3 月	4 月	5 月	6 月	7 月	8 月	9 月	10 月	11 月	12 月	合计
以色列	袭击次数	1	1	1	1						1			5
	伤亡人数	6	2	4	21						4			37

续表

时间		1月	2月	3月	4月	5月	6月	7月	8月	9月	10月	11月	12月	合计
伊拉克	袭击次数	9	2	6	7	14	2	5	3	5	6	8	1	68
	伤亡人数	267	121	942	293	712	62	260	78	154	397	408	18	4012
沙特	袭击次数							4						4
	伤亡人数							37						37
利比亚	袭击次数	3				2			1					6
	伤亡人数	308				2			42					352
也门	袭击次数	3		1	2	7		1	2				1	17
	伤亡人数	40		17	39	262		18	125				120	621
叙利亚	袭击次数	5	5	4	5	4	5	3	3	1	2	1		34
	伤亡人数	173	589	221	312	138	252	225	280	11	148	10		2138
土耳其	袭击次数	4	2	5	2	6	6	3	8	2	4	2	2	46
	伤亡人数	89	96	327	27	105	439	18	432	67	75	49	256	1880
埃及	袭击次数	1	2		3			2		1	1	1	3	14
	伤亡人数	3	16		56			35		4	12	8	15	149

续表

时　间		1 月	2 月	3 月	4 月	5 月	6 月	7 月	8 月	9 月	10 月	11 月	12 月	合计
黎巴嫩	袭击次数						2		1	1				4
	伤亡人数						22		23	16				61

伊斯坦布尔 6 月份发生一起袭击事件，伤亡 66 人；巴林 10 月份发生一起袭击事件，造成 14 人伤亡；南苏丹 2 月份发生一起袭击事件，伤亡 67 人；突尼斯 6 月份发生两起袭击事件，伤亡 45 人；阿尔及利亚 2 月份发生一起袭击事件，伤亡 14 人；约旦 6 月份发生一起袭击事件，伤亡 22 人。

全年，中东地区共遭受恐怖袭击 191 次，伤亡 10828 人。

第六章／2017年西欧地区反恐怖军事行动*

第一节　西欧地区反恐怖军事行动综述

2017 年的西欧，布鲁塞尔纪念机场恐袭遇难者一周年的笛声刚落，英国议会大厦墙外枪声骤响，紧接着法国首都巴黎奥利机场发生巡逻军人遇袭……，一波又一波的恐怖袭击像一颗毒瘤，无时无刻不在折磨着人们的神经，无论机场、车站，还是商厦广场、旅游景点，荷枪实弹的军警随处可见，再次印证了恐怖主义和暴力的幽灵远未消亡，而且不受“物理隔绝”无处不在。恐怖主义的滋生不仅受地区冲突频发，全球性挑战此起彼伏，贫困、失业、收入差距拉大、移民难融入等影响，更重要的是受西方国家多年来实施的对外干涉政策、甚至直接参与军事行动所致。要避免悲剧重演，西欧区域国家就要共同担负起责任，加强团结协作，摒弃双重标准，抛开私心杂念，既治标又治本，共同维护地区安全与繁荣。

一、西欧面临的恐怖威胁

（一）极端恐怖主义威胁持续存在，恐怖分子回流数量激增，组织渗透触目惊心

一是随着极端组织“伊斯兰国”在战场上的不断败退，前往中东加入“伊斯兰国”的所谓“圣战者”人数出现明显下降，越来越多的所谓“圣

---

* 西欧包括 7 个国家：英国、爱尔兰、荷兰、比利时、卢森堡、法国、摩纳哥。

战者”回流，从中东返回欧洲国家。1 月 3 日，意大利情报部门的消息人士称，以“伊斯兰国”恐怖组织头目拉夫德利姆·穆哈杰里（Lavdrim Muhaxheri）为首的 400 名恐怖分子已乔装成难民潜入欧洲。5 月 27 日，英国情报人员认为，该国境内生活着 2.3 万名“圣战”极端分子，约 3000 人存在威胁。8 月 6 日，法国内政部长 Gerard Collomb 表示已经发现有 271 名所谓的“圣战”分子从伊拉克、叙利亚等冲突地区返回法国。

二是极端组织“伊斯兰国”不断通过社交媒体传播暴力极端思想、招募人员、筹集资金、煽动策划和实施恐怖活动，并对其在欧洲的拥趸“洗脑”，鼓励他们发动“独狼式”恐袭，开始在世界各地制造恐怖袭击，试图显示他们仍“有力地存在着”。5 月 25 日，西方及中东国家官员警告称，随着极端组织“伊斯兰国”在叙利亚和伊拉克迅速失去领地，该组织对遭袭国本土恐怖主义分子的依赖正在加强，同时也在派遣更多武装分子赴海外煽动暴力行为。

三是在伊拉克与叙利亚遭受打击的极端组织“伊斯兰国”已经做出调整，现在更集中于在欧洲等地区发动袭击。“伊斯兰国”已重组其军事结构，给予各地的指挥官更大权力，试图激发更多追随者制造恐袭。而恐袭事件的多发势头，与该组织近期在叙利亚和伊拉克遭受沉重打击而采取报复行动有关，也是中东恐怖主义势力外溢的结果。3 月 22 日，一名男子驾驶一辆汽车在威斯敏斯特大桥人行道上冲撞行人，导致数十人受伤。这辆汽车下桥后撞在议会大厦的铁栏杆上，驾车男子跳下汽车，用刀刺中一名警员后，被警方开枪击毙，已有 5 人在此次袭击事件中死亡，另有 40 多人受伤，其中有 3 名警员。恐袭发生后，极端组织“伊斯兰国”的支持者在社交网站，欢呼庆祝此次袭击，并暗示伦敦恐袭是对英国在叙利亚和伊拉克对“伊斯兰国”实施空袭的“报复”。9 月 8 日，库尔德反恐力量（Counter Terrorism Group）高级代表塔拉巴尼（Lahur Talabany）表示，“伊斯兰国”恐怖组织头目阿布·贝克尔·巴格达迪正在准备对英国以及其他欧洲国家进行新一轮的恐怖袭击，以为伊拉克和叙利亚战败的武装分子报仇。

（二）二代移民已成为恐怖袭击的主要力量，排外情绪和极端思想相互助长，内生性恐怖主义威胁日益凸显

近期多起袭击事件都是“伊斯兰国”在西欧的拥趸由于被极端意识形

态“洗脑”而发动的“独狼式”袭击。情报机构评估显示，有数千名极端组织“圣战”分子返回西欧，分散在移民社区里。他们既是令人恐怖的“定时炸弹”，亦是恐怖主义的“传播者”，恐将培养出更多潜在危险分子。之所以恐怖主义在西欧已经成为一种常态，因为袭击者感到很难真正融入西方社会，加之目前失业率居高不下，移民社区的一些年轻人看不到希望，便很容易导致边缘化人群受极端组织蛊惑走上不归路。5 月 22 日，英国曼彻斯特体育场发生爆炸，造成 22 人死亡、59 人受伤，袭击者在爆炸中死亡。发动曼彻斯特体育馆爆炸案的嫌犯是年仅 22 岁的阿贝迪（Salman Abedi），他的父母是逃离卡扎菲统治的利比亚难民，而他在曼彻斯特出生并长大，还曾在曼市的索尔福德大学读商科。这些摆脱母国战乱的年轻人，本应在善意中享受接收国的福利和自由，成长于西方文明制度下，接受西方教育，但最后他们却选择以血腥暴力回馈之，用最野蛮的方式摧毁他们最熟悉的文明秩序。

同时欧洲极右翼势力与外来移民、难民之间的积怨，造成更大的族群撕裂。在伦敦，表面上看不同族裔之间互相包容、和平相处，但少数族裔对于所谓“主流”的盎格鲁撒克逊文化或白人文化并无太多认同感，不同族裔文化之间并不能真正地融合。这其中除了宗教方面的历史文化原因外，还有另一个重要原因是西方社会的经济实力整体在走向衰退，可供分配的社会资源“蛋糕”变小了，族群矛盾随之走向激化。大量难民的涌入加剧了一些欧洲人的“伊斯兰恐惧症”，欧洲本土居民的情绪在一次又一次恐袭中越来越压抑不住心中的怒火。从现有信息看，伦敦最新的恐袭很可能是英国白人以恐怖分子常用的袭击手法对穆斯林进行的报复，是族群矛盾长期积累后的爆发。这种积怨很难在短期内化解，一次“报复”或许会引发更多“反报复”，有可能形成“冤冤相报”的恶性循环，难民危机正演变为治安危机。

（三）“独狼式”恐怖袭击成为首选方式，仇恨犯罪占据比重加大，个体极端行为成为重要不稳定因素

从发生的一系列袭击事件来看，大多与“伊斯兰国”有关，其中又以“独狼式”袭击居多。极端组织之所以频繁发动袭击，主要是因为其在中东的控制区遭到围剿，生存空间被大大压缩，为了突围而急于展开报复，为此将其成员迅速分散到各国，从而给这些地区带去了不稳定因素。

目前，伊拉克和叙利亚的战场态势都在朝着对“伊斯兰国”极为不利的方向发展。在此背景下，一些来自中东以外地区的“伊斯兰国”成员纷纷撤回本国，并在这些国家制造袭击事件。“独狼式”袭击成本低且更加隐蔽，加上“伊斯兰国”在网络上的煽动，成为极端分子发动袭击的首选方式。8 月 25 日，一名 30 岁左右的索马里裔比利时男子在布鲁塞尔市中心持刀袭击正在巡逻的军警，袭击者被军警开枪击中，在被送往医院途中死亡。两名军警受轻伤，其中一人被送至医院治疗。初步迹象显示“这是一起独立的袭击，单独一人”实施。针对穆斯林的报复性恐怖袭击行为增多，已成为社会反恐情绪不可控因素。6 月 18 日，英国伦敦芬斯伯里公园区域发生货车冲撞人群的袭击事件，导致 1 人死亡，多人受伤。一名目击者表示，嫌犯被制伏在地上之前，高喊“我要杀光所有的穆斯林”。6 月 19 日，一名“企图发动恐怖袭击”的男子当天下午在巴黎香榭丽舍大道驾车冲撞警用车辆。袭击者在车辆起火后因伤重身亡，但并未造成他人伤亡。法国内政部已将该事件定性为“恐怖袭击图谋”。8 月 10 日，公布的数据显示，继伦敦和曼彻斯特的恐怖袭击之后，英国的仇恨犯罪率显著上升。

（四）邮件及自杀性炸弹袭击方式受青睐，重大民生目标面临被袭击风险

1. 借助外力实施暴力恐怖袭击，已是恐怖分子常用伎俩。特别是近年来随着物流业的发展，各类快递及邮件不断增多，恐怖分子借助此机会实施袭击的次数不断增多。3 月 16 日，国际货币基金组织驻法国办事处发生邮件爆炸事件，一名员工在拆开一封信件时被炸伤手部和脸部，所幸无生命危险。3 月 20 日，法国国家金融检察院在收到炸弹威胁后被紧急疏散，包括预审法官和检察官在内的百余人撤离。8 月 10 日，英国伦敦博罗市场的一家寿司店收到一个装有腐蚀性物质的信件，造成至少 3 人受伤。

2. 极端组织在正面战场溃败后，可能在欧洲国家发动自杀式炸弹袭击。9 月 21 日，英国《卫报》报道，国际刑事警察组织散发一份 173 名极端组织“伊斯兰国”人员的名单，名单内容包括嫌疑人姓名、加入“伊斯兰国”时间、可能的最终落脚点、嫌疑人母亲姓名以及相关照片，怀疑其将进行最后的挣扎，对欧洲各国实施自杀式爆炸袭击。

3. 重要民生目标成为恐怖袭击的主要对象。伯明翰城市大学应用犯罪

学研究中心副主任伊姆兰·阿万此前在接受新华社记者采访时说，打击英国这样“有价值的攻击目标”，对恐怖分子来说是件“值得庆祝的事”。4月3日，英国情报部门发出了几份恐袭警告，恐怖分子可能寻找避开安全系统的方法，因此英国各机场及核电站应加强防范恐怖威胁。英国情报机构认为，恐怖组织“伊斯兰国”（在俄罗斯被禁止）及其他激进运动可能研究在笔记本电脑及移动电话上安装炸药的方法，使其在检查时不被发现。因此担心恐怖分子可能在欧洲和美国的机场使用这项的技术。

（五）妇女和儿童参恐比例上升，激进分子数量增加六成，恐怖袭击将无处不在、防不胜防

欧洲刑警组织通报指出，欧盟成员国在过去的一年里总共挫败了142起“恐袭”预谋，其中英国挫败了70起，法国挫败了23起，意大利挫败了17起，西班牙挫败了10起。欧洲刑警组织负责人罗布·韦恩怀特指出：“在欧洲参与执行恐怖袭击任务的妇女和青少年、儿童要比以往多。”6月15日，欧洲刑警组织公布的《恐怖主义现状及趋势报告》显示，妇女、儿童在欧洲参与执行“恐袭”的比例呈上升趋势。报告说，近年来已有多起女性尝试在欧洲发动恐怖袭击的案例。她们还通过招募新人、宣传极端思想、筹资经费等活动支持极端主义。《预防恐怖主义和激进主义报告文件》报道，法国约1.855万人眼下被当局列为“潜在激进分子”，其中26%为女性，超过16%为未成年人，在法激进分子人数增加60%。11月17日，荷兰情报与安全总局发表报告说，极端组织“伊斯兰国”由于人员短缺，正将女性作为新的招募对象，并允许女性参与更多行动。荷兰政府统计数据显示，2012年至今，荷兰共有285人前往叙利亚、伊拉克，其中包括至少80名女性。这些女性多数加入“伊斯兰国”，少部分加入“基地”组织叙利亚分支。荷兰境内还有约100名女性信奉极端思想。6月5日，一名参与伦敦恐怖袭击事件的嫌疑人曾因试图征召学龄儿童加入极端组织“伊斯兰国”而被两次举报。8月11日，法国内政部长科隆日前接受媒体采访时表示，目前已有271名“圣战”分子从叙利亚和伊拉克回到法国，其中包括217名成年人（女性约占1/5）和54名未成年人。虽然这批“圣战”分子都会接受巴黎共和国检察官系统的司法程序处理，也有一些人已经被关押，但法国目前面临的反恐形势依然十分严峻。10月21日，法国检察机关说，已对8名企图袭击法国政界人士和法国境内清真寺的嫌疑人提起诉讼，其中 3 人未成年。

（六）恐怖袭击技术升级，科技化手段施恐数量上升，核武威胁可能性较大

如今的恐怖活动，既有“独狼式”恐袭，也有有组织行动。参与巴塞罗那恐袭、芬兰恐袭的嫌疑人，没有案底，沉默寡言，平时与常人无异，更增加了警方的查缉难度。恐怖分子还利用社交网络进行串联，并使用日常生产生活工具作案，让防范难上加难。

4 月 1 日，英美情报部门和执法人员相信，“伊斯兰国”和其他恐怖组织已经发明了将炸弹植入电子设备的方法，检测结果显示，其中一些微型炸弹甚至能够通过机场安全检查，为此英美向中东和北非旅客发出携带电子设备上飞机的禁令。该禁令规定，从土耳其、埃及、黎巴嫩、约旦、突尼斯、沙特阿拉伯、摩洛哥、卡塔尔、科威特和阿联酋前往美国和英国的航班，乘客不得携带大于手机的电子设备进入客舱内。美国和英国政府原先已说明了这样做是为了防止有人制造恐怖活动，但是它们并没有具体指出是怎样的恐怖活动。美国和欧洲国家使用层层检查的方式让行李通过 X 光设备，并且增派了能嗅出炸弹的警犬和其他爆炸检查设备。

4 月 21 日，法国国防与国家安全总秘书处的研究显示，从超高速武器到 3D 打印武器和生物合成武器，这些即将到来的“技术冲击”可能会打破军事平衡并让恐怖分子更容易获得大规模杀伤能力，3D 打印同样为机械制造开辟道路，尤其是无人机制造，可能会为像恐怖团伙这样的不对称对手提供战术优势。

9 月 8 日，英国、澳大利亚、法国、伊朗等国的多个城市接连遭遇恐怖袭击。虽然大多是以“独狼式”出现，但都有恐怖组织在幕后策划和遥控指挥，而其中网络的作用，可谓“功不可没”。网络安全研究表明，网络空间的某些“暗黑”科技极大提高了恐怖组织使用网络的能力。更有学者坦言，一定程度上，正是“暗网”为恐怖分子开辟“安全港湾”。

无人机开始成为战场上的威胁，无人机温和的商业用途被转换成致命武器和情报工具。无人机不再只是送包裹机，而是投弹机，无人机也不再只被用来巡视电信塔，它具有监视部队与挑选目标的能力。无人机不只会从空中对农作物喷药，也可用来对人喷洒毒气。2016 年，武装团体真主党利用市场上买到的一架无人机，在叙利亚对叛军据点投掷了两枚小型炸

弹。数周前，和激进组织“伊斯兰国”交战的两名库尔德军人射下一架无人机，结果无人机爆炸，导致两人死亡。

1 月 3 日，意大利情报部门的消息人士称，以“伊斯兰国”恐怖组织头目拉夫德利姆·穆哈杰里（Lavdrim Muhaxheri）为首的 400 名恐怖分子已乔装成难民潜入欧洲。据称，恐怖分子的袭击目标或为科索沃的政府机构和塞尔维亚的东正教教堂。大量恐怖分子正在前往欧洲和巴尔干地区，其中大多数人能够秘密潜入别国境内，“伊斯兰国”有可能在欧洲使用化学武器以实施恐怖袭击。

（七）“伊斯兰国”掀起欧洲大战，挑起社会矛盾搞乱政坛，极右翼分子可能成为新的威胁源

骚乱恐袭或将成就法国极右翼的“春天”。2 月 11 日，在巴黎东郊波比尼市，超过 2000 名巴黎市民上街示威，局势随后失控，演变为骚乱。参与游行的人群开始打砸沿街商铺的玻璃窗，焚烧汽车、垃圾桶等，并袭击维持秩序的警察。巴黎警方动用催泪瓦斯，随后逮捕 37 人，一辆在现场进行转播的当地媒体卡车也被烧毁。18 日，位于巴黎中心区域的共和国广场也举行了声势浩大的抗议警察“野蛮执法”的大游行。

8 月 25 日晚比利时首都布鲁塞尔、英国首都伦敦分别发生持刀袭警案件。比利时宣布将此事件作为恐怖袭击进行调查，英国警方分别于 25 号和 26 号逮捕两名涉案男子。反恐专家认为，最近发生的一系列恐袭，尤其是发生在西班牙的大规模恐怖活动，表明“伊斯兰国”重新展开了大规模的“欧洲战役”。在“伊斯兰国”受到日益沉重的军事打击的同时，其针对欧洲恐怖袭击将愈演愈烈。2 月 18 日，荷兰自由党领导人海尔特·维尔德斯开启该党参加议会选举的选战。民调显示，该极右翼政党目前支持率保持领先，如果该政党在 3 月 15 日举行的议会选举中胜出并成功组阁，荷兰的政治格局将向极右转变，民粹主义和极右思潮甚至将影响欧洲，必须引起欧洲政坛警惕。

二、西欧国家的反恐对策

恐怖袭击事件频发成为西欧的头号安全威胁，在周边地区动荡、内部矛盾尖锐的背景下，恐袭频发的内外根源相互交织、错综复杂，让西欧各

国难以有效应对。内外安全威胁交织于西欧的政治脆弱期，并对其政治安全造成直接冲击，是当前西欧安全的心腹大患。加强国际合作、加大资金力量投入、严控边境线、利用技术手段进行防范、使用武力进行打击，将有效应对多面复杂的反恐怖形势。

（一）建立一个强有力的统一战线，加强国际合作始终是首选手段

打击恐怖主义，既需要各国加强全球反恐合作，合力铲除恐怖主义的根源，也需要以爱和勇气化解仇恨。当美国在中东、非洲的军事介入政策接连受挫之际，欧洲却试图扛起军事干涉的大旗，结果引火烧身。中东动乱，难民潮涌，恐怖分子趁机混入欧洲，欧洲多国也成为恐怖主义重点瞄准的目标。这充分说明，某些欧洲国家必须扭转其对外干涉政策，而注重妥善解决地区热点问题，帮助中东北非国家尽早实现和平稳定和经济社会发展，只有这样才能惠及当地万千民众，避免流离失所，遏制恐怖主义蔓延扩散势头，为欧洲反恐创造良好的外部环境。

欧洲反恐的复杂之处，不仅在于调派更多的警察、军队在街上执勤巡逻，也不止于提供更多的反恐资金，而是需要找到欧洲恐怖主义产生的“病根”，才能开出有效的“药方”，找到综合解决恐怖主义问题的方案。一是在打击恐怖主义过程中，一些国家应该摒弃基于意识形态偏见的双重标准和私心杂念，与国际社会其他成员展开精诚合作，形成合力；二是恐袭者企图通过一系列残暴行动制造恐惧、混乱和绝望，加剧族群矛盾，撕裂欧洲社会。欧洲社会应对这种阴谋保持清醒的认识和高度的警惕；三是国际社会应加强情报沟通，加强命运共同体意识，更加紧密地携手合作，组成反恐统一战线，多管齐下，标本兼治，齐心协力捣毁恐怖主义滋生的温床和藏身的窝点，这样才有利于欧洲整体的反恐形势，并从根本上清除恐怖主义这颗毒瘤。欧洲国家强化自身的反恐能力固然重要，但如果没有在欧盟层面构建统一的合作反恐机制，恐怕没有任何一国可以免于恐怖主义的威胁。

不过，在日益严峻的反恐形势下，欧盟国家还需在共享情报方面进一步合作。欧盟国家在分享反恐情报方面存在“信息黑洞”，目前 28 个成员国中只有一半国家向欧洲刑警组织提供了本国的反恐情报。欧盟安全事务委员朱利安・金也指出，进一步提升信息共享并加强情报分析是 2017 年欧洲反恐优先事项。3 月 7 日，2017 环印度洋联盟（环印联盟）领导人会议

在印尼雅加达会议中心举行。会议发表的“阻止和打击恐怖主义和暴力激进主义”宣言指出，一切形式的恐怖主义严重威胁地区和国际和平安全，严重影响经济发展和社会凝聚力，各方应在打击恐怖主义方面加强合作。5 月 18 日，欧盟 28 个成员国的外长和防长在布鲁塞尔做出决定，将正式成立联合防务指挥中心。这一指挥中心的成立显示出，欧盟各成员国正积极寻求更多安全和防务合作。

（二）加大人力、物力、财力投入，鼓励民众和警察积极参与反恐

为防止发生在柏林圣诞市场的恐怖袭击重演，多地采取新措施，设置水泥路障、在重要活动区入口处停放重型装甲车辆，同时加派警力，强化装备配备。柏林 12 月 31 日的跨年活动预计将吸引数以万计民众。参与者将不得携带背包和其他大容量提包，也不得携带烟火和玻璃瓶等危险物品。警方加派了 4600 名警力，与去年同期相比，增加人数多出一倍。此外，部分警察还将配备机枪。法国首都巴黎警方，新年期间将有 1.03 万名警察、宪兵、士兵、消防员和其他人员参与安保。此外，他们还会设专人在靠近香榭丽舍大街的 24 个检查点实施安检，并在香榭丽舍大街沿途加设了水泥柱，以防止恐怖分子驾车冲向人群。新年前夜，法国全境将有超过 9 万名警察在岗。在意大利首都罗马，超过 1000 名警察将在新年前夜和新年当天走上街头巡逻，警力将重点部署在马克西姆竞技场附近和台伯河桥上。持有机枪的警察和士兵将在圆形竞技场等景点附近执勤。4 月 6 日，俄罗斯的圣彼得堡地铁遭炸弹攻击后，巴黎警署决定，除了增派巡逻人力之外，还授权警察可任意搜查地铁和郊区火车乘客的行李。

（三）掐断恐怖组织经济来源，加大军事打击力度是配合其他手段治恐的有力帮手

暴力解决恐怖主义问题，虽不是最为有效的战术手段，但作为辅助政策决策解决危机的有力手段，军事打击依然是必备手段，也是其他手段无法解决恐怖主义时的最后一张底牌。1 月 17 日，爱尔兰警方接受了 5500 万欧元的专项拨款，专门用来应对国际恐怖主义的威胁。司法部部长弗朗西斯·菲茨杰拉德说，这笔钱将被用来让警察们接受专业的反恐培训，采购更多的专业设备。3 月 16 日，法国经济和财政部发布新闻公报说，为掐断恐怖主义活动资金链，法国海关 2016 年着力打击洗钱等犯罪行为，当年

缴获及验明犯罪资产约 1.5 亿欧元，比 2015 年增长 170%。法国海关去年还加强与其他部门在反恐情报方面的交流，交换的情报数量达到 2015 年的 4 倍，法国海关正在成为打击恐怖主义不可或缺的一环。3 月 27 日，英国首相特蕾莎·梅表示，今年 10 月英国将在英格兰北部和苏格兰部分地区举行大型反恐演练。保护国家的安全是英国政府的首要任务，此类演练意义重大，将确保警方和其他应急部门能够充分利用英国情报机构获得的最新信息，从而保护英国本土免受恐怖主义侵袭，此类演练将定期举行。4 月 8 日，法国总理卡泽纳夫宣布，法国警方从巴斯克分离主义组织“埃塔”公布的 8 个秘密军火库中共收缴近 3.5 吨的武器弹药和爆炸物。10 月 27 日，据最新数据显示，过去 3 年来，英国国防部花费了大约 8 亿英镑打击极端组织。

（四）从政治决策方面入手消除恐怖威胁减少隐患

英国外交大臣鲍里斯·约翰逊在纽约联合国总部举行的发布会上说，打击“伊斯兰国”不能仅靠战场上的军事行动，还要挽救那些被极端组织洗脑的“心灵和思想”。通过各国努力使有效的反恐行动做法成为反恐法规制度，以此推动反恐行动实施。6 月 8 日，英国首相特蕾莎·梅表示，为反恐不惜修改人权法案，向选民展示对待反恐的零容忍态度和强硬手段。6 月 22 日，法国内政部长热拉尔·科隆在法国内阁会议上提交新反恐法案草案，这一法案草案旨在推出多项反恐新举措，为法国在 2017 年 11 月国家紧急状态结束后建立有效反恐机制做准备。9 月 12 日，法国国民议会当日开始审议《反恐法》，准备修改边境身份检查的相关规定，大规模扩大检查的适用范围。修改内容主要包括：将警察的检查时间从现在的 6 个小时增加到 12 小时；检查场所扩大到 373 个海港、机场和火车站；检查范围扩大到 118 个最敏感“边防点”中的某些点方圆 20 公里的地方，主要是法国本土的重要机场、港口和国际火车站。10 月 18 日，法国议会完成最终程序，通过了该国总统马克龙主导的国内安全和反恐法案。根据新的反恐法案，软禁威胁公众安全的“危险分子”、对相关嫌疑人实施预防性住所搜查、在重大场合或敏感场所检查人员车辆、关闭传播极端思想的宗教场所等紧急状态赋予行政当局的部分临时权限将实现常态化。10 月 18 日，欧盟委员会负责安全事务的委员朱利安·金披露，欧盟将在今明两年斥资 1.185 亿欧元帮助部分欧洲城市进行“改造”，降低恐怖袭击在这些城市发生的风险。欧盟各成员国将出台更为严苛的政策，加强对爆炸袭击有关化学品销售的控制力度。

（五）加大现代技术手段使用以防范为先

利用技术手段加强恐怖袭击的预防，可有效减少恐怖袭击事件发生，保护民众生命财产安全，法国政府曾建议欧盟在互联网使用方面立法，限制极端恐怖主义分子使用互联网。

2 月 14 日，面对越来越频繁和复杂的网络攻击，英国国家网络安全中心（NCSC）正式启动，英国女王为该中心揭幕。

2 月 17 日，法国面对日渐提高的恐怖威胁和越来越复杂的网络攻击，将招募大批分析师、黑客、间谍等情报人员。法国对外安全总局（DGSE）将于 2019 年年底前招募 600 人，包括分析师、语言专家、资讯工程师和情报人员等，届时这个情报单位的人力将超过 7000 人。

3 月 27 日，英国国会恐袭案凶徒马苏德犯案前，曾使用即时通讯软件 WhatsApp 与其他人联络。英国内政大臣安珀·路德称，此类软件不能为恐怖分子互相通讯提供秘密场所，情报部门应该有权读取加密讯息，政府必须确保 WhatsApp 等软件，不会成为恐怖分子秘密通讯的平台。她承认加密讯息对网络安全非常重要，能确保商业及银行交易安全，但科企可建立一套系统，让执法部门必要时能查阅可疑对话。奥利机场 18 日发生袭击军人事件后，巴黎机场管理公司（ADP）老板德·罗玛奈 19 日主张研究最终在机场公共区域采用人脸识别检查技术。人脸识别技术“最终极可能是我们可以选择的办法”，以识别列入档案的危险分子。同日，英国内政大臣安珀·路德在布鲁塞尔呼吁欧盟采取措施打击网络恐怖主义，同时期望互联网公司能够设置更多的屏障来防止恐怖分子使用互联网“作恶”。

8 月 4 日，为了预防恐怖袭击的一再发生，配合政府名为“防范”（Prevent）的反激进化计划，英国多间大学近年采取不同的措施监控学生。其中两所大学正训练校内清洁人及餐饮员工，监听有被恐怖分子激进化风险的学生。除了国家层面的安保措施之外，在尼斯市，现在共安装有多达 1200 个监控摄像头，警方人员在警署内就可以随时监测到什么地方发生了什么情况；再辅以重点区域、场所的 24 小时巡逻。之所以这样做，当然与欧洲和法国近年频发暴恐事件有关，但玛丽·多米尼克·拉美勒女士和丹尼·扎农先生都表示，这样做不仅是防范和处置大的突发安保事件，一旦出现盗抢偷摸这样的治安事件，或发现游客生病、受伤状况，警方都可以迅速、及时地前往出事地点处置救助。

（六）加强边境管控妥善解决难民问题

难民是欧洲国家遇到的无法躲避的重要事项，如何使其融入社会，减少参恐涉恐机率，必须对其进行妥善安排，并加强边境管控减少非法入境等问题。5 月 9 日，匈牙利政府决定暂停执行欧盟关于在边境实施全面系统检查的法规，所有出入欧盟成员国的人员都要接受全面系统的检查。这意味着无论是欧盟成员国公民还是非欧盟成员国公民，无论是通过海上、陆地还是空中途径，无论是入境还是出境，都必须接受全面系统的检查。5 月 11 日，欧盟理事会通过决定，建议奥地利、德国、丹麦、瑞典和挪威这五个国家“再次延长内部边境管控措施”，以应对“非常规移民”二次流动带来的安全风险，时限最多六个月，至 2017 年 11 月。8 月 6 日，法国内政部长科隆确认，法国将在 2018 年为申请避难者设立 3500 个接待位子，以回应总统马克龙于 7 月 27 日提出的希望到 2017 年年底达成“街头无人露宿”的目标。10 月 9 日，法国总统马克龙表示，法国将在接下来的两年内接收一万名来自尼日尔、乍得、土耳其、黎巴嫩以及约旦的难民。法国政府将在数周内根据联合国难民署提供的清单，对来自非洲的尼日尔和乍得两国的难民进行身份核查，以防止未获庇护权的难民大量涌入而出现“难民潮”。

第二节 西欧地区主要恐怖袭击事件

2017 年，西欧袭击事件不断发生，类型各样，最具代表性的是车辆冲撞、邮件炸弹袭击、枪击及刀具砍杀等。

一、法国巴黎香榭丽舍大街袭警案

4 月 20 日晚，巴黎香榭丽舍大街乔治 5 世地铁站附近，一名枪手使用自动武器向一辆巡逻警车开火，当场打死了一名警察，另两名警察重伤，之后枪手被击毙，枪手系故意袭警。极端组织“伊斯兰国”宣称制造了此次事件。

（一）事件背景

此次袭击事件发生在距离法国总统选举的第一轮投票仅剩下三天时，枪手选择在法国总统大选的“敏感时间”、在巴黎的“核心地带”发动袭击，又以反恐、保护平民为职责的警察作为袭击目标，目的是为了扩大恐袭所产生的冲击力。恐怖袭击的背后就涉及到移民和难民问题，很多来到法国的移民和难民中就有恐怖分子的存在，这是摆在法国面前的现实问题。由于法国总统候选人对待移民和难民问题的政策有所不同，此次枪击事件会对法国大选产生相应影响。

（二）事件经过

当地时间 20 日晚 8 时 50 分左右，天还没有完全黑，被誉为“世界最美大街”的法国巴黎香榭丽舍大街像平时一样游人如织。突然一辆汽车停至香榭丽舍大道上一辆车内有数名警员警车旁，一名男子下车后持冲锋枪朝警车开火，一名警员中弹身亡，该男子一边端枪奔跑，一边继续向街道巡逻的其他警员射击，但他随即被开枪还击的警察当场击毙。一阵密集的枪声打破了这里的安宁，一辆辆警车和救援车辆疾驰而来，半小时内香榭丽舍大街全部被封闭。此次事件共造成警方一死两伤，其中一人伤势严重。另外，还有一名游客受轻伤。

（三）事件影响

突如其来的恐袭却插向“世界上最美丽的街道”。事发当晚，所有候选人正在法国国家电视二台进行最后的电视直播陈述，枪声虽然没有打断电视直播，但自然让“安全”成为直播的主题，使得本来就难以预测的选情更加复杂。也会使失业率持续攀升、经济增长乏力、社会治安恶化，外部又面临恐怖主义威胁和难民潮冲击的社会矛盾进一步激化。同时，这次事件的发生将促使法国政府继续延长紧急状态，持续影响人们的日常出行和活动自由。

二、曼彻斯特体育馆爆炸案

5 月 22 日，英国曼彻斯特一室内体育场发生爆炸，造成 22 人死亡、59 人受伤，袭击者在爆炸中死亡。大曼切斯特市市长称这是“恐怖之夜”。

（一）事件背景

英国曼彻斯特爆炸案嫌疑人萨勒曼・阿贝迪在实施袭击前几个月，阿贝迪曾前往叙利亚接受“伊斯兰国”训练，为实施曼彻斯特爆炸袭击“铺路”。阿贝迪家的其他家庭成员也都受到了激进思想影响。阿贝迪的父亲在社区里颇有声望，是虔诚的穆斯林，但却坚决反对宗教极端主义，谴责“伊斯兰国”的所作所为称不上是圣战，而是彻头彻尾的犯罪。阿贝迪却恰恰走上父亲所唾弃的那条道路。阿贝迪生在曼彻斯特，家中排行第三。2014 年，阿贝迪进入索尔福德大学攻读商业管理，但两年后就辍学，并在近几年突然变得“伊斯兰化”，穿起长袍，蓄起胡须，在街上会用阿拉伯语古怪地喊口号，还在家中挂出伊拉克的国旗。

（二）事件经过

5 月 22 日晚 10 点半，曼彻斯特体育场内正进行爱莉安娜・格兰德（Ariana Grande）的演唱会，在演出即将结束时发生爆炸，产生巨响导致整个建筑物都摇晃，所有人都在尖叫并试图撤离。爆炸发生时还有许多孩子在现场。爆炸发生后场馆附近大片区域被封锁，街面有大量警车，大量民众被警方利用摆渡车运送离开现场。

从爆炸现场发现许多铁钉，并且插在了砖墙和金属门上，还有背囊的残余部分、螺丝钉，以及疑似炸弹引爆器，炸弹威力非常强大。怀疑炸弹是由专家制作，而疑犯阿贝迪可能是恐怖组织一员，负责携炸弹施袭 。

（三）事件影响

事件发生后，维多利亚站也被关闭，火车服务取消。英国反恐部门曾说，英国正面临 40 年来最严重的恐怖袭击威胁，英国发生恐怖袭击事件，不是是否会发生的问题，而是何时发生的问题。恐袭防不胜防，昔日安宁的欧洲已不在。

三、法国巴黎车辆冲撞军人事件

8 月 9 日，法国巴黎近郊的勒瓦卢瓦—佩雷市市政府附近发生一起车辆冲撞军人事件，造成 6 名军人受伤，其中两人伤势严重。

（一）事件背景

自 2015 年遭受多起恐怖袭击以来，法国一直处于全国紧急状态。在紧急状态期间，法国军人在主要交通枢纽和旅游景点进行名为“哨兵行动”的武装执勤。2017 年以来已发生至少两起袭击军警事件，造成一名警察丧生。

（二）事件经过

当天上午 8 时左右，一辆汽车在勒瓦卢瓦—佩雷市市政府附近冲向正在执行“哨兵行动”武装执勤的军人，造成 6 人受伤，其中两人伤势严重，伤者已被送往医院接受救治，肇事车辆逃逸。事发现场已被封锁，不时有警车赶到。警方随后逮捕了驾车嫌犯，反恐部门介入调查。

（三）事件影响

大量军人在法国各敏感地点进行武装巡逻，给居民及游客强烈的安全感，但军人本身也成了恐怖分子的袭击目标。

四、英国伦敦地铁站遭遇爆炸袭击

9 月 15 日，伦敦一地铁站发生爆炸袭击案件，造成至少 30 人受伤。

（一）事件背景

自年初以来，英国面临着非常严峻的恐怖形势，连续遭到多起恐怖袭击。3 月，袭击者驾驶货车在国会大厦旁的西敏寺大桥（Westminster Bridge）和伦敦桥（London Bridge）上冲击行人，并用刀砍人，导致 5 人死亡。5 月，曼彻斯特一场流行音乐会发生自杀式炸弹攻击，导致 22 人死亡。6 月，3 名伊斯兰极端分子开车在伦敦桥上撞人后再到附近餐馆砍人，共夺 8 命；同月，有人驾驶货车在北伦敦一清真寺外冲撞走出来的穆斯林，造成 1 人死亡。此外，英国 2005 年发生以公共交通为目标的特大恐袭，4 名本土极端分子在伦敦向三列地铁和一辆公共巴士展开自杀式炸弹袭击，致 52 人死亡。[①]

（二）事件经过

15 日早高峰期间（约 8 点 20 分左右），伦敦西南部帕森斯—格林（Parsons Green）地铁站发生爆炸事件，造成至少 30 人受伤。出事的列车当时正要驶离这一"地上"车站，车厢内有个白色的容器爆炸了，车厢立即起火，有火球向外飞出，好些人灼伤。爆炸也引起恐慌而酿成踩踏，导致更多人受伤，共有 29 人被送往医院治疗，所幸没有伤者伤情严重。警方调取录像显示，一人外表是女性装扮，在案发时负责把装有爆炸装置的白色塑料桶放在一个交接地方，另一人领取后拿到地铁车厢上。伦敦市警察部队发布公告，宣布这是一起恐怖攻击事件，极端组织"伊斯兰国"宣布对此案负责。当天，英国首相特蕾莎·梅对伤者表示慰问，并称赞应急响应部门的"勇敢回应"；伦敦市长萨迪克·汗谴责此次袭击事件，并称伦敦"永远不会被恐怖主义吓倒或击败"。

16 日上午，警方在英国东南部海港多佛的离岸区逮捕一名涉嫌与这起袭击有关联的 18 岁男子，随即在港口部分区域清场，查获"一些物品"。多佛尔靠近法国加来港（Calais），两个港口相距仅约 34 公里，嫌疑人当时正在买船票，准备逃往国外。16 日晚，在英国豪恩斯洛（Hounslow）一家炸鸡店被捕，22 岁嫌疑人叶海亚·法罗卡（Yahyah Farroukh）被捕。

两名嫌疑人都曾被 88 岁的琼斯（Jones）及其 71 岁的佩内洛普（Penelopeand）夫妇收养，这对夫妇在过去 40 年里收留过近 300 名儿童，因此颇受尊敬，他们所收留的儿童中还包括 8 名来自伊拉克、叙利亚及阿富汗等国家的难民儿童。2010 年夫妇俩获英女王授予的不列颠帝国勋章（MBES）。警方在老夫妇的屋内检查时发现了炸弹和武器。[②] 18 岁的男子

---

① 参见《英今年连遭 5 次恐袭 36 人死亡 全城戒备难扫恐袭阴霾》，中新网，2017 年 9 月 16 日，http：//www. chinanews. com/。

② 参见《伦敦地铁爆炸案 21 岁嫌犯照片曝光 或为难民》，环球网，2017 年 9 月 18 日，http：// www. huanqiu. com/。

是一个来自伊拉克的孤儿，在 15 岁时来到英国，22 岁的嫌疑人此前已经从收留他的夫妇家搬走，而 18 岁的嫌疑人则继续与这对夫妇生活，并多次遭到警方审问，收养家庭的成员也向当局反映过养育他的困难。

（三）事件影响

“9·15”地铁爆炸案，是英国年内发生的第五起恐怖袭击。事件发生后，英国的安全状态随之也提升至“危急”，这意味着随时可能发生恐怖袭击，这也是 2017 年第二次使用“危急”安全级别。军队在一些“保护区域”接替警察承担守卫职责，全国范围内的“交通运输系统、街道上”有更多武装警察加强戒备。英国政府的情报和安全机构审查了现有及以往的安全政策，发现以前的做法并非将安全作为优先工作。同时强化民众的参与性，提醒民众在户外关注可疑的炸弹或枪支危害，并同时加强持枪警察的意识。

对于伦敦地铁恐袭案，美国总统特朗普发文称，英国早就掌握这些病态、疯狂分子的信息，并批评他们没有“先发制人”。特朗普的这番言论引发英国强烈不满，英国首相特雷莎·梅回应到：“我向来都认为，对调查中的案件进行任何臆测推断是没有帮助的。”①

五、其他恐怖袭击事件

1 月 23 日，不明人士在英国北爱尔兰首府贝尔法斯特射伤了一名警察，当局将该事件定性为恐怖袭击，袭击发生在即将举行选举的背景下。

2 月 2 日，一名袭击者在卢浮宫附近试图袭击士兵，这名袭击者携带砍刀和 2 个背包，但包中没有爆炸物。遇袭的士兵开了 5 枪，包括一枪击中袭击者的腹部，导致其严重受伤，而士兵在袭击事件中受轻伤。

3 月 16 日，国际货币基金组织驻法国办事处发生邮件爆炸事件，造成一名工作人员受轻伤，巴黎反恐检方已就此事件展开调查。

3 月 18 日，法国巴黎奥利机场（Orly airport）发生枪击事件，一名男子因抢夺士兵枪支被击毙。

---

① 参见《伦敦地铁爆炸案 21 岁嫌犯照片曝光 或为难民》，环球网，2017 年 9 月 18 日，http：// www. huanqiu. com/。

3 月 20 日，法国国家金融检察院在收到炸弹威胁后被紧急疏散，包括预审法官和检察官在内的百余人撤离。

3 月 22 日，一名男子驾驶一辆汽车在威斯敏斯特大桥人行道上冲撞行人，导致数十人受伤。这辆汽车下桥后撞在议会大厦的铁栏杆上，驾车男子跳下汽车，用刀刺中一名警员后，被警方开枪击毙，已有 5 人在此次袭击事件中死亡，另有 40 多人受伤，其中有 3 名警员。死者中包括袭击者本人，此次袭击或与极端组织“伊斯兰国”有关，可能是其在幕后操控，事件导致不包括袭击者在内的 3 人遇难。“伊斯兰国”极端组织宣布对发生在英国议会大厦附近的恐怖袭击事件负责。

4 月 10 日，法国北部城市敦刻尔克（Dunkirk）附近的格朗德桑特移民营遭大火吞噬，变成“一堆灰烬”，导致至少 10 人受伤。

4 月 17 日，英国伦敦警方接到报案称，伦敦东部一家夜总会发生疑似有毒物质灼伤人员事件，事件已造成至少 12 人受伤，好在伤员没有生命危险。

4 月 16 日，一名身穿迷彩服、戴着滑雪手套的男子闯入法国南部滨海城市尼斯的一间教堂，威胁正在参加复活节弥撒的信徒，被闻讯赶到现场的警察制服逮捕。

4 月 20 日晚，巴黎香榭丽舍大街乔治 5 世地铁站附近，一名枪手使用自动武器向一辆巡逻警车开火，当场打死了一名警察，另两名警察重伤，之后枪手被击毙，枪手系故意袭警。极端组织“伊斯兰国”宣称制造了此次事件。

4 月 23 日，一名持刀男子在巴黎火车北站试图靠近宪兵巡逻队时被捕，事件发生于法国总统选举第一轮前夜，在香榭丽舍大街恐怖袭击后 2 天。

4 月 27 日，法属留尼汪群岛的 2 名警察在试图逮捕一名极端分子嫌疑人时，这名男子拒捕并向警方开枪遭到枪击受伤。

5 月 13 日，英国警方称位于西约克郡的利兹布拉德福机场发现一个可疑包裹，机场因此疏散人员并短暂关闭。

5 月 23 日，在英国伦敦维多利亚长途汽车站发现了一个可疑包裹后，随后人员被疏散，周围街道关闭。

6 月 3 日，英国伦敦市中心闹市区发生恐怖袭击，造成 7 人死亡，逾 40 人受伤送医。

6月3日，伦敦泰晤士河上伦敦桥附近发生连续袭击事件，袭击事件已造成7人死亡，3名嫌疑人被警方击毙。同时，一名警察在处理事件时受重伤。另据伦敦急救中心消息，约50名伤者被送往医院救治。警方将袭击事件定性为“恐怖袭击”。

6月5日，伦敦各大旅游景点增派警力加强安保。

6月7日，法国巴黎的著名景点巴黎圣母院发生了一起袭警事件，并一度引发了游客恐慌。除一名警察和袭击者外，事件并未造成其他人员伤亡。

6月10日，一架从斯洛文尼亚飞往英国的航班，在德国科隆波恩机场紧急迫降。当时机上的151名乘客从飞机滑梯紧急疏散，警方随后对他们的身份进行了核实。此次事件造成机场暂停三小时航班起降，十架航班转飞其他机场。

6月18日，英国伦敦芬斯伯里公园区域发生货车冲撞人群的袭击事件，导致1人死亡，多人受伤。

6月19日，一名“企图发动恐怖袭击”的男子当天下午在法国巴黎香榭丽舍大道驾车冲撞警用车辆。袭击者在车辆起火后因伤重身亡，但并未造成他人伤亡。此事件如被定性为恐袭，将是法国新政府成立以来该国发生的第一次恐袭。

6月20日，一名30多岁的男子当晚在布鲁塞尔中央火车站引爆携带的爆炸装置，但没有造成人员伤亡。这名男子被随后赶来的军人开枪击中。

6月29日，法国巴黎警察局发布新闻公报说，一名男子当晚驾车多次冲向巴黎东南郊的一座清真寺，但没能越过清真寺外的障碍物。这一事件未造成人员伤亡。

7月3日，法国西南部城市图卢兹发生枪击事件，造成至少1人死亡6人受伤。

7月3日说，一名年轻男子涉嫌密谋在国庆阅兵日刺杀总统埃马纽埃尔·马克龙，落网正面临恐怖主义罪名指控。

7月5日，英国曼彻斯特机场3号航站楼因发现可疑包裹进行疏散。

8月5日，一男子持刀试图袭击在埃菲尔铁塔景区负责安检的工作人员，随后该男子被立刻制服，并于当晚23点30分被警方拘留，反恐检查机关已开始对其展开调查。

8 月 9 日，法国巴黎近郊的勒瓦卢瓦—佩雷市市政府附近发生一起车辆冲撞军人事件，造成 6 名军人受伤，其中两人伤势严重。

8 月 10 日，英国伦敦博罗市场的一家寿司店收到一个装有腐蚀性物质的信件，造成至少 3 人受伤。

8 月 17 日，多名恐怖分子先后在西班牙加泰罗尼亚自治区首府巴塞罗那和海滨小镇坎布里尔斯以驾车撞人的形式发动袭击，共造成 14 人死亡，百余人受伤。西班牙警方事后认定，实施此次系列袭击的恐怖团伙由 12 人组成。

8 月 24 日，在荷兰鹿特丹举行一场摇滚演唱会、因遭受恐怖主义威胁而被取消之事，荷兰警方已经逮捕了一名 22 岁的男性嫌疑人。

8 月 25 日，一名持刀男子在比利时首都布鲁塞尔市中心一条大道上砍伤一名军人后随即遭击毙，比利时当局定调这是一场“恐怖袭击”。由于比利时遭受恐怖威胁，此处是布鲁塞尔市区内武装军人巡逻的“敏感”地区之一。

8 月 26 日，法国马赛市中心一男子持刀砍伤 3 名行人，目前已经被警方控制并被送往精神病医院。袭击者 35 岁，是巴黎本地人。当地媒体称三名受害者均受轻伤。

9 月 15 日，一个“简易爆炸装置”在伦敦帕森格林地铁站发生爆炸，事件造成 29 人受伤。

9 月 15 日，一名男子在法国巴黎持刀袭击巡逻军人，被当场制服拘捕。事件中无人伤亡。

9 月 15 日，一名男子在法国里昂市用锤子袭击了两名女性，造成其中一名女性受伤，该男子在袭击过程中疑似高喊“真主至上”。

9 月 21 日，法国东南部城市格勒诺布尔宪兵营技术部办公室失火，凶猛的大火焚毁了众多调查设备和证据以及数十辆汽车，一个极左组织宣布对这起火灾承责。

9 月 23 日，在法国北部里尔市高档小区一辆车内发现 5 个瓦斯钢瓶，当局疏散近 200 名居民。

9 月 26 日，在法国勃艮第大区第戎大学附近，一名蒙面行凶者用铁锤袭击了一名女性和 2 名男性，造成受害人受伤。

10 月 1 日，在法国马赛火车站发生持刀行凶事件，貌似恐怖袭击，两名妇女死亡。极端组织“伊斯兰国”通过其官方通讯社声称是其所为。

10 月 7 日，英国伦敦南肯辛顿区展览路博物馆外发生一起汽车撞人事故，造成 11 名行人受伤。

10 月 19 日，西班牙巴塞罗那和附近的观光胜地发生恐怖袭击，造成 16 人丧命。

10 月 22 日，英国伯明翰东部一保龄球馆发生了一起人质劫持事件，嫌犯在与警方对峙四小时之后被捕。

11 月 18 日，与女友吵架被激怒的一名法国警察用公务手枪打死 3 人，打伤 3 人，然后自杀身亡。

11 月 27 日，法国检方透露，一名男子当晚在东南部边境小城芒通（Menton）驾车故意冲撞警察后被打伤。

12 月 3 日，英国首都伦敦再度发生"泼酸袭击"事件，共有 6 人因此受伤，1 人被警方逮捕。虽已证实此事与恐袭无关，但类似袭击事件的频繁上演仍令英国各界倍感担忧，甚至有媒体已将伦敦称为"泼酸之都"。

12 月 15 日，荷兰马斯垂克（Maastricht）发生 2 起街头砍杀事件，两人不幸死亡。

第三节　西欧地区主要反恐怖军事行动

西欧地区需要痛定思痛，反恐需要"刮骨疗伤"。区域内国家要摒弃双重标准和私心杂念，加强团结协作，携手铲除恐怖主义。有数千名极端组织"圣战"分子返回欧洲，他们既是令人恐怖的"定时炸弹"，亦是恐怖主义的"传播者"，恐将培养出更多潜在极端分子。难民危机与移民融合难题叠加，欧洲想彻底消除本土"内生性"恐怖主义威胁，需要"刮骨疗伤"，还有很长的路要走。除了反恐力量和手段需要得到加强之外，西欧更应该从整体和根源性的角度，思考西欧恐怖主义成因，找到综合解决恐怖主义的方案。

一、英国特种部队与"伊斯兰国"以死相拼绝处逢生

7 月 2 日，英国媒体报道称，英国陆军特种部队日前在伊拉克北部摩

苏尔附近遭“伊斯兰国”围困，万般无奈的情况下，SAS小队便以死相拼，然而却绝处逢生，成功突围。

（一）行动背景

SAS是英国特种空勤团，是英国最精锐的特种部队，也是世界上第一支正规的特种作战力量。SAS是现代特种战术的开创者，所有现代特种部队的楷模。SAS以能在短时间内准确而高效的完成任务而著称，是目前所有特种部队中任务完成率最高的。

（二）行动概况①

英国陆军特种部队（SAS）的一支小队，在摩苏尔附近遂行情报收集任务时，遭遇50多名“伊斯兰国”成员武装伏击，双方激战长达4个小时，到傍晚时分，英国士兵虽然已经击毙20名“伊斯兰国”“圣战士”，但小队弹药几乎全部耗尽。此时，SAS小队被困在一个小河床里，他们快速清点弹药，总共只剩不到10颗子弹。特种部队成员意识到，如果被抓获，他们面临的会是酷刑和被斩首，与其屈辱地死去，不如选择发动冲锋、背水一战。所以，他们决定战斗到底，在死前尽可能杀死更多“伊斯兰国”恐怖分子。他们固定好刺刀，拔出短刀，互相握手告别，然后高声叫喊着冲向30多名“伊斯兰国”恐怖分子。他们打完剩余的子弹之后，用刺刀与敌人搏杀。其中一名SAS军官把“伊斯兰国”恐怖分子的头部按在小水坑中，把他的脸压到泥里，紧紧按住，直至其溺毙。然后他捡起一块石头，砸在另一个和他的同伴扭打在一起的持枪暴徒的脸上。另一个士兵把突击步枪当棍棒，杀死3名“伊斯兰国”成员，另一些人则向那些试图“活捉”英国士兵的“伊斯兰国”枪手刺去。经过五分钟的殊死搏斗，大约12名“伊斯兰国”成员死亡或重伤，其余的“伊斯兰国”成员竟然惊慌失措地逃走了。该小队随后步行五英里到会合地点，在那里他们遇到库尔德友军，被带回了SAS基地。两天后，失散的两名小队士兵安全返回部队，他们只受了轻伤，至此SAS小队队员全部存活。

---

① 参见《英特种部队遭IS埋伏弹尽粮绝 全员拼刺刀冲锋共杀死32人》，环球网，2017年7月3日，http：//www.huanqiu.com/。

（三）行动评析

此次英国特种部队抱着必死的决心与“伊斯兰国”恐怖分子背水一战，却大获全胜，不但保全了自己，还有效地杀伤了敌人，可谓是显示了威风、打出了士气。这次与恐怖分子的战斗，再次验证英军一条颠扑不破的战斗经验，那就是“狭路相逢勇者胜”。一方面，说明英国特种部队具备优良的战斗作风和强大的战斗力，关键时刻能够冲得上去、打得赢；同时，也说明恐怖分子也不像某些人夸张描述的那样，多么疯狂、多么不怕死，这些恐怖分子也是不堪一击的。另外，这里也暴露出英国反恐怖行动存在的弱点，那就是计划性不强。特战小分队实施侦察行动，不但事前没有很好地计划和安排，行动中缺乏支援和配合，而且经过长达 4 个小时特殊的搏斗，英国也未派出快速反应部队予以接应，这些都说明英国在伊拉克的反恐怖行动存在很大的随机性。

二、其他反恐怖军事行动

1 月 2 日，法国总统奥朗德抵达伊拉克首都巴格达，开始为期一天的访问。奥朗德当天分别同伊拉克总统马苏姆、总理阿巴迪以及其他政府高层举行会晤。在随后举行的新闻发布会上，奥朗德表示，伊拉克和法国有着共同的敌人就是极端组织，恐怖威胁，一定要穷尽全力将其消灭。伊拉克总统马苏姆表示法国承诺将继续给伊拉克提供更多的全方位的支持，并和其他友好国家一起致力于帮助伊拉克的重建。

1 月 12 日，比利时司法部起诉两名极端组织成员。检方指控两人涉嫌向恐怖分子提供伪造身份证件，这些文件随后被用于为巴黎袭击案做准备。

1 月 14 日，比利时警方在首都布鲁塞尔莫伦贝克区展开一场反恐搜查行动。

1 月 17 日，爱尔兰警方接受了 5500 万欧元的专项拨款，专门用来应对国际恐怖主义的威胁。司法部部长弗朗西斯·菲茨杰拉德说，这笔钱将被用来让警察们接受专业的反恐培训，采购更多的专业设备。

1 月 21 日，去叙利亚参战的法籍知名圣战者、24 岁的布列塔尼男子凯文·基亚瓦什甫一返法就被起诉并收押在监。

1 月 30 日，欧洲刑警组织发表公告说，欧洲反恐中心的成立有力推动了欧盟国家的反恐合作，2016 年欧盟国家反恐情报共享得到加强。欧洲反恐中心成立一年来，已成为欧盟国家之间以及与相关第三方交换信息的枢纽，并发挥了情报分析、行动协调的作用，这显示出欧盟国家合作反恐意识显著提升。欧洲刑警组织表示，该组织 2016 年共协调支持欧盟国家 127 次反恐行动，比 2015 年增加 50%。

1 月 30，荷兰外交部与德国外交部 29 日晚发布联合声明，反对美国总统特朗普日前公布的难民和移民政策。声明说，荷兰与德国坚决打击恐怖主义，坚定支持采取一切可以有效应对恐怖主义风险的措施。

2 月 9 日，法国官员表示计划在巴黎埃菲尔铁塔周围建造高 2.5 米的加固玻璃墙，使这个世界著名地标在一旦出现恐怖袭击时得到保护。

2 月 10 日，法国警方反恐部门在南部埃罗省蒙彼利埃市逮捕 4 名涉嫌策划暴恐活动的疑犯，从而挫败一起可能针对巴黎旅游景点的自杀式炸弹袭击图谋。

2 月 14 日，面对越来越频繁和复杂的网络攻击，英国国家网络安全中心（NCSC）正式启动，英国女王为该中心揭幕。

2 月 14 日，法国警方在法国北部重镇里尔郊区逮捕一名企图发动恐袭的 18 岁大学生。公开信息显示，这已是本月以来第三起恐袭图谋在法国被挫败。警方怀疑这名大学生企图在地铁或商业中心发动恐袭。

2 月 15 日，北约将在布鲁塞尔北约总部举行成员国国防部长会议，此次会议将主要关注军费和反恐两大议题。

2 月 17 日，法国面对日渐提高的恐怖威胁和越来越复杂的网络攻击，将招募大批分析师、黑客、间谍等情报人员。法国对外安全总局（DGSE）将于 2019 年年底前招募 600 人，包括分析师、语言专家、资讯工程师和情报人员等，届时这个情报单位的人力将超过 7000 人。

2 月 15 日，北约计划在 2017 年年底前在其位于那不勒斯的联合部队司令部中建立新的“监控”中心，以应对来自北约南部周边地区的安全威胁和安全挑战。

2 月 25 日，法国司法当局对两名涉嫌计划前往叙利亚和策划对法国发动袭击的疑犯移送反恐法官受审，这是警方挫败的最新一起恐袭图谋。

3 月 1 日，法国当局逮捕了阴谋发动袭击的一家四口。这 4 人在巴黎东部郊区克利希苏布瓦（Clichy-sous-Bois）被捕，并在一栋建筑内发现制造炸弹的材料，包括丙酮和硫酸。警方通过这些材料上的 DNA 痕迹找到了 4 名嫌犯。

3 月 7 日，2017 环印度洋联盟（环印联盟）领导人会议在印尼雅加达会议中心举行。会议发表的“阻止和打击恐怖主义和暴力激进主义”宣言指出，一切形式的恐怖主义严重威胁地区和国际和平安全，严重影响经济发展和社会凝聚力，各方应在打击恐怖主义方面加强合作。

3 月 16 日，埃及总统塞西已签署总统令，决定建立常驻北大西洋公约组织（北约）代表处。

埃及武装部队参谋长马哈茂德·赫加齐与北约军事委员会主席彼得·帕维尔曾于本月初在开罗举行会晤，双方讨论了埃及正在进行的反恐行动。帕维尔表示，埃及的反恐举措对中东地区实现安全稳定至关重要，北约对此全力支持并希望与埃方加强在反恐领域的协调与合作。

3 月 16 日，法国首都巴黎和南部城市格拉斯分别发生爆炸和枪击事件，造成多人受伤，并引发民众恐慌。这两起事件发生后，法国总统奥朗德表示，法国维持全国紧急状态是合理的，这一状态将被保持至 7 月 15 日。

3 月 16 日，法国经济和财政部发布新闻公报说，为掐断恐怖主义活动资金链，法国海关 2016 年着力打击洗钱等犯罪行为，当年缴获及验明犯罪资产约 1.5 亿欧元，比 2015 年增长 170%。法国海关 2016 年还加强与其他部门在反恐情报方面的交流，交换的情报数量达到 2015 年的 4 倍，法国海关正在成为打击恐怖主义不可或缺的一环。

3 月 18 日，奥利机场发生袭击军人事件后，巴黎机场管理公司（ADP）老板德·罗玛奈 19 日主张研究最终在机场公共区域采用人脸识别检查技术。人脸识别技术“最终极可能是我们可以选择的办法”，以识别列入档案的危险分子。

3 月 21 日，在布鲁塞尔恐袭案一周年之际，比利时首相米歇尔接受了媒体采访，在采访中，他表示目前比利时的安全局势较好，并强调欧洲各国间应加强反恐方面信息的交流。

3 月 22 日，英国首相办公室发言人声明称，禁止在赴英飞机上携带移动电子设备的禁令涉及 6 个国家的航班：土耳其、黎巴嫩、约旦、埃及、突尼斯和沙特。

3 月 23 日，伦敦警方称在针对英国议会大厦附近发生的恐袭事件调查中，他们已经逮捕了8名嫌疑人。

3月22日，俄罗斯联邦委员会国防与安全委员会主席奥泽罗夫表示，俄罗斯愿意向英国提供情报信息，以帮助英国调查当天发生的袭击事件。

3月22日，针对英国伦敦发生的恐袭事件，德国总理默克尔当天在致哀声明中表示，她对此感到震惊，并强调，在抗击恐怖主义的战斗中，德国将与英国紧密地并肩作战。

3月23日，比利时一辆挂着法国牌照的车辆试图高速冲进安特卫普的Meir购物街，目前这名男子已经被逮捕，警方称这名男子试图驾驶车辆以高速冲进人群。

3月25日，英国外交部长鲍里斯·约翰逊表示，互联网服务供应商及大型社交媒体公司有责任避免人们受极端思想影响，必须监督并检查用户上载的信息、资料等，一旦发现有极端主义元素，就应该将之删除。

3月26日，伦敦大都会区警察局（Metropolitan Police）说，警方在英格兰中部伯明翰市（Birmingham）逮捕一名30岁男子，此人"涉嫌准备恐怖行动"，与上周英国国会遭恐怖攻击有关联。

3月26日，英国两名内阁要员敦促谷歌、推特、脸书等社交媒体"付出更多努力"阻止极端主义和恐怖主义在网上传播。

3月27日，英国SAS军事分队将长期驻扎在伦敦的秘密基地，"在紧急情况下时刻准备出击"。

3月27日，伦敦发生恐怖袭击后，警方在白金汉宫附近安装了数道黄色拱形金属防护门。

3月27日，英国政府必须确保WhatsApp等软件，此类软件不能为恐怖分子互相通讯提供秘密场所，情报部门应该有权读取加密讯息。

3月27日，英国首相特蕾莎·梅表示，2017年10月英国将在英格兰北部和苏格兰部分地区举行大型反恐演练。保护国家安全是英国政府的首要任务，此类演练意义重大，将确保警方和其他应急部门能够充分利用英国情报机构获得的最新信息，从而保护英国本土免受恐怖主义侵袭，此类演练将定期举行。

3月28日，伦敦恐怖袭击发生后，英国警方加强了对女王住所的安保措施，警方在温莎城堡外竖起了新的屏障。

3月29日，为了回应英国媒体越来越强烈的谴责，微软刚刚证实它在英国当局向其索要信息后的30分钟内就遵照要求提交了相关数据。这些信息与上周四发生在伦敦的恐怖袭击活动有关。

3 月 31 日，北约秘书长斯托尔滕贝格表示，定于 5 月召开的北约峰会将主要关注军费和反恐两大议题。

4 月 3 日，英国首相特雷莎·梅将开启为期 3 天的中东之行，将到访约旦首都安曼。届时，她将宣布派遣英国军事训练人员帮助约旦空军加强作战能力，用以打击极端组织“伊斯兰国”。英国还将制定相应的措施加强同约旦的合作，共同打击极端主义。

4 月 5 日，英国警方称他们逮捕了一名涉嫌准备恐怖袭击的年轻人，因涉嫌准备恐怖行动、宣传恐怖主义出版物和号召支持被禁组织而被捕，他当时准备乘坐一辆欧洲之星列车离开英国。

4 月 6 日，俄罗斯的圣彼得堡地铁遭炸弹攻击后，巴黎警署决定，除了增派巡逻人力之外，还授权警察可任意搜查地铁和郊区火车乘客的行李。

4 月 7 日，正在突尼斯访问的法国总理卡泽纳夫说，法国对突尼斯反恐能力“有信心”，两国将继续开展安全合作。

4 月 8 日，法国总理卡泽纳夫宣布，法国警方从巴斯克分离主义组织“埃塔”公布的 8 个秘密军火库中共收缴近 3.5 吨的武器弹药和爆炸物。

4 月 17 日，英国外交大臣鲍里斯·约翰逊建议俄罗斯加入以美国为首的国际联盟，打击叙利亚“伊斯兰国”（IS）恐怖组织的武装分子。

4 月 18 号，法国内政部长马蒂亚斯·费科尔宣布，安全部门当天挫败一起试图在总统选举首轮投票前夕发动恐袭的图谋，逮捕两名涉案极端分子。费科尔说，法国政府将采取一切措施保障总统选举顺利举行，并已调集人力保障各总统候选人及各参选党派总部的安全。

4 月 21 日，法国内政部表示，法国警方正在搜捕的香榭丽舍大道枪击案的一名嫌犯在比利时主动向警方自首。

4 月 24 日，欧盟据报正考虑立法，协调 Facebook、Twitter 和 Google 等网络平台处理仇恨言论或煽动暴力内容的方法。假如网络平台愿意主动打击非法内容，便可免除因为相关内容出现在平台所引起的刑责。

4 月 26 日，法国和比利时警方联手采取收网行动，逮捕 10 名涉嫌为恐怖分子提供武器的疑犯。此次行动与 2015 年《查理周刊》遇袭案、犹太超市人质劫持案系列恐怖袭击的调查有关。

4 月 27 日，英国外交大臣鲍里斯·约翰逊表示，如果叙利亚政府再次使用化学武器，英国有可能参与美国发起的对叙利亚的军事打击。

4 月 27 日，伦敦警方在威尔斯登区执行反恐行动，警方枪击了一名女性嫌疑人，拘捕了 4 人。行动在反恐调查框架内开展，这 4 人都因涉嫌实施、筹备和煽动恐怖袭击被拘。

4 月 27 日，英国警方在英国议会大厦附近进行例行检查时发现一名持刀男子，随后以涉嫌恐怖主义活动等罪名将其逮捕。

4 月 27 日，法国海外省留尼汪警方透露，一名“疑似激进分子”在警方抓捕行动中开枪拒捕，导致两名反恐特警队员受伤。警方以涉嫌“为恐怖主义张目”为由实施抓捕。

4 月 28 日，伦敦警方 24 小时内连续挫败两起恐怖袭击阴谋，逮捕多名涉案嫌疑人。

5 月 2 日，英国议会下院内政事务委员会提出一份报告表示，包括脸书、推特、谷歌等多家大型社交媒体对于管控极端主义思想和犯罪信息的传播方面的不作为“令人羞愧”，有议员表示应严惩“不负责”的社交媒体公司。英国计划在 5 月议会重开之后，进一步明确惩戒措施，未来或许对监管不力的社交媒体公司实施上百万英镑的罚款。

5 月 2 日，法国反恐警察突袭搜索，逮捕 4 名男性和 1 名女性，并起获一批武器。

5 月 4 日，英国反恐警察在希斯罗机场逮捕了 1 名 30 岁的男子，他由土耳其飞抵英国。报道称，这名男子涉嫌策划进行恐怖主义行为，并训练恐怖袭击者。

5 月 5 日，法国媒体报道一名有极端倾向的退役军人因涉嫌企图袭击位于法国诺曼底地区的一个空军基地而被捕。

5 月 8 日，法国警方在巴黎火车北站展开行动，对站内人员进行疏散，并封锁了站内部分区域。警方称，此次行动是为了“消除安保疑虑”，没有人在行动中被捕。

5 月 9 日，匈牙利政府决定暂停执行欧盟关于在边境实施全面系统检查的法规，所有出入欧盟成员国的人员都要接受全面系统的检查。这意味着无论是欧盟成员国公民还是非欧盟成员国公民，无论是通过海上、陆地还是空中途径，无论是入境还是出境，都必须接受全面系统的检查。

5 月 11 日，欧盟理事会通过决定，建议奥地利、德国、丹麦、瑞典和挪威这五个国家“再次延长内部边境管控措施”，以应对“非常规移民”

二次流动带来的安全风险，时限最多六个月，至 2017 年 11 月。

5 月 13 日，英国警方称位于西约克郡的利兹布拉德福机场发现一个可疑包裹，机场因此疏散人员并短暂关闭。

5 月 17 日，法国戛纳电影节将开幕，由于法国多次发生恐怖袭击，邻近戛纳的尼斯 2016 年 7 月更发生货车恐袭，当局大力度加强安保，包括沿主会场节庆宫所在的十字大道，摆放 400 个高度及肩的巨型花盆，以阻挡汽车或货车袭击。除花盆外，警方亦在路上铺设长达 160 米的钉刺带，同时部署更多警员驻守，又呼吁民众举报任何可疑活动。当局更架设约 550 部闭路电视，相当于 1 个镜头监视 140 名居民，密度冠绝全法。

5 月 17 日，法国大选尘埃落定后，反恐行动仍在紧锣密鼓地继续之中。15 日，在对香榭丽舍恐怖袭击的调查框架内，警方逮捕一名嫌犯。16 日上午，又在不同地点展开三场反恐大搜捕。此外，德国警方在多州展开搜捕，打击恐怖分子。

5 月 18 日，欧盟 28 个成员国的外长和防长在布鲁塞尔做出决定，将正式成立联合防务指挥中心。这一指挥中心的成立显示出，欧盟各成员国正积极寻求更多安全和防务合作。

5 月 20 日，法国司法部门称比利时已经向法国司法机构遣送了三名被认为意图在 2016 年在法国实施袭击的圣战嫌犯。

5 月 20 日，法国新任国防部长西尔维·古拉尔承诺继续推进《欧洲防务行动计划》，并强调法德两国共同推动欧洲防务发展的努力至关重要。

5 月 21 日，法国总统马克龙首次出访欧洲以外的国家，到非洲国家马里与驻守当地的法军共进午餐，并与马里总统凯塔会面。马克龙呼吁马里政府尽快落实前年签订的和议，让各武装组织实现停火，同时希望德国和其他国家能加强支持非洲，打击恐怖组织。

5 月 23 日，英国曼彻斯特体育场发生爆炸事件后，俄总统普京就曼彻斯特体育场恐袭向英国首相特蕾莎·梅表示深切慰问，普京重申，愿与英国发展双边和国际反恐合作。

5 月 24 日，警方称 3 名男子疑与 22 日晚的曼彻斯特体育场爆炸袭击有关联，在曼彻斯特南部地区被捕。

5 月 24 日，英国首相特雷莎·梅已经宣布，为防止曼彻斯特自杀式炸弹袭击者的同谋发动更多袭击，英国政府将在街道上部署多达 5000 名士兵，这是英国十年来首次将恐袭级别升至“危急”的水平。

5 月 25 日，北约峰会在位于布鲁塞尔的北约新总部举行。本次峰会重点聚焦打击恐怖主义和成员国责任分担等议题。

5 月 26 日，法国总统马克龙在意大利出席七国峰会（G7）之际，与英国首相特雷莎·梅举行双边会谈时说："我们会（与英国）合作，且会竭尽所能提高在欧洲层面的合作，一起对抗恐怖主义。"

5 月 26 日，英国警方称在曼彻斯特南部逮捕一名与演唱会炸弹袭击事件有关的 44 岁男子。

5 月 27 日，20 岁的大学生达蒙·史密斯（Damon Smith）于 5 月初被裁定试图在伦敦地铁内放置炸弹的罪名成立。

5 月 27 日，英国曼彻斯特遭遇袭击的 4 天后，七国集团（G7）强化施压网络服务提供者与社交媒体，要求增加过滤极端内容的力度，西方国家政府指控主要网络公司，在阻止"伊斯兰国"（IS）等团体透过网络媒体宣传暴力上的努力不够，以及未能对发布在他们网站内的内容多负担一些责任。

5 月 28 日，英国警方再度发动突袭，又逮捕了与曼彻斯特爆炸案相关的 2 名嫌犯，目前，警方共逮捕 15 名与此案相关的嫌犯。

5 月 30 日，马克龙和普京在举行会谈后举行联合记者招待会。马克龙就叙利亚问题表示，法俄两国在未来数周内可以展开合作。法方的首要关切是打击恐怖主义，消灭"伊斯兰国"极端组织。法国还希望在维护叙利亚国家完整的前提下推动民主化过渡。

6 月 4 日，英国首相特雷莎·梅说，必须审查英国的反恐战略，确保警方和反恐组织能有效执行任务。如有必要，将对恐怖活动的罪犯实施更严厉的刑罚。

6 月 4 日，英国警方证实，已逮捕 12 名与伦敦 3 日晚发生的恐怖袭击有关的嫌疑人，目前搜捕和调查仍在继续。

6 月 5 日，英国警方继续就伦敦恐怖袭击事件展开调查和抓捕行动，在突袭行动中逮捕数人。

6 月 4 日，英国首相梅特雷莎·梅当地时间将恐袭矛头直指社交网站，指责这些平台助长恐怖分子"互相效仿"发动攻击。而互联网巨头们也纷纷表态，称将在各个平台上对极端主义言论"宣战"，营造一个反恐怖主义的环境。

6 月 8 日，英国首相特蕾莎·梅表示，为反恐不惜修改人权法案，向选民展示对待反恐的零容忍态度和强硬手段。

6 月 7 日，法国政府批准设立国家反恐中心，负责协调各情报部门的反恐工作，以更有效地应对恐怖主义威胁。

6 月 9 日，阿尔及利亚总统布特弗利卡与法国总统马克龙通电话，商讨有关反恐与安保合作问题。两国领导人交换了对利比亚和马里局势的看法，强调将携手努力铲除非洲萨赫勒地区的恐怖主义隐患。

6 月 10 日，联合国副秘书长费尔特曼日前称，在伊拉克与叙利亚遭受打击的极端组织“伊斯兰国”（IS）已经做出调整，现在更集中于在欧洲等地区发动袭击。费尔特曼称 IS 已重组其军事结构，给予各地的指挥官更大权力，试图激发更多追随者制造恐袭。

6 月 13 日，特雷莎·梅前往法国访问，访问期间她将表示英法会联合起来迫使公司采取更多措施打击网络极端主义。

6 月 19 日，当英国发生货车冲撞行人事件后，英国首相特蕾莎·梅发表讲话，宣布成立反极端主义专门委员会。

6 月 22 日，法国内政部长热拉尔·科隆在法国内阁会议上提交新反恐法案草案，这一法案草案旨在推出多项反恐新举措，为法国在 2017 年 11 月国家紧急状态结束后建立有效反恐机制做准备。

6 月 22 日，欧洲理事会主席图斯克在布鲁塞尔表示，欧盟各国领导人在当天召开的欧盟峰会上就加强边境信息共享和互联网反恐达成一致。

6 月 22 日，英国女王伊丽莎白二世发表讲话，公布了保守党政府的立法议程，并表明政府有意制定新策略，应对恐怖主义。。

6 月 23 日，欧盟峰会在比利时首都布鲁塞尔落下帷幕，会议在反恐等方面达成诸多一致。

6 月 28 日，北大西洋公约组织秘书长延斯·斯托尔滕贝格说，北大西洋公约组织在欧洲的成员国和加拿大今年将增加防务开支，增幅为 4.3%。

6 月 29 日，北约秘书长斯托尔滕贝格表示，北约 15 个成员国表示将加强自己的兵力，支持北约在阿富汗的使命“坚定支持”，预计其他国家也将履行自己的义务。

6 月 29 日，欧盟发布声明说，欧盟当天在荷兰和比利时举行模拟反恐怖袭击的演习，旨在加强对易遭受恐袭的人群聚集场所的保护。

6 月 30 日，英国伦敦警察厅网站发布消息称，该国警方在伦敦希思罗机场拘捕了一名涉嫌策划恐袭的 21 岁女子。

6月30日，英国外交大臣约翰逊承诺将制裁在叙利亚使用化学武器的责任人。

7月2日，法国总统马克龙在马里首都巴马科举行的萨赫勒五国集团特别峰会上表示，法国将为萨赫勒五国集团联合反恐部队提供70辆战术车以及通讯设备和单兵保护装备，价值约800万欧元的支持。

7月5日，在比利时与法国警方的反恐搜查行动中，5名人员因疑似与名为“神风骑士”的车队有联系而被捕。“神风骑士”车队被认为与伊斯兰极端组织有关。

7月6日，法国国民议会表决通过了一项授权法案，将从2015年巴黎系列恐怖袭击以来实施的紧急状态延长至今年11月1日。这是法国第六次也是最后一次延长紧急状态。

7月7日，一名现年42岁的巴黎警察受到审讯，原因是他涉嫌与极端组织“伊斯兰国”（IS）有关联的黑帮产生了联系。这名警察目前被司法部门控制，暂停职务，并被禁止携带武器。

7月12日，白宫高级代表向记者表示，美国总统特朗普将在7月14日至15日访问巴黎期间与法国总统马克龙及其顾问讨论反恐问题。

7月13日，法国总统马克龙同首次对法进行正式访问的美国总统特朗普在巴黎举行会谈，双方表示两国将继续在打击恐怖主义、维护中东地区安全等重大国际问题上保持合作。

7月14日，英国伦敦警察局局长迪克对当地媒体说，英国在过去数月内挫败了五起恐怖袭击阴谋，有的袭击在发动前“几分钟内”被警方挫败。

7月25日，据俄罗斯卫星网援引BFMTV电视台报道称，法国警方在戛纳火车站拘留了156名难民。

7月26日，欧盟委员会发布的安全事务进展报告强调应对极端化和网络犯罪等安全威胁。

7月26日，欧盟委员会发布第14份难民转移安置报告显示，从2015年9月启动难民转移安置计划以来，欧盟共从希腊和意大利转移安置了24676名难民至其他成员国，呼吁成员国加快转移安置步伐，接收所有符合资格的难民。

7月27日，法国总统马克龙前往位于法国奥尔良的难民接待中心，看望了那里的难民家庭。马克龙当天宣布，计划在利比亚开设“难民审核中心”。另外，法国将大力缩短难民身份审核时间，同时加大遣送力度。

8 月 4 日，英国警方在伦敦斯特拉特福德地铁站进行反恐行动期间，没收一把切面包的长刀、锤子和假枪，扣押了 8 人。

8 月 4 日，为了预防恐怖袭击的一再发生，配合政府名为“防范”（Prevent）的反激进化计划，英国多间大学近年采取不同的措施监控学生。其中两所大学正训练校内清洁人及餐饮员工，监听有被恐怖分子激进化风险的学生。

8 月 6 日，法国内政部长科隆确认，法国将在 2018 年为申请避难者设立 3500 个接待位子，以回应总统马克龙于 7 月 27 日提出的希望到今年年底达成“街头无人露宿”的目标。

8 月 9 日，英国伦敦警察厅声明中称，该厅反恐部门拘捕了一名涉嫌恐怖主义活动的男子。

8 月 16 日，法国内政部长科隆宣布，将恢复与民众贴近、维护街道治安的“片警”制度，这也是法国总统马克龙的竞选承诺。“片警”是希拉克时代、若斯潘政府的明星治安措施，后来被时任内政部长萨科齐中止。“片警”回归，法国各政党各有说辞，有共和党议员认为这是“左派的老把戏，还未开始就已失败”。

8 月 16 日，法国一名 26 岁的前选美小姐因“为恐怖主义辩护”罪名被蒙彼利埃轻罪法院判处 2 年监禁，缓刑一年。

8 月 17 日，伊拉克政府向联合国致信，请求国际社会协助收集“伊斯兰国”恐怖分子在其境内犯罪的证据，明确表达了其希望追究“伊斯兰国”的责任。

8 月 22 日，法国内政部长热拉尔·科隆表示，经有关部门鉴定，21 日在法国南部城市马赛驾车冲撞公交车站并导致一名妇女死亡的男子患有精神疾病，他的行为并非恐怖袭击，而是对恐怖主义行为的模仿。针对这一现象，法国政府希望心理学家参与预防恐袭和类似恐袭。

8 月 22 日，法国内政部长宣布将重组“哨兵”行动部署。此次重新定义将确保行动军人掌握更多机动性，以提高效率。

8 月 24 日，法国反恐情报部门日前在巴黎北郊拘捕一名有激进化倾向的男子。据其初步供认，他曾试图获取武器并计划在法国境内发动袭击。

8 月 29 日，非洲和欧洲多国领导人在法国巴黎就移民问题举行小型峰会。会议决定加强对非洲难移民中转国家的支持，加大打击非法移民的力度。

8 月 29 日，国总统马克龙在各国驻法使节年会上表示，保护本国公民安全是法国外交工作“存在的理由”。他将把打击恐怖主义作为其对外政策的重点。

8 月 31 日，法国政府在一份公告中称，法国境内所有希望购买炸药组成部分的人，都需要详细告知购买用途以及身份资料，以防购买者用来制造炸弹。这份文件旨在阻止别有用心者自己制造三过氧化三丙酮，即平日所说的 TATP 炸弹，加强公共安全。

9 月 1 日，埃及航空公司宣布，英国从即日起取消针对从埃及飞往英国航班的电子产品携带禁令。

9 月 5 日，巴黎埃菲尔铁塔将建造玻璃围挡，建造这个玻璃围挡，是为了铁塔变得更加美观，使出入的人流更畅通，让游客感到更舒适，同时利用防弹和防车撞玻璃加强对游客及此处工作人员的保护。

9 月 5 日，英国警方逮捕了 4 名嫌疑人，怀疑他们卷入一场由被英国政府禁止的极右翼组织策划的恐怖活动。英国国防部随后证实，4 名嫌疑人中有现役军人。

9 月 6 日，法国警方在巴黎东南郊瓦勒德马恩省的一间公寓内发现爆炸物组件，并逮捕了两名嫌疑人。

9 月 7 日，法国内政部长热拉尔 · 科隆说，警方在巴黎南郊乡镇维勒瑞夫发现可疑“炸弹工厂”，逮捕 3 名恐怖嫌疑人。

9 月 10 日，英国警方将在未来使用一种新型的反车辆冲撞装置，专门用以应对驾车撞人的恐怖袭击方式。这种新型装置是一种利用钨钢打造的刺钉网，如果汽车行驶到刺钉网之上，刺钉会很快扎破汽车轮胎然后使得汽车与刺钉网缠结在一起，达到短时间内束缚车辆继续前进的效果。该装置还能使得车辆在停下来前一直沿直线行驶，最大程度减轻人员伤亡。

9 月 11 日，法国国防部长弗洛朗斯 · 帕尔丽透露，将对军人参加本土安保任务的“哨兵行动”进行深层调整，但会维持现有 7000 人的动员规模不变。调整部署的具体方案以提高军人参加反恐安保巡逻的“行动效率”，并适应“威胁的变化”。

9 月 12 日，法国国民议会当日开始审议《反恐法》，准备修改边境身份检查的相关规定，大规模扩大检查的适用范围。修改内容主要包括：将警察的检查时间从现在的 6 个小时增加到 12 小时；检查场所扩大到 373 个海港、机场和火车站；检查范围扩大到 118 个最敏感“边防点”中的某些点方圆 20 公里的地方，主要是法国本土的重要机场、港口和国际火车站。

9 月 14 日，欧盟成员国内政部长汇聚布鲁塞尔讨论反恐事宜，包括法国在内的五个国家希望延长申根区内边境管控措施期限。按照申根协议规定，法国在巴黎恐袭事件后恢复的边境管控措施即将在 10 月 31 日结束。巴黎现在希望继续延长这一措施。

9 月 15 日，英国首都伦敦西部一地铁站早高峰时段发生爆炸，29 人受伤。英国首相特雷莎·梅 15 日晚宣布，将英国面临的恐怖威胁级别提升至最高等级“危急”，这表示英国可能即将再发生恐袭。

9 月 17 日，英国政府高层人士日前表示，英国在脱欧后将向欧盟提议签署单独的安全合作协议，其主要内容是打击恐怖主义。

9 月 19 日，欧盟委员会推出了加强欧盟网络安全的一揽子计划，并提出了一套管理欧盟非个人数据自由流动的新规。声明中提出应对网络攻击的措施，主要包括加强欧盟网络与信息安全局的职能、建立一个欧盟范围内的网络安全认证框架、制定如何应对大规模网络安全事件及危机的计划，以及成立一个欧洲网络安全研究和能力中心。

9 月 20 日，英国、法国和意大利宣布，三国联合确定了删除互联网恐怖主义内容的时限目标：2 小时。不过由脸书、谷歌、微软等网络巨头组成的“打击恐怖主义全球互联网论坛”的一名代表告诉德新社，要想在几小时内删除恐怖主义内容目前还面临“巨大的科学和技术挑战”。

9 月 22 日，英国各银行将审核 7000 万个账户来查出非法移民。

9 月 25 日，法国国民议会就内政部长科隆提出的《国内安全法》（俗称反恐法）草案展开辩论。如果新法得到议会表决通过，将取代即将结束的“紧急状态”。

9 月 25 日，法国恐怖主义受害者基金会透露了向恐袭遇害者提供补助的新规定，即遇害死亡者最多可获得 3 万欧元（约合人民币 23.57 万元）的补助，死者的家属可获最高 5000 欧元的补助。

9 月 26 日，伦敦威斯敏斯特裁判法院以拒绝提供手机密码为由认定人权组织 Cage 负责人违反反恐法。

9 月 26 日，法国总统马克龙在巴黎索邦大学发表演讲，提出他的“重建欧洲”计划。马克龙在长达一个半小时的讲话中表示，欧洲要抵御民族主义政党带来的“蒙昧”，并主张欧盟各国在军事、移民、税务以及社会政策等各方面进一步加强合作。

9 月 27 日，一名摩洛哥裔西班牙人涉嫌在比利时为极端组织“伊斯兰国”（IS）招募成员，并在此策划恐袭，于当日上午在布鲁塞尔被捕。

9 月 28 日，欧洲难民问题成为各国烫手山芋，欧盟为减少非法难民拟推出新安置方案，未来 2 年将直接从非洲、中东和土耳其接纳最少 5 万名难民。

10 月 3 日，法国国民议会高票通过法国内政部长科隆今年 6 月提交的新反恐法案草案。此次获得通过的新反恐法案草案的重点在于提升行政机构的反恐权限，为反恐创造必要的便利条件。

10 月 3 日，法国国民议会通过一项新反恐法案，将实施近两年的“国家紧急状态”部分临时措施常态化，赋予警方在反恐行动中更多决定权和行动空间。

10 月 4 日，法国警方在巴黎圣日耳曼的球场附近挫败了一起恐怖袭击。警方在王子公园球场附近发现了一件爆炸物，当时距 5 万名球迷前来观看比赛只有几小时的时间。

10 月 4 日，巴黎郊区的两座穆斯林祈祷厅，因宣扬“极端说教”和“鼓吹恐怖主义”，近日被省政府勒令关闭直到紧急状态结束为止。

10 月 9 日，法国总统马克龙表示，法国将在接下来的两年内接收一万名来自尼日尔、乍得、土耳其、黎巴嫩以及约旦的难民。法国政府将在数周内根据联合国难民署提供的清单，对来自非洲的尼日尔和乍得两国的难民进行身份核查，以防止未获庇护权的难民大量涌入而出现“难民潮”。

10 月 12 日，巴基斯坦军方发表声明说，巴军方当天成功解救 5 年前被恐怖分子绑架的 5 名西方人质，他们被解救时平安无恙。5 人同属一个家庭，包括一名加拿大男子和他的美国妻子及 3 个孩子，于 2012 年在阿富汗境内被绑架。

10 月 15 日，法国总统马克龙在其就任以来接受的首次电视采访中说，为加大反恐力度，法国将驱逐所有非法滞留法国并有犯罪行为的外国人。法国政府会设法保护民众，但人们要时刻对恐怖主义提高警惕，任何时间、任何地点都“不存在零风险”。

10 月 17 日，法国反恐部门逮捕 10 名涉嫌策划发动恐怖袭击的极右翼分子。该团伙的袭击目标可能包括政治人物和清真寺。

10 月 18 日，法国议会完成最终程序，通过了该国总统马克龙主导的国内安全和反恐法案。根据新的反恐法案，软禁威胁公众安全的“危险分子”、对相关嫌疑人实施预防性住所搜查、在重大场合或敏感场所检查人员车辆、关闭传播极端思想的宗教场所等紧急状态赋予行政当局的部分临时权限将实现常态化。

10 月 18 日，欧盟委员会负责安全事务的委员朱利安·金披露，欧盟将在今明两年斥资 1.185 亿欧元帮助部分欧洲城市进行“改造”，降低恐怖袭击在这些城市发生的风险。欧盟各成员国将出台更为严苛的政策，加强对爆炸袭击有关化学品销售的控制力度。

10 月 18 日，欧盟推出协助欧洲公共空间重新设计的计划，以使类似西班牙巴塞罗那和法国尼斯所遭受的“低科技恐怖袭击”比较难以发动。相关措施包括改善人潮拥挤场所的安全障碍物、提出保护公共空间的设计指引，并就如何保护体育和文化活动提出建议。

10 月 19 日，欧盟领导人同意协助意大利应付利比亚船民问题，并提供资金协助，从而制止大量非洲人横渡地中海偷渡到欧洲大陆。

10 月 19 日，负责对内情报工作的英国安全局、即军情五处主管安德鲁·帕克呼吁网络企业同政府合作，阻止极端分子利用社交媒体串联。

10 月 20 日，七国集团与全球主要互联网公司同意联手阻击极端主义内容在互联网传播。七国集团（即英国、加拿大、法国、德国、意大利、日本和美国）内政部长级会议当天在意大利结束，谷歌、推特、脸书等公司首次派代表参加。阻止极端主义内容在互联网传播，防范极端人员从伊拉克、叙利亚等地潜回西方国家发动袭击，是会议主要议题。

10 月 22 日，英国伯明翰东部一保龄球馆发生了一起人质劫持事件，警方在现场与嫌犯周旋了近四个小时后，用闪光弹突击并控制了现场，嫌犯被押往医院，无人员伤亡。

10 月 24 日，法国总统马克龙在巴黎与来访的埃及总统塞西会晤后发表讲话说，法国愿与埃及在反恐和经贸等多个领域深化合作。埃及和法国一样深受恐怖主义袭击之苦，打击极端组织“伊斯兰国”、“基地”组织等与恐怖主义相关的组织和个人是法国和埃及共同的意愿。

10 月 27 日，据最新数据显示，过去 3 年来，英国国防部花费了大约 8 亿英镑打击极端组织。

10 月 27 日，西班牙首相拉霍伊宣布解除加泰罗尼亚自治区主席普伊格德蒙特职务，解散自治区议会，并宣布于 12 月 21 日举行自治区选举，以应对加泰罗尼亚自治区议会当日单方面宣布“独立”。欧美主要国家和组织纷纷表态，支持西班牙中央政府维护国家统一。

10 月 30 日，法国总统马克龙签署一项新的反恐法，赋予相关当局永久性权力，允许搜查住宅、关闭宗教场所并限制疑似极端分子的行动。

10 月 30 日，英国警察和犯罪事务专员协会称，到 2020 年前，英格兰和威尔士警方需新增逾 13 亿英镑用以有效的安全保障行动。该款项将用于新增 5000 名打击新型犯罪的专员以及 1100 名武装警察（特种部队）。

11 月 6 日，地中海人口走私及偷渡问题一直以来是欧盟“头疼”的大问题。欧盟方面近日表示要加强与突尼斯的合作，加大力度共同打击海上偷渡。

11 月 7 日，在阿富汗一家电视台遭受血腥袭击之际，北约 7 日宣布向阿富汗增兵三千，其中美军约占一半。

11 月 7 日，法国与瑞士展开联合反恐行动，逮捕了 10 名通过社交网站互传可疑文字，可能想要发动攻击的嫌犯。

11 月 8 日，正在阿联酋访问的该国总统马克龙表示，希望国际联盟在未来数个月内赢得打击极端组织“伊斯兰国”的军事胜利。

11 月 9 日，第二届欧盟—阿拉伯国家峰会在雅典开幕。与会的欧盟及阿拉伯国家领导人和官员认为，双方应加强合作，共同应对挑战，促进经济、安全和能源合作。

11 月 10 日，阿姆斯特丹市政府在市中心一些人群集中的地区，如达姆广场、牛仔街和莱茨广场等地设立大型的水泥路障，防止恐怖分子利用汽车进行袭击。

11 月 10 日，一名 34 岁的法国男子穿着个性球衣出入公共场所，衣服上印有“基地”组织前领导人“本·拉登”的名字，他因此于 7 日被判入狱 6 个月。

11 月 13 日，西地中海 10 国“5 +5 防务机制”在阿尔及尔举行会议，来自北非 5 国和欧洲 5 国的国防部门代表与会，讨论多方合作机制，以应对非军事空中威胁。

11 月 13 日，23 个欧盟国家的外交和国防部长在欧盟外长理事会期间签署了一项联合协议，达成在防务领域的“永久结构性合作”（PESCO）。协议的签署标志着欧盟防务合作进入新阶段。

11 月 14 日，比利时警方对全球最大的水泥生产商法国拉法基集团位于布鲁塞尔的分公司进行搜查。2016 年，拉法基集团被法国媒体爆料涉嫌“间接资助”叙利亚的恐怖组织，其中就包括“伊斯兰国”。

11 月 15 日，据西班牙皇家埃尔卡诺研究所网站称，利用 FC – G5S，法国决定在非洲萨赫勒地区开始新的军事冒险。FC – G5S 是萨赫勒五国集团联合部队的缩写，该部队得到联合国安理会的支持，将拥有来自布基纳法索、乍得、马里、毛里塔尼亚和尼日尔的 5000 名士兵。随着它的第一次行动的展开，关于这支部队的真正目的、资金状况和行动能力的猜测也随之涌现。无论如何，一支部队并不足以解决该地区的不稳定和不安全问题。

11 月 16 日，主管移民与内部事务的欧盟执行委员阿夫拉莫普洛斯表示，多个欧盟成员国就进一步处理难民危机的问题上达成一致，他们承诺将从北非和中东地区直接接纳 3.4 万名滞留在当地的难民。

11 月 16 日，欧盟强势推进“共同防务”，欧盟防务将更加独立于美国。欧盟内的 23 个成员国签署“永久结构性合作”防务协定，以进一步深化欧盟成员国之间的防务合作，帮助欧盟应对在安全领域面临的各种挑战。一些分析认为，这是欧盟防务政策数十年来迈出的最大一步。

11 月 29 日，马克龙在阿比让召开的新闻发布会上表示，非洲、欧洲 9 个国家以及联合国、非盟、欧盟达成协议，拟对在利比亚被困及被贩卖的非洲难民进行紧急营救。

11 月 30 日 ，正在加纳访问的法国总统马克龙表示，法国“现阶段”不会向利比亚派遣警察或军人参与打击非法移民网络的行动。

12 月 5 日，英国军情五处（MI5）的负责人称，在过去的一年里，该机构成功阻止了 9 起恐怖袭击事件的发生。

12 月 5 日，北约成员国外长在布鲁塞尔举行会议，决定进一步加强与欧盟合作，提升军事机动能力以及反恐等方面的协作水平，随后双方采取了 42 项具体措施，以应对混合战争威胁、网络安全、海上安全行动等。

12 月 7 日，英国新任国防部长加文·威廉姆森表示，已在叙利亚和伊拉克加入极端组织“伊斯兰国”的英国人应被追捕并被打死。

12 月 14 日，在法国拉法基水泥公司（Lafarge）“资助”恐怖组织案中，非政府组织塞尔帕协会（Sherpa）作为原告，指责这家法瑞合资企业未能积极配合调查人员，并督促检察院以“阻碍司法调查”为由开启新的调查。

12 月 13 日，法国总统马克龙在巴黎表示，希望萨赫勒五国集团联合部队明年上半年在打击萨赫勒地区恐怖组织方面取得一定成果。法国和相关各方将简化为萨赫勒五国集团联合部队提供资金援助的行政手续，使联合部队的启动资金尽快到位。

12 月 13 日，西方军事联盟北约近来决定把网络战融入其指挥体系，可能是几十年来最大的政策转变，代表着北约给敌人明确的 21 世纪警告，尤其是针对俄罗斯。

12 月 14 日，欧洲联盟首脑会议上，25 个成员国签署的“永久结构性合作”防务合作协议（PESCO）正式出台。

12 月 19 日，英国警方反恐部门突袭了 5 处地点，逮捕了 4 人，化解了一起据称将在圣诞节发动的伊斯兰恐怖主义袭击行动。

12 月 20 日，法国邮局银行因涉嫌利用现授权服务，协助恐怖主义活动洗黑钱，巴黎法院下令对其展开司法调查。

12 月 21 日，英国内政大臣安伯·拉德对英国最高安全监管机构说，情报部门正在与卡车司机合作，以便打击恐怖分子。

12 月 23 日，圣诞节前夕由于面临“较高的恐怖主义威胁”，法国全境共动员近 10 万名警察、宪兵和军人加强对敏感地点和公共场所的安保。

12 月 25 日，圣诞节和新年将至，面对恐怖袭击阴影，欧洲多国纷纷在敏感地区增强安保力量，采取各种防范措施，以保障欢度节日的民众和游客的安全。

12 月 27 日，荷兰警方在圣诞假期逮捕了 4 名涉嫌参与恐怖活动的可疑份子，检方说，虽然无具体讯息指向攻击事件，但强调政府不会冒风险。

12 月 27 日，打击极端组织“伊斯兰国”的西方多国部队副指挥官、英军少将费利克斯·格德尼透露，多国部队短期内不会撤出叙利亚。

12 月 28 日，3 名涉嫌加入“伊斯兰国”极端组织的法籍武装人员本月稍早时候在叙利亚境内落网，其中包括法国反恐情报部门的通缉要犯托马斯·巴赫努安（Thomas Barnouin）。该名法籍“圣战分子”是本土极端组织的头目之一。

12 月 28 日，法国反恐部门抓捕了一男一女共两名策划在法国境内发动袭击的涉恐嫌疑人。

12 月 29 日，法国内政部长杰拉尔·科隆宣布，元旦前夕将在全国动员近 14 万名军警等力量参与跨年庆祝活动的维安工作。

2017 年西欧地区遭受恐怖袭击次数及伤亡人数

	法国		英国		荷兰		比利时		西班牙	
时间	袭击次数	伤亡人数	袭击次数	伤亡人数	袭击次数	伤亡人数	袭击次数	伤亡人数	袭击次数	伤亡人数
1 月	1	1								
2 月	1	1								
3 月	4	11								
4 月	5	7								
5 月	3	81								
6 月	9	60								
7 月	2	7							1	114
8 月	5	18			1	0	1	1		
9 月	4	35	1	29						
10 月	1	2	2	11					1	16
11 月	1	1								
12 月			1	6	2	2				
合计	36	217	4	46	3	2	1	1	2	130
全年，西欧地区共遭受恐怖袭击 46 次，伤亡 396 人。										

第七章 ╱2017年中欧地区反恐怖军事行动*

第一节　中欧地区反恐怖军事行动综述

当新年钟声敲响，屡遭恐怖袭击和威胁的欧洲国家民众终于告别了五味杂陈的 2016 年，喜迎充满美好希冀的 2017 在德国首都柏林地标建筑勃兰登堡门前的 6 月 17 日大街举行了跨年庆祝活动之际，距活动地点不到 3000 米的布赖特沙伊德广场，一辆货车遭恐怖分子挟持，冲入当地圣诞市场人行道，造成 12 人死亡，数十人受伤，给 2016 年留下了永久的痛，也让 2017 年伊始之初蒙上了沉重的心理阴影。中欧地区 2017 年面对恐怖威胁，躲避不得，必须迎难而上。

一、中欧地区面临的恐怖威胁

据德媒报道，德国司法部门 2017 年处理涉及恐怖主义的新案件已超过 900 起，是 2016 年全年水平（250 起）的 3.6 倍，这一数字足以说明中欧地区受恐怖威胁的程度。

（一）极端组织“伊斯兰国”依然是中欧地区头号恐怖威胁

极端组织“伊斯兰国”在宣称对西班牙巴塞罗那恐袭事件负责的同时，又发布了一个最新视频，威胁“将继续在伊比利亚半岛发动袭击”。

---

* 中欧包括 8 个国家：波兰、捷克、斯洛伐克、匈牙利、德国、奥地利、瑞士、列支敦士登。

并在视频中极力煽动"穆斯林兄弟"发动新的袭击："如果你无法前往'伊斯兰国'，则就地发动'圣战'，因为'圣战'无国界。"[①] 恐袭阴影尚未消退，惊魂未定的人们又陷入了无尽的恐惧之中。随着穆斯林移民数量的不断增多，各地出现了相对"独立"的穆斯林社区，一度被媒体夸张地称为"恐怖分子巢穴"。同时，德国联邦刑事警察局和内政部机密文件报道，"伊斯兰国"武装人员盗取 1.11 万本空白的叙利亚护照。[②] 此外还有其他极端和恐怖组织对空白护照下手，德国安全部门共发现 18002 本叙利亚空白护照被盗。极端组织"伊斯兰国"有可能利用盗取的空白护照向欧洲国家渗透。联邦刑事警察局担心，"伊斯兰国"可能会利用空白护照伪造身份，以便让武装分子潜入德国等欧洲国家。更为严重的是随着极端组织"伊斯兰国"在伊拉克、叙利亚势力的不断弱化，部分曾参加"圣战"的恐怖分子伪装成难民进入中欧国家。据德国安全部门最新掌握的情况显示，从 2015 年至今已有数千名阿富汗籍申请避难者自称与阿富汗极端组织塔利班有联系，甚至曾为其作战。大约有 60 名来自叙利亚一个极端民兵组织的武装分子在德国境内活动，据悉他们都是以难民身份进入德国。[③] 这一队武装人员此前曾经为"救国阵线"（Nusra-Front）所调遣，该极端组织与"基地"组织关系密切，这无疑是中欧安全的重大隐患。[④]

（二）由难民转变为恐怖分子的潜在威胁不可小觑

申请无期、生活无望、环境恶劣、在困苦中不断挣扎，同时受恐怖组织威胁、煽动，以及当地民众的排挤、敌视，较多难民在备受煎熬中艰难度日。7 月 28 日，一个叫艾哈迈德的人从汉堡市巴姆贝克区一家超市的货架取下一把 20 厘米长的刀，撕开包装，把它深深捅进了身旁一名 50 岁男子的心脏。此人随后因伤势过重死去。在捅伤另外 4 人后，艾哈迈德被制

---

① 参见《巴塞罗那恐袭再次戳中欧洲痛点》，《中国青年报》，2017 年 08 月 28 日，http：//www. admaimai. com/newspaper/。

② 参见《"伊斯兰国"手握上万空白护照 或向欧洲渗透》，新华社，2017 年 09 月 13 日，http：//www. xinhuanet. com/。

③ 参见《德总理默克尔连任赢面大 坚持对难民"开放"》，新华社，2017 年 08 月 29 日，http：//www. xinhuanet. com/。

④ 参见《德媒称约 60 名叙利亚极端分子假装难民入境德国》，环球网，2017 年 09 月 04 日，http：//www. huanqiu. com/。

服，人们听见他不断高喊“真主万岁”。1991 年，艾哈迈德 · A 出生在沙特阿拉伯阿尔巴哈，一家人后来迁到了加沙地带的 Jabalia 难民营里。在艾哈迈德的回忆中，难民营的生活一言难尽，“那么多人挤在一起”。据德国《明镜》杂志报道，2015 年春天他来到汉堡市，向 BAMF 提出了政治避难申请。时值 2015 年仲夏，欧洲难民危机达到顶峰，面对涌入德国的数十万难民，BAMF 优先处理来自巴尔干半岛和叙利亚的人，于是艾哈迈德被晾在一旁。他住在难民旅馆里，等待命运垂怜。两年等待，希望化为绝望。艾哈迈德再次向人们印证，善与恶之间的距离并不遥远。随着难民持续增加、滞留时间渐长，他们不断恶化的心理状态造成的社会问题愈发严重。11 月 3 日，正值德国总理默克尔努力组建新政府的时刻，德国媒体报道出来一个令政府尴尬的消息：3 万名在德国申请避难的难民遭到拒绝后不知去向。对欧洲来说，这无疑是一场严峻考验。

（三）恐怖分子对民生目标实施袭击或破坏的可能性不断加大

1 月 24 日，德国政府发表了一份新文件（该报告与美国联邦警察局合作编制，以评估化学武器对人口的威胁程度），在 2016 年柏林圣诞节市场发生恐怖袭击后，欧洲大陆很容易再次受到“伊斯兰国”的恐怖袭击。文件指出目前欧洲水源供应正处于“高风险”中，“伊斯兰国”很有可能利用化学武器给欧洲水源“下毒”。德国的军队、情报机构和急救服务机构正备战“伊斯兰国”的化学袭击行动。该文件指出：“一支对圣战坚定而训练有素的恐怖组织很可能会利用化学武器对德国发动恐怖袭击。”① 此文件分析了“伊斯兰国”具有发动化学武器袭击的动机与能力，“伊斯兰国”能采购和大量使用化学品，该文件也指出对“伊斯兰国”来说这也是现实可行的，此前人们也发现“伊斯兰国”武装了一战式的化学武器。2016 年 2 月在摩洛哥清剿“伊斯兰国”的窝点，安全部队发现一些线索表明：恐怖分子计划对欧洲发动大规模化学武器攻击，所以德国政府不是杞人忧天。

---

① 参见《德国政府担心欧洲水源有被 ISIS 下毒之风险，是杞人忧天还是未雨绸缪》，《反恐战报》，2017 年 01 月 26 日。

（四）极端个人行为将成为恐怖袭击的主要力量

3 月 3 日，德国西南部小镇嘉格纳收到炸弹威胁，该镇公所人员都被疏散。威胁者或为报复该小镇昨天挡下土耳其司法部长为总统埃尔多安扩权公投宣传的集会活动。[①] 3 月 15 日，德国柏林警方通报称，位于柏林的德国财政部当天上午收到一个装有“爆炸性物质”的包裹，涉事包裹内容物为通常用于制作焰火的爆炸物，当中放置的分量足以在开启包裹时造成巨大的伤害。德国财政部收发室的工作人员在执行例行安全检查时发现了包裹的异样。随后，全体工作人员被疏散。当局随后将包裹移至柏林市近郊格吕内瓦尔德的安全地带进行了引爆。7 月 14 日，一名 28 岁的男子持刀冲上赫尔格达一家酒店的公共海滩，并袭击了外国游客。结果造成两名德国游客死亡。另有四名来自亚美尼亚、捷克和俄罗斯的游客受伤。事实证明，极端的个人行为已成为恐怖袭击的主要力量，让人难以预防。

（五）气候变化与人类危机已成为涉恐的新形式

4 月 20 日，受德国政府委托，柏林独立智库机构阿德非当日发表题为《全球变暖环境下的暴乱、恐怖主义和有组织犯罪》的报告，认为气候因素或将成为本世纪全球最大的安全威胁，气候变化不仅对人类生存环境造成危害，还为恐怖组织创造可乘之机，让这些擅长利用自然灾害的邪恶团体借机扩大势力范围，增加各类危及全人类的恶行。气候变化在全球多地直接影响农作物收成、水资源供给和土地可耕种性，不少“靠天吃饭”的普通民众为生计被迫走上歧途，如接受恐怖组织的招募，使该类组织的势力得以扩张。报告称，恐怖组织趋向将各类自然资源化作“战争武器”：他们通过对给养的把控，迫使人们对其“投诚”；资源越是稀缺，控制方的权力也就越大。[②] 在毗邻乍得湖的非洲中部区域，气候变化加剧当地民众对土地和水资源的争夺，冲突时有发生。常年干旱、饮食短缺、经济萎靡、政府羸弱等因素，共同为当地恶名卓著的恐怖势力——“博科圣地”

---

① 参见《德国小镇收到炸弹威胁 或因阻挡土耳其官员活动》，环球网，2017 年 03 月 04 日，http：//www. huanqiu. com/。

② 参见《德智库称气候变化催生恐怖活动 普通民众为生计走上歧途》，《环球时报》，2017 年 04 月 21 日，http：//www. huanqiu. com/。

组织的发展壮大提供温床。在中东国家叙利亚，民众不仅饱受内战困扰，近年还遭遇历史上罕见的大旱，中东恐怖组织“伊斯兰国”则通过控制水资源来扩大地盘，占据各地的大坝，并对供水征收高额税赋。此外，报告还探讨了气候变化对阿富汗、危地马拉等国家或地区安全的影响。事实上，气候变化滋生安全威胁的现状已经引发广泛重视，这种威胁会从不稳定区域逐渐向全球范围扩展。全球变暖将导致空前规模的难民潮，气候因素堪称是“21 世纪最大的安全威胁”，如此发展，中欧也难以逃脱幸免。

（六）包裹和邮件式炸弹成为恐怖分子报复性威胁的主要手段

6 月 2 日，德国警方发现确凿证据，有人预谋针对该州北部举办的“场内摇滚”音乐节发动恐怖袭击，随即要求音乐节举办方中断活动，并通过现场广播等要求观众离开演出场地。演出中断时现场约有 9 万观众。6 月 28 日，波兰国家铁路城际列车公司当晚收到邮件称华沙至柏林的火车上有爆炸物，因有爆炸威胁，一列由华沙开往柏林的火车 28 日晚停靠波兰库亚瓦—波莫瑞省莫吉尔诺车站，乘客及车站附近居民全部疏散。10 月 7 日，柏林腓特烈施塔特剧院当晚演出开场前 5 分钟接到匿名电话，称有炸弹袭击，现场约 1700 名观众随即疏散。警方在对现场情况进行评估后，排除了存在炸弹的可能性，节目在推迟近一个小时后上演。原因疑似为剧院经理早前反对德国极右翼民粹主义政党选择党的言论。12 月 1 日，波茨坦市中心一处圣诞市场附近的药店收到一个可疑包裹，店员打开后发现里面有罐子和线圈，赶紧报警。警方在罐子里找到粉末、电池、线圈以及数以百计的小钉子，还有一款德国禁售的烟花。警方随即疏散这处圣诞市场和周边街区，拆弹小组于傍晚时分移除了这个包裹。

（七）网络成为恐怖分子施恐的工具，年轻人成为新一代威胁

尽管各个国家以及社交网站都采取了网络管控措施，但根据 2017 年欧盟恐怖主义形势报告，欧洲刑警组织称极端组织利用网络传播极端思想、招募“志愿者”的手段层出不穷，欧洲反恐压力持续增加。据极端组织前招募官称，为了提升吸引力，极端组织不惜雇佣专业人员制作精美的宣传片，并由专人特别是西方人负责在互联网上传播，蛊惑年轻人或前往伊拉克、叙利亚，或在西方国家发动恐怖袭击。极端组织招募官通过社交网站晒房子、晒高薪，甚至晒在当地娶到的漂亮妻子，拿这些优厚的条件作为

噱头吸引西方国家的年轻人。然而，当这些年轻人真去到叙利亚或伊拉克境内，却发现现实很残酷。据统计，过去几年，仅在德国，就有超过 900 人前往叙利亚和伊拉克加入极端组织。恐怖组织抓住年轻人性情不成熟、易受新鲜事物吸引、容易听信传言和宣传、具有较大的可拉拢性的特点，不断向这一群体展开攻势，企图招募更多人员壮大实力。

（八）不断崛起的右翼力量是中欧面临的组织性威胁

难民也好，脱欧也罢，对于欧洲解体来说，充其量不过是催化剂而已，真正产生致命威胁的是那些带有疑欧色彩的右翼民粹主义政党的集体崛起。据德国联邦刑事局发布的一份统计显示，2017 年前 9 个月，德国各处的难民营遭到 211 次攻击，每季度难民营被袭案件为 70 起左右，几乎保持不变。在德国，几乎每天都会发生对难民安置地的攻击，其中大部分的作案者都是右翼极端分子。德国选择党成立于 2013 年，最初目的是反对默克尔拯救欧元的政策。而蜂涌入德国的难民，让这个年轻的政党在 2016 年的多次州议会选举中击败老牌德国政党，获得前所未有的胜利。在大量难民的冲击下，不安与愤怒推动德国民众向“右”转并进行自我武装，德国出现众多地下纳粹团体且呈现出一定的组织性。根据德国内政部最新的年度报告，截至 2016 年底，官方统计数据显示德国共有 2.3 万名右翼分子，较 2014 年增加了 2000 人。这份报告指出，“反对避难政策的焦虑感为极右翼思想的碎片化传播创造了理想的平台。右翼势力正在彼此联通。”① 同时，受政府取缔工作影响，德国各种小型右翼团体被迫转为地下活动，他们彼此融合并形成组织试图搜集武器来解决面临的问题。按照目前的形势，在接下来的一个执政周期，欧洲各大民粹主义政党都还没有上台执政的可能性，但他们不断崛起、逐渐坐大却是一个不争的事实。如果欧洲的难民问题不解决，如果欧洲的经济依然疲软，那么总有一天这些右翼政党会被民众选进政府。1 月 21 日，欧洲右翼民粹政客在德国科布伦茨聚首开大会，称民族主义者的时代已经到来。伴随着这些极右翼分子场内演讲的是场外的抗议声。感到无助的愤怒民众很容易采取极端措施，青睐激进口号，德国不能再坐以待毙，必须要采取措施削弱这些有组织的右翼政治

---

① 参见《默克尔难民政策让德民众“右”转》，新华网，2017 年 1 月 12 日，http：//www.xinhuanet.com/。

势力。

（九）恐怖分子向军队或警察队伍的不断渗透将是致命性威胁

德国联邦议院军队监督委员表示，德国联邦国防军中目前有 275 名士兵涉嫌从事过包括行纳粹礼、上网散布种族主义言论等在内的极右翼行为，这一数字比 2016 年的 230 人有所上升，这一问题值得认真审视。[①] 德国军队中这些嫌疑人士从事的极右翼行为主要包括在互联网上散布种族主义言论。一些士兵曾高喊纳粹口号，或是行纳粹礼。还有一名士兵在询问几个难民的宗教信仰后，对后者进行殴打。参与极右翼行为后，一些士兵被开除或是受到罚款。但在许多案例中，这些极右翼嫌疑人在事发后仍能继续持有武器。联邦军事情报局的报告承认，军方在对某些极右事件的处理上过于松懈。根据德国法律，在公共场合摆放纳粹标记或者行纳粹礼属于刑事犯罪，最高可处 3 年监禁。在军方调查的一起案件录音中，有一名士兵反复高呼纳粹口号，该案件被移交给军事法庭和公共检察官后，该士兵既未被开除军籍也没被禁止担任公职。在另一起案件中，一名士兵在与极右翼国家民主党有联系的一个社交网页上散布种族主义言论，甚至要求“对有代表性的外国人处以死刑”。该士兵最终仅是受训诫了事。国家民主党被认为是希特勒纳粹党的“借尸还魂”，德国政府两次试图将其禁止，但都被宪法法院以“其力量还不足以颠覆德国民主秩序”的理由叫停。还有一起案例中，一名德国士兵在前往拉脱维亚途中行纳粹军礼。军方对其进行了训诫，但他仍得以携带武器参加行动。这无疑给社会安全稳定布设了炸弹，极有可能在任何时间、任何地点、以任务形式实施恐怖袭击，制造更大的灾难。

二、中欧国家的反恐怖军事对策

面对纷繁复杂，交织多变的国际社会环境和反恐安全形势，中欧不能坐以待毙，必须采取有力措施予以应对，从根源上扼制、从形式上防范、从行为上监督、从网络上监控、从制度上约束、从军事上打击，以此维护

---

① 参见《德被爆 275 名士兵拥护希特勒》，人民网，2017 年 4 月 10 日，http：//www. people. com. cn/。

社会安全。

（一）改革安保机制，从制度上严控

自德国柏林一处圣诞集市 2016 年 12 月 19 日遭遇恐怖袭击后，德国安保措施的种种漏洞招致公众指责，关于改革的呼声再度高涨。1 月 3 日，德国内政部长托马斯·德迈齐埃表示，有意全面改革德国安保机制，包括设立一个全国危机应对中心、赋予联邦警察更多权限、加速驱逐非法移民等，希望把诸多权限从各州收归联邦政府手中。5 月 3 日，瑞士联邦情报局警告，瑞士仍然面对很大的恐袭风险，预计极端的“伊斯兰国”组织及其支持者将继续在欧洲各地发动更多恐怖袭击。最大的危机是个人或小组因受到“伊斯兰国”的影响，在瑞士发动或策划恐袭。由于担心极端主义散播和可能发生恐袭，瑞士选民 2016 年在公投中支持通过新法案，赋予情报局更大的监察权力，包括追踪网上活动、部署无人机及监控外资公司的电脑系统。瑞士情报局表示，如今已追踪到逾 500 名和瑞士有关的互联网用户，通过社交媒体传播极端思想。虽然瑞士至今还未直接成为极端组织的恐袭目标，但欧洲 2016 年发生的数起恐袭事件和瑞士有关联。

（二）完善法律条款，收紧难民政策

作为柏林恐怖袭击的教训，德国政府决定收紧针对伊斯兰危险分子的法规。德国联邦刑侦法将引入危险分子应佩戴电子脚镣的条款，各州必须修改相应法规。今后，拘留并遣返外国恐怖主义嫌疑人将变得更容易，有专门的逮捕理由。2 月 8 日，为了防范以虚假身份冒领社会福利的行为，以及打击极端势力，联邦移民及难民署将采取措施，强化管理难民的指纹信息。联邦移民及难民署新任负责人尤塔·库尔特表示：“各地外国人管理局必须收录所有登记者的指纹，并同中央档案库进行比对。”杜绝多重身份领取多份社会福利的可能性，以减少损失。基民盟，基社盟以及社民党高层在慕尼黑举行会谈，批准了由司法部长马斯和内政部长德迈齐埃起草的关于加强国内安全的一揽子计划。这些新措施包括，被有关当局划定为危险分子的难民，对其监控和遣返的法律程序将被大大简化。今后构成极大威胁的伊斯兰极端分子将可以被收入遣返监。此外，还将改进对所谓“危险分子”的监控手段。对于为了避免遣返而虚报身份的难民，则将加强对其居住地的限制性规定。2 月 21 日，德国欲出台新规允许查看难民手

机，以验证其身份。这一项法律草案条款强调，此举是为了“更好地落实外国人离境规定”。2 月 22 日，德国联邦政府就遣返难民制定了更为严格的规定。按照新规定，今后所有被拒难民将更快、更有效地被遣返回原籍。遣返前，为防止潜逃，被拒难民失去自由的时间延长至10 天。新规定还包括，将扩大对所谓“危险分子”的遣返拘押。

（三）加大对极端组织及个人的排查打击力度，从源头上杜绝

欧安组织轮值主席国奥地利的外交部部长塞巴斯蒂安·库尔茨认为，目前对宗教极端组织的军事打击程度不足。欧洲安全与合作组织将从 2017 年开始，加大对伊斯兰极端主义组织的打击力度。目前在叙利亚和伊拉克为极端主义伊斯兰组织作战的极端分子约在 1 万人左右。这些人一旦回到自己的国家，将对社会安全和稳定造成严重的威胁，各国应加强警力配置，严密防范这类威胁。1 月 25 日，德国警方搜查十余处住宅，调查一个极右翼组织涉嫌企图向警方、犹太群体和难民发动袭击的案件，查获武器弹药和爆炸物。警方在搜查行动中逮捕了 7 名嫌疑人中的 2 人，其中 6 名嫌疑人建立了一个新的极右翼组织，另一名嫌疑人帮助这一组织获取物资。1 月 21 日，德国内政部长托马斯·德迈齐埃表示，德国将重新评估 547 名非法移民的安全威胁。被认定危险的非法移民，打击恐怖活动联合工作组将逐个慎重甄别，以确定是否需要采取驱逐或羁押手段。[①] 4 月 30 日，德国国会颁布新法，所有执行公务的公务员包括选举官、军事和司法人员不得穿戴完全遮脸的面纱和面巾，这一规定涵盖了像布卡这类出于宗教原因穿戴的服饰。唯有须保护自己免受感染的医护人员和须掩护身份的警员不受禁令影响。另外，新法也规定佩戴面纱者在接受身份检查时，如被要求摘下面纱，必须遵从。德国接连遭到极端分子的恐怖袭击，右翼政党把恐袭归咎于难民潮，煽动排外情绪。这些政党也要求德国政府仿效法国，全面禁止人们在公共场所穿戴面纱。除了颁布面纱禁令，德国也出台一系列新安保措施，包括落实欧盟打恐和打击犯罪条例，与成员国交换飞机乘客资料；联邦警察与州警察将通过新的资讯科技综合系统共享信息；攻击执勤警员、军人和救援人员的人今后将面对更严厉刑罚，刑期可长达

---

① 参见《德国将从新评估 574 名“危险”非法移民》，新华社，2017 年 1 月 21 日，http：//www. xinhuanet. com/。

五年；若获得法院通过，联邦警员将可对构成安保威胁者例如有暴力倾向的伊斯兰极端分子拷上电子脚镣。

（四）加大资金投入劝返难民减少社会压力

为减少在德难民数量，减轻社会压力，德国砸 4000 万欧元请难民回家，并为其提供返乡费和创业金。1 月 22 日，联邦移民与难民局决定在试点城市对新的庇护申请者进行登记注册时就实施该项目，尽早通知庇护申请者返回家乡可获得财政资助。在德国庇护申请遭拒的移民，德国政府愿出钱资助他们重新返乡。庇护申请被拒的移民可以在被强行遣返或者拿钱回家之间做出选择。从 2017 年 2 月份开始，正在申办庇护申请者也可以决定是否选择参与“Starthilfe Plus”资助项目返回家乡。对于申请庇护遭拒的难民来说，自愿返乡资助项目远比被强迫遣返更具吸引力。自愿返乡者可以从德国联邦政府那里获得回乡的路费、安家费和重新融入社会的资金。若有移民决定返回家乡，将可获得各种单独接受咨询的机会。回乡者可获得一次性资助金。如果之后又重新返回德国，就必须退还所得的资助。对于撤回庇护申请的人，联邦移民与难民局最多提供回乡资助金 1200 欧元。12 岁以下儿童每人获得资助 600 欧元。对于 4 口人以上的移民家庭，德国方面将额外增加补贴 500 欧元。另外，联邦政府还为某些特定国家的移民提供额外补贴。例如来自埃塞俄比亚、阿富汗、厄立特里亚、冈比亚、加纳、伊拉克、伊朗、尼日利亚和巴基斯坦的成年人，每人额外补贴 500 欧元，儿童 250 欧元。① 但是一个家庭总共获得的额外补贴不得超过 1500 欧元。来自马格里布和其他非洲国家，以及俄罗斯或者印度和斯里兰卡等亚洲国家的成年难民，每人可获得 300 欧元的资助，儿童减半为 150 欧元。一个家庭最多可获得 900 欧元。

3 月 3 日，德国总理默克尔在访问突尼斯期间表示，已与该国领导人达成一致，对于德方提出的身份甄别请求，突尼斯今后将在一个月内答复，以加快遣返被拒难民的进程。德国还将加大对选择自愿重返家园的突尼斯籍申请避难者的补助力度。德国还将为突尼斯追加 2.5 亿欧元发展援助，以支持突尼斯取得更好的发展，并帮助突尼斯青年人获得更好的未来

---

① 参见《德国砸 4000 万欧元请难民回家，提供返乡费和创业金》，中国新闻网，2017 年 1 月 22 日，http：//www.chinanews.com/。

愿景。3 月 6 日，德国与突尼斯日前就应对非法移民达成新的协议，同意加快遣返非法移民，以及为突尼斯人提供就职训练，德国将遣返大约 1500 名突尼斯籍在德非法移民。11 月 9 日，叙利亚军队宣布，夺回了极端组织“伊斯兰国”所占领的最后一座城市，在这场战争中取得了胜利，且叙利亚总统巴沙尔·阿萨德曾呼吁难民们返回家园。

（五）加强边境管控扼制非法难民涌入

自 1995 年起实施的申根协定曾使欧盟大多数国家和欧洲一些非欧盟成员国共同取消了边境检查和驻军，这令欧洲单一市场主要目标之一的“人员自由流动”成为可能。但随着国际安全形势和恐怖活动的不断蔓延以及难民问题的不断恶化，加强边境管制，甚至临时关闭边境，减少人员流动，可有效限制恐怖分子活动空间，维护地区安全稳定。针对当前的反恐和难民危机形势，德国和奥地利均考虑延长其实施的边境管控措施。奥地利方面甚至提出应将管控延长至叙利亚内战彻底结束。2 月 10 日，自欧洲爆发难民危机以来，逾百万难民取道巴尔干半岛，从希腊进入欧洲大陆。奥地利正与其他巴尔干国家合作，展开边界防御计划，国防部长杜斯科吉尔称，当局正研究修例，让政府能以非人道理由驻军海外，保护欧盟边界及堵截难民。3 月 2 日，匈牙利政府决定把因欧洲地区移民问题引发的全国范围危机状态延长半年。按照相关规定，危机状态下，匈牙利将可以在边境地区临时部署军警力量等。4 月 28 日，匈牙利在本国南部与塞尔维亚交界地区修建的第二道围墙宣告建成，修建新围墙是为了应对更大的移民压力。这道围墙长 155 千米，高 2 米，在部分地段安装有刀片铁丝网。6 月 13 日，为迎接在汉堡即将召开的 G20 峰会，德国将再次启动边境检查，以防止潜在的犯罪者进入德国，并采取流动随机的方式检查。7 月 5 日，奥地利国防部长汉斯·彼得·多斯科齐尔说，如果移民渡过地中海大量涌入意大利的势头无法放缓，奥地利“很快”将在其与意大利的边境处设卡，并派驻士兵。

（六）加强国际合作多方联合治恐

加强国际合作，共同打击恐怖主义是当前和今后一个时期全球化反恐的重要手段之一，也是打击恐怖主义和暴力极端主义的必要途径。1 月 29 日，美国总统特朗普与德国总理默克尔通电话，同意在打击恐怖主义和暴力极端主义方面加强合作，并共同维护西亚北非地区的稳定。2月7日，波兰总理希德沃在首都华沙与到访的德国总理默克尔举行会谈，双方同意在欧盟东部地区防务和处理难民危机等领域加强合作。默克尔表示，德国必须进一步增加国防开支，并同波兰开展更紧密的防务合作，以加强欧盟东部地区的防卫能力。3月2日，埃及总统塞西与到访的德国总理默克尔举行会谈，双方表示将在打击恐怖主义及遏制非法移民等方面加强合作。5月1日，阿联酋阿布扎比王储兼阿联酋武装部队副总司令谢赫穆罕默德·本·扎耶德·阿勒纳哈扬会见到访的德国总理默克尔，双方就地区安全形势及加强双边合作进行了讨论。5月25日，北约秘书长斯托尔滕贝格表示，北约将加入打击“伊斯兰国”国际联盟。他指出，北约加入该联盟不意味着将参与作战行动。据称，这将让北约参与政治讨论，包括训练和增强国防力量的协作。5月26日，波兰总统杜达在布鲁塞尔北约峰会结束后称，该国在峰会上表示准备加大参与反恐联盟的力度。杜达说：“波兰已准备好加强在伊拉克的存在，还作好了在中东增加军力准备。”7月7日，二十国集团领导在德国汉堡发表声明说，G20成员将继续加强反恐合作，包括落实既有国际反恐承诺、强化反恐情报交流与共享、打击对恐怖主义的资金支持、打击激进化以及利用互联网开展恐怖主义活动的行为。

（七）利用科学技术手段，加大安全检查力度

应对恐怖危机，除做应有的打击准备之外，最主要的是加强防范。借助现代高科技手段，加强社会面监控，加大可疑人员的排查跟踪，扩大敏感信息的过滤筛查等等，将有助于防范恐怖袭击。4月30日，德国联邦议院军队监督委员汉斯—彼得·巴特尔斯表示，德国联邦国防军在应对极右翼渗透方面存在“薄弱环节”。为此，德国将从今年七月起对所有入伍新兵进行针对新纳粹和伊斯兰极端主义的筛查。5月10日，德国曝光一起士兵伪造难民身份并涉嫌谋划恐袭事件。在相关的调查中，又有一名德军士兵因涉嫌恐怖主义被拘捕。德国检方更表示，被拘捕的两名士兵和另外一人策划袭击政界和公众人士，其目标包括前联邦总统高克和司法部长马斯。5月11日，为了彻查联邦国防军士兵中的极右势力，德国联邦议院国防委员会日前召开特别会议。德国国防部长冯德莱恩在会上宣布加强对联邦国防军的改革措施，包括对纪律程序的审查、加强内部领导原则、改进对士兵的政治教育以及建立更迅速的向上汇报系统等。6月12日，德国宣

布将在柏林火车站测试一套脸部识别软件，以协助警方更快速地辨别和找到恐怖嫌犯。一些志愿人士挺身而出，协助当局在柏林南十字车站测试这套软件。如果取得成功，当局将在更多地点和更广泛的罪案调查中使用该软件。

第二节　中欧地区主要恐怖袭击事件

国际形势风云变幻，世界不确定性增加，在经济形势晦暗不明的大背景下，全球范围内的分离运动与地区冲突此起彼伏，恐怖袭击频繁发生。悬而未决的难民危机将可能导致国际冲突爆发。中欧的安全形势在大环境中，恐怖袭击不断，厄运难逃。

一、德国多特蒙德队大巴爆炸事件

4 月 11 日，在德国多特蒙德举办的欧洲足球冠军联赛四分之一决赛时，其中一场球赛开赛前，多特蒙德队乘坐的大巴附近发生三次爆炸，造成该球队西班牙籍球员马克·巴特拉受伤送医。多特蒙德警察局长表示，这是一起针对多特蒙德球员的袭击。

（一）事件背景

受利益影响，一名 26 岁的谢尔盖 . W 的伊拉克籍男子，借巨款在 11 日当天大量购买了多特蒙德队股票的金融衍生品，按照这一金融衍生品的规则，当多特蒙德队股价下跌时，购买人将可受益。当时谢尔盖 . W 也住在这家酒店内，为追求更大的利益，而对德国多特蒙德队乘坐的大巴实施袭击。检方发言人弗劳克·克勒说，调查人员到目前为止，并未发现袭击事件有其他同谋者的迹象，而是为了操纵股价。①

---

①　参见《非恐袭，嫌疑人为求财竟然炸多特蒙德队大巴》，新华网，2017 年 4 月 23 日，http：//www. xinhuanet. com/。

（二）事件经过

11 日晚在欧冠联赛四分之一决赛首回合比赛前，德甲球队多特蒙德俱乐部在乘坐大巴离开酒店前往西格纳尔·伊杜纳公园球场途中三次遭遇路边爆炸装置引发的爆炸，大巴挡风玻璃被震碎，球队后卫马克·巴特拉和一名护送球队的警察受伤。调查人员在爆炸现场附近发现 3 张字条，内容包括要求德国撤回用于打击极端组织“伊斯兰国”的侦察机，并关闭美国驻德国的拉姆施泰因空军基地。德国警方随后逮捕了一名 26 岁伊拉克籍嫌疑人。这名嫌疑人 2016 年初来到德国，他 2014 年在伊拉克与“伊斯兰国”建立联系，领导一支 10 人小队在当地实施绑架、谋杀等犯罪活动。但检方同时表示，尚无证据显示该嫌疑人参与了针对多特蒙德足球队的袭击事件。随后专家发现，现场留下的字条内容既有正确的、复杂的德语，又包含显而易见的错误，像是有意为之，“栽赃”给极端组织。在深入调查后发现，嫌疑人作案动机竟是求财。

（三）事件影响

如果因为这场袭击，一名球员受到重伤，乃至丧生，球队股价必将大跌，嫌疑人则能从其购买的金融衍生品中获得利益。由于受爆炸案影响，多特蒙德队与摩纳哥队的比赛延期一天进行，多特蒙德以 2：3 告负。

二、德国汉堡袭击事件

7 月 28 日，德国艾哈迈德从汉堡市巴姆贝克区一家超市发生持刀袭击事件。

（一）事件背景

根据艾哈迈德的陈述，在加沙他曾加入青年组织“Fatah”，发宣传单并公开抨击哈马斯。他宣称哈马斯打伤了他的同伴，这令他感受到“死亡的威胁”，于是 2008 年下半年他通过蛇头逃到埃及，之后辗转土耳其、希腊等地，一路来到北欧，并多次申请避难，然而他的避难申请屡次被拒绝。按规定，德国应将他立刻遣返回巴勒斯坦，或者送回“上一站”挪威。然而，挪威把他像踢皮球一样踢回了德国。时值 2015 年仲夏，欧洲难民危机达到顶峰，面对涌入德国的数十万难民，BAMF 优先处理来自巴尔干半岛和叙利亚的人，于是艾哈迈德被晾在一旁。他住在难民旅馆里，等待命运垂怜，被安置在旅馆里的难民既不能工作，又无课可上，整日闷在房间里无所事事，感觉受到孤立和羞辱，这让他们变得易怒，并引发心理问题。两年等待，使希望化为绝望。

（二）事件经过

7 月 28 日，一名叫艾哈迈德难民突然走进汉堡市巴姆贝克区一家超市，并从货架上取下一把 20 厘米长的刀，撕开包装后把它深深地捅进了身旁一名 50 岁男子的心脏，此人随后因伤势过重死亡。随后又捅伤另外 4 人，嘴里不断高喊“真主万岁”，在众人努力下艾哈迈德被制服。①

（三）事件影响

这是一起并非孤立的事件，事实上，类似的袭击一年内已在德国发生 3 起，发动袭击者分别是一名叙利亚难民、一名阿富汗难民和一名突尼斯难民，他们共造成 12 人死亡、70 多人受伤。接二连三的伤害让德国人愤怒，这也将导致更多的德国人排挤难民，使难民的生活环境更加恶劣，以此形成恶性循环，使更多的难民走到极端的道路上。艾哈迈德再次向人们印证，善与恶之间的距离并不遥远。随着难民持续增加、滞留时间渐长，他们不断恶化的心理状态造成的社会问题愈发严——这无疑是一场严峻考验。因此，在改变难民生存条件的同时，必须关注其生理健康，为其提供更好的便利，搭建一个更好的生活环境。

三、其他恐怖袭击事件

2 月 27 日，针对菲律宾“阿布沙耶夫”反政府武装此前发布的对德国人质坎特纳实施斩首的视频，德国政府发布声明称，已确认此前在菲律宾被挟持的这名德国人质遭到杀害。

3 月 3 日，德国西南部小镇嘉格纳收到炸弹威胁电话，威胁者或为报

---

① 参见《德国汉堡一男子持刀行凶 1 死 6 伤暂无中国人受伤消息》，新华网，2017 年 7 月 29 日，http：//www. xinhuanet. com/。

复该小镇昨天挡下土耳其司法部长为总统埃尔多安扩权公投宣传的集会活动。

3 月 15 日，德国柏林警方晚间通报称，位于柏林的德国财政部当天上午收到一个装有“爆炸性物质”的包裹。这一包裹的收件人或为德国财政部长朔伊布勒本人。

5 月 22 日，阿富汗内政部表示，一名德国女性在喀布尔第 7 区一个瑞典援助组织经营的宾馆前遭到袭击遇难，另有一名阿富汗籍保安被杀。袭击者还绑架了一名芬兰女性。这两名女性都是瑞典非政府组织“Operation Mercy”的工作人员。

6 月 2 日，德国警方发现确凿证据，有人预谋针对该州北部举办的“场内摇滚”音乐节发动恐怖袭击，随即要求音乐节举办方中断活动，并通过现场广播等要求观众离开演出场地，演出中断时现场约有 9 万观众。

6 月 28 日，波兰国家铁路城际列车公司当晚收到邮件，称华沙至柏林的火车上有爆炸物，这列火车随后在莫吉尔诺车站停下，乘客及车站附近居民全部疏散。列车上有乘客约 300 人，大多数乘客已经改乘离开，其余乘客及车站附近的十几户居民已被转移安置到附近学校。

7 月 14 日，一名 28 岁的男子持刀冲上赫尔格达一家酒店的公共海滩，并袭击了外国游客。结果造成两名德国游客死亡。另有四名来自亚美尼亚、捷克和俄罗斯的游客受伤。

7 月 29 日，一名申请不到庇护的男子闯入德国汉堡一家超市挥刀砍人，犯案时还大喊极端口号，之后遭路人压制，这场攻击造成 1 死 6 伤。

7 月 30 日，德国南部城市康斯坦茨凌晨发生一起枪击案，一名男子使用美式自动步枪在一间迪厅入口处开枪打死一人，并造成多人受伤，至少三人重伤。

8 月 19 日，德国西部城市伍珀塔尔市一个商业区，一名男子挥刀伤人事件，造成 1 人死亡、1 人受伤，案件的凶犯随后潜逃。

10 月 7 日，柏林市中心一家剧院在演出开场前 5 分钟接到匿名电话，称有炸弹袭击。原因疑似为剧院经理早前反对德国极右翼民粹主义政党选择党的言论。当晚现场约 1700 名观众随即疏散。

10 月 21 日，一名 27 岁波兰男子在南部城市斯塔洛瓦沃拉（Stalowa Wola）一处购物中心持刀行凶，造成一名女性死亡和 9 人受伤。

10 月 21 日，德国慕尼黑一名男子在慕尼黑东部城区 6 处不同地点突然用刀刺向路人，并对受害人进行殴打，共导致包括一名 12 岁儿童在内的 8 人受伤，嫌疑人已被警方逮捕。

12 月 1 日，德国勃兰登堡州首府波茨坦一处圣诞市场发现一个疑似装有爆炸物的包裹，店员打开后发现里面有罐子和线圈，赶紧报警，引发恐慌。警方疏散周边区域，出动拆弹小组予以处置，暂未发现炸药。

12 月 25 日，德国警方称，一名男子 24 日驾车冲撞位于柏林的德国社会民主党总部，试图自杀未果，受伤被送进医院。

第三节　中欧地区主要反恐怖军事行动

1 月 2 日，悉尼出动了 2000 多名警察维持治安。柏林加强了安全措施，它部署了更多警力，有些警察携带着机关枪。

1 月 2 日，德国西南边陲的萨尔州内政部宣布，该州警方于去年 12 月 31 日跨年当天逮捕了一名 38 岁的叙利亚裔男子，其与恐怖组织“伊斯兰国”存在联系。该州检方披露，发现该男子通过一款手机的即时通讯软件与 IS 保持联系，并被怀疑向 IS 索取 18 万欧元用于购买汽车和炸药，策划对德国和欧洲多个目标发动汽车炸弹袭击。

1 月 3 日，德国联邦检察院批准联邦警察和联邦刑事犯罪调查局对一名 26 岁突尼斯籍男子在柏林一间难民营内的住所进行了搜查。这名男子被怀疑是 2016 年 12 月 19 日柏林圣诞市场恐袭事件的帮凶，目前已被正式逮捕。

1 月 10 日，德国政府决定收紧针对伊斯兰危险分子的法规，今后拘留并遣返外国恐怖主义嫌疑人将变得更容易。德国内政部长德迈齐埃和司法部长马斯强调，对危险分子，今后将有专门的逮捕理由。

1 月 12 日，在奥地利维也纳的欧洲安全与合作组织（欧安组织）总部，欧安组织轮值主席、奥地利外长库尔茨表示，欧安组织及其成员国面临激进化和暴力极端主义等挑战，解决这些问题是奥地利作为欧安组织轮值主席国的工作重点。

1 月 17 日，欧洲安全与合作组织（欧安）将从 2017 年开始，加大对伊斯兰极端主义组织的打击力度。

1 月 21 日，奥地利侦破一宗恐袭阴谋，内政部长索博特卡宣布，当局已拘捕一名 18 岁嫌疑伊斯兰激进分子，怀疑他企图向首都维也纳的地铁发动恐怖袭击。

1 月 22 日，德国警方在该国北威州诺伊斯（Neuss）逮捕了一名 21 岁的男子，对他的指控是“策划严重危害国家安全的刑事犯罪”。这名少年告诉调查人员，他曾向“伊斯兰国”宣誓效忠，并向他在德国的同伙提供了联络方式。

1 月 24 日，德国联邦检察院发布声明说，德国北威州警方当天在波恩地区逮捕 2 名极端组织“伊斯兰国”成员，并对他们的住所进行了搜查。

1 月 25 日，德国警方出动了 200 多名警察，分别在巴符州、柏林、勃兰登堡州、下萨克森州、莱法州和萨克森—安哈尔特州搜查了 12 处住宅或其他涉嫌场所。

1 月 26 日，奥地利出动 800 名警力对南部临近巴尔干地区的格拉茨和首都维也纳两地共 16 处房屋进行了搜查，共逮捕 14 名与伊斯兰极端组织 IS 有关的嫌犯。

1 月 28 日，美国总统特朗普与德国总理默克尔通电话，同意在打击恐怖主义和暴力极端主义方面加强合作，并共同维护西亚北非地区的稳定。

1 月 31 日，德国波恩警方在纽伦堡东南部的布尔格坦逮捕一名恐怖嫌疑人。警方表示，该嫌疑人 2013 年底至 2014 年初加入叙利亚一个极端组织并在当地接受训练。

2 月 1 日，德国黑森州刑警局发布新闻公报说，黑森州警方当天上午在法兰克福、威斯巴登、奥芬巴赫、达姆施塔特等地展开大规模搜查行动，在法兰克福逮捕一名 36 岁的突尼斯籍恐怖嫌疑人。该嫌疑人 2003 年至 2013 年在德国居住，并于 2015 年 8 月以难民身份再次进入德国，作为极端组织“伊斯兰国”在德国的联络人，为该组织吸纳新成员和支持者、扩大联系网并策划在德国发动恐怖袭击。

2 月 1 日，德国警方逮捕了一名突尼斯裔寻求庇护者，怀疑他正在策划发动恐怖袭击。这名 36 岁男子被怀疑自 2015 年以来，在德国为“伊斯兰国恐怖组织募员，并建立一个支持者网络，想在德国发动袭击。该嫌犯是在德国警方展开的一项大规模反恐突击行动中落网，警方在此次行动中逮捕了 16 名嫌犯。

2 月 2 日，德国卡尔斯鲁厄警方调查人员在德国法兰克福机场逮捕了一名 21 岁的罗马尼亚籍男性。调查人员怀疑该男子受伊斯兰极端主义影响，正在与他人共同策划针对德国境内的恐怖袭击。

2 月 7 日，波兰总理希德沃在首都华沙与到访的德国总理默克尔举行会谈，双方同意在欧盟东部地区防务和处理难民危机等领域加强合作。

2 月 10 日，自欧洲爆发难民危机以来，逾百万难民取道巴尔干半岛，从希腊进入欧洲大陆。奥地利正与其他巴尔干国家合作，展开边界防御计划，国防部长杜斯科吉尔称，当局正研究修例，让政府能以非人道理由驻军海外，保护欧盟边界及堵截难民。

2 月 21 日，德国欲出台新规允许查看难民手机，以验证其身份，此举是为了“更好地落实外国人离境规定。”

2 月 21 日，德国下萨克森州警方在该州逮捕了一名圣战嫌犯。这名 26 岁德国籍男子被怀疑在策划对军队或警方实施炸弹袭击。警方在他家中搜出一个基于三过氧化三丙酮（Acetonperoxid），并带有电动遥控器的爆炸装置。

2 月 22 日，德国联邦政府就遣返难民制定了更为严格的规定。按照新规定，今后所有被拒难民将更快、更有效地被遣返回原籍。遣返前，为防止潜逃，被拒难民失去自由的时间延长至 10 天。此外，一些遣返的重点对象将必须佩戴电子脚镣。

2 月 24 日，捷克皮尔森地方法院判处一名 22 岁的捷克男子 3 年 3 个月有期徒刑，罪名是企图加入极端组织“伊斯兰国”。

2 月 28 日，柏林、勃兰登堡、汉堡等多地警方发动有 400 多人参与的大规模搜查行动，对“Fussilet 33”清真寺协会在柏林的 24 处目标进行了搜查。当局怀疑该协会与伊斯兰恐怖主义有染。柏林内政部国务秘书阿克曼介绍，位于柏林莫阿比特地区的“Fussilet 33”清真寺已成为了伊斯兰极端主义者的聚会场所，甚至成为了“伊斯兰国”成员专用清真寺。“Fussilit 33”清真寺协会被怀疑对信徒进行极端化洗脑，同时暗中向战乱地区输送人员和军火。去年圣诞前夕发动恐袭，造成 12 死 50 余伤的突尼斯人阿姆里即是这里的常客。

3 月 2 日，埃及总统塞西与到访的德国总理默克尔举行会谈，双方表示将在打击恐怖主义及遏制非法移民等方面加强合作。

3 月 2 日，匈牙利政府决定把因欧洲地区移民问题引发的全国范围危机状态延长半年。按照相关规定，危机状态下，匈牙利将可以在边境地区临时部署军警力量等。

3 月 11 日，德国西部城市埃森警方表示，其当天挫败了一起针对该市购物中心的未遂恐袭。此案或由极端组织“伊斯兰国”组织策划并远程操纵在德国境内的极端分子实施。

4 月 13 日，德国检方正式对一名因特蒙德足球队大巴炸弹袭击案被拘捕的伊拉克人提出逮捕申请。

4 月 21 日，德国联邦检察院通报称，一名多特蒙德球队大巴爆炸案嫌犯的男子在蒂宾根地区被逮捕。检方披露的案情显示，嫌犯在作案前购买了大量看跌多特蒙德队股票的期权，据推测其作案动机为通过爆炸引发股价下跌牟利。

4 月 27 日，德国一名联邦国防军陆军中尉曾伪装成难民活动，并在瑞士机场藏匿枪支，有证据表明，该名军官有右翼和排外思想。近日，德国警方因其怀疑该名军官策划恐怖袭击将其逮捕。

5 月 1 日，阿联酋阿布扎比王储兼阿联酋武装部队副总司令谢赫穆罕默德·本·扎耶德·阿勒纳哈扬会见到访的德国总理默克尔，双方就地区安全形势及加强双边合作进行了讨论。穆罕默德和默克尔在会谈中讨论了地区形势特别是叙利亚、利比亚和也门的安全局势，以及打击极端主义和恐怖主义等议题。

5 月 10 日，德国国防部宣布，将进行一系列整顿，清理联邦国防军中存在的“纳粹残余”，以防极右思想在部队中传播。

5 月 12 日，以美军为首的北约部队，可能将“重返”阿富汗——向阿富汗增兵几千人，以应对阿富汗日益恶化的安全局势。

5 月 22 日，波兰国家安全局长索洛克（Pawel Soloch）在波兰新闻社的采访中表示，波兰总统杜达将在北约成员国布鲁塞尔会晤期间宣布，波兰准备扩大国家军事开支。波兰总统杜达将表明，波兰准备加强在国际反恐活动中的参与。

5 月 24 日，德国柏林警方表示，从 24 日清晨 6 时起，警方在柏林的新克尔恩、克珀尼克、马恩多夫等区执行了大规模搜查行动，在 6 个不同地点逮捕了 9 名嫌疑人，其中 4 人具有伊斯兰极端主义暴力犯罪嫌疑。

5 月 26 日，波兰总统杜达在布鲁塞尔北约峰会结束后称，该国在峰会上表示准备加大参与反恐联盟的力度。表示波兰已准备好加强在伊拉克的存在，还做好了在中东增加军力的准备。

5 月 25 日，北约秘书长斯托尔滕贝格表示，北约将加入打击“伊斯兰国”国际联盟。他指出，北约加入该联盟不意味着将参与作战行动。据称，这将让北约参与政治讨论，包括训练和增强国防力量的协作。

6 月 12 日，德国今夏将在柏林火车站测试一套脸部识别软件，以协助警方更快速地辨别和找到恐怖嫌犯。

6 月 13 日，为迎接在汉堡即将召开的 G20 峰会，德国将再次启动边境检查，以防止潜在的犯罪者进入德国。

6 月 17 日，德国科隆，当地穆斯林街头集会进行反恐怖主义示威活动。

6 月 28 日，欧洲刑警组织警告称，即将在德国汉堡举行的 G20 峰会面临的恐袭风险升至 20 年最高，在此背景下，德国允许提出申请的外国领导人随行安保人员配备武器。

6 月 29 日，汉堡 G20 峰会正在紧锣密鼓的准备，为确保各国首脑的安全，德国将出动 1.5 万名警察执勤。

7 月 5 日，奥地利国防部长汉斯·彼得·多斯科齐尔说，如果移民渡过地中海大量涌入意大利的势头无法放缓，奥地利“很快”将在其与意大利的边境处设卡，并派驻士兵。

7 月 7 日，二十国集团（G20）领导在德国汉堡发表声明说，G20 成员将继续加强反恐合作，包括落实既有国际反恐承诺、强化反恐情报交流与共享、打击对恐怖主义的资金支持、打击激进化以及利用互联网开展恐怖主义活动的行为。

7 月 14 日，德国总统施泰因迈尔访问奥地利并与奥地利总统范德贝伦举行会谈。两国总统表示，德国和奥地利需在共同应对非法移民及难民等问题上协调立场、共同行动，维护欧盟内部团结与稳定。

7 月 22 日，德国德累斯顿检方确认，嫁给极端组织“伊斯兰国”武装分子、2016 年失踪的德国 16 岁少女琳达在伊拉克被捕。

8 月 3 日，德国政府开始在柏林南十字火车站测试一套脸部识别软件，测试时间为期半年。据德国高级情报官员表示，这款软件将协助警方快速辨别和找到恐怖嫌犯，以帮助他们未来免遭恐怖袭击。

8 月 23 日，中欧国家斯洛伐克宣布，从当天 14 时起，斯洛伐克将恐袭警戒由一级上调至二级。二级警戒表示斯洛伐克遭遇恐袭的可能性很小，但不能完全排除。

8 月 28 日，德国警方搜查两名恐袭嫌疑人的住所和工作地点，结果发现有关潜在袭击目标的多份名单，超过 5000 人赫然在列，其中包括 100 多名政界人士。名单中的 100 多名政界人士涵盖多个政党，包括总理安格拉·默克尔所在的基督教民主联盟（简称基民盟）。

9 月 18 日，16 岁的德国女孩琳达·文策尔因投奔极端组织“伊斯兰国”，于本月早些时候被伊拉克当局起诉，可能将面临死刑判决。

10 月 9 日，联盟党当日在政党最高领导人会谈上就难民政策问题达成一致，约定德国每年接收难民人数最高不得超过 20 万。

10 月 23 日，由德国外交部设立的辟谣网站正式上线运行。该网站致力于为难民提供正确信息，使他们不听信人贩子散布的谣言，对前往德国寻求避难形成合理期待。

10 月 31 日，一名 19 岁的叙利亚青年因涉嫌在德国进行恐怖袭击被拘留。根据德国检察官的说法，该名男子准备用高度爆炸性的材料实施攻击。

11 月 1 日，德国内政部长德迈齐埃表示，德国安全部门挫败了一起针对该国的重大恐袭图谋。

11 月 9 日，叙利亚军队宣布，夺回了极端组织“伊斯兰国”所占领的最后一座城市，在这场战争中取得了胜利。德国极右翼政党选项党提出，遣返目前居住在德国的 50 万叙利亚难民，理由是战争已经结束，且叙利亚总统巴沙尔·阿萨德曾呼吁难民们返回家园。

11 月 21 日，当地时间上午，德国警方在一次大规模行动中，拘留了 6 名涉嫌准备发动恐怖袭击的叙利亚人。

11 月 24 日，匈牙利布达佩斯，位于闹市区的圣诞集市区域设立了水泥路障，加强圣诞反恐措施。

11 月 27 日，德国北莱茵—威斯特伐利亚州阿尔特纳镇镇长安德烈亚斯·霍尔施泰因遭一名男子用刀刺伤颈部。霍尔施泰因说，袭击者对他支持接收难民的立场不满，“早有预谋”。

12 月 1 日，警方在德国波茨坦市区发现疑似装有爆炸物的包裹，当地警方随后对包括一处圣诞市场在内的周边地区人员进行了疏散。

12 月 21 日，德国联邦最高法院正式对一名该国涉嫌参与极端组织“伊斯兰国”并策划恐袭的男子下达逮捕令。这名 29 岁的德国籍男子已于此前一天被警方限制人身自由。嫌犯被怀疑正在策划复制去年圣诞前夕发生在首都柏林的卡车撞人袭击事件。

2017 年中欧地区遭受恐怖袭击次数及伤亡人数

时　间		1 月	2 月	3 月	4 月	5 月	6 月	7 月	8 月	9 月	10 月	11 月	12 月	合计
德国	袭击次数		1	2	1	1		4	1		3		1	14
	伤亡人数		1	0	2	2		22	2		18		0	47
全年，中欧地区遭受的恐怖袭击集中发生在德国，共遭受袭击 14 次，伤亡 47 人。														

第八章／2017年南欧地区反恐怖军事行动*

第一节　南欧地区反恐怖军事行动综述

受周边整体安全环境影响，南欧地区的安全形势不断恶化，状况令人担忧。不仅有来自“伊斯兰国”的恐怖威胁，还有来自内部分裂的现实难题，同时伴随着数量不断增加的难民涌入带来的潜在隐患。为此，南欧地区各国除加强自身的安保措施、加大武装打击力度、控制难民涌入外，最为突出的是与域内、域外相关国家加强政治、军事合作，以求应对日趋复杂严峻的安全形势。

一、南欧地区面临的主要恐怖威胁

随着人们对恐怖活动防范的不断加强，恐怖分子施恐手段也在不断翻新变化，传统、简单、高效的袭击手段被恐怖分子频繁反复使用，给欧洲整个社会带来了极度恐慌与不安。同时，全球反恐气候已经形成，恐怖分子有生力量及生存空间也在逐步缩小，为保存实力，恐怖袭击方式也发生了悄然变化。

---

* 南欧地区包括 16 个国家：罗马尼亚、保加利亚、塞尔维亚、马其顿、阿尔巴尼亚、希腊、斯洛文尼亚、克罗地亚、波斯尼亚和黑塞哥维那 、意大利、梵蒂冈、圣马力诺、马耳他、西班牙、葡萄牙、安道尔。

（一）恐怖组织“伊斯兰国”依然是最大的源头威胁

极端恐怖组织“伊斯兰国”的影子无处不在，其对东欧、整个欧洲乃至全球的影响较为深远，仍旧是最大的源头性威胁。受到多方打击，恐怖组织“伊斯兰国”的实力不断减弱，但其奋力反击的可能性极大。8月17日，巴塞罗那市中心发生一起汽车撞人事件，已导致13人死亡，100人受伤，两名嫌犯被捕，但均不是驾驶该车的司机，极端组织“伊斯兰国”宣称对事件负责。[①] 9月19日，米兰市一家公司约60斤易燃材料被盗，至今仍去向不明。警方怀疑这些材料有可能被用于恐袭。9月初，米兰3辆DHL运输货车失窃。

（二）难民受生存条件和社会环境影响已成为被动威胁因素

为保存其主体实力，恐怖组织开始雇佣难民或其他人员施暴，无形中加大了防范打击恐怖主义的难度。1月30日，一名来自利比亚的巴基斯坦难民透露，“伊斯兰国”想给他2.4万英镑，让他成为自杀性炸弹袭击者，并威胁称，如果他不进行袭击的话，就会杀死他的家人。9月9日，英国一家电视台爆料，在希腊雅典的黑市，非法的护照交易非常猖獗，在那里买一本英国或者其他欧盟国家的非法护照，可以说是唾手可得。“蛇头”手中贩卖的非法护照不是造假的，而是从公民手里偷来的真护照。欧洲刑警组织表示，这就让一些恐怖分子有机可乘。他们正是利用这些非法护照成功入境，这让反恐安全方面的压力陡增。在过去3年中，有超过6500份非法护照被查获。欧洲刑警组织表示，欧盟境内可能有多达2万本这样的“黑市护照”。[②]

（三）社会极端个人和团体是参与恐怖袭击的不稳定性因素

社会极端个人和团体参与恐怖袭击的事件在逐步增多，恐怖组织不再为个别恐怖袭击事件负责，足以说明有个人或团体行为因素存在。3月20

---

① 参见《巴塞罗那车辆撞人事件2名嫌犯被捕 IS宣称负责》，海外网，2017年08月18日，http：//m. haiwainet. cn/。

② 参见《直击希腊黑市护照交易 欧洲刑警组织：恐怖分子就这么来的》，央视网，2017年09月09日，http：//www. cnr. cn/。

日，希腊警方在雅典一处邮政分拣中心进行检查，发现了 8 个可疑包裹，经过扫瞄“发现内含类似构造”，与 3 月 16 日国际国币基金组织位于巴黎的办事处收到爆炸邮件相似，疑为同一组织所为。该事件与希腊一个无政府主义组织有关，包裹的收件人是欧洲不同国家“金融机构和公司的官员”。11 月 20 日，罗马社交媒体出现了一些关于圣诞节极端组织发动恐怖袭击图片，图片上的文字公然叫嚣“这将是一个布满鲜血的圣诞节”恐吓民众。意大利警方发现恐袭警告图片后，严阵以待，并调集大量警力部署罗马圣诞节安保工作，对散布图片的极端组织展开调查和抓捕。据警方调查，发出圣诞节恐怖袭击恐吓图片的是一个名为“Wafa Media Foundation”极端组织，该组织是亲“伊斯兰国”的媒体。12 月 21 日，希腊首都雅典一家上诉法院发生爆炸，法院大楼受损严重，目前，暂无人员伤亡的报告。警方称，爆炸发生在黎明前夕，由放置在法院大楼前的简易炸弹引发，此前，曾有人致电当地一家媒体，称在法院大楼附近放置了炸弹。

（四）恐怖分子袭击军事目标的行为不断增多酝酿策划重大袭击事件的可能性较强

6 月 28 日，距离葡萄牙首都里斯本东北部 100 千米的坦科斯军事基地军火库失窃。西班牙反恐武装部门公布的被盗武器清单包括：1450 个 9 毫米子弹弹夹、150 枚手榴弹、44 枚反坦克榴弹、18 枚催泪弹、102 个炸药包以及 264 件塑胶炸药。大批武器弹药可能已经流入黑市，甚至落入恐怖分子之手。援引葡萄牙国防部长若泽·阿泽雷多·洛佩斯的话报道，窃贼是团伙作案，穿过军事基地围栏，行动“非常专业”。葡萄牙已向北大西洋公约组织和欧洲联盟的伙伴国告知这一事件。[①] 12 月 7 日，意大利首都罗马圣·焦瓦尼（San Giovanni）地区发生了一起爆炸事件，位于不列颠尼亚（via Britannia）大街 37 号意大利宪兵驻地门前的一辆汽车被炸毁，周围的建筑物玻璃被震碎，事件未造成人员伤亡。依据调查人员对爆炸物和爆炸物引爆系统结构，以及放置爆炸物的嫌疑人的录像资料分析，恐怖分子制造爆炸事件的意图十分明显，是针对宪兵队发出的一种示威，以此来制造社会恐慌。

---

① 参见《葡萄牙军火库失窃 严重程度超乎想象!》，新华社，2017 年 07 月 05 日，http://www.xinhuanet.com/。

（五）恐怖分子利用网络和快递施暴已成为社会安全的隐性危害

恐怖分子不再以传统的牺牲自身生命为代价实施暴恐活动，而是利用雇佣他人、邮寄邮件和包裹等非接触性方式进行间接性施暴，此类手段代价低、效果好、易成功、且隐蔽。3 月 20 日，希腊警方在雅典一处邮政分拣中心进行检查，发现了 8 个可疑包裹，经过扫瞄“发现内含类似构造”，与 3 月 16 日国际国币基金组织位于巴黎的办事处收到爆炸邮件相似。12 月 24 日，平安夜，当西班牙所有人都在家中庆祝一年一度最重要节日的时候，一棵“燃烧的圣诞树”占据了西班牙社交媒体的头条。这棵圣诞树酷似马德里市中心 Callo 广场的圣诞树，一时间西班牙民众都以为激进分子将 Callo 广场的圣诞树点燃了，甚至有民众看到照片后怀疑马德里遭受了恐怖袭击。这颗“燃烧的圣诞树”被马德里左翼联盟政党（Izquierda Unida）用于在社交平台上发布庆祝圣诞节快乐消息的配图，左翼联盟政党可能自己也没想到，一张配图竟然引发这么大的风波。该党表示，仅仅是想单纯的“恶搞”一下，希望增加节日喜庆的效果。

（六）民族和国家分裂势力是地区安全稳定的重大不利因素

西班牙加泰罗尼亚自治区议会 9 月 6 日通过独立公投法案。西班牙宪法法院裁定公投法案违宪。但加区还是于 10 月 1 日举行了独立公投。10 月 4 日，加区议会宣布，将于 10 月 9 日召开议会全会，讨论公投结果并计划单方面宣布独立。西班牙宪法法院 5 日宣布，暂时取消将于 9 日举行的加泰罗尼亚自治区议会全体会议，以避免主张该地区独立的党派在会上根据此前进行的非法公投结果宣布该地区独立。这场被中央政府禁止的公投引发了几十年来西班牙最严重的政治危机。投票期间，西班牙当局向加泰罗尼亚地区派遣大批警力，试图阻止投票。警方一度发射橡皮子弹，共有近 900 人受伤。3 日，加泰罗尼亚独立派举行地区总罢工和大示威，抗议西班牙警方的暴力行为。自治区政府主席普伊格蒙特则在当天表示，将在“几天内”宣布独立。10 月 10 日，西班牙加泰罗尼亚自治区主席普伊格蒙特对该区议会发表讲话，在强调加泰罗尼亚地区已获得宣布独立的权利这一公投结果的同时，提议议会暂时不宣布独立，希望这场因 10 天前“独立公投”而引发的危机，能以对话谈判的方式收场。①

二、南欧国家的反恐怖军事对策

（一）以预防为主导，升级安保措施

为了保证跨年活动能够安全进行，意大利警方1月2日制定了名为“平安过年”的安保计划，在马西莫竞技场、古罗马斗兽场等5个重点区域开展严防，对前来参加庆祝活动的人群进行必要检查，投入包括狙击手和防暴特警在内的超过1000名警力执行安保任务。为了防止出现类似卡车冲撞恐袭，罗马市政府严禁卡车新年假日期间在市区内通行，并在通往重点地区路口等地设置障碍。意大利国防部宣布，由意大利军方负责执行的“安全街道”反恐行动，将维持规模达7000人的部队对意大利全国各地重点区域进行反恐防御，而负责保护罗马的超过2000名士兵也在跨年夜严阵以待，与警方合作负责重点区域的防御工作，整个罗马在警察和士兵们“三步一岗，五步一哨”的紧张注视下，安全完成了辞旧迎新的跨年庆祝系列活动。3月25日，纪念《罗马条约》签署60周年大规模游行示威活动如期举行，很多反欧盟社会团体借机表达对欧盟政治经济形势的不满，多处示威地点引发了不同程度的骚乱，大约150余人由于行为过激遭到了警方拘捕。活动当天，罗马市出动了近3000名警力负责现场监控，另有500名警员在指定区域内进行巡逻。警方还在市中心的街道上安装了100个高清摄像头，以便实时监控各地安全状况。意大利民航部门已对罗马市中心的领空下达了“禁飞令”，禁令针对商业和紧急航班，超轻型飞机和无人机，直至25日23时后才会解除。数十条公交、地铁线路也将临时改道或停运。警方在对可疑暴力分子进行排查的过程中，有约1500人被警方确认身份并被监控。与此同时，警方在游行经过的主干道上对车辆进行检查。在一辆车内，警方还查获了载有毒品，刀具，和防毒面具。在另一辆货车内警方发现有烟雾弹和用于伪装外形的衣物。6月8日，意大利国家警察总长加布里埃利说，今后意大利全国范围的音乐会和户外公众活动都必须配备相应的安保措施，否则活动将不能举行。

---

① 参见《加泰罗尼亚“独立公投”引发危机持续发酵》，中华网，2017年10月12日，http：//www. china. com. cn/。

（二）采取更为严厉的移民措施，重拳打击人口走私

2017 年全年在意大利的移民已达 50 万之多，意大利政府 2017 年将采取严厉措施来对付非法移民。意大利警察总长弗朗哥·加布里埃利向意大利各地警察局下发了一份两页的文件，要求鉴定没有避难资格的经济移民并递解出境。2 月 3 日举行的欧盟非正式峰会上，欧盟国家领导人就遏制“非法移民潮”达成一致，试图阻止难民从利比亚“非正常进入欧盟”。2 月 2 日，欧洲刑警组织发布公告称，奥地利、保加利亚、克罗地亚、德国、匈牙利和罗马尼亚 6 国警方 1 日在欧洲刑警组织协助下，共同展开行动、打击涉嫌人口走私的有组织犯罪网络。2016 年 3 月，为阻挡难民涌入欧洲内陆，西巴尔干地区的斯洛文尼亚、克罗地亚、塞尔维亚和马其顿等国都关闭了边境大门，导致当时超过 3.5 万名难民被困在希腊境内，等待被人口走私犯罪团伙转移。联合国难民署、国际移民组织等机构 2016 年 12 月发布的统计报告称，有超过 5000 人在跨越地中海前往欧洲途中不幸遇难，创下历史最高纪录。导致无数悲剧发生的一大元凶就是人口走私犯罪团伙。因战争和动荡，成千上万的难民流离失所、背井离乡，这也成为人口走私犯赚取暴利、大发不义之财的绝佳机会。联合国毒品和犯罪问题办公室估算，走私人口的利润相当可观，那些向欧洲输送难民和非法移民的蛇头年收入高达 30 亿至 60 亿欧元。为了打击人口走私犯罪，自 2015 年 7 月开始，欧盟在地中海海域展开了“索菲亚行动”，该行动的主要任务是通过拦截船只、没收资产、限制人贩自由等方式阻止非法移民和人口贩卖。欧盟边境管理局主管有组织犯罪问题的官员拉申巴赫认为：“不仅要对欧盟或者欧盟以外的某个蛇头团伙给予打击，还必须逮捕提供财政支持的幕后策划者，使其整个运作体系瘫痪。”但也有专家对这种治标不治本的做法持怀疑态度。意大利刑事犯罪问题专家尼科认为：“哪里有封锁的边界，哪里就有偷渡组织的市场。只要战火还在持续，走私贩的生意便不会衰竭。”①

① 参见《七国集团峰会在意大利陶尔米纳开幕，安全与反恐问题为最重要的议题》，新华社，2017 年 5 月 26 日，http：//www.xinhuanet.com/。

（三）加大网络监管净化网络环境，控制恐怖主义传播途径

网络已成为人类生活的重要组织部分，与此同时恐怖组织利用网络施恐、宣恐、招募的信息也在肆意传播，必须加强监控和控制防止其成为恐怖分子的施暴工具。1 月 5 日，意大利总理真蒂洛尼在罗马出席反宗教极端主义会议后说，意大利将加大力度防范通过监狱和网络渠道传播极端主义思想的行为。真蒂洛尼说，相较于其他欧洲国家，意大利的恐怖袭击威胁水平较低，极端分子数量也较少，但目前通过监狱和网络传播极端主义思想从而发展恐怖分子的新情况不容忽视，应该进行深入调查并加大防范力度。截至目前，意大利已经驱逐 133 名涉嫌从事恐怖主义活动的外国人，国家反恐系统正在发挥作用。意大利将建立一个“防止恶意软件的保护网络”，切断极端主义思想在互联网上进一步传播的途径。5 月 26 日，在意大利开会的七国集团（G7）要求互联网供应商和社交网站采取行动，打击网络上的极端主义内容，并决心将在曼彻斯特恐袭后加强打击恐怖主义的斗争。与会的七国领导人在反恐议题上签署了一项联合声明，特别呼吁互联网公司及社群网络积极行动，加入到网络反恐斗争中来，防堵网络上的恐怖主义言论和激进主义留言。10 月 11 日，为了有效打击恐怖活动，遏制通过手机、互联网传递犯罪信息，在意大利民主党和五星运动等多党派共同动议下，意大利政府决定，将逐步调高对手机、互联网的监控级别，相关互联网和手机等公众信息从原来的数据保存两年，提高至信息资料备存 6 年。

（四）加强边境管控，遏制难民涌入

尽管不是所有难民都是恐怖分子，但难民确已被恐怖组织所利用，并有不断扩大延展的趋势，控制好难民的数量和可疑人员的涌入可有效减少防恐压力。1 月 25 日欧盟委员会宣布，计划出资 2 亿欧元帮助利比亚及其他北非国家加强边境管控，从而“遏制”利比亚难民途经地中海流入欧洲。2 月 3 日，欧盟各成员国首脑将在马耳他召开会议商讨难民和非法移民的议题。准备加强对利比亚海岸巡逻队及海军的培训力度，并有意在北非建立海上救援协调中心；通过“地中海海马”网络在 2017 年春季进一步加强北非国家之间边境管控；加强与联合国难民署合作，保护难民、加强安置与自愿遣返协助工作；加强与北非国家的对话与合作。

2 月 6 日凌晨 7 点 40 分左右，数十名难民经由摩洛哥与西班牙边境，成功进入欧洲大陆。西班牙在摩洛哥的飞地休达和梅里拉是欧盟与非洲唯一的两处陆上边境所在，这里常常成为难民试图进入欧盟的突破口。3 月 23 日，希腊政府拒绝了来自德国的难民回流，雅典政府对欧盟国家向希腊驱逐难民表示抗议，称希腊的难民数量已经非常饱和了。6 月 12 日，意大利海岸警卫队称，在刚刚过去的周末，意大利海岸警卫队在地中海水域开展了 30 次行动，营救了近 3000 名难民。国际移民组织公布的数据显示，截至今年 6 月 21 日，经海路抵达欧洲的移民和难民人数达到 83928 人，其中超过八成的人抵达意大利，其余的人则分布在希腊、塞浦路斯和西班牙。5 月 15 日，利比亚民族团结政府总理萨拉杰与到访的意大利内政部长明尼蒂举行会谈，双方强调将在边境管制和安全方面紧密合作。6 月 28 日，因大量难民通过海路抵达意大利港口登陆，意大利方面表示难民涌入的情况已“不可承受”，意大利或将关闭该国港口，拒绝运送难民的外国船只停靠。欧盟委员会 7 月 5 日就意大利难民问题制定了行动方案，包括拟在利比亚设立难民问题协调中心、制定非政府组织在拯救难民过程中的行为准则、从意大利遣返更多的难民至利比亚和突尼斯等。7 月 20 日，奥地利外交部长塞巴斯蒂安·库尔茨，要求意大利政府能防止更多的非法移民，通过该国进入欧洲大陆其他国家境内。8 月 7 日，约 200 名非法移民强行从摩洛哥边境进入西班牙休达市，与警方发生冲突，造成多人受伤。9 月 14 日，利比亚民族团结政府外交部长西亚拉与意大利驻利比亚大使朱塞佩·佩罗内在利比亚首都的黎波里会晤，商讨遏制非法移民偷渡和向利比亚海岸警卫队提供培训等问题，旨在实现维护利比亚边境与地中海地区和平。

（五）加强国际合作，团结一致寻求应对机制

反恐问题一直以来都是全球性的共同课题，唯有通过加强国际合作，寻求解决办法。同时，在应对难民危机问题上，国际社会或欧盟必须有一致的准则。2 月 4 日，美国总统特朗普当天与意大利总理保罗·真蒂洛尼通电话，双方同意将继续就打击极端组织“伊斯兰国”和其他恐怖组织进行密切协调与合作。5 月 6 日，利比亚民族团结政府总理萨拉杰与意大利外长阿尔法诺举行会谈，就合作打击非法移民等问题进行商讨。5 月 11 日，七国集团（G7）财长和央行行长会议将在意大利南部城市巴里开幕。

各国将就应对催生保护主义和反全球化潮流的贫富差距的扩大、切断恐怖活动资金来源及防止国际逃税等展开磋商。5 月 27 日，七国集团峰会在反恐问题上达成共识，并签署反恐联合声明。声明指出，对抗暴力激进主义是 G7 的首要任务，七国会继续防范恐怖活动并切断恐怖分子的财政来源。在英国首相特雷莎·梅的要求下，七国集团及欧盟发出共同呼吁，呼吁网络公司要确保激进主义内容尽早下线。G7 领导人并联合向脸书、谷歌和推特等科技企业施加压力，阻止用户发布激进的内容，一旦发现危险的警讯立刻向安全部门报告。6 月 13 日，中华人民共和国中央军委副主席范长龙在马德里会见了西班牙国防大臣德科斯佩达尔。双方就推动“一带一路”建设合作、深化两国全面战略伙伴关系达成重要共识，希望在反恐、维和等领域与中方开展务实合作，早日签署两国防务合作协议，推动两军关系实现新发展。7 月 24 日，突尼斯、法国和意大利等地中海沿岸国家内政部长与欧盟代表 24 日在突尼斯举行第二次地中海移民问题联络小组会议，希望通过强化国际合作，从根源着手应对非法移民难题。12 月 5 日，葡萄牙总统德索萨与到访的意大利总统马塔雷拉在葡首都里斯本表示，葡萄牙和意大利将会积极参加构建欧洲共同防卫进程。除货币、银行和数字一体化外，两国均期望欧盟在共同安全防卫和移民领域也能加快一体化进程。12 月 9 日，利比亚和意大利两国政府决定成立专职机构，打击非法移民和人口犯罪活动。

（六）改善难民生活现状，降低隐患风险

随着南欧各国难民数量的不断增加，接受国已无力承担，随之而来的是各项保障难以落实，难民生活环境恶化，进而导致部分难民被恐怖分子所利用或难民直接涉恐。2 月 4 日，在保加利亚，有难民被发现冻死在帐篷外。同日，在马耳他举行的欧盟峰会上，与会者通过了一项旨在应对地中海难民危机的十点计划，其内容包括：为了关闭所谓的中央地中海航线，尤其要给利比亚海岸警备队进行培训，并尽快为其配备所需，让他们能够阻止有组织的蛇头团伙将难民送往欧洲。已经在利比亚的难民会暂时留在那里，今后他们将得到适当安置。2 月 9 日，意大利内政部长明尼蒂提议向难民提供无薪工作岗位。3 月 16 日，在欧盟和土耳其关于难民问题的协议实施一周年到来之际，欧盟官员在希腊莱斯沃斯岛考察难民问题现状时表示，一年来各方在应对难民问题方面取得了进展。3 月 27 日，联合

国难民署提出了多项建议，希望通过加强合作，并在欧洲国家之间分担责任，帮助希腊以更可持续的方式应对难民潮。联合国难民事务高级专员格兰迪表示，难民署愿与希腊政府和欧盟一起，寻求解决希腊难民潮的持久之道。要让寻求庇护者和难民得到适当的照顾、支持和他们真正需要的解决办法。①

（七）加大打击力度，减少社会动荡因素

3 月 15 日，欧洲刑警及西班牙警方早前采取联合行动，成功地在西班牙检获大批武器，包括超过一万支步枪。欧洲刑警表示，这批在黑市流通的武器，相信将出售给恐怖分子及罪犯。在欧洲刑警的支持下，2017 年 1 月在西班牙境内多地采取行动，包括毕尔巴鄂、坎塔布连、希罗讷，结果检获大批在黑市流通的武器，包括步枪、防空机枪、榴弹炮、手榴。行动中有 5 人被捕，同时检获 8 万欧元（约合人民币 58. 77 万元）现金。② 3 月 30 日，意大利警方与意大利反恐部门以及威尼斯“反黑”行动组配合，对威尼斯 12 个地点展开了搜捕工作，破获了一个恐怖团伙。该团伙正在接受恐怖袭击训练，并密谋在威尼斯交通要道放置炸弹。4 月 8 日，西班牙民族分裂组织“埃塔”向法国警方提交该组织所藏匿武器的清单，并宣布自己已“完全解除武装”。

4 月 9 日，阿尔及利亚官员宣布将与欧盟建立磋商机制，共同打击威胁地区安全的恐怖主义。4 月 20 日，保加利亚国家安全局发表声明说，保加利亚当局日前拘捕了 5 名企图从保加利亚进入土耳其的德国恐怖分子嫌疑人，其中 4 名成年人已被保当局驱逐出境。5 月 8 日，意大利港口热那亚警方近日在一艘货船上截获 37. 5 吨运往利比亚的止痛药反胺苯环醇，并且认定这批药是为极端组织“伊斯兰国”武装分子提供的。遭警方截获的这批药藏在 3 个集装箱内，被“伪装成”洗发品和合成纤维，“黑市”价预计为 7500 万欧元（约合 5. 6 亿元人民币）。11 月 25 日，正在突尼斯访问的意大利总理保罗 · 真蒂洛尼说，非法移民问题关系到地中海沿岸国家

---

① 参见《联合国难民署呼吁改善在希腊寻求庇护者的处境》，中国新闻网，2017 年 3 月 28 日，http：//www. chinanews. com/。

② 参见《西班牙检获超万支步枪阻止其落入恐怖分子之手》，《香港东方日报》，2017 年 3 月 16 日，http：/orientaldaily. on. cc/。

共同利益，意大利将与突尼斯继续合作，打击非法移民。12 月 2 日，意大利总理真蒂洛尼表示，作为一个开放、稳定的国家，意大利已准备好与地中海地区其他国家一道建设全新的地区秩序，愿成为地区各方协商对话的伙伴。

6 月 19 日，意大利警方于日前在南部的克罗托内逮捕了一名来自伊拉克的恐怖主义嫌疑人。该名嫌疑人 29 岁，已在意大利提出政治庇护申请，但实际上暗中在收容所内招募恐怖分子，从事国际恐怖主义活动。6 月 28 日，西班牙内政部称，6 人因与恐怖组织“伊斯兰国”（IS）有关分别在西班牙、英国和德国被拘捕。8 月 2 日，意大利海军当日抵达利比亚首都的黎波里，旨在协助利比亚打击非法移民偷渡。9 月 4 日，在巴塞罗那恐袭发生后，意大利进行了全面的反恐检查。9 月 6 日，西班牙警方和摩洛哥警方联合捣毁了一个极端主义小组，逮捕了 6 名恐怖主义分子。9 月 19 日，西班牙国民护卫队在列伊达逮捕了一名年为 25 岁的居住在西班牙的巴基斯坦籍男子。据悉该男子被指控进行圣战主义自我教育。9 月 20 日，西班牙警方宣布逮捕 13 名加泰罗尼亚分离主义者，被捕者包括数名加泰罗尼亚自治区政府高层。9 月 22 日，西班牙内政部表示一名涉嫌与此前发动巴塞罗那恐袭的极端小组有关联的男子被捕。此人涉嫌以他人名义购买爆炸物材料，并为该小组提供车辆。12 月 5 日，西班牙国家警察和摩洛哥警方共同合作，逮捕了四名“伊斯兰国”成员。

（八）防止两极分化加剧，强力捍卫地区稳定统一

西班牙加泰罗尼亚自治区议会 9 月 6 日通过独立公投法案。西班牙宪法法院裁定公投法案违宪。但加区还是于 10 月 1 日举行了独立公投。10 月 4 日，加区议会宣布，将于 10 月 9 日召开议会全会，讨论公投结果并计划单方面宣布独立。西班牙宪法法院 5 日宣布，暂时取消将于 9 日举行的加泰罗尼亚自治区议会全体会议，以避免主张该地区独立的党派在会上根据此前进行的非法公投结果宣布该地区独立。10 月 8 日，西班牙首相拉霍伊说，捍卫国家统一和国家主权，是政府职责所在，西班牙绝不可能分裂。10 月 19 日，西班牙中央政府早前下达“最后通知”，要求加泰罗尼亚自治区表态，确认是否宣布独立。10 月 21 日，西班牙政府内阁就加泰罗尼亚问题召开会议，启动宪法第 155 条暂停加泰罗尼亚地区自治权。10 月 23 日，为了阻止加泰罗尼亚独立，西班牙政府将强行解散自治区政府，加

泰当地政府将于 26 日作出回应。10 月 27 日，西班牙加泰罗尼亚地区（加区）“独立”风波迎来摊牌时刻：加区议会当天下午单方面宣布“独立”。晚间西班牙首相拉霍伊发表电视讲话，宣布解除加泰罗尼亚自治区主席普伊格德蒙特职务，解散自治区议会，全面接管加区，并于 12 月 21 日举行自治区选举。12 月 21 日，西班牙加泰罗尼亚自治区举行自治区选举，计票结果官方已经公布，但加区选后组阁进程依然困难重重。分析人士普遍认为，此次选举结果表明加泰罗尼亚在所谓“独立”问题上的两极分化日益加剧，一方面更多的建制派选民打破沉默，选择用选票发声，另一方面“独立”派人士仍坚持主张，不肯让步。因此，加泰罗尼亚未来走向仍存在不确定性。此外，无论新一届的加泰罗尼亚政府由谁执政，都应该解决如何让不同的政见在加泰罗尼亚和谐共存的问题。

第二节　南欧地区主要恐怖袭击事件

一、西班牙巴塞罗那市汽车冲撞人群事件

8 月 17 日，巴塞罗那市中心发生一起汽车冲撞人群事件，导致 13 人死亡，100 人受伤。几小时后，巴塞罗那西南小镇坎布里尔斯也发生一起袭击案。西班牙民事保护局表示，连环恐袭已造成 14 人死亡，约 100 人受伤。极端组织“伊斯兰国”宣称对事件负责。

（一）事件背景

随着极端组织“伊斯兰国”在伊拉克和叙利亚的老巢已经或即将被摧毁，该组织可能会为了进行报复和转移力量而对欧洲发动更多恐怖袭击。同时，欧洲自身存在的经济和社会问题也为恐怖主义蔓延提供了土壤。从外部因素看，“伊斯兰国”在叙利亚和伊拉克的“根据地”遭到围剿，生存空间越来越小，因此它出于报复和转移力量等考虑，把目光转向欧洲。从内部因素看，受金融危机影响，欧洲许多国家经济发展停滞、社会矛盾加剧。而难民潮进一步激化了社会矛盾，为恐怖主义的蔓延提供了土壤。从整个欧盟的角度看，它在人员流动方面控制比较弱，安检等防范措施也

不到位，因此给恐怖主义以可乘之机。车辆袭击已经成为过去三年来恐怖分子的惯用手段，因为此种方法不需培训，也不需要专门的技术，但其造成的恐怖效果和传统恐怖手段是一样的。近些年，当法国、比利时和英国等欧洲国家频繁遭遇恐袭时，西班牙似乎还更安全一些，在某种程度上，这是因为西班牙没有大量的为“伊斯兰国”而战的外来人员，而其他欧洲国家却与此相反。“伊斯兰国”宣称对巴塞罗那恐怖袭击负责其目的是报复参与打击“伊斯兰国”的国际联盟成员。

（二）事件经过

8 月 17 日 17 时刚过，在这个西班牙第二大城市享誉世界的地中海著名旅游胜地巴塞罗那兰布拉斯游人如织的步行街上，一辆白色厢式货车突然高速冲向行人，撞倒撞飞多人，造成 13 人死亡、上百人受伤。人们尖叫着，四下躲避，沿街奔跑或躲进附近商店，货车没有减速的迹象，所过之处，狼藉一片。袭击过后的街道一片惨烈，步行街两侧躺满了受伤的民众，路上四处散落着游客的背包、衣物、水果、玩具……随处可见闪烁的警灯及荷枪实弹的警察，哭声、呼救声、警笛声响作一片。货车撞倒几十人后，司机徒步逃离现场。巴塞罗那恐怖袭击发生 8 个小时后，在距离巴塞罗那 100 多千米的海滨小镇坎布里尔斯，5 名携带武器的恐怖分子，企图把汽车开进坎布里尔斯一景区的步行区，造成 1 名女子死亡，5 人受伤。所幸在造成更严重的伤亡前，恐怖分子驾驶的车辆发生翻车，警方与恐怖分子发生激烈交火，4 名恐怖分子被当场击毙，最后 1 名恐怖分子随后也被击毙，此外有 1 名警察受伤。有安全部门官员认为两起事件或出自同一恐怖主义团伙之手。①

（三）事件影响

极端组织“伊斯兰国”已宣称实施了巴塞罗那恐袭事件，并称此举针对的就是参与美国领导的打击“伊斯兰国”国际联盟的国家。使用车辆冲撞这种“低成本”的恐袭战术看似低端，但其杀伤力和恶劣影响并不亚于自杀式袭击等方式，也是近年来恐怖分子在欧洲或者全球使用最为频繁的

---

① 参见《坎布里尔斯恐袭，西班牙女警一敌五击毙四名恐怖分子》，中华网，2017 年 8 月 21 日，http：//www.china.com.cn/。

伎俩。这种袭击方式简单易操作，成本较低，而且袭击者无须前往“伊斯兰国”组织受训。且袭击者都将旅游景点作为袭击目标，为的就是造成大量无辜群众伤亡，不给安全部队反应的时间。接连不断的恐怖袭击给社会带来的极大的不稳定情绪，为应对类似性事件发生安全部门已加强对游客集中区域和公共设施的保护。

二、其他恐怖袭击事件

4 月 19 日，一枚炸弹在希腊雅典市中心一家银行外爆炸，造成银行及周边建筑轻度受损。爆炸未造成人员伤亡。

5 月 12 日，意大利罗马市内一家邮局外停车场里一个邮件炸弹发生爆炸，没有人员伤亡，但至少造成一辆汽车在爆炸中损毁。

5 月 26 日，希腊前总理帕帕季莫斯在雅典市中心因放置在他车内的邮件炸弹爆炸而受轻伤，他的司机和副驾驶也受轻伤。

6 月 28 日，葡萄牙中部圣塔伦区坦科斯市一座军火库中的手榴弹等军事装备遭窃，包括 1450 个 9 毫米子弹弹夹、150 枚手榴弹、44 枚反坦克榴弹、18 枚催泪弹、102 个炸药包以及 264 件塑胶炸药。

9 月 19 日，意大利米兰市一家公司约 60 斤易燃材料被盗，至今仍去向不明，警方怀疑这些材料有可能被用于恐袭。

12 月 7 日，意大利圣·焦瓦尼（San Giovanni）地区发生了一起爆炸事件，位于不列颠尼亚（via Britannia）大街 37 号意大利宪兵驻地门前的一辆汽车被炸毁，周围的建筑物玻璃被震碎，事件未造成人员伤亡。

12 月 14 日，希腊一个无政府组织的多名成员，用石块等物砸毁了沙特驻希腊大使馆的外墙及玻璃门窗。袭击者声称，发起袭击的原因是对沙特排斥中东移民的政策不满。

12 月 20 日，位于意大利罗马的普拉蒂地区警察局附近发生了一起爆炸事件，一辆警车被燃烧弹引燃，事件未造成人员伤亡，这是罗马十天内发生的第二次针对警方发动的爆炸事件。

12 月 21 日，希腊首都雅典一家上诉法院发生爆炸，法院大楼受损严重，目前，暂无人员伤亡的报告。爆炸发生在黎明前夕，由放置在法院大楼前的简易炸弹引发，此前，曾有人致电当地一家媒体，称在法院大楼附近放置了炸弹。

12 月 22 日，意大利南部城市那不勒斯市费兰特·茵帕拉托大街发生了一起爆炸袭击事件，造成一死一伤，爆炸物周围的建筑物和车辆不同程度受损，目前警方已介入调查。

第三节　南欧地区主要反恐怖军事行动

1 月 2 日，为了保证跨年活动能够安全进行，意大利警方制定了名为“平安过年”的安保计划。

1 月 2 日，2017 年意大利政府将采取严厉措施来对付非法移民。这是意大利新总理保罗·真蒂洛尼的首个政策转变，标志着他与奉行“懒散”风格的前任总理马泰奥·伦齐理念上的不同。意大利警察总长弗朗哥·加布里埃利向意大利各地警察局下发了一份两页的文件，要求鉴定没有避难资格的经济移民并递解出境，这份文件称移民危机是“增长的移民压力意味着动荡和威胁的国际环境”。

1 月 5 日，意大利总理真蒂洛尼在罗马出席反宗教极端主义会议后说，意大利将加大力度防范通过监狱和网络渠道传播极端主义思想的行为。

1 月 25 日，欧盟委员会宣布，计划出资 2 亿欧元帮助利比亚及其他北非国家加强边境管控，从而“遏制”利比亚难民途经地中海流入欧洲。

2 月 2 日，欧洲刑警组织发布公告称，奥地利、保加利亚、克罗地亚、德国、匈牙利和罗马尼亚六国警方 1 日在欧洲刑警组织协助下，共同展开行动、打击涉嫌人口走私的有组织犯罪网络。联合国难民署、国际移民组织等机构 2016 年 12 月发布的统计报告称，在 2016 年有超过 5000 人在跨越地中海前往欧洲途中不幸遇难，创下历史最高纪录。导致无数悲剧发生的一大元凶就是人口走私犯罪团伙。

2 月 3 日，欧盟各成员国首脑将在马耳他召开会议商讨难民和非法移民的议题。欧盟委员会近日特地召开准备会议，磋商供首脑们讨论的解决方案。根据欧盟委员会准备会议出台的计划，欧盟准备加强对利比亚海岸巡逻队及海军的培训力度，并有意在北非建立海上救援协调中心；通过“地中海海马”网络在 2017 年春季进一步加强北非国家之间边境管控；加强与联合国难民署合作，保护难民、加强安置与自愿遣返协助工作；加强与北非国家的对话与合作；出资 2 亿欧元帮助利比亚及其他北非国家。

2 月 4 日，美国与欧盟最近相继出台应对难民问题的新计划。国际社会在关注相关计划的同时，也普遍担忧难民危机很可能继续恶化。本月 3 日举行的欧盟非正式峰会上，欧盟国家领导人就遏制“非法移民潮”达成一致，试图阻止难民从利比亚“非正常进入欧盟”。

2 月 4 日，在马耳他举行的欧盟峰会上，与会者通过了一项旨在应对地中海难民危机的十点计划，其中的主要内容是加强与利比亚的合作。这个饱受长期内战之苦的国家是迄今为止非洲难民前往欧洲的最重要的中转站。

2 月 4 日，美总统特朗普与意大利总理保罗·真蒂洛尼通电话，双方就深化两国在安全和反恐等领域的合作进行了磋商。通话中讨论了利比亚局势、欧洲难民问题以及 2017 年 5 月将在意大利召开的七国集团领导人会议。双方同意将继续就打击极端组织“伊斯兰国”和其他恐怖组织进行密切协调与合作。

2 月 13 日，利比亚民族团结政府新闻发言人阿什拉夫·苏鲁斯在记者见面会上说，利比亚政府与意大利政府日前就合作处理非法移民问题签署了谅解备忘录。备忘录内容涉及对非法移民在利期间提供医疗救助、扩大和改善收容救助中心设施建设，并且加强移民从利比亚返回原籍国的措施。

3 月 3 日，希腊政府宣布，该国近期摧毁了一个为极端组织“伊斯兰国”生产和走私毒品的团伙，缴获的 63.5 万片芬乃他林黑市价值约为 1000 万欧元。希腊金融犯罪调查局当天在一份声明中说，该局与希腊警方及海军合作，在雅典附近的埃莱夫西纳镇和迈加拉镇逮捕了两名希腊人、一名土耳其人和一名阿尔巴尼亚人，他们涉嫌生产被“伊斯兰国”广泛使用的芬乃他林。

3 月 15 日，欧洲刑警及西班牙警方早前采取联合行动，成功地在西班牙检获大批武器，包括超过 1 万支步枪。

3 月 24 日，为防止在《罗马条约》签署 60 周年纪念日市政设施、金融机构遭到示威者的攻击，罗马市政当局工程人员、警察准备了木板、钢板封锁了银行的门窗和古建筑物，以防止遭到破坏。

3 月 27 日，联合国难民署希望通过加强合作，并在欧洲国家之间分担责任，帮助希腊以更可持续的方式应对难民潮。难民署指出，改善接待条件是一个优先事项，应在城市地区提供更多的住宿机会，例如增加公寓，升级一些政府管理的难民点，并确保所有不合适的场所迅速关闭。改善接待条件也将有助于防止和打击性暴力和基于性别的暴力。难民署表示将继续为这些暴力行为的受害者提供法律、医疗、社会心理以及安全住房方面的支持。

3 月 30 日，意大利警方与反恐部门对威尼斯以及附近小镇梅斯特雷和特雷维索的 12 处地点展开突击行动，抓捕 4 名科索沃男子。该团伙正在接受包括如何开展自杀式袭击和“独狼式”袭击在内的恐怖袭击训练，并密谋在威尼斯交通要道放置炸弹。

4 月 8 日，西班牙民族分裂组织“埃塔”向法国警方提交该组织所藏匿武器的清单，并宣布自己已“完全解除武装”。这是“埃塔”组织在遭受沉重打击后不得已做出的选择。一些机构和组织认为，这是一个历史性时刻，标志着西班牙打击恐怖主义的胜利。

4 月 9 日，阿尔及利亚官员宣布将与欧盟建立磋商机制，共同打击威胁地区安全的恐怖主义。

4 月 20 日，保加利亚国家安全局发表声明，保加利亚当局拘捕了 5 名企图从保加利亚进入土耳其的德国恐怖分子嫌疑人，其中 4 名成年人已被保当局驱逐出境。

5 月 6 日，意大利外长阿尔法诺在利比亚首都的黎波里与利比亚民族团结政府总理萨拉杰举行会谈，就合作打击非法移民等问题进行商讨。双方集中讨论了在打击非法移民、人口走私和有组织犯罪、维护边境安全等方面的合作。

5 月 11 日，意大利警方在热那亚州港口一艘从印度前往米苏塔拉（Misrata）和托卜鲁格（Tobruk）港口的货船上缴获了一批阿片类中枢性镇痛药“曲马多”（tramadol），重量达 37.5 吨，数量达 3700 万粒，价值 7500 万美金（约合人民币 5.2 亿元），并认定这批药是为极端组织“伊斯兰国”武装分子提供。这批药藏在 3 个集装箱内，被“伪装成”洗发品和合成纤维。

5 月 11 日，七国集团（G7）财长和央行行长会议在意大利南部城市巴里开幕。各国将就应对催生保护主义和反全球化潮流的贫富差距的扩大、切断恐怖活动资金来源及防止国际逃税等展开磋商。

5 月 15 日，利比亚民族团结政府总理萨拉杰与到访的意大利内政部长明尼蒂举行会谈，双方强调在边境管制和安全方面紧密合作，加强两国边境管制，遏制非法移民潮。

5月17日，意大利检方透露，“恩德兰盖塔”黑手党组织涉嫌长期控制一家移民收容中心，其间侵吞上千万欧元移民资金。意警方逮捕68名嫌疑人，没收总额8400万欧元（约合6.4亿元人民币）的财物，同时查封这家移民中心。

5月22日，一名67岁的意大利黑手党老大塞佩·达伊诺帝（Giuseppe Dainotti），在西西里首府巴勒莫的一条街道上骑自行车时头部中弹被枪杀，疑似被暴徒杀害。

5月26日，七国集团（G7）要求互联网供应商和社交网站采取行动，打击网络上的极端主义内容，并决心将在曼彻斯特恐袭后加强打击恐怖主义的斗争。

5月27日，七国集团峰会在意大利西西里岛小镇陶尔米纳如期召开，参会各国在反恐问题上达成一致，对恐怖主义活动的打击力度将提升至新高度，并签署反恐联合声明。

6月8日，意大利国家警察总长加布里埃利说，今后意大利全国范围的音乐会和户外公众活动都必须配备相应的安保措施，否则活动将不能举行。

6月12日，意大利海岸警卫队称在地中海水域开展了30次行动，营救了近3000名难民。

6月28日，西班牙内政部称，6人因与恐怖组织“伊斯兰国”有关分别在西班牙、英国和德国被拘捕，其中4人是在帕尔马市被捕，还有2人分别在英国和德国被捕。被拘捕者涉嫌与“伊斯兰国”有联系，并涉嫌招募、宣传散布及向叙利亚和伊拉克派遣武装分子。

6月29日，因大量难民通过海路抵达意大利港口登陆，意大利方面表示，目前难民涌入意大利的情况已“不可承受”，意大利或将关闭该国港口，拒绝运送难民的外国船只停靠。在过去48小时内，已有12000余名难民通过意大利港口登陆。难民短时间大量涌入，对意大利的社会状况、政治生活的影响已到了“不可承受”的地步，意大利接受难民的能力已“到达极限”。因此，意大利正考虑拒绝那些外国船只在其港口（主要是西西里岛和卡拉布里亚）停靠。

6月28日，罗马尼亚总统约翰尼斯和保加利亚总统拉德夫一致表示，两国加入申根区有利于整个欧盟地区的安全。

6 月 30 日，西班牙警方在南部城市马拉加逮捕的一名丹麦籍男子，该男子是极端组织“伊斯兰国”的武器和爆炸物专家，原打算在西班牙购买武器。警方调查发现，萨姆涉嫌在叙利亚为“伊斯兰国”打仗超过 3 年。

7 月 5 日，西班牙警方在马德里举行了一场反恐演习，目的在于检验一旦发生恐袭案，目前的处置流程是否得当。

7 月 5 日，希腊首都雅典城区西部的爱格里奥地铁站由于受到爆炸威胁关闭。当天下午早些时候，当地一个网站接到一名男子的电话，声称在这座地铁车站内已经被放置了爆炸物，并将于当地时间 18 点 15 分引爆。警方随即疏散了这座车站内的乘客和工作人员，并展开彻查。

7 月 7 日，欧盟成员国司法部长和内政部长非正式会议在爱沙尼亚首都塔林闭幕，会议就合作解除移民压力和改善欧盟立法等问题达成一致。鉴于今年以来意大利移民数量激增，有关各方必须采取紧急措施和协调行动，帮助解除地中海中部地区移民压力。具体措施包括帮助流动人员自愿返回原籍国，增强边防控制；更好地协调海上行动，确保流动人员海上安全，防止偷渡活动；运用签证政策等刺激措施，推动在遣返非正常移民方面取得实质成果，改革欧洲避难系统。

7 月 11 日，欧洲边境管理局与参加特赖登行动的成员国表示，同意修改这一行动内容，以帮助意大利接收难民。

7 月 20 日，奥地利外交部长塞巴斯蒂安·库尔茨，要求意大利政府能防止更多的非法移民，通过该国进入欧洲大陆其他国家境内。意大利政府没有立刻要求到达该国的移民在当地申请难民身份，而是让他们随意离开其境内。这一行为不但给近邻中欧各国增加压力，并从侧面鼓励了这条非法移民路线的昌盛，以及更多“蛇头”和偷渡者们的参与。

7 月 24 日，突尼斯、法国和意大利等地中海沿岸国家内政部长与欧盟代表在突尼斯举行第二次地中海移民问题联络小组会议，希望通过强化国际合作，从根源着手应对非法移民难题。

8 月 2 日，利比亚海岸警卫队新闻发言人阿尤布·卡西姆证实，意大利海军当日抵达利比亚首都的黎波里，旨在协助利比亚打击非法移民偷渡。意大利海军来到利比亚，是为加强两国合作打击非法移民，向利比亚提供打击偷渡的技术支持和人员培训。

8 月 26 日，西班牙政府部门连同巴塞罗那市政议会部在巴塞罗那举行大型反恐怖主义大游行，活动的主题是“我不惧怕”。西班牙国王费利佩六世、首相拉霍伊为首，率政府各部门部长，国会主席、参议院院长等政要搭乘三家飞机抵达巴塞罗那参加大游行。支援参加大游行的还有欧盟议会副主席拉蒙·路易斯·瓦尔卡塞尔，欧盟委员会气候行动和能源部部长，西班牙社工党，我们能党、城市市民党等其他党派主席，西班牙其他大区主席、大区议会主席等。

9 月 4 日，在巴塞罗那恐袭发生后，意大利进行了全面的反恐检查。逮捕了 24 人，接到 114 个投诉并扣押了 157 辆面包车，检查超过 39 万人。

9 月 7 日，西班牙内政部称，西班牙国家警察和摩洛哥对内安全总局扫除了在两国境内活动的伊斯兰恐怖组织。

9 月 6 日，西班牙警方和摩洛哥警方联合捣毁了一个极端主义小组，逮捕了 6 名恐怖主义分子。这个极端主义小组处于“危险的激活状态”。摩洛哥警方表示，这些被捕者曾计划发动大规模的袭击，并且在夜间聚集进行身体训练，模拟砍头等犯罪行为。

9 月 14 日，利比亚民族团结政府外交部长西亚拉与意大利驻利比亚大使朱塞佩·佩罗内在利比亚首都的黎波里会晤，商讨遏制非法移民偷渡和向利比亚海岸警卫队提供培训等问题。

9 月 19 日，西班牙国民护卫队在列伊达逮捕了一名 25 岁巴基斯坦籍男子。据悉该男子被指控进行圣战主义自我教育，行动中警方搜查到了许多内有大量圣战恐怖主义内容的信息设备。根据国民护卫队发布的消息，该男子为一个巴基斯坦籍公民组织的成员。

9 月 20 日，西班牙警方宣布逮捕 13 名加泰罗尼亚分离主义者，被捕者包括数名加泰罗尼亚自治区政府高层。加泰大区政府称，政府因他们在网上组织“公投活动”被捕。

9 月 22 日，西班牙内政部表示，一名涉嫌参与发动巴塞罗那恐袭的极端小组有关联的男子被捕。据称，此人涉嫌以他人名义购买爆炸物材料，并为该小组提供车辆。

9 月 28 日，利比亚民族团结政府总理萨拉杰在的黎波里会见到访的意大利外长阿尔法诺，双方同意在维护边境安全、打击非法移民等问题上加强合作。会谈中重点讨论了双方在维护边境安全及打击非法移民、人口走私和有组织犯罪等方面的合作，并就国际社会广泛关注的利比亚政治危机交换了意见。

10 月 1 日，西班牙加泰罗尼亚自治区（加区）无视西班牙宪法法院和中央政府禁令，执意举行独立公投。其间，受命执法的警察与投票者和抗议者在一些投票站发生冲突，导致 400 多人受伤。

10 月 9 日，西班牙首相拉霍伊说，捍卫国家统一和国家主权，是政府职责所在，西班牙绝不可能分裂，将会采取法律赋予我们的一切手段。

10 月 11 日，为了有效打击恐怖活动，遏制通过手机、互联网传递犯罪信息，在意大利民主党和五星运动等多党派共同动议下，意大利政府决定，将逐步调高对手机、互联网的监控级别，相关互联网和手机等公众信息从原来的数据保存两年，提高至信息资料备存 6 年。

10 月 21 日，西班牙召开内阁紧急会议，首相拉霍伊表示，将解散加泰罗尼亚分离主义政府，以阻止加泰罗尼亚大区主席普伊格蒙特宣布独立，在该地区重新选举。这是 1978 年西班牙现行宪法制定以来，这个欧盟重要成员国首次启用这一权力，因此在国际舆论场投下一颗震撼弹。这是一个政治决定，是自西班牙 1978 年走向民主以来中央政府首次利用宪法权力来接管地方自治政府，是拉霍伊在整个职业生涯中采取的最重要的一项措施。

10 月 23 日，为了阻止加泰罗尼亚独立，西班牙政府将强行解散自治区政府，加泰当地政府将于 26 日作出回应。西副首相萨恩斯表示，一旦西班牙议会参议院批准启动宪法第 155 条款，允许中央政府直接接管加泰罗尼亚地区，那么加泰罗尼亚自治区政府及其主席普伊格蒙特将丧失所有权力，并将停止收到薪水。

10 月 27 日，加区议会当天下午单方面宣布“独立”后，西班牙参议院随即召开紧急会议并通过决议，依照西班牙宪法第 155 条，授权中央政府全面接管加泰罗尼亚自治区地方政府权力。拉霍伊随后召开内阁会议讨论具体措施，发表电视讲话，宣布解除加泰罗尼亚自治区主席普伊格德蒙特职务，解散自治区议会，并于 12 月 21 日举行自治区选举。拉霍伊还宣布了其他强制措施，包括解除加泰罗尼亚自治区政府所有官员职务、解除自治区警方负责人职务以及关闭自治区驻外国代表处等。

11 月 25 日，在突尼斯访问的意大利总理保罗·真蒂洛尼说，非法移民问题关系到地中海沿岸国家共同利益，意大利将与突尼斯继续合作，打击非法移民。突尼斯是意大利战略伙伴，突尼斯对待非法移民和恐怖主义蔓延等问题态度坚决，手段有效，两国在这些领域合作进展顺利。

11 月份，在布鲁塞尔举行的欧盟外长理事会会议期间，23 个欧盟国家的外交部长和国防部长签署一项联合协议，就在防务领域的“永久结构性合作”达成一致。签署协议的国家将共同发展防务能力、投资防务项目、增强军事实力。

12 月 2 日，为期三天的第三届地中海对话论坛在意大利首都罗马闭幕。论坛期间，来自 56 个国家的 800 名政要及商业文化界知名人士出席，围绕共享繁荣，共享安全，移民问题，媒体、文化和社会四大议题展开多场对话，旨在通过对话，构建地区发展计划，尤其在地区反恐、安全合作、难民、能源和地区贸易等问题上，推动地区安全稳定和经济发展。意大利总理真蒂洛尼表示，作为一个开放、稳定的国家，意大利已准备好与地中海地区其他国家一道建设全新的地区秩序，愿成为地区各方协商对话的伙伴。

12 月 5 日，西班牙国家警察和摩洛哥警方共同合作，逮捕了四名“伊斯兰国”成员。四名被捕男子均为摩洛哥人，其中有人已经拥有西班牙国籍。警方在赫罗纳抓捕了两名男子，另外两人则分别在 parla 和 Tanger 被捕获。被捕的四名男子基本都与恐怖组织的“传媒工作”与“人事工作”有关，主要负责在各大网络媒体宣扬恐怖主义思想，搜集“潜在人才”，伺机吸引新成员的加入。对于这次行动，西班牙内政部通过推特进行公布。

12 月 6 日，葡萄牙总统德索萨与到访的意大利总统马塔雷拉在葡首都里斯本表示，葡萄牙和意大利将会积极参加构建欧洲共同防卫进程。马塔雷拉说，欧盟共同防卫协议是对欧洲公民需求和关切的切实反应，尤其是在面临困难之时，在共同防卫协议框架下欧盟将会掌握主动，与单个成员国相比，能够发挥更大作用。

12 月 9 日，利比亚和意大利两国政府商定成立打击偷运和贩卖人口犯罪活动联合指挥部，从两国海岸警卫队、检察机关和情报部门抽调代表联合办公，打击非法移民和人口犯罪活动。

2017 年南欧地区遭受恐怖袭击次数及伤亡人数

时　间	意大利		西班牙		希腊	
	袭击次数	伤亡人数	袭击次数	伤亡人数	袭击次数	伤亡人数
1 月						

续表

时 间	意大利		西班牙		希腊	
	袭击次数	伤亡人数	袭击次数	伤亡人数	袭击次数	伤亡人数
2 月						
3 月						
4 月					1	0
5 月	1	0				
6 月						
7 月						
8 月			1	114		
9 月						
10 月						
11 月						
12 月	4	2			1	0
合计	5	2	1	114	2	0
全年，南欧地区共遭受恐怖袭击 8 次，伤亡 116 人。						

第九章／2017年北欧地区反恐怖军事行动*

第一节　北欧地区反恐怖军事行动综述

2017 年，北欧地区恐怖袭击事件与 2016 年相比略有减少，相对于地区其他地方而言安全形势较为稳定。从整体来看主要威胁依然来自“伊斯兰国“和难民问题。一向以福利好、安全有保障的瑞典，也不断发生恐袭事件，让人们饱受困扰的同时也为北欧的安全形势感到担忧。

一、北欧面临的恐怖威胁

（一）“伊斯兰国”恐怖组织影响持续存在，并不断壮大，依然是各类恐怖威胁中的主导因素

自 2014 年极端的“伊斯兰国”组织号召支持者攻击西方国家的公民，并教导他们如何在没有军事配备的情况下，使用石头或刀子展开攻击，或开车冲撞人群后，欧洲已有多地发生车辆冲撞事件。4 月 7 日瑞典首都斯德哥尔摩市中心发生卡车冲撞人群事件，造成 4 人死亡，15 人受伤。瑞典情报机构（SAPO）指出，这是一起蓄意攻击事件。袭击案嫌疑人，曾在社交网站上发布与极端组织“伊斯兰国”有关的宣传内容，表达过对极端组织“伊斯兰国”的同情。另据瑞典国防大学 6 月 14 日发布最新研究报告说，2012 年 6 月至 2016 年 9 月间，共有 267 人由瑞典前往叙利亚和伊拉

* 北欧地区包括 6 个国家和地区：芬兰、瑞典、挪威、冰岛、丹麦、法罗群岛（丹）。

克，加入“伊斯兰国”或“基地”等恐怖组织。这些曾经或仍然居住在瑞典的“圣战”者中，有75%是瑞典公民，另有34%的人生在瑞典。赴国外参加“圣战”的瑞典居民中，76%为男性，他们的平均年龄为26岁，且大部分生活在高犯罪率与经济欠发达地区。最为可怕的是，出国加入极端组织者中，有约1/3的人在叙利亚或伊拉克平均逗留16个月后返回瑞典。各种迹象表明，瑞典的暴力极端分子人数激增，在不到10年时间里增加10倍，安全局势已非常严峻。①

（二）在纷繁复杂的国际反恐斗争形势中，地方帮派浑水摸鱼冲突不断，已成为影响社会安全的次要因素

2017年瑞典国内一些地方枪击事件不断频发，造成多人伤亡，事件的直接原因是地方帮派斗争。有媒体报道，瑞典警方已将全国“治安脆弱地区”从先前的15个增加至23个，在这些地区，帮派冲突频发，警方执法困难，社会安全形势不容乐观。同时，受工作环境恶化、薪酬相对较低、压力普遍较大等因素影响，近年来有很多瑞典警察陆续离职，仅2016年就有460名警察辞职，一定程度上执法力度下降，社会管控得不到有效扼制。

（三）难民逐步成为恐怖袭击的直接参与者，在难民政策的影响下极易情绪化施恐，已逐渐成为影响地区安全稳定的长期性危险因素

根据芬兰安全情报局的情报，当前面临的最直接恐怖威胁来自于“独狼”式恐怖分子和受极端恐怖主义煽动的小型恐怖团伙。2016年以来，大量难民涌入芬兰寻求庇护，而他们大都无法提供有效证件，18岁以下的人被视为未成年人，更容易得到难民居留身份，很多申请避难者因此虚报年龄。4月7日发生在斯德哥尔摩市中心皇后大街上车辆冲撞事件嫌疑人，为一名非法滞留瑞典的乌兹别克斯坦男子。8月18日发生在图尔库的刺伤事件，嫌疑犯是18岁的摩洛哥公民麦卡赫，2016年来到芬兰寻求避难，但避难申请一直未获有关部门批准，出于“与恐怖主义有关”的企图而杀害、伤害他人。在人们为北欧严峻的安全形势感到担忧的同时，超过40%的民众认为需要收紧移民政策。随着难民问题的不断累积，各国难民政策

---

① 参见《瑞典公布近几年本国居民赴叙伊加入极端恐怖组织者情况》，新华社，2017年6月14日，http：//www. xinhuanet. com/。

的不断收紧，生活得不到保障及看不到希望的难民极易受任何政策或社会因素的影响而走向极端。

（四）施恐宣恐手段更加隐蔽，科技化程度不断增强，广大群众受影响较大，极易成为恐怖分子的帮凶

受极端分子增多，网络渗透加剧，恐怖袭击事件频发等因素影响，芬兰上调安全级别以应对恐袭威胁。6 月 14 日芬兰安全情报局表示，由于境内与恐怖主义相关的活动增多，国内受监控对象与恐怖主义之间的联系越来越直接，芬兰所面临的安全威胁大幅增加，比以前任何时候都高。芬兰安全情报局指出，作为国际反恐联盟的重要成员，芬兰已成为极端组织“伊斯兰国”的主要渗透对象，在“伊斯兰国”出版的宣传刊物中，部分以芬兰语写成，直接面向芬兰人传播恐怖主义思想并进行招募。11 月 10 日，瑞典电台 Mix 被黑客入侵，播放了 30 分钟宣扬极端组织“伊斯兰国”的歌曲，被播放的歌曲曾被用在宣传和招募极端分子前往伊拉克和叙利亚的视频上，Mix Megapol 作为瑞典主要电台，每天约有 140 万人收听，影响范围极大。

二、北欧国家的反恐怖军事对策

（一）提高戒备等级，加强人员、武器警戒配备

瑞典首都斯德哥尔摩市中心发生卡车冲撞人群事件后，挪威宣布该国的大城市以及奥斯陆机场的警察都将佩戴武器，芬兰警方也加强对首都赫尔辛基的巡逻。由于芬兰境内与恐怖主义相关的活动增多，芬兰社会所面临的安全威胁大幅增加，芬兰的威胁级别已调至从低到高的第二级别，以确保威胁响应更加有效。同时，将降低门槛，扩大录取范围，加大警官学院的招生数量，以满足社会安全管控需要。

（二）加强情报搜集预警，提前采取应对措施

芬兰情报部门曾于事发前收到有关嫌疑人危险性的报告，但未将之列为重要信息，警方目前已对 350 人实施监控。6 月 7 日，瑞典政府公布了一系列新措施，政府正努力通过打击塑造恐怖主义的意识形态来防止恐怖事件的发生，警方和安全部门将获取更多情报和监控录像，以加强其执法力度，以强化公共安全，防范恐怖袭击事件发生。

（三）加强教育引导，关注社区安全

瑞典政府计划在教育机构开展培训，防范极端主义与种族主义思潮在学校传播。情报机构将与移民局共享情报，及时甄别具有恐怖主义和极端主义倾向的高风险人员。政府还将防范极端组织获得瑞典政府对宗教组织提供的资金。6 月 14 日，挪威政府发表公告，挪威将在全国范围禁止在学校穿戴覆盖脸部的服饰，包括幼儿园、小学、中学、大学等所有公立及私立教育机构，也包括针对难民进行的培训课程等。警方通过关注社区安全，建立起必要的信任，才能有机会了解到真实的情况，掌握具体涉恐情报。

（四）加强国际合作，共同反恐互助共赢

加强反恐领域国际合作，作为一项必要的反恐手段，一直以来备受国际社会认可。6 月 22 日，瑞典和美国将共享警方数据库中的指纹信息，两国警方将在各自超过一年刑期的罪犯指纹数据库中进行自由搜索，搜索到指纹信息后可向对方申请提供指纹对应的身份信息。8 月 25 日，北欧和波罗的海（丹麦、爱沙尼亚、芬兰、冰岛、拉脱维亚、立陶宛、挪威和瑞典）八国外交部长会议在挪威首都奥斯陆举行，旨在加强打击恐怖主义领域的合作。

（五）加强边境安全管控力度，收紧难民政策

过去两年发生在欧洲地区的一系列恐怖袭击表明，恐怖组织有可能利用申根区边境管控上的漏洞，实施越境恐怖袭击，边境管控压力增大，欧盟多个申根区国家采取加强边境检查等管控措施。瑞典和德国拟共同出资在摩洛哥建立青年收容中心，为避难申请被拒者提供住房与监护的计划，由于德国的退出被搁置。10 月 11 日，丹麦政府宣布，出于防恐需要，决定将该国与德国边境的临时管控期限再次延长半年，继续对进入丹麦的人员进行随机身份核验。与此同时，瑞典政府加大了对非法滞留难民的打击力度，并开始对一些看似年龄在 18 岁上下的难民做年龄检测。

第二节　北欧地区主要恐怖袭击事件

2017 年，北欧安全形势受周边国际环境影响较之以往有所恶化，不少极端分子由瑞典转战叙利亚和伊拉克参加“伊斯兰国”或“基地”组织，而后再回到瑞典，其中男性比例占七成，以年轻人居多，大多生活在高犯罪率与经济欠发达地区，且与恐怖组织的交往更加密切。

一、瑞典首都斯德哥尔摩市中心发生卡车冲撞人群事件

2017 年 4 月 7 日下午，瑞典首都斯德哥尔摩市中心购物商区皇后大街（Drottninggatan）发生卡车冲撞人群事件，瑞典警方过后证实已有 4 人死亡，15 人受伤。①

（一）事件背景

瑞典给人的印象多是福利好、安全有保障。然而近些年来的一系列事件表明，瑞典的安全形势有点严峻。美国总统特朗普曾“神预测”了瑞典的一场骚乱。3 月 18 日，特朗普在佛罗里达出席一场集会，当时他力推的“禁穆令”被联邦地方法官冻结，所以他在集会上极力为自己的限制难民政策辩护，还拿欧洲举起了例子。

（二）事件经过

4 月 7 日 13 时左右，一名蒙面人在卡车卸货过程中趁司机不备，跳进驾驶室将卡车开走，随后高速向斯德哥尔摩市中心皇后大街上的人群驶去，最终撞向一处购物中心。汽车撞向购物中心时“像炸弹爆炸一样，商店入口处冒出浓烟”。当天晚间，警方在斯德哥尔摩北郊迈什塔地区逮捕一名卡车袭击案嫌疑人。随后，又逮捕了另一名涉案嫌疑人，该嫌疑人与警方之前逮捕的那名嫌疑人有联系，此人曾在社交网站上发布与极端组织

---

① 参见《瑞典首都发生卡车撞人事件 官方称遭“恐怖袭击”》，中国新闻网，2017 年 4 月 8 日，http：//www. chinanews. com/。

“伊斯兰国”有关的宣传内容。

（三）事件影响

事发后，警方封锁事发区域并疏散人群，议会大厦被封闭戒严，市中心所有地铁线路暂时停运，人们普遍感到北欧也不安全了。瑞典邻国芬兰54%的人认为今年芬兰可能会遭遇恐怖袭击，1/5 的芬兰人因为近来欧洲发生的一系列恐怖袭击改变出行计划，安全感指数降低。瑞典恐袭前，芬兰人最关心的是低收入人口的社会保障；瑞典恐袭后，越来越多的芬兰人对欧洲的暴力和恐怖袭击心存忌惮。

二、其他恐怖袭击事件

5 月 21 日芬兰外交部确认，一名芬兰公民在阿富汗首都喀布尔失踪，很可能已经被绑架。

8 月 18 日下午，芬兰图尔库市中心发生持刀伤人事件，导致 2 人死亡、8 人受重伤。死者是芬兰公民，但受伤者中有一名意大利公民和两名瑞典公民。

11 月 10 日，瑞典电台 Mix 被黑客入侵，播放了 30 分钟宣扬极端组织“伊斯兰国”的歌曲。被播放的歌曲曾被用在宣传和招募极端分子前往伊拉克和叙利亚的视频上。电台方面认为，有人用发射器干扰了电台的频道。

第三节　北欧地区主要反恐怖军事行动

1 月 20 日，北约成员国丹麦参加了美国领导的打击“伊斯兰国”的“内在决心”行动，丹麦将部署特种部队 60 人到伊拉克执行任务。此外，丹麦还表示从 2 月份到 5 月份将出动一艘护卫舰与美国航母一起执行任务。

1 月 31 日，瑞典首相勒文和德国总理默克尔在斯德哥尔摩联合新闻发布会上批评美国的“入境禁令”。

2 月 7 日，欧盟成员国正式同意，让申根区奥地利、德国、丹麦、瑞典和挪威 5 个国家的入境通关检查措施再延长 3 个月。

3 月 16 日，瑞典首相勒文召集安全政策委员会成员举行紧急会议，商讨如何应对有组织犯罪。会后勒文表示，“公众不应惧怕枪击和有组织犯罪，帮派犯罪必须得到有效整治”，政府将研究如何投入更多资源来打击有组织犯罪。内政大臣安德斯·于耶曼表示，警方将在安全局势脆弱地区加大打击力度，各部门将紧密合作共享犯罪分子信息。

4 月 3 日，挪威公布世界首支纯女性特种部队“猎人部队”（Jegertroppen），将根据作战需要将其派上战场。

4 月 8 日，瑞典警方称，因斯德哥尔摩恐怖袭击而被捕的第一名嫌疑人将继续关押以进一步审讯。

4 月 8 日，挪威警方成功拆除了一个稍早前在首都奥斯陆市中心繁忙地区发现的爆炸物装置，同时逮捕了一名嫌犯。

4 月 7 日，欧盟申根国陆海空所有出入境口岸将重新启动安检机构，所有过往旅客必须经过边检人员的检查方可过境。该法律旨在防范恐怖袭击活动的再度发生、控制难民偷渡。欧盟新的反恐法实施后，欧洲申根国家出入境无边检的历史将就此终结，何时能够再度自由出入欧洲申根国，恐怕遥遥无期。

4 月 9 日，挪威警察安全局宣布，鉴于新的形势，包括发生在法国、德国、英国、俄罗斯和瑞典的一系列袭击事件及其可能在挪威产生的影响，决定从即日起提升全国安全威胁等级从第 3 级提高至第 4 级，期限暂定为两个月。同时，向各大城市以及首都奥斯陆加勒穆恩机场增派警力，警察也临时获准携带武器执勤。

4 月 11 日，挪威奥斯陆地区法院下令将在奥斯陆市中心桥下放置炸弹的 17 岁的俄罗斯青年逮捕。

4 月 27 日，瑞典政府公布了一系列措施，包括：加大对雇佣非法移民公司的处罚力度；严查身份证件的制作和发放流程；赋予警方在采集指纹、核查身份证件以及强制执行驱逐命令等方面更大的权力，以加大对非法滞留难民打击力度。

5 月 10 日，瑞典政府宣布，将从 12 日起继续延长边境管控 6 个月。

5 月 17 日，瑞典政府宣布，将于 2018 年进行为期 3 个月的武器特赦，以加强枪支管理，减少未注册枪支的数量。按规定，凡主动将非法持有的枪支和弹药交予警方者，政府将对其免于起诉，也不会公布其姓名。

6 月 7 日，瑞典政府公布了一系列新措施，以强化公共安全，防范恐怖袭击事件发生。

6 月 14 日，挪威政府发表公告，挪威将在全国范围禁止在学校穿戴覆盖脸部的服饰，包括幼儿园、小学、中学、大学等所有公立及私立教育机构，也包括针对难民进行的培训课程等。

6 月 14 日，芬兰安全情报局表示，由于境内与恐怖主义相关的活动增多，芬兰社会所面临的安全威胁大幅增加，将芬兰的威胁级别上调为从低到高的第二级别。

6 月 22 日，瑞典和美国将在今夏以后共享警方数据库中的指纹信息，指纹数据库信息共享会使瑞典和美国更加安全。

6 月 26 日，2011 年在西非国家马里被“基地”组织绑架的瑞典公民约翰·古斯塔夫松近日获释并于 26 日回到瑞典。

6 月 29 日，突尼斯外交部宣布，北欧三国丹麦、挪威和冰岛取消对其旅行警告。

7 月 9 日，日本首相安倍晋三在瑞典首都斯德哥尔摩与该国首相勒文举行会谈，鉴于 4 月在斯德哥尔摩闹市区发生了卡车冲撞人群的恐怖袭击事件，双方就合作加强反恐达成了一致。双方还在会谈中确认，为迎接明年两国建交 150 周年，将以包括防卫装备合作在内的安全保障领域为中心深化两国关系。

8 月 19 日，芬兰警方表示，发生在图尔库的持刀行凶事件已经按照恐怖袭击展开调查。被怀疑与事件有关的多名嫌犯已经被逮捕。

8 月 20 日，瑞典政府宣布，将在未来 3 年内为警方增加 71 亿瑞典克朗（约合 58 亿元人民币）的拨款，以确保社会治安。频发的帮派枪击事件以及郊区警力不足等因素已导致瑞典的社会治安受到严重挑战，警方因此需要更多的资源来维护治安。警方将能够在保留现有警力的同时补充更多人员，并对警员进行更多培训。

8 月 25 日，北欧和波罗的海（丹麦、爱沙尼亚、芬兰、冰岛、拉脱维亚、立陶宛、挪威和瑞典）八国外交部长会议在挪威首都奥斯陆举行。八国外长表示将加强在打击恐怖主义领域的合作。

8 月 26 日，近期极端暴力事件在欧洲频发，部分事件可能与有关国家拒绝接收难民有关，芬兰专家认为应注重解决社会问题以防范极端主义威胁

8 月 27 日，芬兰警方说，本月中旬在芬兰西部重镇图尔库持刀行凶的嫌疑人身份已查明，他此前告诉警方的名字和年龄都为虚假信息。

8 月 29 日，芬兰中央刑警局表示，该国警方释放了 2 名因上周图尔库持刀行凶案件而被捕的嫌疑人。除去被释放的 2 名嫌疑人，目前仍有 2 人在押，一名为行凶的主要嫌疑人，另一名为其同谋。

10 月 11 日，丹麦政府宣布，出于防恐需要，决定将该国与德国边境的临时管控期限再次延长半年，至 2018 年 5 月 12 日，继续对进入丹麦的人员进行随机身份核验。

2017 年北欧地区遭受恐怖袭击次数及伤亡人数

时　间		1 月	2 月	3 月	4 月	5 月	6 月	7 月	8 月	9 月	10 月	11 月	12 月	合计
芬兰	袭击次数					1			1					2
	伤亡人数					1			10					11
瑞典	袭击次数				1							1		2
	伤亡人数				19							0		19
全年，北欧地区共遭受恐怖袭击 4 次，伤亡 30 人。														

第十章 / 2017年东欧地区反恐怖军事行动*

第一节 东欧地区反恐怖军事行动综述

东欧面临的安全威胁是多方面的，不仅有来自恐怖势力的袭击，也有内部的领土分争，同时还有来自周边国家安全形势带来的外在影响，多方因素的汇集，使这个相对较为稳定的区域陷入恐怖气氛笼罩之中。在这个纷争复杂的国际环境中，试图躲避恐怖“独善其身”几乎是不可能的，要维护社会安全稳定就需要有针对性处理化解好各方矛盾。

一、东欧面临的恐怖威胁

2017 年东欧不同程度上受到恐怖主义威胁，尽管在不断地加大反恐打恐力度，然而恐怖活动却未就此消失。对东欧来讲，面临的恐怖威胁主要来自乌克兰危机及其内部斗争，其次才是国际安全形势带来的影响。

（一）内部分裂及利益分割是导致乌克兰冲突不断，暴力恐怖袭击频发的主要诱因

对于乌克兰来讲，2017 年袭击不断，局势时常处于紧张状态，虽未上演战事，却也阴霾密布。内部高层矛盾斗争愈发激烈，外部环境持续恶

---

* 东欧地区包括 7 个国家：爱沙尼亚、拉脱维亚、立陶宛、白俄罗斯、俄罗斯、乌克兰、摩尔多瓦。俄罗斯反恐怖形势已在第三章作了具体分析，所以本章内容不包括俄罗斯部分。

化，已触动了乌克兰本就脆弱的神经。3 月 23 日，乌克兰哈尔科夫州一处弹药库发生爆炸，乌军方认为爆炸或系人为造成，调查显示这是一场有预谋的破坏活动。6 月 27 日，乌首都基辅发生一起轿车爆炸事件，车上一名国防部侦察总局军人被炸身亡。6 月 29 日，乌东部城市顿涅茨克一所商学院发生爆炸，爆炸造成人员伤亡，商学院礼堂和图书馆部分建筑损毁。10 月 25 日，乌克兰基辅市索洛缅斯基区发生摩托车爆炸事件，爆炸导致 5 人受伤，其中 1 人送医后身亡，爆炸被定性为恐怖袭击。

（二）难民问题依然矛盾重重，已成为东欧安全稳定的潜在隐患

通过对欧洲多地发生的恐怖袭击事件调查来看，袭击事件的制造者多为涌入当地的难民所为，虽不是全部但却是主体。纠其原因，是难民很难融入到当地社会，从而产生挫败感，进而做出极端行为。12 月 1 日，白俄罗斯国家边境委员会发布消息说，2017 年以来白俄罗斯边防人员共查获 30 多个非法移民渠道，抓获了 60 多名参与运送非法移民的外国人，这些人来自俄罗斯、格鲁吉亚、土耳其、阿富汗和印度等国。在拘留 330 名非法移民中，85% 的人企图非法过境白俄罗斯进入立陶宛、波兰和拉脱维亚。

（三）乌克兰内部分裂斗争不可调和，冲突升级已成为社会安全稳定的严重威胁

自 2013 年底乌克兰危机爆发后，位于乌东部的顿涅茨克和卢甘斯克自行宣布独立，基辅不予承认。和平进程一波三折，危机至今未获解决。1 月末，乌克兰东部安全局势严重升级，冲突双方多次违反停火协议，并在人口密集的阿夫迪夫卡（Avdiivka）、马克耶夫卡（Makiivka）、亚斯奴瓦纳（Yasynuvata）和顿涅茨克地区频繁交火，东部分离主义武装分子和政府部队之间的距离一直在缩小，几乎已是肉搏相见。1 月 29 日至 2 月 3 日期间，在一座城镇持续了 3 天的激烈交火，已导致至少 13 人死亡，断电使数以千计的当地民众处于极度寒冷的环境中，重燃的战火引发欧盟担忧。目前，在乌克兰政府控制地区已有 80 万至 100 万的境内流离失所者，另有 20 万人可能已从政府控制地区返回非政府控制区，持续的交火可能导致环境污染以及对民用设施带来破坏。另外，在乌政府军与民间武装接触线附近的一个火车站发现了 20 多节车皮的弹药补给，种种迹象表明后续的安全

形势不容乐观。①

（四）国际安全环境已成为影响地区安全稳定的主要风向标

微妙复杂的国际关系和社会环境等因素，使乌克兰局势呈现出诸多不稳定性。俄罗斯《独立报》网站 2 月 1 日刊文称，顿巴斯冲突各方迸发战斗积极性未必是偶然的。许多专家将其与俄美领导人的电话交谈以及华盛顿对基辅的新立场联系在一起，得出的结论是美国不会再帮基辅打击分离主义，也正因如此，“顿涅茨克人民共和国”民兵才在近一年半以来首次破坏停火协议，并大规模动用重型火炮和齐射火箭系统。基辅当局打算用军事手段解决顿巴斯冲突，为完成这些任务乌克兰 15 个陆军旅、210 个空军机组、3 个舰群、28 艘海军舰船、4 个高机动性空降旅和 13 个特种部队以及 10 万后备部队已蓄势待发。对乌克兰而言，美国不仅是其政权的扶持者、维护者，更是其政权得以运转的主要资助者。仅在军事领域，美国就亲自并督促盟友向乌政府军提供了大量武器装备和军用物资等援助。乌政府担心，美俄关系改善后，乌克兰作为美遏制俄罗斯的战略棋子作用将会弱化，美国会逐渐减少对乌政权的支持，使本就脆弱不堪的政权更加岌岌可危。

二、东欧国家的反恐怖军事对策

面对恐怖主义威胁，各国均加大防范和打击力度，恐怖主义虽然遭受挫败，但依然能够兴风作浪，打击恐怖主义仅靠一己之力尚不能完成此大任，国际社会必须综合施策，齐心协力，抓住问题的主要矛盾，才能从根源上打击恐怖势力，实现共赢目标。

（一）积极调和乌克兰问题，消除局部冲突是地区安全稳定的前提

乌克兰危机是东欧地区的主要问题，利益各方必须从中积极协调，才能为区域安全稳定奠定基础。1 月 29 日，乌克兰政府军与民间武装乌东部地区发生暴力冲突，共造成包括平民在内的 13 人死亡。2 月 1 日，乌克兰

---

① 参见《东正教圣诞节期间乌克兰东部发生武装冲突》，环球网，2017 年 1 月 9 日，http：//www. huanqiu. com/。

问题三方联络小组（乌克兰、欧洲安全与合作组织、俄罗斯）在白俄罗斯首都明斯克通过一项声明，呼吁乌冲突双方严格遵守停火机制，要求冲突双方在 2 月 5 日前将重型武器撤至指定地点，并呼吁俄罗斯利用其影响力结束冲突局面。北约也将继续向乌克兰提供政治和实际的支持。乌克兰希望通过加强外交努力，确保美欧大国在乌克兰问题上继续保持一致，对乌提供坚定支持。2 月 7 日，俄罗斯总统普京与德国总理默克尔就乌克兰问题进行了电话沟通，认为乌东部冲突问题除了政治解决外，没有其他途径。双方同意恢复"诺曼底四方会谈"，加大外交斡旋，就调解乌克兰危机采取新措施，包括考虑于近期先进行外长级和领导人助理级接触，然后再最高层次讨论局势。

（二）加强多边对话交流与合作是解决恐怖主义生存发展的基础

2017 年尽管欧洲及世界多国面临着总统大选以及政局更替，但面对恐怖主义这一共同难题，推进建立公正、合理、有效的国际反恐合作机制，加强沟通对话与合作，依然是摆在东欧以及其他各国面前的首选项。

3 月 29 日，乌克兰问题三方联络小组在白俄罗斯首都明斯克结束例行会谈，乌东部冲突各方同意因复活节将至而自 4 月 1 日起停火，并从冲突区域撤出重型武器。4 月 15 日，白俄罗斯总统会见郭声琨，声明安全合作是两国关系的重要组成部分。4 月 26 日，中共中央政治局委员、中央政法委书记孟建柱在北京会见白俄罗斯安全会议国务秘书扎西，双方愿推动包括执法安全、反恐、司法在内的各领域合作，促进两国关系发展迈上新台阶。6 月 2 日，白俄罗斯内务部发布集体安全条约组织（俄罗斯、哈萨克斯坦、白俄罗斯、亚美尼亚、吉尔吉斯斯坦和塔吉克斯坦）采取名为"渠道—西部拦截"联合禁毒行动公告，查获各类毒品 16.7 吨。此次联合禁毒行动得到阿富汗、伊朗、立陶宛和波兰等国及国际刑警组织、中亚地区禁毒信息协调中心、欧洲安全与合作组织等方面的支持，显示了集安组织各成员国与有关国际组织在打击毒品犯罪方面的合作成效。

7 月 9 日，乌克兰总统波罗申科在首都基辅会见到访的美国国务卿蒂勒森，双方就乌目前各领域改革进程和政治解决乌克兰危机等问题交换了意见，表明特朗普政府在乌克兰问题上开始更加积极地参与斡旋。8 月 22 日，俄罗斯总统普京、德国总理默克尔、法国总统马克龙、乌克兰总统波罗申科于晚间通电话讨论了乌克兰问题。四国领导人坚决支持乌克兰问题三方联络小组（乌克兰、俄罗斯、欧洲安全与合作组织）日前达成的关于新学期开始之际在乌克兰东部地区实行停火的决议，认为乌克兰东部停火机制有利于改善本地区的安全形势，给本地区人民带来福祉。10 月 26 日，北约—俄罗斯理事会会议在布鲁塞尔举行，北约秘书长斯托尔滕贝格在会后的新闻发布会上说，双方主要讨论了乌克兰局势、阿富汗问题以及军事风险管控三大议题。12 月 23 日，总统马克龙和德国总理默克尔当天就乌克兰东部局势发表联合声明，呼吁相关各方立刻采取措施，切实从冲突地区撤出重武器，以缓解地区紧张局势。

（三）合理妥善处理难民问题是限制消除恐怖袭击发生的必要条件

难民问题已成为欧洲最大的安全隐患，处理不好将给社会安全稳定带来极大的伤害。3 月 28 日，联合国秘书长古特雷斯呼吁国际社会继续对包括约旦在内的难民接收国加大支持力度。然而 6 月 13 日欧盟委员会移民和内政委员德米提斯·阿兰姆普洛斯表示，针对波兰、匈牙利及捷克三国不配合履行欧盟收容难民协议的情况，欧盟将向这三个东欧国家提起法律诉讼。理由是它们拒绝接收欧盟分配给他们的难民和移民份额。波兰、匈牙利、捷克和斯洛伐克四国总理 2017 年初在波兰首都华沙举行会晤，在拒收难民等问题上达成一致。自 2015 年以来，欧盟遭遇了“二战”以来最为严重的难民危机。当年，欧盟大多数成员国领导人同意收容一定比例的难民，以缓解意大利、希腊等处于难民危机最前沿国家的压力。但是，捷克、波兰、匈牙利等东欧数国对此协议颇有微词，捷克在开始阶段接受了 12 名难民之后就一直拒绝再度接受难民。根据当年达成的难民收容协议，欧盟各国需要按比例收容安置 16 万难民，截至目前仅有 2 万左右的难民得到了安置。①

（四）严格边境管控和加大打击非法移民力度是维护地区安全稳定的必要措施

3 月 1 日，欧洲议会公民自由、司法与内政委员会批准引进一套升级版证件检查系统，用来审核出入申根区国家的外部公民信息。该系统将在

---

① 参见《东欧三国拒履约收容难民将遭欧盟诉讼》，中国新闻网，2017 年 6 月 14 日，http：//www. chinanews. com/。

2018 年底前打造出“智能边界”，能够帮助欧盟识别出非法移民、可疑恐怖分子以及有组织犯罪团伙成员。12 月 1 日，白俄罗斯国家边境委员会发布消息说，全年白边防人员共查获 30 多个非法移民渠道，抓获了 60 多名参与运送非法移民的外国人。这些人来自俄罗斯、格鲁吉亚、土耳其、阿富汗和印度等国。白共拘留 330 名非法移民，主要来自越南、伊拉克、巴基斯坦、阿富汗和印度等国，其中 85% 的人企图非法过境白俄罗斯进入立陶宛、波兰和拉脱维亚。为维护地区稳定，白方加大了打击非法移民的力度。

（五）规范社会秩序杜绝不当生活现象是防护和打击恐怖分子的有力举措

8 月 7 日，拉脱维亚司法部向政府提交法律草案，将禁止穆斯林女性在公共场合穿戴完全遮面的传统服饰及所有会遮盖面部的衣物，例如面罩、头罩或者带面纱的长衫、遮面头巾或斗篷等。同时，该法案规定，清真寺、祷告室、举行宗教活动及进行私人活动的场所不在公共场合之列；在履行公职、参加体育活动或艺术演出及庆祝国家或民族节日活动，以及受健康状况、气候条件等因素影响时，在公共场合可以遮盖面部。类似禁令在法国、比利时以及保加利亚等国已经存在。

（六）加大军事合作是维护地区安全的根本保障

军事手段是应对恐怖威胁的最有力武器，消除恐怖主义除了相应的联合机制外还要相应的打击手段。4 月 26 日，北约宣布在爱沙尼亚举行代号为“锁定的盾牌 2017”大规模网络防御演习，为保护网络安全的专业人员提供训练。7 月 18 日，中白“联合盾牌－2017”联合反恐训练在白俄罗斯内务部内卫部队光明罗夏训练中心如期完成各项训练内容，圆满落下帷幕。中国武警部队司令员王宁上将在致辞中表示，这次联训是落实习近平主席和卢卡申科总统关于建立相互信任、合作共赢的全面战略伙伴关系的实际举措，是深化两支部队务实合作的具体行动，也是打击恐怖势力、维护地区安全稳定的有效措施。9 月 14 日，白俄罗斯国防部第一副部长兼武装力量总参谋长别洛科涅夫表示，俄白两国参加“西部－2017”联合军演的部队当天开始执行相关作战训练任务，为期一周的两国联合军演拉开帷幕。演习将在白俄罗斯境内多个试验场以及俄罗斯境内三个训练场举行，

1.27 万人参演。其中，在白俄罗斯境内参演人数为 1.02 万人。①

第二节　东欧地区主要恐怖袭击事件

1 月 7 日，东正教圣诞节期间，乌克兰政府军与东部民间武装发生冲突，武装分子向政府军开火 72 次，未造成人员受伤，双方互相指责。

3 月 23 日，乌克兰紧急情况部发布消息称，乌克兰哈尔科夫州一处弹药库当地时间 23 日发生爆炸，附近居民被疏散，乌军方认为爆炸或系人为造成。乌军事总检察长马基奥斯称，“相关调查显示，这是一场有预谋的破坏活动，乌克兰边防军已在事发之后加强了东南边境的警戒”。

3 月 23 日，乌克兰驻利比亚大使馆遭枪击，警方在大使馆外墙壁和玻璃发现数枚弹孔，袭击者身份尚不确定。

6 月 27 日，乌克兰首都基辅发生一起轿车爆炸事件，车上一名国防部侦察总局现役上校军官马克西姆·沙波瓦尔被炸身亡，还造成两名行人受轻伤。乌克兰警方已把此事作为“恐怖袭击”进行调查。

6 月 29 日，乌克兰东部城市顿涅茨克一所商学院发生爆炸，爆炸造成人员伤亡，商学院礼堂和图书馆部分建筑损毁。乌克兰东部民间武装自行成立的“顿涅茨克人民共和国”发布初步调查报告说，“这是一起恐怖袭击，有人事先在商学院内放置了自制爆炸物”。

10 月 25 日，乌克兰基辅市索洛缅斯基区发生摩托车爆炸事件，爆炸导致 5 人受伤，其中 1 人遇难，其中乌议会议员莫西丘克受伤，其保镖送医后身亡。爆炸被定性为恐怖袭击，乌安全局将进行调查。

第三节　东欧地区主要反恐怖军事行动

2017 年，东欧在爆炸声中跨年。与此同时，恐怖主义在世界范围内肆

---

① 参见《俄白开始举行“西部－2017”联合军演》，新华社，2017 年 9 月 15 日，http：//www.xinhuanet.com/。

虐，制造多起严重恐袭事件。接二连三的恐袭事件让世人再次真切而清醒地意识到，恐怖主义仍在蔓延，恐怖活动仍在持续，反恐之战任重道远，反恐治恐刻不容缓。

2 月 1 日，乌克兰问题三方联络小组（乌克兰、欧洲安全与合作组织、俄罗斯）在白俄罗斯首都明斯克通过一项声明，呼吁乌冲突双方严格遵守停火机制。

2 月 7 日，欧洲安全与合作组织（欧安组织）特别代表萨伊迪克发表声明，敦促乌克兰东部冲突双方立即将重型武器从顿巴斯地区的居民区中撤离。萨伊迪克说，只有无条件地撤离所有新明斯克协议禁止的重型武器，才能确保实现停火。联合国安理会、欧安组织等纷纷发表声明，呼吁乌克兰政府同东部民间武装尽快停止军事行动，恢复停火机制。

3 月 1 日，欧洲议会公民自由、司法与内政委员会日前已批准引进一套升级版证件检查系统，用来审核出入申根区国家的外部公民信息。这种新系统将在 2018 年底前打造出“智能边界”。“智能边界”将能够帮助欧盟识别出非法移民、可疑恐怖分子以及有组织犯罪团伙成员。

3 月 28 日，联合国秘书长古特雷斯在约旦死海之滨举行的第 28 届阿拉伯国家联盟首脑会议上，呼吁国际社会继续对包括约旦在内的难民接收国加大支持力度。

3 月 29 日，乌克兰问题三方联络小组（乌克兰、欧洲安全与合作组织、俄罗斯）在白俄罗斯首都明斯克结束例行会谈，乌东部冲突各方同意因复活节将至而自 4 月 1 日起停火，冲突各方商定自 4 月 1 日凌晨起实施停火并从冲突区域撤出重型武器。

4 月 4 日，欧洲理事会主席图斯克到访保加利亚，与保总统拉德夫就欧盟边界安全问题举行会谈。图斯克说，欧盟决心继续关闭非法移民进入欧盟的通道，并已制定应急计划，随时准备对边界移民压力上升作出快速反应，为保加利亚提供援助。

4 月 5 日，美国、法国和英国已就伊德利卜省化学武器的使用问题向联合国安理会提交了一项决议草案，要求打击叙利亚化学武器。

4 月 26 日，北约宣布于在爱沙尼亚举行代号为“锁定的盾牌 2017”的大规模网络防御演习，此次演习是世界上规模最大、最先进的网络防御演习，来自 25 个北约成员国及伙伴国的近 800 人参加为期 5 天的演习，其中包括美国、英国、芬兰、瑞典和爱沙尼亚等国的安全专家以及军事和司法工作人员，目的是为保护网络安全的专业人员提供训练。

6 月 13 日，欧盟委员会移民和内政委员德米提斯·阿兰姆普洛斯表示，针对波兰、匈牙利及捷克三国不配合履行欧盟收容难民协议的情况，欧盟将向这三个东欧国家提起法律诉讼。

6 月 30 日，乌总统波罗申科在首都基辅出席情报总局上校沙波瓦尔和安全局上校沃兹内伊的遗体告别仪式举行，向死者遗体献花，并向死者亲属及其战友致以深切慰问。

7 月 9 日，乌克兰总统波罗申科在首都基辅会见到访的美国国务卿蒂勒森，双方就乌目前各领域改革进程和政治解决乌克兰危机等问题交换了意见。

7 月 18 日，中白“联合盾牌 –2017”联合反恐训练在白俄罗斯内务部内卫部队光明罗夏训练中心如期完成各项训练内容，圆满落下帷幕。这次联训是落实习近平主席和卢卡申科总统关于建立相互信任、合作共赢的全面战略伙伴关系的实际举措，是深化两支部队务实合作的具体行动，也是打击恐怖势力、维护地区安全稳定的有效措施。

8 月 7 日，拉脱维亚司法部向政府提交法律草案，将禁止穆斯林女性在公共场合穿戴完全遮面的传统服饰及所有会遮盖面部的衣物。该法案旨在保护拉脱维亚和欧洲的文化空间，也关系到即将移民至拉脱维亚，以及将来想在拉脱维亚生活的民众。

8 月 22 日，俄罗斯总统普京、德国总理默克尔、法国总统马克龙、乌克兰总统波罗申科于晚间通电话讨论了乌克兰问题。四国领导人坚决支持乌克兰问题三方联络小组（乌克兰、俄罗斯、欧洲安全与合作组织）日前达成的关于新学期开始之际在乌克兰东部地区实行停火的决议，乌克兰东部停火机制有利于改善本地区的安全形势，给本地区人民带来福祉。

9 月 14 日，俄白两国参加“西部 –2017”联合军演的部队当天开始执行相关作战训练任务，为期一周的两国联合军演拉开帷幕。军演预设背景是极端主义团体深入白俄罗斯和俄罗斯加里宁格勒地区并实施恐怖主义行动，军演意在完善各级参谋部作战协调性、对接两国军队及武器指挥系统，帮助指挥官掌握规划军事活动和管理部队的技能等。

10 月 26 日，北约—俄罗斯理事会会议在布鲁塞尔举行，北约秘书长斯托尔滕贝格在会后的新闻发布会上说，双方主要讨论了乌克兰局势、阿富汗问题以及军事风险管控三大议题。

12 月 1 日，白俄罗斯国家边境委员会发布消息说，今年以来白边防人员共查获 30 多个非法移民渠道，抓获了 60 多名参与运送非法移民的外国人，主要来自俄罗斯、格鲁吉亚、土耳其、阿富汗和印度等国。

12 月 23 日，法国总统府表示，总统马克龙和德国总理默克尔当天就乌克兰东部局势发表联合声明，呼吁相关各方立刻采取措施，切实从冲突地区撤出重武器，以缓解地区紧张局势。

12 月 27 日，乌克兰政府同乌东部民间武装进行了自冲突以来最大规模的战俘交换，乌政府用 238 人换回 74 人。

2017 年东欧地区遭受恐怖袭击次数及伤亡人数

时间		1 月	2 月	3 月	4 月	5 月	6 月	7 月	8 月	9 月	10 月	11 月	12 月	合计
乌克兰	袭击次数			2			2				1			5
	伤亡人数			0			6				6			12
全年，东欧地区除俄罗斯以外，共遭受恐怖袭击 5 次，伤亡 12 人。														

第十一章／2017年南亚地区及阿富汗反恐怖军事行动*

第一节　南亚地区及阿富汗反恐怖军事行动综述

2017 年，南亚及阿富汗地区共遭受恐怖袭 115 次，伤亡 3892 人，恐怖形势更加严峻。塔利班占领了更多地盘，极端组织“伊斯兰国”趁势扩大在该区域的影响力，“基地”组织也重新建立了训练营，这一切都令本地区安全形势更加不容乐观。南亚各国及阿富汗继续强化反恐力量，加大反恐打击力度，争取国际社会支持，反恐怖斗争仍面临严峻考验。

一、南亚及阿富汗面临的恐怖形势

2017 年，伴随着“伊斯兰国”在中东军事失利、逐步收缩，“伊斯兰国”或还将进一步加紧对外、尤其对南亚渗透，且扩张势头迅猛，“基地”恐怖组织在巴基斯坦及其邻国阿富汗卷土重来，不断制造恐怖影响。

（一）改变恐袭策略，极端组织在阿富汗的威胁逐渐上升

随着极端组织“伊斯兰国”在伊拉克、叙利亚节节败退，“伊斯兰国”及塔利班组织近来不断向阿富汗边境省份渗透，在一些政府难以掌控地区的活动日趋频繁。联合国阿富汗援助团 27 日发布的最新数据显示，2017

---

* 南亚地区包括的国家有：尼泊尔、不丹、孟加拉国、印度（包括锡金区）、巴基斯坦、斯里兰卡、马尔代夫七个国家。因中东地区不包括阿富汗，所以前面未对阿富汗反恐怖形势作以分析；又因阿富汗与巴基斯坦境内都是塔利班在作乱，所以将阿富汗并入南亚地区一并进行分析。

年第一季度，平民伤亡人数达2181人，比2016年同期下降4%。但阿富汗妇女伤亡人数达273人，比2016年同期增加了24%。儿童伤亡人数达735人，比2016年同期增加3%。

2017年1月以来，阿富汗首都喀布尔接连发生恐怖袭击，造成数百人伤亡，警察局、军用医院乃至阿最高法院和国家安全局均成为袭击目标；1月份，位于喀布尔的阿富汗最高法院附近发生自杀式爆炸袭击，造成21人死亡、41人受伤，"伊斯兰国"随后"认领"这场袭击。4月21日，阿国民军位于北部马扎里沙里夫的驻地遭袭，造成至少150人死亡、80余人受伤。阿富汗塔利班宣称制造了这起该国今年以来发生的最严重的袭击事件。4月24日，美军驻阿富汗东部霍斯特省一处军事基地附近当天遭自杀式汽车炸弹袭击，造成至少5人死亡、8人受伤。袭击发生在该省首府霍斯特市的一处哨所。

4月28日，阿富汗塔利班宣布展开"春季攻势"，称驻扎在该国的外国军队将成为其主要目标。塔利班在一份声明中称，关键目标将是"外国军队，军事基础设施和情报机构，以及消灭他们在当地的雇佣军"。过去，"伊斯兰国"恐怖分子都是挑平民聚集的地点下手，特别是什叶派穆斯林居多的地方，这是它们第一次与安全部队进行正面交锋，或表明该组织已经改变在阿富汗的策略。联合国安理会在3月17日通过的第2344号决议中称，阿富汗境内的"伊斯兰国"附属团体可能会增加，严重威胁阿富汗及周边地区的安全形势，安理会对此表示严重关切。根据决议，联合国阿富汗援助团任务期将延长一年。安理会决议指出，目前塔利班、"哈卡尼网络"、"基地"组织、"伊斯兰国"附属团体以及其他恐怖组织、暴力极端主义组织、非法武装组织在阿富汗的威胁持续存在，这些组织目前正不断获得各种武器，严重危害阿富汗的安全稳定。

（二）恐怖暴力频发，巴基斯坦显恐袭回潮之势

2月份，巴基斯坦全国各地接连发生7起袭击事件，导致超过100人死亡，其中16日夜发生在南部信德省塞赫万地区的袭击就造成至少83人死亡。13日，在旁遮普省首府拉合尔市发生一起针对集会的自杀式爆炸袭击，造成包括袭击者在内的15人死亡，超过60人受伤；同日，分别在巴基斯坦西北部的部落地区和西南部俾路支省各发生一起爆炸，共造成6人死亡，十几人受伤。巴基斯坦塔利班一分支机构宣布制造了以上3次袭击。

15 日下午，巴基斯坦西北部部落地区接连发生两起爆炸袭击，导致至少 4 人死亡，十几人受伤；16 日早些时候，俾路支省阿瓦兰地区的一辆安保车辆遭路边炸弹袭击，导致 3 名士兵死亡。

巴基斯坦情报部门负责人在参议院会议上说，外部势力正在资助恐怖组织在巴基斯坦发动袭击，这其中就包括了与“伊斯兰国”有染的部分武装组织。旁遮普省和平安全委员会主席阿什拉夫说，一些巴基斯坦塔利班分支机构曾宣布效忠“伊斯兰国”。同时，“伊斯兰国”支持者也会在巴基斯坦境内分发宣传其极端思想的宣传资料，或在街头书写支持“伊斯兰国”的标语。阿什拉夫认为，巴境内接连不断遭遇恐怖袭击说明恐怖主义顽疾并未根治，恐怖分子在面对军方反恐行动时或转入地下、或逃窜至阿富汗境内。他说，这些袭击者多来自阿富汗，但其资助者仍隐藏在巴基斯坦，近期的暴力事件表明恐怖分子已经重新建立作案网络。

（三）安全局势持续恶化，各国中东政策让地区不稳定因素增加

阿富汗安全局势近期持续恶化，政府军不断遭塔利班等武装的袭扰。随着塔利班宣布启动“春季攻势”后，袭击事件频繁发生。根据美国阿富汗重建特别监察长办公室今年 2 月发布的一份报告，阿富汗政府目前能有效控制的领土只有 52%，与 2015 年的 72% 相比下滑明显。2016 年 11 月 12 日至 2017 年 1 月 1 日，共有 6785 名阿安全部队士兵在作战中死亡。“阿富汗安全部队力量正在不断削弱，士兵死亡人数以及被武装分子控制和影响的地区数量都在增长。”鉴于当前形势，大约 300 名美国海军陆战队士兵将重返阿南部赫尔曼德省。

5 月 11 日，北大西洋公约组织秘书长斯托尔滕贝格当天表示，军事首长希望联盟能增派数千名军人至阿富汗，以对抗极端组织武装分子。斯托尔滕贝格在伦敦唐宁街首相办公室与英国首相会面后称，需增兵训练当地部队。他表示：“我们接获我们的军事当局请求，希望在阿富汗增加部署数千兵力。我们正在评估这项请求，将在数周内就任务规模和范围做出决定。但这并非重返在阿富汗的战斗行动。”11 日，德国总理默克尔公开表示，德国军队将继续主导在阿富汗北部地区的培训任务，但如果北约确定向阿富汗增兵，德国可不愿意当“排头兵”。另一方面值得注意的是，塔利班在近几年的“春季攻势”声明中，几乎每年都宣布将目标对准以美国为首的北约部队。有分析指出，当前阿富汗和平进程进展缓慢，一方面是因为塔利班领导人更替导致该组织内讧不断，拖累和平谈判；另一方面则源于阿政府和塔利班在对外国武装态度上的巨大差异。塔利班长期以来一直坚持所有外国武装必须撤离阿富汗，否则“一切免谈”，而阿富汗政府则显然难以满足这一要求。

（四）人道主义危机加剧，战乱频仍平民伤亡不断

受阿富汗国内不同形式的暴力和冲突影响，该国 2017 年平民伤亡人数有增无减，战乱带来的人道主义危机愈演愈烈。平民伤亡不断，美国等西方国家难辞其咎。

造成阿富汗平民伤亡的主要原因是地面交战，其次是自杀式袭击、有针对性袭击以及简易爆炸装置。极端组织将自杀式和有针对性袭击作为杀害平民的主要手段，其制造的暴力袭击往往导致大量平民伤亡。此外，塔利班发动恐怖袭击、北约驻阿富汗部队和阿富汗安全部队旨在打击武装分子的空袭行动，也分别引发平民伤亡。联合国秘书长阿富汗问题特别代表山本忠通表示，令人震惊的冲突遍及阿富汗各个角落，夺走了阿富汗人民的生命，破坏了人们赖以生存的社区。真正保护平民，需要作出承诺和履行切实行动，以维护平民免受冲突各方不加区分和蓄意的伤害。

有分析认为，自 2001 年美国发动阿富汗战争推翻塔利班政权以来，阿富汗一直饱受暴力和冲突的困扰。一方面，因美国“入侵”而遭推翻政权的塔利班从未放弃军事行动。与此同时，极端组织“伊斯兰国”近期也在阿富汗立足，并意图寻求将恐怖活动扩散到阿富汗更多地区，为阿富汗安全局势带来了新的威胁。巴基斯坦伊斯兰堡政策研究所所长哈立德·拉赫曼在接受《人民日报》记者采访时表示，由于长期遭受战乱，阿富汗国内陷入冲突不断、安全堪忧和普遍贫困，也在客观上致使阿富汗难民问题愈演愈烈，而美国等西方国家对阿富汗多年的战乱负有不可推卸的责任。

另外让人揪心的是阿富汗国内冲突带来的人道主义灾难，今年 1 月 9 日，联合国人道主义事务协调厅发布了名为“2017 阿富汗人道主义援助概览”报告。该报告指出，阿富汗仍是全世界最危险、最充满暴力和危机的国家之一。预计阿富汗今年需要人道主义援助的人数将增长 13%，达到 930 万。报告显示，战争和冲突导致阿富汗流离失所的人数与日俱增。去年 11 月，因冲突而无家可归的阿富汗难民达 50 万，达到历史最高，其中儿童占 56%。此外，阿富汗有 160 万人严重缺乏食物保障，另有 180 万民众需要紧急治疗，其中 130 万是 5 岁以下儿童。巴基斯坦《黎明报》报道称，2016 年有 70 多万难民被迫返回阿富汗。遭驱逐的难民回国后将面临不确定的未来，包括阿富汗在内的难民问题已使阿富汗政府和一些欧洲国家难以应对，单纯依靠国际社会提供财政和人道主义援助并非阿富汗难民问题的解决之道。大量阿富汗难民被遣返回国，使阿富汗政府面临诸多困难和挑战，将给国际社会带来更大难题。国际货币基金组织认为，被遣返回国的阿富汗难民已由“涓涓细流”发展成难以抵挡的“洪水”。这些被迫返阿的难民，加剧了阿富汗政府在失业率居高和民众流离失所危机日益严峻的环境中吸纳难民的能力，也给地区安全增加了隐患。①

二、南亚国家及阿富汗的反恐怖军事对策

2017 年，面对日益严峻的恐怖威胁，南亚各国多种举措加强反恐力度，积极开展反恐合作，组织各种反恐军事演习，提高部队打击恐怖主义的快速反应和协同作战能力，主动寻求国际社会支持，积极应对恐怖威胁。

（一）多措并举打击恐怖组织

新年伊始，阿富汗数地发生恐怖袭击，严峻的安全形势再次成为全国上下关注焦点。面对持续动荡的安全局势，自 2016 年 12 月以来，阿富汗国防部、内政部等多个部门展开联合行动，发起“冬季攻势”，旨在向反政府武装组织施加压力，使其春季无法展开进一步袭击。2 月 23 日，巴基斯坦军方在全国范围内开展大规模反恐军事行动，将“无条件、不加选择”地消灭恐怖主义威胁。据巴基斯坦《黎明报》消息，巴军方在当天的声明中称，此次反恐行动代号为“消除不和谐”，旨在全面消灭一切形式的潜在恐怖主义威胁，确保巴基斯坦边境安全，巩固胜利成果。阿富汗亚利安那新闻网站 3 日援引国防部发言人穆罕默德·拉德马尼什的话说，阿安全部队自入冬以来，已在全国开展了 21 次军事行动，重点打击极端武装分子据点。在空中力量的配合下，安全部队持续在赫拉特、乌鲁兹甘、坎

① 参见《阿富汗人道主义危机加剧战乱频仍 平民伤亡不断》，《人民日报》，2017 年 02 月 07 日。

大哈、法里亚布等全国 18 个省份展开代号为“黎明 2 号”和“胜利 22 号”的清剿行动。对于“冬季攻势”的时间表，拉德马尼什表示，行动会一直持续下去，直到军方“完全清除武装分子的藏身处”。针对阿安全部队的“冬季攻势”，有分析人士认为，政府选择在冬天对反政府武装藏身之处展开清剿是合理的战术。因为反政府武装组织通常会利用冬季休整队伍、补充人员，并在冬季之后伺机策动恐怖袭击。除展开“冬季攻势”外，阿富汗总统府日前发布声明，宣布国家安全委员会通过一项旨在进一步发展阿国防和安全部队的“四年计划”。据悉，这份“四年计划”的内容涉及惩治军队腐败、促进管理改革、加强各部门间协作以及进一步提升军队战斗力等。

（二）加强反恐合作提升反恐能力

2 月 6 日，巴基斯坦总理外交事务特别助理赛义德·塔里克·法特米与目前正在伊斯兰堡进行为期三天访问的中国国家反恐安全专员程国平举行了会谈，双方回顾了两国关系的方方面面，特别关注了中巴经济走廊的安全问题。法特米说，巴基斯坦将它与中国的关系视为本国外交政策的“基石”，巴基斯坦会继续在中国所有核心利益问题上支持中方，其中包括打击恐怖主义与分裂主义这些“恶势力”。2 月 10 日，代号为“AMAN 2017”的多国海上联合军演在巴基斯坦南部港口城市卡拉奇拉开帷幕，演习目的是为应对传统和非传统安全威胁。巴基斯坦海军中将阿瑞福拉·侯赛尼当天在联合军演开幕式上说，本次演习的目的是制定应对传统与非传统安全威胁的“程序和技术”，演习将有助于在本地区打击人口贩运、贩毒和恐怖主义。巴基斯坦总理谢里夫致函说，印度洋地区海上安全挑战是多维、多方面的，面临着海上恐怖主义、贩毒、海盗等安全威胁，因此加强国际海军合作十分必要。作为阿拉伯海海上安全的一个重要利益攸关方，巴基斯坦致力于维护本地区航行自由与海洋秩序。来自中国、美国、俄罗斯、英国、日本、澳大利亚等 37 个国家的 15 艘舰艇、2 架 P-3C“猎户座”反潜巡逻机、5 架直升机以及 11 支特种部队和排爆小组等将参加演习。演习将分为港口演练和海上演习两个阶段，主要包括海上搜救、反海盗、海上补给与反恐等。

（三）寻求他国支援强化反恐战线

阿富汗安全形势不断恶化，增兵呼声增强。近来，塔利班、“伊斯兰国”、武装组织“哈卡尼网络”等在阿富汗频频发动伤亡惨重的恐怖袭击。6月17日，阿富汗北部马扎里沙里夫沙欣军营的内部袭击事件，北约官方声称造成7名美军士兵受伤。而该军营上次遭到袭击是4月21日，由塔利班武装分子发动，造成至少140人死亡。5月31日喀布尔爆炸袭击造成超过150人死亡。有分析认为，在叙利亚和伊拉克的“伊斯兰国”不断被打散的情势下，阿富汗成了恐怖分子重新积蓄力量的选择。俄罗斯卫星通讯社6月初援引俄罗斯国防部长在上合组织会议上的讲话指出，“伊斯兰国”武装分子在阿富汗地位加强值得警惕，目前其数量已达3500人，威胁着阿富汗及其邻国的安全。为应对严峻的安全形势，美国军方不断传出增强兵力的呼吁。英国《金融时报》报道，早在2017年2月，驻阿富汗美军司令约翰·尼科尔森就声称，留在阿富汗的西方联军存在“几千人的缺口”，呼吁增兵“数千人”。6月14日《华盛顿邮报》报道，美国防部长马蒂斯在国会呼吁，美国到目前为止并没有取得在阿富汗的胜利，应当进一步采取措施扭转局面。6月15日报道，鉴于近期阿富汗安全局势持续恶化，五角大楼将向阿增兵近4000人，如果计划落实，这将是近年来美国向当地最大规模的增兵计划。此次增兵计划由国防部长詹姆斯·马蒂斯敲定，最早将于下周正式宣布。增兵的主要目的是训练阿富汗安全部队。此外，一小部分增派士兵将投入到反恐作战行动中，包括对塔利班武装发动袭击，支援阿富汗安全部队反恐行动。

第二节　南亚地区及阿富汗主要恐怖袭击事件

一、阿富汗一军事基地遭塔利班袭击，遇难人数增至140人

4月21日，塔利班武装人员21日乔装成军人袭击阿富汗国民军驻北部巴尔赫省马扎里沙里夫基地，造成至少140名士兵死亡、60余人受伤。

（一）事件背景

近年来，阿富汗国内安全局势一直堪忧，频繁发生的武装冲突造成大量人员伤亡。联合国阿富汗援助团 27 日发布的最新数据显示，2017 年第一季度，平民伤亡人数达 2181 人，比 2016 年同期下降 4%。但阿富汗妇女伤亡人数达 273 人，比 2016 年同期增加了 24%。儿童伤亡人数达 735 人，比 2016 年同期增加 3%。阿富汗局势最近几个月显著恶化。此前控制了该国大量农村地区的塔利班对大城市展开了进攻。同时，极端组织“伊斯兰国”在该国的影响也越来越强。塔利班的发言人扎比胡拉较后发布声明称，此次袭击是针对多名塔利班头目在阿富汗北部被杀而展开的报复行动。

（二）事件经过

伪装成阿富汗军人的武装分子闯入了位于巴尔赫省的军事基地。塔利班运动声称对此次袭击负责。攻击目标是清真寺和食堂，那里有阿富汗军人，也许还有在基地工作的平民。”塔利班的发言人扎比胡拉较后发布声明称，此次袭击是针对多名塔利班头目在阿富汗北部被杀而展开的报复行动。

（三）事件影响

阿富汗总统加尼宣布，23 日举国为遇难士兵降半旗哀悼一天。加尼 22 日到遇袭的马扎里沙里夫（Mazar-i-Sharif）军事基地探访后做出这项宣布。他也和安全部队高级官员召开紧急会议，并下令“严正调查此事”。24 日，阿富汗国防部长和国民军总参谋长宣布辞职。阿富汗总统加尼办公室发表的声明称，加尼已经接受了两人的辞呈。[①]

二、阿富汗首都爆炸致 90 人死亡

（详见第一章内容）

---

① 参见《阿富汗一军事基地遭塔利班袭击 遇难人数增至 140 人》，中国新闻网，2017 年 04 月 22 日。

三、阿富汗连环爆炸致 56 人死亡

1 月 10 日下午，阿富汗首都喀布尔议会大厦附近发生两次爆炸，造成至少 36 人死亡、80 人受伤。喀布尔警察局刑事调查部主管奥巴伊迪称："先是一名自杀式袭击者自爆，接着是汽车炸弹袭击，造成了多人伤亡，大部分受害者是平民。"塔利班已宣布对喀布尔的两次爆炸负责。阿富汗总统加尼对针对平民的袭击予以强烈谴责。

四、巴基斯坦菜市场炸弹袭击事件

1 月 21 日上午，发生在巴基斯坦西北部部落地区一蔬菜市场的炸弹袭击事件已造成至少 25 人死亡，另有 50 多人受伤。据当地媒体此前报道，当天上午，巴基斯坦西北部与阿富汗交界的古勒姆特区一个蔬菜市场内发生爆炸，6 人当场被炸死，7 名伤者因医治无效死亡，另有多人伤势严重。爆炸还造成两辆汽车和数间商铺被毁。

五、阿富汗最高法院遭遇自杀式炸弹袭击致 21 人丧生

2 月 8 日，位于阿富汗首都喀布尔的阿富汗最高法院 7 日遭遇自杀式炸弹袭击，目前已经造成 21 人丧生，另有数十人受伤。据法新社等媒体报道，袭击者在阿富汗最高法院的停车场引爆了炸弹，而事发时间正好是最高法院工作人员的下班时间，因而造成严重人员伤亡。根据喀布尔卫生部门的初步统计，多数死伤者是最高法院的工作人员。此外，在 21 名死者中至少有 11 名妇女和儿童。

六、巴基斯坦拉合尔遭爆炸袭击近百人伤亡

2 月 13 日傍晚，巴基斯坦旁遮普省首府拉合尔市遭遇自杀式爆炸袭击，据巴基斯坦媒体最新报道称，袭击已造成包括两名高级警官在内的 13 人死亡，另有 86 人受伤。据巴基斯坦 APP 通讯社援引当地急救部门的消息称，袭击发生时，一些制药机构和药品供应商正在拉合尔市议会附近进

行示威游行，表达诉求。据法新社消息称，有近 400 人参与了游行。当地时间下午 6 时 10 分左右，一名自杀式袭击者从一辆媒体直播车后面冲入人群并引爆了身上的炸弹。事发后，当地救援部门迅速赶赴现场。旁遮普省政府发布通知，要求各家医院启动紧急预案，最大限度救治伤员。

七、巴基斯坦自杀式炸弹袭击致 81 人死亡、逾 250 人受伤

2 月 16 日夜间，巴基斯坦南部信德省一座人潮拥挤的伊斯兰教苏菲派（Sufi）圣殿遭自杀炸弹袭击，造成至少 88 人死亡、逾 250 人受伤；“伊斯兰国”宣称犯下此案。塞赫万地区一名高级警官说，自杀式袭击者混入这一宗教场所大门后引爆了随身携带的爆炸物。爆炸发生时，该宗教场所内约有 500 人至 800 人。在这场恐怖爆炸攻击中，许多伤亡者是妇女和儿童。当地官员证实，自杀炸弹是发生在清真寺内，并引发寺内人们的恐慌而导致相互踩踏。据调查显示，自杀式袭击者乔装成当地妇女，身着“布卡”罩袍，趁该地区夜间停电期间，骗过安保人员，混入事发场所。这起恐怖袭击爆炸案是由至少重达 8 千克炸药的自杀式引爆装置所引爆，炸弹中还放入螺帽与钉子以增强杀伤力。①

八、巴基斯坦旁遮普省首府发生爆炸至少 31 人死伤

2 月 23 日，巴基斯坦东部旁遮普省首府拉合尔发生爆炸，造成至少 8 人死亡，23 人受伤。据巴基斯坦 GEO 新闻网报道，当地时间 23 日中午，拉合尔国防住房管理局所辖区域一栋正在施工的建筑物发生爆炸，在其周边有人流密集的购物中心和多家餐厅。炸弹处理小组的信息显示，袭击者通过计时装置引爆了提前放置在建筑物内的炸弹，使用了多达 8—10 千克炸药。事后当地警方封锁现场并展开调查。当地电视台画面显示，剧烈的爆炸震碎了附近数座建筑物的窗户，停放在附近的车辆挡风玻璃被震碎，现场有浓烟和灰尘。

---

① 参见《巴基斯坦自杀式炸弹袭击致 81 人死亡、逾 250 人伤》，中国新闻网，2017 年 02 月 17 日。

九、阿富汗首都一所军队医院遭恐袭致 30 人死亡、50 人受伤

3 月 8 日，阿富汗首都喀布尔一所军队医院遭恐怖攻击，袭击共造成至少 30 人死亡，50 人受伤。阿富汗官员表示，极端分子伪装成医生闯进医院，引爆炸弹后开枪扫射，从医院屋顶空降的突击队，历经几个小时的激战，歼灭 4 名恐怖分子。阿富汗最大武装势力塔利班游击队，否认攻击与它们有关。极端组织"伊斯兰国"宣称犯案。

十、巴基斯坦三大主要城市接连发生恐怖袭击造成 40 多人丧生、近 100 人受伤

6 月 23 日，第一起袭击事件发生在巴基斯坦西南部城市奎达，汽车炸弹爆炸造成至少 13 人丧生，20 人受伤，袭击目标是警方高级官员，死者里至少有 7 个保安部队人员。"伊斯兰国"和巴基斯坦的塔利班分支"自由人党"都宣称，对奎达的袭击事件负责。几小时过后，巴基斯坦西北部城镇巴勒吉纳尔发生 2 起爆炸，袭击目标是临近阿富汗边境的吉勒姆半自治部落区一个拥挤的市场，至少造成 25 人丧生。一位地方议员告诉当地媒体说，下午上下班高峰期时先是发生了一起小爆炸，继而又是一次大爆炸。他表示，预计死亡人数还会上升。来自当地医院的消息说，从爆炸现场送往医院的人，有 30 多人情况危急。23 日晚些时候，枪手在港口城市卡拉奇的一家路边餐馆对警察发动袭击，造成 4 人丧生。

十一、其他恐怖袭击事件

1 月 9 日，一队人数不明的武装分子袭击了印控克什米尔地区阿克诺奥尔（Akhnoor）的一个工程师营地，造成 3 人身亡。

1 月 11 日，阿富汗塔利班公布一段人质求救录像，其中出现的是 2016 年 8 月遭绑架的 1 名澳大利亚人和 1 名美国人。这是他们被绑架以来首次有公开证据表明他们还活着。在录像中，他们恳求的对象是美国候任总统唐纳德·特朗普，而非依然在任的总统贝拉克·奥巴马。

1 月 15 日，阿富汗东部楠格哈尔省当天发生一起路边炸弹袭击事件，

已造成7名平民死亡，另有两人受伤。

1月15日，极端组织“伊斯兰国”武装分子当天在阿富汗东部楠格哈尔省哈斯基·米纳地区一所宗教学校绑架了13名宗教学者。上午，一群宗教学者正在哈斯基·米纳地区的一所宗教学校对学生们进行考试，被“伊斯兰国”武装分子绑架，目前下落不明。他说，当时约有200多名男孩正在考试。相关部门正在努力营救被绑架者。

1月20日下午，阿富汗北部巴尔赫省一个举行“马背叼羊”活动的场所遭遇炸弹袭击，造成2人死亡、5人受伤。

1月20日，《每日邮报》报道，“伊斯兰国”计划对德里法院进行“尼斯式”攻击，目前该组织对德里法院构成威胁。

2月3日，凌晨，阿富汗8名警察在西部法拉省遭来自警方内部的同事杀害。法拉省警方发言人阿卜杜·卡里姆·尤拉什当天向新华社记者表示，悲剧发生在当地时间3日凌晨约2点30分，事发地位于该省普什图科特行政区的一处哨所，凶手来自警方内部，遇害者全部来自当地同一个家族。

2月9日，红十字国际委员会新闻发言人格拉斯（Thomas Glass）在喀布尔表示，6名员工在阿富汗北部遇害后，该委员会作出决定，在另行通知以前暂停在阿富汗的援助活动。

2月11日，阿富汗南部赫尔曼德省首府拉什卡尔加一家银行附近发生自杀式袭击，导致至少8人死亡，另有20多人受伤。奥马尔对媒体说：“一名恐怖分子在一家银行附近引爆自己身上的炸弹，当时阿富汗国家安全部队一些工作人员正在银行领取工资。袭击者当场死亡，受害者包括一些平民和安全部队人员。”

2月9日和10日，国际军事力量在赫尔曼德省桑吉区进行了空袭，原计划是针对反政府武装分子。但根据联阿援助团的初步调查，空袭至少杀死了18名平民，大部分死者是妇女和儿童。联阿援助团指出，北约驻阿富汗部队已经开始调查这起事件。

2月15日下午，巴基斯坦白沙瓦市一辆载有5名法官的汽车在送法官回家的路上遭遇袭击，导致该车司机和袭击者死亡，包括车上4名法官在内的18人受伤。

2月19日晚，阿富汗东部拉格曼省巴德帕克地区发生手榴弹袭击事件，至少10名平民遇袭丧生，另有4人受伤。不明身份的袭击者将手榴弹扔进一户人家，造成人员伤亡，其中包括数名妇女和儿童。受伤者已被阿富汗安全部队送往医院接受救治。

2 月 21 日，巴基斯坦西北部贾尔瑟达地区一家法院附近发生至少两起自杀炸弹袭击和交火事件，造成至少 4 人死亡，多人受伤。3 名自杀袭击者被警方击毙。

2 月 21 日，巴基斯坦一处法院遭 3 名自杀炸弹客攻击而发生爆炸，造成至少 6 人死亡，15 人受伤。其中 2 名嫌犯已分别引爆身亡和遭警方击毙，另 1 名在逃嫌犯据信藏身法院内。路透社引述巴基斯坦民营敦亚（Dunya）电视台报道称，爆炸似乎发生在法院外；半岛电视台（Al Jazeera）引述警方报道说，这起炸弹袭击至少造成 6 人死亡，15 人受伤。

2 月 25 日，阿富汗北部朱兹詹省警员遭塔利班武装人员袭击，造成至少 10 人死亡、7 人受伤。

3 月 1 日，阿富汗首都喀布尔发生两起爆炸袭击。阿富汗公共卫生部官员 2 日表示，两起爆炸已造成 22 人死亡。阿富汗公共卫生部发言人穆罕默德·伊斯梅尔 2 日证实，此次发生在喀布尔的连环爆炸袭击，已造成 22 人死亡，另有包括妇女和儿童在内的 119 人受伤。报道指出，第一起爆炸发生喀布尔西部第 6 警区附近，袭击者使用汽车炸弹发动自杀式袭击后，有 4 名武装分子冲入警察局院内，在与警方持续数小时的交火中被击毙。当天晚些时候，第二起袭击发生在喀布尔东部第 12 警区附近。塔利班已宣称对这两起袭击事件负责。

3 月 7 日，印度一列火车遭人放置炸弹引爆，导致 10 名乘客受伤。警方怀疑这是由一个宣誓效忠“伊斯兰国”的小组发动的袭击。目前，该小组多名成员已经被捕。报道称，爆炸发生在由印度中央邦首府博帕尔开往乌贾因的火车上。炸弹于当天上午 10 时左右被引爆，导致 10 人受伤，其中 3 人伤势严重。

3 月 8 日，阿富汗卫生部发言人卡武西说，首都喀布尔一家军事医院 8 日遇袭，已造成至少 2 人死亡，12 人受伤。对此，极端组织“伊斯兰国”宣称对此负责。

3 月 13 日下午，阿富汗首都喀布尔东部地区发生自杀式爆炸袭击，造成 1 名妇女死亡，另有 8 人受伤。当地时间 17 时 5 分左右，喀布尔东部第 10 警区附近传出爆炸声。现场一位目击者对记者表示，爆炸发生在下班高峰期，遇袭汽车完全被毁，只剩下残骸，袭击地点附近建筑物的玻璃几乎全部被震碎。

3 月 24 日，孟加拉国首都达卡一处警方检查站遭自杀式爆炸袭击，袭击者当场死亡。尚无其他人员伤亡报告。

3 月 25 日，孟加拉国东北部希耳赫特市发生两起威力强大的爆炸，造成 4 人死亡和超过 40 人受伤。政府军突击队正在当地扫荡一个极端分子藏身巢穴。警方说，距离极端分子藏身地数百米处发生"威力强大"的爆炸，攻击目标是警察以及围观突击队扫荡 1 栋 5 层公寓大楼内激进分子行动的数百名群众。

3 月 27 日晚，阿富汗南部坎大哈省一处军事基地遭塔利班袭击，造成 4 名士兵死亡，另有 5 人受伤。数量不明的武装分子深夜袭击了位于该省内的一处军事基地。阿安全部队随即反击，交战持续数小时，4 名士兵在交战中死亡，另有 5 人受伤。数名武装分子被击毙，但具体伤亡人数不详。

3 月 31 日，巴基斯坦西北部帕拉奇纳尔地区一个市场发生炸弹爆炸事件，造成至少 6 人死亡、50 人受伤。巴基斯坦塔利班宣称制造这起爆炸。

4 月 1 日，阿富汗东南部的霍斯特省有一名塔利班自杀式汽车炸弹杀手，炸死了一名阿富汗地区基地指挥官和两名士兵。阿富汗政府发言人札德兰说，阿富汗军队在曼多区受到袭击。强大的爆炸还导致附近一个学校的 6 名学生受伤，其中大多数伤势严重，有生命危险。

4 月 3 日，阿富汗帕克提亚省国家安全局副局长瓦哈卜当天凌晨在加兹尼省遭塔利班武装人员伏击身亡。当天凌晨，瓦哈卜所乘汽车在加兹尼省苏丹—巴格地区遭到塔利班武装人员伏击，瓦哈卜与另外 3 名安全人员不幸遇难。

4 月 5 日，自杀式恐怖分子在巴基斯坦拉合尔发动恐怖袭击，造成至少 6 人死亡，包括 4 名巴基斯坦军官，另有 10 多人受伤。

4 月 12 日，阿富汗首都喀布尔市区当天下午发生一起自杀式袭击，造成至少 5 人死亡，另有 3 人受伤。袭击者的目标是一辆政府职员的班车，极端组织"伊斯兰国"已宣称制造了这次袭击。

4 月 14 日深夜，一辆客车在阿富汗南部赫尔曼德省遭遇路边炸弹袭击，造成 11 人死亡。一辆小型客车 14 日深夜在纳瓦地区碰上路边简易爆炸装置，爆炸造成车辆被毁，车上 11 人死亡。

4 月 24 日，美军驻阿富汗东部霍斯特省一处军事基地附近当天遭自杀式汽车炸弹袭击，目前已造成至少 5 人死亡、8 人受伤。袭击发生在该省首府霍斯特市的一处哨所。一名袭击者在通过哨所时引爆汽车炸弹，造成袭击者本人和 4 名安全人员当场身亡，另有 6 名安全人员和两名妇女受伤。

4 月 25 日上午，巴基斯坦西北部古勒姆部族地区发生一起小巴遭遇地雷爆炸事件，造成至少 10 人死亡、8 人受伤。爆炸发生在巴基斯坦西北部靠近阿富汗的古勒姆部族地区，一辆小巴触碰到一枚埋在路边的反坦克地雷，爆炸造成至少 10 人死亡，其中包括 6 名儿童。受伤人员已被送往医院救治。

4 月 25 日，极端组织“伊斯兰国”阿富汗分支武装人员在北部朱兹詹省与当地塔利班武装发生激烈冲突，造成至少 91 人死亡。塔利班方面有 76 人死亡、56 人受伤，“伊斯兰国”方面有 15 人死亡、12 人受伤。

4 月 28 日，阿富汗塔利班宣布展开“春季攻势”，称驻扎在该国的外国军队将成为其主要目标。塔利班在一份声明中称，关键目标将是“外国军队，军事基础设施和情报机构，以及消灭他们在当地的雇佣军”。

5 月 1 日，极端组织“伊斯兰国”阿富汗分支在阿富汗东部楠格哈尔省与当地塔利班武装发生冲突，造成至少 28 名武装分子和 2 名平民身亡。据当地警方统计，冲突已造成至少 21 名塔利班武装人员和 7 名“伊斯兰国”武装人员身亡，双方共有至少 9 人受伤。此外，包括一名 9 岁女孩在内的 2 名平民在双方交火中不幸身亡，另有 5 名平民受伤。

5 月 1 日，印控克什米尔地区一辆运钞车当天遭武装分子袭击，造成至少 7 人死亡。印度警方说，这辆运钞车隶属印控克什米尔地区的一家银行，在行至古尔加姆地区时遭武装分子袭击，5 名负责押运的警察和 2 名银行安保人员均在袭击中身亡。

5 月 3 日，塔利班启动春季攻势几天之后，阿富汗首都美国大使馆附近发生爆炸袭击。阿富汗内政部的消息显示，袭击目标是驻阿外国军队车辆，目前已知造成 8 人丧生，25 人受伤。袭击发生于 5 月 3 日清晨，喀布尔交通高峰时间。阿富汗安全部门表示，一辆装有爆炸物的汽车，向美国驻阿富汗大使馆附近以及北大西洋公约组织军队总部附近巡逻的美国车队发动袭击。该消息来源还透露，有 2 名美军士兵受伤，伤者已经被迅速撤离现场。

5 月 8 日，巴基斯坦西北部一所女子学校外发生炸弹爆袭击。爆炸造成两名警察受伤。由于事发时学校还没有开始上课，爆炸没有对学生造成伤害。报道称，发生爆炸的女子学校位于巴基斯坦开伯尔—普赫图赫瓦省首府白沙瓦郊区。官员称，炸弹在一辆反恐警察车辆驶过时引爆，造成两名反恐警察受伤。

5 月 13 日，巴基斯坦西南部俾路支省的瓜达尔地区 13 日发生两起袭击事件，共造成至少 10 人死亡、2 人受伤。两起袭击事件均发生在该省瓜达尔市远郊，当时施工人员正在修路，几名身份不明的袭击者突然朝他们开枪，随后迅速逃离现场。

5 月 12 日，巴基斯坦参议院副主席阿卜杜勒·加富尔·海德里的车队在俾路支省默斯东地区遭遇炸弹袭击，目前已导致60 人死伤，海德里本人受轻伤。据当地媒体报道，当天下午，海德里的车队在西南部俾路支省的默斯东地区遭炸弹袭击，爆炸已造成25 人死亡，35 人受伤，其中 10 人伤势较重。报道援引警方消息说，爆炸发生时，海德里因没有乘坐自己的汽车而躲过一劫，但在爆炸中受轻伤，其助理和司机均在爆炸中死亡。极端组织“伊斯兰国”已宣称制造了此事件。

5 月 17 日，一伙武装分子袭击了位于阿富汗楠格哈尔省省会贾拉拉巴德的阿富汗国家广播电视台，导致至少两人死亡，14 人受伤。据悉，该广播电视台所在的大楼靠近政府部门和一个警察局，袭击发生时一名武装分子首先引爆了自己身上的炸弹，随后其他武装分子与阿富汗安全部队展开枪战。枪战持续了四个小时，于当地时间 16 日下午 2 时结束。总共有五名武装袭击者，其中一个是自杀炸弹手，已经在爆炸中死亡，三人死于与阿富汗安全部队的枪战中，另外一名已经被逮捕。阿富汗极端组织宣称对该起袭击事件负责。

5 月 20 日，阿富汗东部帕克蒂亚省首府加德兹一家银行当天遭到塔利班武装分子袭击，造成至少 8 人死亡、31 人受伤。帕克蒂亚省公共卫生部负责人透露，初步调查显示有 5 人参与此次袭击，除一人引爆身上炸弹当场身亡外，其余袭击者均在与安全人员交火中被击毙。

5 月 21 日，阿富汗南部查布尔省省长比斯米拉说，该省沙州、代赫乔潘地区数个安全检查站当天遭塔利班武装人员袭击，至少 20 名警察遇袭身亡。比斯米拉对新华社记者说，数百名塔利班武装人员当天凌晨在沙州、代赫乔潘地区发动袭击，造成 20 名警察死亡，其中在沙州地区有 14 名警察身亡，在代赫乔潘地区有 6 名警察身亡。

5 月 22 日，来自阿富汗内政部的消息，一名德国妇女在喀布尔遇害。最初报告显示，她是在被绑架途中被杀害。

5 月 22 日晚，阿富汗南部坎大哈省一军事基地遭到塔利班武装分子袭击，造成至少 10 名士兵死亡，另有 9 名士兵受伤。数百名武装分子 22 日晚 11 时左右袭击了坎大哈省沙阿瓦利果德地区的一处军事基地，武装分子和军方发生交火。随后，阿军方增援部队很快抵达，击退了武装分子的进攻。交火持续至 23 日凌晨，交战中，10 名士兵身亡、9 名士兵受伤，塔利班方面也有人员伤亡，具体情况不详。

5 月 27 日，阿富汗内政部发言人表示，当地时间 27 日，阿东部霍斯特省首府霍斯特发生一起自杀式汽车炸弹袭击，袭击造成至少 13 人死亡。此外，袭击还造成 8 人受伤，其中包括两名儿童，还有 9 辆汽车也因炸弹爆炸受损。

6 月 3 日下午，阿富汗首都喀布尔连续遭遇连环爆炸袭击，已造成至少 12 人身亡、18 人受伤。这是继 5 月 31 日后，阿首都再次发生袭击事件。爆炸发生在位于喀布尔北部的海尔哈纳地区，至少有 3 名自杀式爆炸袭击者参与此次连环袭击。事发时，人们正在参加 2 日在喀布尔游行中遇难人士的葬礼。

6 月 15 日晚，阿富汗首都喀布尔西部一座清真寺发生自杀式袭击。阿政府官员说，袭击造成包括两名自杀式袭击者在内的 6 人死亡，另有 8 人受伤。两名自杀式袭击者企图袭击位于喀布尔西部的扎赫拉清真寺，负责安保的警察发现并阻止了袭击者。在警察开枪后，袭击者逃至清真寺的厨房，随后引爆炸弹背心，导致 1 名警察和 3 名平民死亡，另有 4 名警察和 4 名平民受伤。极端组织“伊斯兰国”通过阿马克通讯社宣称制造了此次袭击事件。

6 月 18 日，阿富汗东部帕克蒂亚省一警察局当天遭塔利班武装人员袭击，已造成至少 3 名警察遇难，另有多人受伤。袭击发生在当地时间早上 6 时 15 分左右，地点位于该省首府加德兹市区的警察总部。初步调查显示至少有 5 名袭击者。一名袭击者在警局门前实施自杀式汽车炸弹袭击，当场身亡。随后，4 名袭击者与警方发生激烈交火，其中 3 人已被警方击毙。塔利班宣称实施此次袭击。

6 月 17 日晚间，在阿富汗北部马扎里沙里夫沙欣军营发生袭击事件，造成 7 名美军士兵受伤。

6 月 19 日深夜，在阿富汗塔利班加大“春季攻势”之际，阿东部帕尔万省巴格拉姆美军基地保安遭枪手袭击，造成 8 人死亡，两人受伤。10 名保安前往巴格拉姆美军基地值班，途中所乘车辆遭枪手袭击，最终 8 人中弹身亡，另外两人受伤。

6 月 22 日，阿富汗赫尔曼德省一银行外发生汽车炸弹袭击事件，造成至少 29 人死亡，60 人受伤。大多数受害者是阿富汗警察以及平民。据《纽约邮报》报道，在汽车炸弹爆炸后，全副武装的袭击者随后冲入银行，与银行内的安保警察进行枪战，甚至波及到平民。

6 月 23 日，巴基斯坦西南部俾路支省首府奎达发生自杀式爆炸袭击，作案“人弹”在奎达警察总监办公室附近引爆炸弹，造成至少 12 人死亡，16 人受伤。据俾路支省政府发言人通报，爆炸发生在当地时间 23 日上午，案犯想驾车闯过警戒线对警察总监办公室发动袭击，结果被值勤警察拦截时引爆了车上的炸弹。遇袭地区系奎达闹市区，除警察总监办公室，还包括多家政府机构和一所女校。巴基斯坦 GEO 电视台援引当地医院负责人的话说，目前至少 5 名警察在爆炸中遇难，9 名警察受伤。

6 月 28 日，阿富汗塔利班武装分子在巴达赫尚省枪杀两名女警察。警方发言人阿克巴里对新华社记者说：“两名女警察数天前回到阿尔戈地区，与家人团聚。塔利班武装分子认出她们，并枪杀了她们。”

7 月 1 日，阿富汗北部巴尔赫省一处清真寺遭塔利班武装袭击，造成至少 13 人身亡。遇袭清真寺位于该省的奇姆塔勒地区，袭击发生在当地时间 1 日晚上，初步调查显示死者均为当地村落的安保人员。一名目击者向记者说，武装分子当晚伪装成当地安全人员进入清真寺内发动袭击。另有多人在袭击中受伤。

7 月 6 日，阿富汗极端组织“伊斯兰国”阿富汗分支日前在北部朱兹詹省制造多起针对当地学校的纵火案，至少 12 所学校遭不同程度破坏。巴赫塔通讯社援引当地一名教育部门官员的话报道说，遭遇纵火袭击的学校集中在朱兹詹省的达尔扎布地区，这些校园内部分建筑、教学设备以及课桌书本等在火灾中被焚毁。此外，纵火袭击给这些学校的日常教学工作造成严重影响，至少有 3000 名学生不得不暂时离开校园。

7 月 10 日，巴基斯坦西南部俾路支省杰曼地区当天发生一起自杀式袭击，除袭击者死亡外，袭击还导致包括一名高级警官在内的两人死亡，另有 12 人受伤。当地媒体援引杰曼一名官员的话说，此次袭击的目标为该地区高级警官赛义德・汗。当天中午，赛义德所乘警车在经过杰曼中心地区时遇袭，袭击者以及赛义德和他的一名保安被炸死。

7 月 11 日，一伙塔利班武装人员在阿富汗西部法拉省一条高速公路上劫持一辆汽车，并枪杀了车上的 7 名乘客。法拉省政府发言人穆罕默德·纳西尔·马赫里当天表示，这起袭击事件发生在当地时间 11 日下午 6 时左右，事发地点位于连接法拉省与赫拉特省的一条高速公路上，7 名死者都是法拉省当地平民。马赫里表示，袭击发生后，当地安全人员立刻前往现场，在交火中他们打死至少 10 名塔利班武装分子，打伤 7 人。

7 月 17 日，巴基斯坦一辆准军事部队车辆在开伯尔—普什图省首府白沙瓦市遭遇自杀式爆炸袭击，造成 2 人死亡、多人受伤。巴基斯坦警方证实，这次事件发生在巴基斯坦与阿富汗边境的开伯尔—普什图省部落地区。武装分子骑摩托车发动袭击，造成 2 名士兵死亡，受伤人员中既有士兵也有平民。巴基斯坦塔利班随后宣称对此次袭击负责。

7 月 23 日，阿富汗南部坎大哈省警方发言人杜拉尼向新华社记者证实，当地约 70 名平民近日遭武装分子绑架，其中 7 人已遇害。杜拉尼说，绑架发生在坎大哈省沙阿瓦利果德地区，“初步消息表明，20 人已经获释，仍有约 40 人被武装分子扣押。”他同时证实，7 名被绑架者已在过去两天内被杀害。警方正在搜集相关信息，积极营救被绑架者。

7 月 24 日，阿富汗首都喀布尔发生爆炸，死亡人数 35 人。报道称，驾驶汽车的一名自杀式袭击者早上在喀布尔一市区引爆炸弹。阿富汗内政部发言人表示，在早高峰时间，汽车炸弹击中了一辆载有矿业部员工的汽车。爆炸发生于喀布尔第 6 警区，距阿富汗执政当局第二副首席执行官穆哈齐克（Mohammad Mohaqiq）官邸不远。塔利班宣称对这起爆炸案负责。

7 月 24 日下午，巴基斯坦旁遮普省首府拉合尔发生自杀式炸弹袭击事件，已造成 26 人死亡、49 人受伤，死者中包括 9 名警察。

7 月 25 日晚，阿富汗坎大哈省的一个军事基地遭到塔利班袭击，至少 40 名人员丧生。袭击发生在哈克莱兹（Khakrez）地区，军方和武装分子的冲突持续了约 5 个小时。

7 月 31 日，一名自杀式袭击者在位于阿富汗首都喀布尔的伊拉克使馆门前引爆，爆炸地还传出枪声。极端组织“伊斯兰国”宣称对爆炸负责。据悉，上午 11 点，喀布尔外交使馆区附近的居民听到了至少 4 次爆炸声，并伴有枪声和手雷弹的声音。而极端组织“伊斯兰国”31 日通过其宣传机构表示，对阿富汗喀布尔爆炸案负责。

8 月 1 日，阿富汗西部赫拉特省的赫拉特市内一处清真寺遭到极端武装分子的恐怖袭击，造成至少29人死亡，超64人受伤。据悉，袭击发生在当晚8：30左右，事发时清真寺内约有300人。当地警方的一名发言人阿卜杜勒哈伊·瓦利扎达表示，当天有两名袭击者，一人负责实施自杀式爆炸，另外一人则向清真寺内的人们扔手榴弹，两人均已被击毙。

8月2日，在阿富汗坎大哈省美军快速反应部队基地附近，发生一起疑似针对驻阿美军车队的汽车炸弹袭击。

8月2日，两名美军士兵在阿富汗南部坎大哈省执行任务时遇袭身亡。美国防部发言人杰夫·戴维斯当天对媒体表示，这两名士兵在执行护卫任务时遇袭身亡，美方正对此事展开调查。事件发生后，塔利班组织已经宣称制造这一事件。

8月3日晚上，阿富汗首都喀布尔卡拉巴格警察局总部附近发生一起炸弹袭击，造成包括一名北约士兵和两名平民在内的3人死亡，还有12人受伤。其中有5名外国士兵以及7名平民。

8月4日，塔利班武装袭击了阿富汗赫尔曼德省格里什克地区的一个货币交易市场。袭击发生后，阿富汗安全部队与武装分子展开了枪战。

8月4日，北约驻阿富汗部队发表声明说，喀布尔省3日晚发生一起自杀式爆炸袭击，造成一名北约士兵身亡，另有5名士兵和一名随行翻译受伤。声明说，袭击发生在喀布尔省卡拉巴格地区，当晚8时左右，这些北约士兵正与阿富汗国防军士兵在当地开展联合行动。袭击发生后，伤员已被转移到美军巴格拉姆空军基地的医院救治，目前伤情稳定。

8月5日早晨，巴基斯坦武装组织“虔诚军”在印控克什米尔索波雷地区与印军展开交火，3名“虔诚军”成员被杀。警方介绍，交火始于当地时间5日凌晨1点左右，3名巴基斯坦武装分子大约在5：20左右被击毙。印度警方表示，已经缴获了武装分子的部分武器和装备，包括3支AK47步枪。一名印度警察在交火中受伤，已被送往医院。索波雷的印度警方表示，印度是在得知有武装分子出现在索波雷地区的消息后展开军事行动的。

8月10日，阿富汗首都喀布尔发生两起爆炸袭击事件，一名袭击者身亡，另有7人受伤。当天11时20分左右，一名袭击者在喀布尔第八警区驾驶装有炸药的汽车，试图攻击国家安全部队车队，在被警察发现后提前引爆了炸药，造成至少3名平民受伤，袭击者当场身亡。塔利班组织已宣称制造了这次袭击。

8 月 12 日，阿富汗法里亚布省遭迫击炮攻击，至少 16 人死亡，包括 10 名儿童。

8 月 12 日晚，巴基斯坦西南部俾路支省首府圭达市发生爆炸事件，造成至少 15 人死亡和 32 人受伤。据报道，俾路支省与伊朗及阿富汗接壤。爆炸发生在圭达市内一座巴士站，爆炸发生后那个地区很快就起火燃烧。

8 月 12 日晚，巴基斯坦安全部队的一辆卡车行驶至奎达市一处繁忙路段时，遭炸弹袭击，爆炸造成至少 15 人死亡，其中包括 8 名安全人员，另有 30 人受伤。

8 月 15 日，孟加拉国警方当天在首都达卡搜捕武装分子，其间发生一起自杀式爆炸，造成一名武装分子死亡、一名当地居民受伤。

8 月 15 日，巴基斯坦西南部俾路支省偏远地区有 8 名军人被一枚路边炸弹炸死，这是该地区数日来发生的第 2 起攻击。

8 月 21 日晚，阿富汗首都喀布尔遭一枚火箭弹袭击，造成民众恐慌。一名消息人士向新华社记者证实，袭击发生在当晚 22 时 11 分许，遭袭地点位于首都使馆区附近。巨大的爆炸声传出后，使馆区持续响起警报声。

8 月 23 日，发生在阿富汗南部的塔利班自杀式爆炸造成 5 名平民死亡，25 人受伤。塔利班方面称，死者包括妇女和儿童。一名赫尔曼德省（位于阿富汗西南部）的政府发言人表示，爆炸发生在拉什卡尔加市警察总部附近的停车场，一名自杀式爆炸袭击者引爆了一辆装满炸药的汽车。警方发言人表示，炸弹的目标是停车场上的军用车辆。

8 月 25 日下午，阿富汗首都喀布尔一座清真寺遭到自杀式爆炸袭击，造成 28 人死亡，50 余人受伤。极端组织已宣布对这起爆炸负责。

9 月 7 日，极端组织“伊斯兰国”阿富汗分支当天在北部朱兹詹省与当地塔利班武装人员发生冲突，造成至少 5 人死亡、7 人受伤。据该省警方负责人拉赫马图拉 · 图尔基斯塔尼介绍，双方冲突地点位于该省西部，冲突持续近 5 个小时。“伊斯兰国”方面至少有 3 人死亡、4 人受伤，塔利班方面有 2 人死亡、3 人受伤。

9 月 13 日，阿富汗首都喀布尔一座正在举行比赛的体育场附近，一名自杀式炸弹袭击者引爆炸弹，导致至少 3 人死亡。法新社称，3 名死者中包括一名警察。此外，此次事件还造成 5 人受伤。警方发言人称，安全部队牺牲了自己，阻止了袭击者进入场馆内部，避免了灾难性的后果。

9 月 21 日，印度边界克什米尔南部普尔瓦马区的警察营区遭到不明武装人员袭击，武装人员向警察营区附近的公交车站投掷手榴弹，并向印度警察开火，导致 3 名平民遇难，至少 10 名平民受伤，另外，7 名印度警察在交火中受伤。

9 月 24 日，北约驻阿部队军车在阿富汗首都喀布尔遭遇爆炸袭击，造成 3 人受伤，一名袭击者当场身亡。阿内政部在一份声明中说，袭击者驾驶一辆小轿车冲向一辆外国军车并引爆炸弹，造成 3 名路人受伤。目前尚无遇袭车辆人员伤亡情况。

9 月 27 日，阿富汗南部的坎大哈省发生爆炸，造成执法人员至少 12 死 4 伤。当地警方称，袭击发生在警察局所在区域。武装分子使用悍马军用越野车实施恐袭。塔利班宣称对该袭击负责。

9 月 27 日，喀布尔机场遭火箭弹袭击致 1 死 3 伤，3 袭击者被击毙，数枚火箭弹落入喀布尔机场附近，其中两枚落入了居民区，造成 1 名妇女死亡，3 名平民受伤。

9 月 27 日，印度边境保安部队一名士兵在其家中被一伙持枪者打死，其家人在反抗过程中也受伤。据报道，当时，该士兵正在家中度假。

9 月 28 日，阿富汗南部省份坎大哈省发生自杀炸弹袭击事件，一名自杀袭击者驾车引爆炸弹，造成 10 余名阿富汗安全部队士兵身亡，多名士兵受伤。塔利班组织宣称对这起发生在 Maroof 区政府和警察总部的自杀袭击负责。坎大哈警方发言人表示，袭击造成 12 名士兵身亡，4 名士兵受伤。

9 月 29 日，巴基斯坦白沙瓦环路发生爆炸事件，至少 15 人受伤，伤者表现得非常恐惧。两名伤者称，看见有人往路中间投掷手榴弹。据巴基斯坦媒体报道，爆炸发生在一家名为 MMC 的医院附近，目前至少有 15 人受伤，伤者包括医院院长及其儿子，受害者称有人往路中间投掷手榴弹。其中 5 名重伤者被送入医院治疗。

9 月 29 日，阿富汗警方表示，乔装成牧羊人的一名自杀攻击者，当天在喀布尔一座清真寺附近引爆身上炸弹，造成 6 人死亡和 20 人受伤。攻击事件发生在首都喀布尔北区，当时信徒正在胡赛因尼亚（Hussainia）清真寺内进行周五祈祷。

10 月 1 日，据美国媒体报道，在过去的一个星期中，塔利班武装分子在阿富汗西部与伊朗交界的法拉省连续发起了几次袭击，据说打死了几十名阿富汗部队士兵。法拉省的官员和居民告诉当地媒体说，塔利班武装分子还在巴拉·布卢克地区占领了几个安全部队的哨所。虽然当地官员并没有透露多少战斗的细节，但是法拉省的一位警方发言人告诉艾丽安娜新闻频道，在正在进行的反击行动中，阿富汗部队在空中支援下已经打死了30多名塔利班分子，捣毁了一些军用车辆。法拉省与阿富汗最大的赫尔曼德省交界。塔利班在赫尔曼德省控制或影响了大片地区。

10月5日，巴基斯坦国西南部的俾路支省当天傍晚发生一起自杀式爆炸袭击，导致15人死亡，另有超过20人受伤。当地媒体说，此次袭击发生在俾路支省纳西拉巴德地区的一个宗教场所附近，袭击发生时这个宗教场所内至少有800人。

10月9日，巴基斯坦西南部俾路支省首府奎达市内当天早晨发生一起枪击事件，造成至少5人死亡、1人重伤。当地时间7时15分左右，一辆载有乘客的汽车在奎达市内行驶时，突遭几名驾驶摩托车的身份不明枪手袭击。袭击造成五死一伤。枪手随后逃离现场。

10月17日，阿富汗东部帕克蒂亚省首府加德兹发生一起针对警察培训中心的袭击，造成至少15人死亡、40人受伤。阿富汗塔利班武装宣称制造了这起袭击。自4月28日阿富汗塔利班武装宣布发动新一轮“春季攻势”以来，针对阿各地政府部门的袭击事件时有发生。

10月18日，巴基斯坦国西南部俾路支省首府奎达当日发生一起自杀式爆炸袭击，目前已导致7人死亡，另有22人受伤。袭击者驾驶一辆载有爆炸物的汽车冲向一辆正在巡逻的警用卡车，随后爆炸发生。当时警用卡车上载有35名快速反应警察部队成员。

10月18日晚间，阿富汗一个军事基地遭到自杀式炸弹袭击，已经导致至少40名士兵死亡。塔利班发表声明，宣称对此次袭击负责。

10月20日，阿富汗西部古尔省和首都喀布尔两座清真寺当天分别遭武装分子袭击，共造成49人死亡、49人受伤。阿内政部在当天的一份声明中说，第一起自杀式爆炸袭击发生在古尔省一个村庄的清真寺内，造成10人死亡、4人受伤。此后不久，喀布尔西部一座清真寺遭袭，一名袭击者在清真寺内人群中引爆爆炸物。根据内政部发言人公布的数字，该袭击造成39人死亡、45人受伤。极端组织“伊斯兰国”已宣称制造了喀布尔的袭击事件。

10月22日，阿富汗塔哈省一家酒店发生爆炸，至少2人死亡，8人受伤。

10月22日，阿富汗首都喀布尔和中部古尔省的清真寺近日接连遭自杀式炸弹袭击，共造成至少89人丧生，60多人受伤，死伤者当中包括许多妇孺。极端组织“伊斯兰国”宣称对喀布尔爆炸案负责。据报道，第一起袭击案发生在喀布尔西部一座什叶派清真寺内。目击者及地方官员指出，事发当日，一名身绑炸药和手榴弹的袭击者走入清真寺内引爆炸弹，造成大批人员伤亡，当中包括妇女及儿童。伊国组织随后承认犯下这起袭击案。第二起案件发生在阿富汗中部古尔省一座什叶派清真寺，袭击者同样是在祈祷时间进入清真寺并引爆身上炸弹，造成数十人死伤。据当地官员透露，一名伊斯兰政党的政治及军事领袖在袭击中丧生，相信他就是袭击的目标。

10月25日，极端组织“伊斯兰国”阿富汗分支在阿北部朱兹詹省与当地塔利班武装连续数日交火，造成至少52名武装分子死亡。《阿富汗时报》当天援引朱兹詹省政府发言人穆罕默德·礼萨的话报道说，双方交火地点在该省西部戈什塔帕地区的一个村庄，交火已持续4天，造成至少33名塔利班武装分子和19名“伊斯兰国”武装分子死亡。此外，至少5名平民在冲突中受伤，一些人被迫逃离。

10月31日下午，阿富汗首都喀布尔外交区域发生一起自杀式炸弹袭击，发生袭击的地点距离美国大使馆仅500米之遥，造成15人死亡，另外有27人受伤。极端组织宣称对袭击负责。据一名安全官员表示，一枚粘性炸弹炸毁了两辆油罐车，并波及了一辆巴士，使其发生爆炸，导致巴士上许多乘客死亡。

11月2日，印控克什米尔地区硝烟四起，印军一天内连遭3起袭击。激烈交火中，2名印度士兵被武装人员枪杀，此外，一名印人党青年领导人被武装人员绑架，惨遭割喉。

11月7日，阿富汗首都喀布尔一私人电视台遭到袭击。报道称，枪手在一声爆炸后进入了电视台所在的建筑物，3个袭击者进入电视台大楼，他们向警卫开枪后进入。然后，开始投掷手榴弹并纵火。

11月13日，阿富汗官员称，塔利班武装对该国南部坎大哈省和西部法拉省的多个检查点发动攻击，造成数十名军警死亡。阿富汗坎大哈省省长发言人证实，塔利班武装在13日晚间对该省两个地区的检查站发动攻击，造成22名警察丧生。发言人还称，军警与塔利班的战斗持续了大约6个小时，其间有45名武装分子被打死。

11月16日，阿富汗首都喀布尔一家餐厅附近发生爆炸，已导致18人死亡，还有 10 人受伤。据当地警方代表向 1TV 电视台表示，执法机关 8 名工作人员在爆炸中丧生。另据 Tolo News 报道，爆炸装置在伊斯兰促进会代表聚餐餐厅旁的停车场发生爆炸，代表中包括阿富汗总统的前顾问齐亚·马苏德。

11 月 23 日，阿富汗东部楠格哈尔省发生一起自杀式炸弹袭击，共造成 8 人死亡、17 人受伤。楠格哈尔省政府发言人胡加亚尼告诉记者，袭击发生在该省首府贾拉拉巴德的第一警区，一名自杀式袭击者引爆身上的爆炸装置，造成平民死伤。但该发言人未明确说明伤亡人数是否包括袭击者。

11 月 24 日，巴基斯坦西北部发生一起自杀式炸弹袭击，造成一名警方高级官员死亡。据报道，这起袭击发生在西北部城市白沙瓦，当天早间，一名自杀式炸弹袭击者驾驶摩托车冲向警方官员乘坐的车辆并引爆炸弹，造成警方高官死亡，该官员的一名保镖也在爆炸中身亡。此外，还有 5 人在这起事件中受伤，其中有 3 人是警察。

11 月 24 日，阿富汗南部加兹尼省一检查站遭塔利班武装分子袭击，造成至少 1 名安全人员死亡，另有 4 人受伤。加兹尼省警方负责人穆罕默德·扎曼对媒体表示，遇袭检查站位于该省代赫亚克地区，多名塔利班武装分子对该检查站发动袭击，并与检查站附近的安全人员发生交火。在交火中，安全人员至少 1 人死亡、4 人受伤，武装分子至少 6 人死亡、10 人受伤。塔利班武装宣称制造了此次袭击事件。

11 月 28 日，藏匿在阿富汗东部楠格哈尔省的极端组织“伊斯兰国”武装日前与塔利班武装爆发冲突，当地至少 1 万户家庭被迫逃离。据阿富汗哈马新闻社报道，冲突爆发的地点位于楠格哈尔省西北部胡吉亚尼地区，双方至少有 19 名武装分子在交火中死亡。

11 月 28 日，阿富汗南部坎大哈省发生一起路边炸弹袭击民用车辆事件，造成 8 名平民死亡、2 人受伤。坎大哈省阿吉斯坦地区一条土路上，武装分子埋设的一枚路边炸弹炸毁了一辆民用汽车，8 名死者中包括 3 名妇女。

12 月 1 日，巴基斯坦白沙瓦的一所学校遭到枪手袭击，导致至少 11 人受伤。巴基斯坦塔利班宣称对此次袭击负责。巴基斯坦当地媒体称，大约 3 名袭击者戴着面具进入了校园，向学生开枪，导致至少 11 人受伤。

12 月 1 日晚，塔利班武装分子与阿富汗军方在阿富汗东部加兹尼省发生交火，双方共有 58 人死伤。

12 月 3 日，阿富汗东部楠格哈尔省政府证实，该省首府贾拉拉巴德当天发生的一起自杀式爆炸袭击共造成 6 人死亡、13 人受伤。

12 月 6 日，据阿富汗亚利安那新闻社报道，“伊斯兰国”已控制阿富汗北部朱兹詹省部分地区，在当地传播极端思想，并训练了至少 300 名娃娃兵。报道说，朱兹詹省南部达尔扎卜地区至少 80% 的区域已被“伊斯兰国”控制，该组织还在当地招募和训练武装力量。许多贫困家庭因生活所迫，将孩子交给该组织，“伊斯兰国”对这些儿童进行“洗脑”，灌输极端思想。

12 月 10 日，阿富汗东部楠格哈尔省一名警方负责人当天在外出途中遭遇路边炸弹袭击不幸身亡。阿富汗黎明新闻网站援引楠格哈尔省政府发言人的话报道说，袭击事件发生在当地时间 10 日下午，遇害人哈比卜·拉赫曼是该省西北部胡吉亚尼地区的警方负责人。报道说，拉赫曼乘坐的汽车在行驶途中触发了路边炸弹。此外，有 4 名警察和 1 名平民在爆炸中受伤。

12 月 10 日，阿富汗地方官员说，一批阿尔及利亚籍和法国籍武装人员 11 月进入阿富汗北部一个主要由极端组织“伊斯兰国”分支控制的地区，其中一些武装人员来自叙利亚和伊拉克。

12 月 17 日，巴基斯坦西南部一座教堂遭自杀式炸弹袭击，现场发生爆炸和激烈交火，导致至少 9 人死亡，包括两名妇女；另有 56 人受伤，其中有多人伤势严重。恐怖组织“伊斯兰国”宣称对此次袭击负责。

12 月 18 日，阿富汗当地官员表示，阿富汗喀布尔一国家安全局下属的训练中心设施当地时间 18 日上午遭到一伙持枪武装分子袭击，警方与武装分子进行了激烈的枪战。极端组织“伊斯兰国”随后宣称对此次袭击负责。

12 月 18 日，阿富汗南部赫尔曼德省当天下午发生一起自杀式汽车炸弹袭击事件，造成包括袭击者在内的至少 3 人死亡，另有 31 人受伤。赫尔曼德省政府发言人奥马尔·兹瓦克当天表示，袭击事件发生在 18 日 17 时 30 分左右，袭击目标是位于该省首府拉什卡尔加市第三警区的一处检查站。死者中包括一名警察和一名平民。

12 月 22 日，阿富汗坎大哈市一处警察总部遭遇自杀炸弹袭击，造成至少 6 人死亡，4 人受伤。22 日黎明时分，一名自杀袭击者驾驶装有炸药的汽车驶入坎大哈市马旺德区的一处警察总部。坎大哈警方发言人表示，袭击造成 6 人死亡，4 人受伤。塔利班随后宣称对袭击负责。

12 月 25 日，阿富汗喀布尔一座情报机构建筑遭遇自杀炸弹袭击，6 名平民在袭击中丧生。极端组织“伊斯兰国”随后宣称对袭击负责，这是该组织近期宣称在阿富汗制造的最新一起袭击。

12 月 26 日，阿富汗首都喀布尔自杀式爆炸致多人伤亡，关于伤亡人数目前报道不一，阿富汗内政部官员称死亡 6 人，受伤 5 人。英国 BBC 报道称死亡 10 人，目前，极端组织宣称对此次事件负责。

12 月 28 日，阿富汗首都喀布尔一新闻机构和一座清真寺附近传出爆炸声，造成至少 4 人死亡，6 人受伤。

12 月 28 日，塔利班自杀汽车炸弹手袭击了阿富汗南部一处政府军基地，炸死至少两名军人，炸伤 15 名军人。袭击事件发生在动荡的赫尔曼德省首府拉什卡尔加，袭击目标是阿富汗国民军的一支部队，他们即将离开基地前往附近地区展开打击塔利班的行动。省政府发言人奥马尔·扎瓦克说，车上有两名自杀炸弹手，车上装满了爆炸物，但是安全部队在他们得以进入阿富汗国民军基地之前将其拦截，两人于是引爆炸药。

12 月 29 日，阿富汗首都喀布尔发生自杀式爆炸袭击，造成除袭击者外的 41 人死亡、84 人受伤。极端组织“伊斯兰国”宣称制造了此次袭击。事发时该建筑地下一层正举行一场公共集会，一名袭击者进入后引爆了炸弹背心。另一名袭击者守在建筑物外，等人群逃出时引爆身上炸弹。死伤者中有不少是媒体工作者。

12 月 31 日，位于印控克什米尔地区附近普尔瓦马县的印度中央后备警察部队训练中心遭武装分子袭击，造成 2 名警员受伤。

第三节　南亚地区及阿富汗主要反恐怖军事行动

一、巴基斯坦展开大规模全国反恐军事行动

（详见第一章内容）

二、阿富汗安全部队击毙10名塔利班武装分子

2月11日，阿富汗安全部队对藏匿在该省朱尔姆地区的塔利班武装分子展开清剿行动，成功摧毁武装分子在当地的据点，并收复该区域多处村庄。10名塔利班武装分子在清剿行动中被击毙，包括一名塔利班当地主要指挥官和6名外籍武装人员，另有14名武装分子在交火中受伤。

三、阿富汗安全部队打死34名“伊斯兰国”武装分子

2月18日，阿富汗东部楠格哈尔省政府发言人胡吉亚尼说，阿安全部队近日在该省对极端组织“伊斯兰国”据点展开清剿行动，打死34名武装分子。安全部队在阿空军和当地部落武装的支持下，对该省哈斯卡·米娜地区多个“伊斯兰国”藏匿点发动袭击，共打死34名武装分子，打伤16人，抓获7人。此次行动是对“伊斯兰国”武装分子16日晚袭击该地区军方检查站的回应。

四、阿富汗安全部队在北部巴格兰省展开清剿行动，击毙16名塔利班武装分子

4月18日，阿富汗安全部队在北部巴格兰省展开清剿行动，击毙至少16名塔利班武装分子。阿富汗国防部发言人达乌拉特·瓦齐里当天对媒体表示，阿安全部队于18日夜间对巴格兰省一处塔利班据点展开清剿行动，被击毙的武装分子包括塔利班在该省任命的“影子省长”毛拉维·拉尔及其儿子和一名财务助手。安全部队还逮捕了另外3名武装人员并缴获枪支。据报道，此次清剿行动持续近5个小时，阿安全部队无人员伤亡。此外，塔利班方面已确认毛拉维·拉尔的死讯。

五、其他反恐怖军事行动

1月1日，巴基斯坦总理谢里夫对土耳其伊斯坦布尔市中心发生的夜总会跨年恐怖袭击事件表示强烈的谴责。

1 月 6 日，孟加拉国警方表示，该国反恐警察当日在达卡展开反恐行动，并击毙了两名极端武装分子，其中一人涉嫌参与了 2016 年的达卡西餐厅恐怖袭击案件。

1 月 8 日，北约方面宣布，将在阿富汗西部法拉赫省部署 200 余名兵力。据法新社援引北约 8 日发布的声明称，北约驻阿富汗最高指挥官此次授权大约 200 余名士兵支持阿富汗国防和安全部队，将主要负责给阿富汗地方部队提供培训、建议、协助等工作。

1 月 10 日，阿富汗为缓解国内冲突正力图为“塔利班”建立“安全区”且让他们离开巴基斯坦境内的传统庇护所。

1 月 10 日，阿富汗首都喀布尔靠近国会附近的地方和坎大哈省省长官邸发生恐怖袭击事件，导致数十人死亡，联合国发表声明对此予以强烈谴责。联合国在所发表的一份声明中对这一令人憎恶的袭击予以谴责。声明表示，阿拉伯联合酋长国驻阿富汗大使和坎大哈省长据报道在受伤者之列。声明对受害者家人表示最深切的慰问并祝愿伤者早日康复，同时向阿富汗和阿拉伯联合酋长国的人民和政府表达支持，呼吁将袭击事件的肇事者绳之以法。声明指出，针对包括外交使节在内的平民实施目标不加区分的袭击违反了国际人权和人道主义法，没有任何借口可以为这种行为进行开脱。

1 月 17 日，巴基斯坦反恐部队在旁遮普省击毙 4 名非法武装分子，其中包括非法武装组织“羌城军”头目里兹万。该发言人说，这伙武装分子企图在旁遮普省首府拉合尔对安全机构发动袭击，但反恐部队根据情报于 17 日在通往拉合尔的道路上阻截了这伙武装分子，并要求他们投降。武装分子随即逃跑并向追击的反恐部队人员开火。发言人说，除 4 名武装分子被打死，另有 3 人逃脱。反恐人员还缴获了数量不等的枪支和爆炸物。他说，被击毙的里兹万正被巴基斯坦相关部门悬赏缉拿。

1 月 30 日，巴基斯坦媒内政部下令对恐怖组织“达瓦慈善会”头目哈菲兹·赛义德实施软禁。该组织曾策划 2008 年孟买连环恐怖袭击案。报道说，赛义德是在拉合尔的一个清真寺内被捕的，他将被送往位于拉合尔附近的家中接受软禁。据一名“达瓦慈善会”的发言人证实，另有 4 名该组织高层在旁遮普省的不同城市被捕。巴内政部长尼萨尔在软禁赛义德前对媒体说，“达瓦慈善会”被联合国安理会列为制裁对象后，巴政府于 2010 年开始对其实施监控。巴内政部通告显示，抓捕行动是依据巴相关反恐法实施的。

2 月 1 日，孟加拉国安全部队逮捕一名为“伊斯兰国”效力的计算机工程师。去年 7 月，孟加拉国首都达卡外交使馆区的一家咖啡馆遭到了不明枪手的袭击，警方赶到现场与枪手发生激烈交火。两名警察死亡，约 40 人受伤，还有 20 名人质被枪手挟持。事后，“伊斯兰国”认领这一袭击事件。

2 月 1 日，阿富汗警方向媒体证实，阿安全力量联合北约驻阿部队在东部霍斯特省对“哈卡尼网络”武装组织采取军事打击行动，共击毙 4 名武装分子。当地警方向媒体透露，阿富汗安全力量 1 日晚在霍斯特省萨巴里地区锁定“哈卡尼网络”武装组织成员乘坐的一辆汽车，并发动空中打击，击毙车内 4 名武装分子。

2 月 7 日，联合国秘书长古特雷斯通过发言人发表声明，谴责阿富汗首都喀布尔最高法院附近遭自杀式爆炸袭击事件。联合国秘书长发言人迪雅里克当天在例行发布会上宣读了这一声明。声明说，对包括司法机构工作人员在内的平民的任意袭击违反人权和国际人道主义法，任何理由也无法开脱罪责。制造袭击者应受到法律惩处。联合国向袭击受害者家人致以慰问，并对阿富汗政府和人民表示支持。

2 月 9 日，美国总统特朗普和阿富汗总统阿什拉夫·加尼在电话交谈中讨论了加强美阿间合作的可能性。据悉，特朗普在谈话中强调了“美阿战略伙伴关系的重要性，并表达了对（阿富汗）民族团结政府的支持。”消息称：“两国领导人讨论了在安全、反恐以及经济发展领域内加强双边关系的可能性。”据白宫消息称，特朗普表示期望“同加尼总统继续定期对话。”

2 月 10 日，代号为“AMAN 2017”的多国海上联合军演在巴基斯坦南部港口城市卡拉奇拉开帷幕，演习目的是为应对传统和非传统安全威胁。巴基斯坦海军中将阿瑞福拉·侯赛尼当天在联合军演开幕式上说，本次演习的目的是制定应对传统与非传统安全威胁的“程序和技术”，演习将有助于在本地区打击人口贩运、贩毒和恐怖主义。巴基斯坦总理谢里夫致函说，印度洋地区海上安全挑战是多维、多方面的，面临着海上恐怖主义、贩毒、海盗等安全威胁，因此加强国际海军合作十分必要。

2 月 13 日，联合国阿富汗援助团发表声明，谴责近日在阿南部赫尔曼德省造成平民伤亡的两起袭击事件，敦促各方遵守国际人道主义原则，采取“一切可行措施”保障平民安全。

2 月 16 日晚间，巴基斯坦南部的一处宗教场所遭自杀式爆炸袭击，目前已导致 70 多人死亡、200 多人受伤。联合国秘书长古特雷斯通过发言人发表声明，对针对无辜信教群众的杀戮表示严词谴责。古特雷斯向在袭击中不幸遇难者的家人以及巴基斯坦政府和人民致以慰问，祝愿伤者早日康复，并呼吁将袭击肇事者迅速绳之以法。声明强调，联合国支持巴基斯坦政府在充分尊重国际和人权准则的情况下打击恐怖主义。

2 月 19 日，巴基斯坦南部信德省执法部门已抓捕了 5 名与该省一宗教场所恐袭案有关的嫌疑人。执法部门根据情报在信德省与俾路支省交界地带开展多次行动，逮捕了 3 名帮助实施此次袭击的嫌疑人，使落网人数增至 5 人。

2 月 19 日，在巴基斯坦卡拉奇，人们举行集会抗议近期发生的自杀式爆炸袭击。

2 月 23 日，针对近期巴基斯坦国内暴力活动频发、恐怖袭击卷土重来的形势，巴军宣布在全国范围内开展新的军事反恐行动。这一名为“清除暴力”的军事行动旨在“无差别地消除残余的和隐藏的恐怖主义威胁”。根据巴基斯坦三军公关部发布的消息指出，行动的目的是为了巩固前期“利剑”等军事行动的成果，深入打击恐怖主义。除了包括封锁阿巴边境、继续在动乱地区开展清剿行动外，这一行动计划的重点是派驻特别机动部队（RANGER）在旁遮普省全境开展反恐行动。在同一天，中央政府也批准了旁省政府有关在省内部署 2000 名特别机动部队的请求，他们将被赋予维护治安和秩序的职能，主要指导进行情报和军事行动。这一行动计划还包括在全国范围内收缴枪支和建立全面管控爆炸物的制度。

3 月 1 日，联合国安理会发表媒体声明，强烈谴责当天发生在阿富汗首都喀布尔的连环爆炸袭击事件，呼吁各国全力打击恐怖主义。声明重申，安理会对塔利班、“基地”组织和“伊斯兰国”以及一些非法武装组织对阿富汗当地民众、阿富汗国防军和安全部队等造成的威胁表示严重关切。声明强调，必须将这些恐怖主义行径的实施者、组织者、资助者和支持者绳之以法，同时呼吁各国尽全力打击恐怖主义。声明说，任何暴力或恐怖行径都无法阻止由阿富汗人主导的，促进阿实现和平、民主和稳定的和平进程。

3 月 2 日，阿富汗安全部队在美国空军支援下 2016 年“成功地”打击了阿富汗境内的“伊斯兰国”组织，把这个恐怖组织的人数减少到了大约700人。

3月8日，联合国安理会发表媒体声明，强烈谴责当天发生在阿富汗首都喀布尔一家军队医院的恐怖袭击事件，强调要尽全力打击恐怖主义。安理会以最强烈的言辞谴责这一事件，并向受害者家人、阿富汗人民和政府致以同情和慰问，愿伤者早日康复。

3月27日，阿富汗东部楠格哈尔省政府发表声明说，18名塔利班武装分子当天向阿政府缴械投降。声明说，在阿富汗国家安全局的努力下，这18名塔利班武装分子宣布放弃暴力活动，加入国家统一和平进程。在当天于楠格哈尔省首府贾拉拉巴德举行的受降仪式上，一名塔利班指挥官向阿政府安全部门交出了包括两部火箭弹发射器和多支AK－47冲锋枪等在内的武器。

3月29日，阿富汗官政府军在西部法拉省展开针对塔利班据点的清剿行动，打死47名武装分子，打伤51人。

3月28日，巴基斯坦参议院通过宪法修正案，同意将特别军事法庭期限延长两年以审理涉恐案件。

3月31日，美国向巴基斯坦军队交付了新一批塞斯纳飞机，用于加强该国的反恐能力和空中机动性。该使馆称：“这些飞机将通过加强巴基斯坦陆军的医疗后送能力为陆军的空中机动能力提供协助，并提供有限的官兵与装备运输能力。”使馆声明称，美国的安全协助继续增强巴基斯坦安全力量的反恐能力。

4月7日，阿富汗国安全部队在清剿行动中共打死28名武装分子。阿富汗军队、警察和情报部门在13个省内展开联合清剿行动。被打死的28名武装分子中，有13名塔利班成员、15名极端组织“伊斯兰国”成员。政府军同时缴获了一批武装弹药。

4月14日，阿富汗官员称，美军“炸弹之母”摧毁了“伊斯兰国”的一个藏身隧道，炸死了至少36名武装分子。阿富汗国防部称，此次轰炸摧毁了“伊斯兰国”一个关键的藏身处和深层隧道系统，36名武装分子被炸死。此外，阿富汗方面还称，没有平民在轰炸中伤亡。

4月17日，巴基斯坦军方挫败了一起恐怖袭击图谋，活捉了一名企图制造自杀式袭击的女子。巴基斯坦军方称，被捕的这名女子叫诺琳·莱加里，今年19岁，在巴基斯坦南部城市海得拉巴长大，是一名医学院的学生。据诺琳·莱加里交代，她和另外两人打算近期在拉合尔发动自杀式袭击，袭击目标是当地教堂。

4 月 17 日，巴基斯坦军方开展的“平乱”反恐行动取得阶段性进展，截至目前已打死至少 108 名恐怖分子。巴基斯坦三军新闻局局长阿西夫·加富尔当天在拉瓦尔品第举行的新闻发布会上说，自“平乱”反恐行动开展以来，巴军方和执法部门在全国范围内实施了 4000 余次各类清剿行动，打死至少 108 名恐怖分子，逮捕 4500 余名恐怖嫌疑人，缴获大量武器弹药。

4 月 17 日，巴基斯坦塔利班武装的一名高级领导人已向巴安全部队投降。巴军方发言人当天在一个新闻发布会上透露了上述消息。他说，投降的塔利班武装领导人叫伊赫萨努拉·伊赫桑，此人曾任该组织发言人，随后加入了该组织分支“自由者大会”。

4 月 19 日，巴基斯坦陆军参谋长巴杰瓦已签署命令处死 30 名恐怖分子。声明说，这些恐怖分子参与袭击了白沙瓦军人子弟学校、绑架及杀害平民和武装执法人员，以及袭击位于斯瓦特山谷的一个机场。

4 月 23 日，为悼念阿富汗北部巴尔赫省首府马扎里沙里夫袭击事件遇难者，阿富汗总统加尼宣布 23 日为全国哀悼日，全国降半旗致哀。根据加尼 23 日签署的总统令，阿富汗各地清真寺当天展开哀悼活动，文化机构和广播电视取消所有娱乐活动和节目。阿富汗总统府当天发表声明再次谴责袭击事件。声明说，阿富汗政府和人民深切缅怀为保卫国家安全而牺牲的军人，安全部队正在全国各地追踪恐怖组织。

4 月 24 日，阿富汗安全部队在过去 48 小时的特别行动中，消灭了 80 名“伊斯兰国”恐怖分子及 50 多名其他极端组织分子。据阿富汗国防部消息，10 名恐怖分子在阿富汗空军对古尔省的打击中被消灭，另 70 名伊斯兰激进武装分子在楠格哈尔省被击毙，特别行动中阿部队还摧毁了 6 个武装分子藏匿点。据悉，阿富汗安全部队在昆都士省的行动中还打死了 35 名叛军，包括一名塔利班头目毛拉布尔汗。在扎布尔省和乌鲁兹甘省也进行了特别行动，消灭了 23 名武装分子。

5 月 1 日，阿富汗安全力量在首都喀布尔成功挫败一起针对首都的恐袭案件。武装分子日前试图在首都东北方向第 18 警区附近的路边安置简易爆炸装置，但武装分子的行动并未得逞。

5 月 2 日，大约 300 名美国海军陆战队士兵近日重返阿富汗南部赫尔曼德省，主要任务是向阿富汗安全部队提供培训、技术等支持，以帮助后者打击活跃在该地的塔利班武装分子。

5 月 7 日，阿富汗总统加尼表示，极端组织在阿富汗的头目阿卜杜勒·哈西卜已被击毙。加尼说，哈西卜是阿富汗特种部队在东部省份楠格哈尔实施的一次军事行动中被打死的。2016 年，哈西卜的前任哈菲兹·赛义德·汗死于美军无人机空袭，随后哈西卜被委任为极端组织在阿富汗的新头目。他被认为策划实施了一系列恐怖袭击，其中包括今年 3 月 8 号在喀布尔发生的军队医院恐袭事件，袭击造成 30 多人死亡、50 多人受伤。

5 月 15 日，联合国驻阿富汗援助团发表媒体声明，强烈谴责日前发生在阿东部拉格曼省的儿童遇袭事件，敦促冲突各方尽快采取措施，避免类似悲剧重演。

5 月 21 日，美国驻阿富汗部队发表声明说，极端组织“伊斯兰国”在阿富汗遭受严重损失，该组织阿富汗分支占领区的 2/3 已被收复。

5 月 24 日，阿富汗国民军深夜在该国南部的坎大哈省与塔利班武装人员交火，8 名武装人员被打死，13 名国民军士兵身亡。

5 月 31 日，联合国秘书长古特雷斯、联合国安理会 31 日分别发表声明，对当天早些时候发生在阿富汗首都喀布尔的恐怖袭击表示强烈谴责。

6 月 4 日，巴基斯坦军方在西南部俾路支省开展清剿行动，击毙了 12 名恐怖分子，当时，这伙恐怖分子正在策划恐怖袭击。

6 月 8 日，巴基斯坦安全部队在俾路支省展开的清剿行动中，捣毁了极端组织“伊斯兰国”及其支持者“羌城军”在这一地区的藏匿点，同时缴获大批军火。

6 月 9 日，阿富汗媒体报道说，该国首都喀布尔警方日前成功挫败一起恐怖袭击阴谋。阿富汗哈马新闻社援引警方消息说，极端组织近期图谋在喀布尔实施自杀式汽车炸弹袭击。经调查，警方在市区锁定和控制了一辆可疑油罐车。

6 月 15 日，上海合作组织地区反恐怖机构执委会在乌兹别克斯坦首都塔什干举行印度和巴基斯坦国旗升旗仪式，迎接两名新成员的加入。上合组织地区反恐怖机构执委会主任叶夫根尼·瑟索耶夫表示，印度和巴基斯坦两国主管机关加入上合组织地区反恐怖机构理事会和执委会的工作，将进一步扩大上合组织反恐潜力，为解决地区及全球安全创造更多可能，为联合打击国际恐怖主义带来新的动力。

6 月 16 日，根据美国特朗普政府高层透露的消息，美军将在近日向阿富汗增派 4000 名士兵，以应对塔利班和极端组织等带来的威胁。美联社称该消息最快将在下周由美国国防部长马蒂斯宣布。美国主导的北约驻阿富汗国际安全援助部队 2014 年年底结束在阿作战任务，其后主要向阿安全部队提供培训、技术等支持。目前驻阿美军约为 8400 人，北约其他国家在阿富汗驻军约 5000 人。

6 月 23 日，联合国秘书长古特雷斯 23 日通过发言人发表声明，谴责巴基斯坦当天发生的两起爆炸袭击事件，呼吁迅速将袭击制造者绳之以法。声明说，古特雷斯向受害者家人致以慰问，愿伤者早日康复。古特雷斯同时对巴基斯坦人民和政府打击恐怖主义和暴力极端主义的努力表示支持。

7 月 6 日，阿富汗和巴基斯坦将对两国边境地区的武装分子“安全避风港”发动联合军事行动。

7 月 13 日，尼泊尔内政部部长贾纳丹 · 夏尔马表示，尼泊尔正在制定旨在反对恐怖主义的一系列法律法规。

7 月 13 日，据印度《经济时报》报道，印度近期与菲律宾扩大在反恐和反激进主义方面的合作伙伴关系，并向菲律宾马拉维市提供了经济援助。马拉维市位于首都马尼拉以南大约 800 千米，这里正经历一场与效忠于极端组织“伊斯兰国”的恐怖分子作战的战争。

7 月 16 日，巴基斯坦军方说，巴军方当天在该国西北部靠近阿富汗边界的开伯尔部族地区发起新一轮反恐行动，以防止极端组织“伊斯兰国”势力向巴境内渗透。

7 月 18 日，阿富汗北部巴格兰省警方说，阿安全人员当天与在该省发动新攻势的塔利班交战，击毙 16 名武装分子。

7 月 24 日，联合国秘书长古特雷斯和联合国安理会分别发表媒体声明，对当天发生在阿富汗首都喀布尔和巴基斯坦城市拉合尔的恐怖袭击事件进行强烈谴责。喀布尔的袭击事件导致 24 人丧生，拉合尔则有 26 人在袭击中丧生。两起事件均系塔利班组织制造。

7 月 28 日，孟加拉国警方在孟西北部逮捕一名参与 2016 年首都达卡恐怖袭击案的嫌疑人，此人涉嫌为恐怖分子提供武器。孟反恐部门官员表示，这名嫌疑人疑似来自当地极端组织孟加拉国圣战者大会。警方已将嫌疑人带回达卡接受法庭审讯。孟警方此前表示，已确认有 20 至 22 人直接参与达卡恐怖袭击案，数名嫌疑人在逮捕行动中被击毙。

7 月 29 日，印度军方在印控克什米尔地区打死 2 名武装分子疑犯。报道称，当地时间 29 日晚，印度安全部队在印控克什米尔的普尔瓦马地区与数名疑似武装分子交火，安全部队打死了 2 名武装分子疑犯。这 2 人均属于当地势力最为壮大的武装组织“圣战者组织”。

8 月 7 日，阿富汗安全部队在该国东部卡皮萨省击毙两名自杀式袭击者。报道说，两名武装分子在卡皮萨省塔加卜地区正准备对安全部队的车队发动袭击时被击毙。所幸两人未来得及引爆身上的爆炸装置，所以事件没有造成其他人员伤亡。报道援引当地消息人士的话说，初步调查显示，两名被击毙的武装分子是该国塔利班组织成员。

8 月 8 日中午，在巴基斯坦旁遮普省谢克胡普拉（Shiekhupura）地区，巴基斯坦反恐部队成功挫败一起针对拉合尔市的恐怖袭击图谋，该地区距拉合尔 50 多千米。当天上午，巴反恐部队得到情报，一伙 6 到 7 名疑似巴基斯坦塔利班运动武装分子试图从该地区前往拉合尔实施袭击，反恐部队包围该地区，与武装分子发生枪战，最终击毙 4 名武装分子。目前，巴反恐部队在继续搜寻逃脱了的几名武装分子。

8 月 8 日，235 名在该国北部萨尔普勒省被极端组织绑架的平民日前成功获救。报道说，这些平民是上周在萨尔普勒省赛义德地区被绑架的。当时，该地区遭到极端组织袭击，袭击还造成至少 30 名平民死亡。报道援引当地政府发表的声明说，被绑架的平民 8 日上午获救，并于当晚被转移到萨尔普勒省首府萨尔普勒市。

8 月 21，巴基斯坦警方在旁遮普省拉金布尔地区成功解救前一天被绑架的 7 名警察，获救警察均没有受伤。

8 月 21 日，巴基斯坦军方在该国西北部部族地区开展的代号为“开伯尔 -4”的反恐行动取得重大成果，完成预期目标。巴三军新闻局局长阿西夫·加富尔当天在新闻发布会上说，自“开伯尔 -4”反恐行动开展以来，军方在靠近阿富汗的开伯尔和北瓦济里斯坦等部族地区沉重打击了恐怖分子，切断了他们往来于巴基斯坦和阿富汗边境的通道。加富尔说，在本次行动中有 52 名恐怖分子被打死、31 人被打伤。军方有 2 人丧生、15 人受伤。此外，军方清理了恐怖分子经常活动的区域，拆除大量地雷，并设置 91 个安全检查站，以加强军方在当地的力量。

8 月 21 日，美国总统特朗普公布对阿富汗新战略，指出美军现阶段不会从阿撤军，将把打击恐怖主义作为未来重点目标。

8 月 27 日，第二届“阿中巴塔”四国军队反恐合作协调机制高级领导人会议，在塔吉克斯坦共和国首都杜尚别举行。阿富汗国民军总参谋长穆罕默德·谢里夫·亚夫塔里中将、中国中央军委联合参谋部参谋长李作成上将、巴基斯坦陆军参谋长马尔·贾韦德·巴杰瓦上将、塔吉克斯坦国防部第一副部长兼武装力量总参谋长埃莫马利·阿布德拉希姆·索比尔佐达少将出席会议。各方在友好和建设性气氛中，就当前国际和地区安全形势深入交换了意见，强调四国军队加强反恐务实合作的必要性和重要性，一致同意进一步增进相互理解和信任，持续推进各层次、各领域军事交流与合作，不断提升地区联合反恐能力，共同维护四国安全利益，为地区及世界的和平、稳定做出积极贡献。各方共同签署了《“阿中巴塔”四国军队反恐合作协调机制协定》及《“阿中巴塔”四国军队反恐情报协调中心议定书》。

9 月 6 日，巴基斯坦警方在南部信德省首府卡拉奇对恐怖分子实施搜捕行动，逮捕了一个“高学历”恐怖团伙的 1 名头目和 3 名成员。

9 月 7 日，缅甸国务资政府部发表缅印联合声明表示，缅甸将与印度加强反恐合作。在联合声明中，印度谴责近期发生在缅甸若开地区的恐怖袭击事件。双方一致认为恐怖主义是该地区和平稳定所面临的严重威胁，呼吁国际社会尽早通过关于打击国际恐怖主义的全面公约。声明表示，缅印双方还将在国防、边防等领域加强合作。

9 月 8 日，阿富汗空军在该省发动了一系列空袭，炸死至少 55 名塔利班武装分子，其中包括两名高级指挥人员。

9 月 9 日，巴基斯坦内政部长伊克巴尔说，政府将加强对全国高等教育机构的反恐监控，以遏制极端和恐怖主义向校园蔓延。据巴基斯坦媒体报道，伊克巴尔表示，当前有一些势力“正试图将青年学子引向歧途”，政府将在广大教师、学生家长和社会各界的支持下阻止这一趋势。他说，内政部近期将组织召开全国高校负责人会议，研究制定对高校人群实施监控的方案，并由国家反恐局实施监控。

9 月 9 日，阿富汗各界以不同方式悼念民族英雄马苏德遇刺身亡 16 周年。阿总统加尼当天在首都喀布尔呼吁全国上下团结一致，共同努力维护国家和平与稳定。

9 月 10 日，印军与印度中央警察预备队（CRPF）及克什米尔地区警方夜里发起联合行动，在克什米尔地区南部库尔嘉姆的鲁德瓦尼地区（Rudwani）与武装分子彻夜枪战，击毙 2 名武装分子，并逮捕 1 人。据称，这是印军近年来首次在枪战中逮捕俘虏。

9 月 26 日，印度女防长西塔拉曼与到访的美国防长马蒂斯举行会谈，双方表示印美战略防务伙伴关系正进入新阶段。西塔拉曼在会谈后举行的联合记者会上表示，两国防长当天就加强双边防务合作举行了“全面的会谈”。“我们深入讨论了地区局势和加剧的跨境恐怖主义威胁问题，两国将继续在阿富汗问题上的协调合作。”

9 月 28 日，据印度新德里电视台报道，叙利亚宗教领袖大穆夫提日前访问印度，并与印度内政部长进行了会晤。印度内政部稍后发布的声明表示，将支持其对抗极端组织“伊斯兰国”，而叙利亚方面则表示，叙利亚愿与印度共享“伊斯兰国”恐怖组织分布情况的情报。

9 月 29 日，巴基斯坦媒体援引卡拉奇警方消息说，警方当天根据情报对一伙藏匿在该市的恐怖分子发起突袭行动，遭到恐怖分子开火射击，警方进行回击并打死了全部 6 名恐怖分子。警方在行动中还缴获火箭弹、爆炸装置等一批武器弹药。

10 月 12 日，巴基斯坦军方发表声明说，巴军方当天成功解救 5 年前被恐怖分子绑架的 5 名西方人质，他们被解救时平安无恙。

10 月 14 日，阿富汗警方截获一辆满装炸药的汽车，司机在被捕前曾试图强行通过警方设立的路障，阿富汗就此挫败一个在首都喀布尔制造汽车炸弹袭击的阴谋。

10 月 19 日，俄罗斯和印度的陆海空军演习部队开始在俄远东滨海边疆区陆上、空域和日本海水域举行代号为“因陀罗－2017”的联合演习。俄军方表示，军演将持续 10 天，目的是为了联合应对海盗、国际恐怖分子等共同威胁。

10 月 20 日，联合国秘书长古特雷通过发言人发表声明，强烈谴责当天发生在阿富汗的两起针对清真寺的自杀式爆炸袭击。声明说，联合国秘书长表达对阿富汗人民和政府的声援，对死难者的家属表示深切的慰问，并祝愿伤者早日康复。古特雷斯强调，必须尽快将袭击策划者绳之以法。他说，暴力循环必须停止，对话必须开启。

10 月 25 日，巴基斯坦总理阿巴西与到访的美国国务卿蒂勒森举行会谈。阿巴西在会谈中说，巴方致力于铲除境内的恐怖主义势力，期待与美国加强在安全、经济等领域的合作。

11月2日，白宫发布消息称，美国总统特朗普接受了印度总理莫迪对纽约袭击案的深切慰问，两国领导人商定合作打击恐怖主义。白宫在1日的电话会谈后发布消息称，“特朗普与印度总理莫迪进行了谈话，并接受了莫迪对10月31日纽约恐袭案的深切慰问”。消息中称：“两国领导人表示，印度和美国继续坚持联合打击共同的恐怖主义问题。”

11月7日，在阿富汗一家电视台遭受血腥袭击之际，北约宣布向阿富汗增兵3000人，其中美军约占一半。

11月18日，斯里兰卡警方说，该国南部城市加勒一些地区佛教徒和穆斯林之间发生激烈冲突，政府当晚开始在当地实施宵禁。

11月22日，阿富汗南部赫尔曼德省政府发布声明说，驻阿美军日前配合阿安全部队在该省境内展开清剿行动，摧毁4个毒品加工厂和一处塔利班武装据点。声明说，此次清剿行动于21日晚开始，被摧毁的毒品加工厂和塔利班据点位于该省南部德绍地区。行动中，至少15名武装人员被击毙、5名武装人员受伤，另有包括两名塔利班指挥官在内的10名武装人员遭逮捕、一批枪支弹药被缴获。

11月25日，驻阿美军日前在该国东部楠格哈尔省对极端组织“伊斯兰国”据点展开新一轮空袭，炸死至少13名该组织武装分子。据阿富汗哈马新闻社援引消息人士的话报道，此次空袭地点位于楠格哈尔省南部，打击目标是“伊斯兰国”在当地的藏匿点。

11月27日，阿富汗军方在多地实施针对极端组织的清剿行动，共打死41名武装分子。

11月30日，阿富汗安全部队日前在该国南部加兹尼省针对当地塔利班武装组织据点展开清剿行动，共打死至少7名武装分子，另有15名武装分子受伤。据阿富汗阿里亚纳新闻社29日援引加兹尼省一名警方人士的话报道，安全部队与当地警方配合在位于该省东部瓦加兹地区展开代号为“强人”的清剿行动，至少还有4名武装分子在这次清剿过程中被逮捕。其中，一名叫赛义德·艾哈迈德的被捕人员已被确认是塔利班组织在该地区的一名主要负责人。

11月30日，美国军方称，为进一步打击塔利班武装，将向阿富汗增派1000多名官兵。据30日出版的沙特《祖国报》报道，驻阿富汗美军司令约翰·尼克尔森公开表示，从2018年初开始，将加大对塔利班武装的打击力度，为此，一支由 1000 名多官兵组成的部队将被派往阿富汗。

12 月 1 日，巴基斯坦总理阿巴西说，巴基斯坦将全面打击、清除恐怖主义，巴致力于加强与上海合作组织地区反恐机构合作反恐。阿巴西当天在上合组织成员国政府首脑理事会第十六次会议上说，巴基斯坦不允许任何形式的恐怖主义在巴境内立足，巴基斯坦将加强与上合组织地区反恐机构合作，打击恐怖主义和极端主义，防范恐怖主义蔓延。阿巴西表示，恐怖主义、极端主义和分离主义正给地区和全球经济发展带来威胁。但他同时强调，打击恐怖主义要尊重国际法，避免双重标准。

12 月 6 日，在阿富汗的极端组织“伊斯兰国”和反政府武装塔利班遭到空袭，共有 31 名武装分子被炸死。

12 月 9 日，阿富汗安全部队在东部加兹尼省和北部昆都士省打死 23 名塔利班武装分子，打伤 28 人。

12 月 12 日，阿富汗安全部队过去在北部昆都士省对塔利班目标进行清剿，打死至少 55 名塔利班武装人员。

12 月 13 日，美国和阿富汗特种部队准备对“伊斯兰国”极端组织在阿富汗西北部地区盘踞的地点发动攻势。

12 月 26 日，印度民航安全局已向所有航空部门和地方警察局发出警报，要求在近期保持最高警戒。印度民航安全局警告称：“目前全国各地正在举行新年庆祝活动。这一时期内，我们必须加强警戒。民航安全局还表示，在这一年中，有恐怖主义组织已表现出对印度实施袭击的意图。该局要求各机构在新年之前及新年期间保持“最高警戒”，并采取各项措施加强机场安保工作。

12 月 28 日，联合国安理会和联合国秘书长古特雷斯分别发表声明，对当天早些时候发生在阿富汗首都喀布尔的自杀式爆炸袭击事件予以强烈谴责。安理会在声明中称这起恐怖袭击“极其罪恶并且懦弱”，对其发出最强烈的谴责。安理会重申，一切形式和表现的恐怖主义均是对国际和平与安全的最严重威胁之一。安理会强调，必须对这起恐怖袭击事件的实施者、组织者、资助者和支持者追究法律责任。安理会敦促所有国家履行国际法和安理会有关决议所规定的义务，与阿富汗政府和相关各方积极合作，协助将这起袭击的有关责任人绳之以法。

2017 年南亚及阿富汗地区遭受恐怖袭击次数及伤亡人数

时　间	阿富汗		巴基斯坦		孟加拉国		印度	
	袭击次数	伤亡人数	袭击次数	伤亡人数	袭击次数	伤亡人数	袭击次数	伤亡人数
1 月	3	140	1	75			1	3
2 月	7	123	5	486				
3 月	6	255	1	56	1	44	1	10
4 月	6	184	5	63				
5 月	12	689	1	60			1	7
6 月	7	153	1	33				
7 月	4	89	3	91				
8 月	8	252	3	78	1	1		
9 月	6	69	1	15			1	13
10 月	6	391	3	40				
11 月	5	90	1	6			1	3
12 月	10	295	2	76			1	2
合计	80	2730	27	1079	2	45	6	38
全年，南亚及阿富汗地区共遭受恐怖袭击 115 次，伤亡 3892 人。								

第十二章／2017年东南亚地区反恐怖军事行动*

第一节　东南亚地区反恐怖军事行动综述

2017 年，东南亚地区共遭受恐怖袭击 20 次，伤亡 341 人。随着“伊斯兰国”在中东地区节节败退，来自该地区的武装分子正在向东南亚地区转移。他们不仅通过互联网宣传其极端思想，还在本地招募成员并成立分支机构。一些来自东南亚的极端分子也可能将恐怖活动与组织经验从中东地区带回本地。要防止东南亚地区沦为恐怖主义肆虐之地，一方面需要各国铁腕反恐，根除来自中东地区恐怖组织的外部影响，消灭始作俑者。另一方面，还需在本地区内部铲除恐怖主义滋生的土壤，包括消除本地区的宗教与种族冲突，逐渐减少经济差距与政治隔阂等，多管齐下，标本兼治。此外，东南亚各国也需充分发挥东盟等区域组织的作用，寻求联合反恐，建立区域反恐联动机制，提高反恐效率，为本地区长治久安提供全面、有效支持。

一、东南亚地区面临的恐怖形势

2017 年，随着极端组织“伊斯兰国”在中东地区的失利，越来越多的恐怖分子回流东南亚国家本土，恐怖活动开始在东南亚地区有条不紊地升

* 东南亚地区总共有 11 个国家：越南、老挝、柬埔寨、缅甸、泰国、马来西亚、新加坡、印度尼西亚（简称印尼）、菲律宾、文莱和东帝汶，其中东帝汶是经全民公决后，于 2002 年 5 月 20 日从印尼独立出来的，是东南亚最年轻的国家。

级，使得东南亚地区恐怖形势继续恶化，安全形势不容乐观。

（一）“伊斯兰国”转战东南亚，恐怖形势更加严峻

由于美国重返亚太，加上“伊斯兰国”在中东土崩瓦解，在美国入侵伊拉克 15 年及西方武装干预中东 5 年之后，“圣战”恐怖主义正在向东南亚地区转移。叙利亚和伊拉克约 60% 的外国“圣战”者来自中东和北非，近 20% 来自西欧、俄罗斯和中亚，其余来自东南亚、巴尔干半岛、北美和大洋洲。来自东南亚的人当中 4/5 是印尼人，其余主要来自马来西亚和菲律宾。印尼多数村庄都有“伊斯兰国”分支组织。在棉兰老岛穆斯林自治区，目前圣战主义者中包括了一小撮反对和平进程的极端分子。新加坡反恐专家古纳拉特纳表示，东南亚地区已有 60 多个激进组织宣布效忠“伊斯兰国”。美国《纽约时报》称，印尼大约有 500 人试图去叙利亚加入“伊斯兰国”。一些成功加入“伊斯兰国”的印尼人在“协调”菲律宾、印尼的“伊斯兰国”活动中发挥重要作用。美国“外交学者”网站说，印尼是东南亚试图加入“伊斯兰国”人数最多的地方，其次是马来西亚。从西亚、北非回窜的“伊斯兰国”分子为开辟新阵地，联手菲律宾南部的恐怖组织，沿袭中东的战术，攻占棉兰老岛的马拉维市，与政府军激战已近一月。

美军太平洋司令部司令哈里·哈里斯就此认为，“马拉维事件”给印—太地区所有国家敲响了警钟——“伊斯兰国”武装分子在向世界其他地区扩散。菲律宾南部局势吃紧，毗邻的印尼、大马边境因之耸动。因三国的边境地区是传统边贸、旅游路线，恐怖分子从马拉维潜入印尼与大马易如反掌。此外，菲律宾西南部的苏禄海与马六甲海峡相邻，连接马来西亚沙巴州的锡布图水道恐情严峻，海盗猖獗，易为赴马拉维参战的西亚、北非等国恐怖分子所乘。更为严重的是，印尼军方担心，国内“几乎所有省份都存在‘伊斯兰国’的蛰伏细胞”。马拉维一战，如菲军获胜，恐怖分子将亡命印尼，激活蛰伏组织。如菲军落败，棉兰老岛或成“伊斯兰国”的东南亚落脚点。著名反恐专家罗汉·古纳拉特纳曾撰文指出，“伊斯兰国”最有可能在菲律宾或印尼建立战略支点，从而对亚洲稳定与繁荣带来深远影响。综上所述，东南亚国家边陲耸动，恐情严峻。

（二）利用社交媒体广泛招募印度尼西亚妇女发动恐怖袭击

印度尼西亚是世界上人口最多的穆斯林国家，“伊斯兰国”通过社交媒体广泛招募印度尼西亚妇女，借用她们的力量在穆斯林国家创造一个圣战者社区，对印度尼西亚造成的恐怖威胁越来越大。根据东南亚冲突政策分析研究所的一份报告，印度尼西亚以使用丰富的社交媒体闻名，社交媒体给“伊斯兰国”带来不少便利，“伊斯兰国”通过社交平台调动妇女在网络上的积极性，让她们更积极地参加恐怖组织的论坛，阅读“伊斯兰国”的宣传，了解国际圣战，为“伊斯兰国”筹集资金和提供后勤支持。互联网没有任何层次结构，这意味着没有人可以制止妇女停止宣传圣战主义。在网络社交平台上，我们可以看到这些妇女们想在战争中充当更重要角色的迫切希望。例如：充当自杀式炸弹，特别是在 2015 年巴黎自杀式爆炸袭击涉及“第一个女性自杀弹手”后。她们想成为自杀弹手的愿望就更加强烈了。种种迹象表明，妇女已经成为了“伊斯兰国”的利用工具。

（三）缅北果敢地区军事冲突再起 地区安全不容乐观

缅甸国务资政府新闻发布委员会 3 月 6 日下午发布通告称，掸邦北部果敢地区当天发生军事冲突，一支民族地方武装攻击果敢自治区首府老街等地，造成包括平民和警察在内约 30 人死亡。从 6 日晚间开始，大量缅甸边民从果敢涌入云南南伞镇。缅方通告说，“民地武”组织果敢同盟军成员于 6 日 2 时许开始对军营、警察局发动攻击，造成民居、酒店和车辆损毁。在对缅中边界 125 界桩和 127 界桩之间缅军军营发起攻击时，双方发生交火。军方动用重型炮火打击突入老街的“民地武”，并已经将其从这里逐出。但与果敢同盟军结成盟友的当地另一支“民地武”称，交火到上午还在继续，老街周边通信均已被切断。交火造成约 7000 名当地居民逃往缅中边界中方一侧，涌入中国境内的缅甸边民数量 7 日达到高峰。法新社评论说，果敢同盟军与政府军前年交火曾造成大批边民进入中国境内。现在的这次交火是 2015 年以来果敢地区出现的激烈程度最高的战斗之一。[①]

---

① 参见《缅北果敢地区军事冲突再起 地区安全不容乐观》，《环球时报》，2017 年 03 月 08 日。

二、东南亚国家的反恐怖军事对策

2017 年，美国的亚太战略加剧地区紧张局势，一些长期存在的地区安全问题再度趋热，国际恐怖主义势力也逐渐向这一地区渗透，亚太地区的安全形势日益复杂。在亚太地区面临复杂安全问题的背景下，亚太各国加强沟通、协调立场、交流信息、增进理解，协作应对恐怖主义威胁。

（一）警惕极端组织跨国流窜，关注非传统安全新挑战

6 月 2 日至 4 日，第 16 届香格里拉对话会在新加坡举行。地区大国和区域组织如何应对恐怖威胁成为本次会议的焦点。与此同时，新技术发展给非传统安全领域带来了新挑战，也成为地区安全决策者的关注点。新技术的产生发展，使非传统安全领域，特别是网络攻击成为亚太国家在本次对话会上的讨论焦点。一些组织利用网络传播极端思想、招募武装人员、发动网络袭击，不少亚太国家也是全球大规模网络袭击的受害方。网络信息技术给国家政府确保本国利益安全提出挑战，暴露出各国政府在这一领域内的薄弱环节。缅甸国家安全顾问当吞指出，现代技术的发展和社交媒体的普及，也导致难以澄清的假消息伤害民众的利益，引发网络犯罪。军事大国和技术强国应体现责任担当，加强信息交流与分享，评估黑客攻击等在物联网领域扩散带来的安全挑战，同时，将新技术优势用于灾难预警、国际反恐、打击跨国犯罪和人道主义救助等领域。经过数天讨论，与会各方就应对亚太安全威胁开出“药方”：完善安全机制、共享涉恐情报、遏制极端思想网络传播，力阻恐怖主义“扎根”亚太。亚太地区一些国家目前正遭受恐怖主义的威胁与侵害。

就地区安全来说，反恐已成当下主要议题，更是香格里拉对话会讨论的重点之一。一些恐怖组织成员“外溢”出境，以及跨国散播极端思想并危及和平稳定的现象，尤其引发与会者的高度关注。极端组织的传播网络是跨国性的，这意味着应对努力必须依靠各国之间的配合，包括情报分享等。极端武装人员在印度尼西亚雅加达和菲律宾棉兰老岛制造恐怖袭击，凸显了亚太地区应对恐怖主义威胁的紧迫性。各国须阻止极端团体武装人员从冲突地区“外溢”，渗入亚太，同时设法打击已存在的武装人员。近

期在菲律宾发生的恐怖袭击显示有极端组织“伊斯兰国”武装人员进入亚太地区，甚至试图在此“扎根”。须尽快采取行动，避免形势恶化。就东南亚而言，恐怖主义、极端主义已成第一大安全问题，包括新加坡在内的不少东南亚国家均意识到恐怖主义带来的安全威胁，是东南亚“一等一”的安全问题。

（二）合作构建亚太反恐能力，力争把恐怖消灭在萌芽状态

当下，反恐已成为全球双边及多边安全合作的重要内容。在第 16 届香格里拉对话会期间，与会方部长级国防官员、军方领导人及学者就联合打击恐怖主义纷纷表态。澳大利亚国防部长佩恩强调，亚太地区需加强反恐能力建设，以东盟及东盟与其他国家的对话平台为基础，强化地区安全机制在反恐中的作用。马来西亚国防部长希沙姆丁表示，除对恐怖主义实施坚决打击外，各国还需赢得观念上的胜利，驳斥极端组织鼓吹各自主张的各种言论。新加坡南洋理工大学国际研究院兼任高级研究员胡逸山则认为，如何在保证各自国家安全的情况下，实现涉恐情报共享是东南亚各国今后安全合作的努力方向。他表示，当前恐怖主义表现出碎片化特点，也使应对成本越来越高，如将各国独立的反恐努力联合起来，将有效提升地区反恐效率。

4 月 27 日，俄罗斯与泰国签署安全领域合作协议，共同消除恐怖主义威胁。5 月份，菲律宾、美国举行为期 12 天的年度“肩并肩”联合军演，本次军演重点放在人道主义援助、救灾和反恐三个方面。为了打击日益猖獗的海上跨境犯罪，马来西亚、印度尼西亚及菲律宾三国启动了联合海空巡逻。5 月 21 日，东盟各国军方高层签署一份联合宣言，宣示要加强联合军事演习、人道主义援助和救灾能力建设，东盟各国军方将寻求加强努力，把东盟国家武装部队总参谋长非正式会议机制正式化，以打击暴恐思想抬头，并协调应对灾难事件等非传统威胁。6 月底，印尼主办多边协调会议，邀请新西兰、澳大利亚、文莱、马来西亚、菲律宾共商对策，消灭在东南亚地区的恐怖主义基地。

7 月 25 日，随着中老缅泰四国指挥官一声令下，第 60 次中老缅泰湄公河联合巡逻执法编队在云南西双版纳关累港鸣笛起航，进行为期 5 天的联合执法行动。此次行动，中老缅泰四方共派出执法船艇 7 艘、执法人员 200 余名，累计航程 532 千米。巡航编队由云南省公安边防总队长董海担任中方指挥长，泰国第五警区副司令楚拉担任泰方指挥长，老挝波乔省军区政委玛尼桑担任老方指挥长，缅甸万崩水警局局长腊莫担任缅方指挥长，共同指挥调度勤务。编队将采取分段联巡、编组巡航、夜间航行等方式，加大执法力度，对沿湄公河违法犯罪行为形成有力震慑。联合巡逻执法行动期间，四国执法船艇编队还将在金三角、班相果等重点水域开展联合走访、禁毒宣传、联合应急演练、船艇业务交流等活动，加大联合巡逻执法力度，增强执法合力，严厉打击湄公河流域涉恐、走私、偷渡、贩毒、贩枪、拐卖人口等跨境违法犯罪行为，全力维护湄公河流域的航运安全。

（三）主动作为健全法制，多措并举防范打击恐怖威胁

5 月 8 日，新加坡议会通过一项新的立法，根据该法律，在新加坡使用放射性物质或核爆炸装置开展致命恐怖活动的人，将被执行强制死刑。该项立法也为新加坡认可联合国《制止核恐怖主义行为国际公约》（ICSANT）铺平了道路。这项新的立法意味着，未来故意及非法使用任何放射性物质和核爆炸装置，或使用、损坏核设施导致放射性物质的释放以进行恐怖主义活动，都将构成刑事犯罪。该刑事犯罪与刑法典中的谋杀罪属同一级别，对于使用放射性物质和核爆炸装置造成死亡的罪犯将实施绞刑，如果是没有导致死亡发生的其他情况下，可能会被判处无期徒刑。该项新的立法也提供了域外司法管辖权，任何非新加坡籍人士如果在新加坡境内的行为构成核恐怖主义活动，也将被视为违法，会同样受到新加坡法律制裁。这确保了肇事者不论来自哪个国家，以及在何处进行核恐怖主义活动，都不可能逃避法律的惩罚。

5 月 26 日，印尼总统佐科要求该国国会尽快修订关于肃清恐怖主义罪行的法令，为打击恐怖主义提供法律依据。6 月，印度尼西亚通过一项法律，允许执法部门关押参与国外激进组织的归国公民，且关押时间可长达 15 年。印度尼西亚加紧反恐法律之际，正值有越来越多的人担心极端组织“伊斯兰国”影响力在不断扩大，以及担心“伊斯兰国”组织在失去中东地区根据地之后，欲在东南亚地区寻找落脚点。这项新刑法采取普遍性原则，这意味着无论是印度尼西亚公民在何地犯了罪，都能够按照印度尼西亚的法律对其处置，这些犯罪分子可能会面临 15 年监禁。

第二节　东南亚地区主要恐怖袭击事件

一、泰国南部度假地商场爆炸致 61 人受伤

（详见第一章内容）

二、缅甸若开邦连遭恐袭

8 月 25 日凌晨以来，缅甸若开邦连续三天发生恐怖袭击，截至 27 日造成上百人死亡。缅甸若开邦孟都等地发生的袭击事件已造成 12 名安全部队成员、1 名政府官员、12 名平民死亡，另有 77 名恐怖分子被击毙，两名恐怖分子被抓获。目前孟都等地的冲突仍不时发生，国防军、边防警察多次与武装人员交火。缅甸政府说发动袭击的是宾格利人、即国际媒体常说的罗兴亚人，同时认定若开罗兴亚救世军（前译若开罗兴亚救赎军）为极端主义恐怖组织，向若开邦派出军队展开反恐打击。

（一）事件背景

罗兴亚人认为自己在若开邦生活的历史很久，是本地合法居民。而缅甸国内主流民意认定他们是来自孟加拉国的“非法移民”，拒绝承认罗兴亚是一个民族。这也是目前缅甸政府的立场。若开邦位于缅甸西北海岸，毗邻孟加拉湾，与孟加拉国接壤，古称阿拉干。这里曾有一个独立的阿拉干王国，直至 18 世纪被缅甸王国征服。英国殖民者在 18 世纪先后征服印度、缅甸后，将包括阿拉干在内的缅甸划入英属印度，直至 1937 年才把缅甸单独划出。1948 年，缅甸独立，阿拉干成为缅甸的若开邦。因为贸易，来自中东的商人曾在阿拉干王国居住。有说法称罗兴亚人的历史可以追溯到那些中东商人，因此可以算作若开邦本地居民，但这种说法未获广泛认同。在英国殖民期间，殖民当局从今孟加拉国引入居民充当其统治的帮凶，在二战期间也使用这批人与若开族、缅族等民族对抗。缅甸人大多认为，罗兴亚人是这批外来居民的后裔，双方因此存在历史矛盾。

（二）事件经过

27 日凌晨，一家 12 口印度族人在孟都地区遭恐怖分子枪击，包括 3 名儿童在内的 6 人丧生，2 人重伤。此外，孟都地区一个村庄的 6 名村民当天遇袭身亡，其中包括数名村官和一名儿童。

国务资政府在最新通报中说，恐怖分子 27 日在若开邦孟都地区再次袭击 10 余处警察哨所，在数座村庄纵火，安全部队与其交火。每起袭击都有大量恐怖分子参加，袭击者手持刀、枪，引爆自制爆炸物，还在交火中用儿童当肉盾。

（三）事件影响

缅甸西部若开邦自 25 日凌晨以来连续三天发生恐怖袭击。缅甸政府说，截至 27 日，已有 102 人死亡，其中 12 名平民丧生，77 名恐怖分子被击毙。25 日以来，包括地方政府职员、教师等公职人员在内的上千名若开邦平民被转移至军营、警察哨所等安全地点。缅甸媒体 28 日报道，若开邦约 400 所中小学已经关闭，大约 4000 名若开族人来到邦首府实兑避难。孟加拉国外交部 26 日说，数以千计“缅甸平民”聚集在若开邦边境地区，“试图进入孟加拉国”。孟方对这一情况感到担忧。法新社报道，孟加拉国政府禁止这些人非法入境。26 日至 27 日，孟加拉国警方发现 90 名非法进入孟加拉国的缅甸罗兴亚人，并将他们遣返。但 25 日以来，至少 3000 名罗兴亚人还是进入了孟加拉国，在边境地区的难民营和村庄避难。

三、菲律宾政府军在南部苏禄省遭伏击一死十伤

5 月 25 日，菲律宾政府军当天凌晨在南部苏禄省遭极端组织“阿布沙耶夫”武装分子伏击，1 名政府军士兵牺牲、10 人受伤。菲律宾军方西棉兰老军区发言人佩廷雷伊称，菲政府军第 10 步兵营一批官兵当天凌晨 5 时 20 分在苏禄省帕提库尔镇追剿一伙据称劫持人质的武装分子时，遭遇伏击，双方交火 15 至 20 分钟。11 名政府军士兵在战斗中受伤，1 人因伤重不治身亡。佩廷雷伊表示，菲政府军一直在当地开展军事行动，追剿“阿布沙耶夫”武装分子。事发前，菲政府军曾接获情报称一伙 10 至 15 人的武装分子挟持人质在当地出没，当政府军官兵前往营救人质时遭到武装分

子伏击。

四、菲律宾首都马尼拉市连续发生两次爆炸 2 死 6 伤

5 月 6 日晚间，菲律宾首都马尼拉市连续发生两次爆炸，造成 2 人遇难，6 人受伤。6 日傍晚 5 时 55 分左右，马尼拉市诺萨加雷街与艾利松多街交口处发生一次爆炸，第二次爆炸则发生在晚 8 时 32 分左右，两次爆炸地点都在奎亚波一座清真寺附近。第一次爆炸造成 2 人遇难，4 人受伤；第二次爆炸造成 2 人受伤，伤者包括一名拆弹警官。菲律宾国家警察首都地区警察局长阿巴亚德表示，6 日两次爆炸发生的地点与 4 月 28 日爆炸案的地点相距不远。4 月 28 日晚间 10 时 49 分左右，马尼拉奎松大道辅路上也发生爆炸造成 10 多人受伤。由于当时东盟峰会正在马尼拉举行，这起爆炸案引发广泛关注。极端组织"伊斯兰国"也曾一度宣称对这起爆炸案负责，但菲律宾国家警察坚称这起爆炸并非恐怖袭击而是由黑帮火并引起，"伊斯兰国"只是借机炒作。

五、菲律宾首都马尼拉一家酒店遭持枪者袭击 37 人死亡

6 月 2 日，菲律宾首都马尼拉一家酒店遭持枪者袭击，袭击造成 37 人死亡。目前，菲政府军正在该国南部与据称效忠极端组织"伊斯兰国"的武装分子激烈交火，且"伊斯兰国"2 日两次"认领"马尼拉袭击事件。2 日凌晨，大部分菲律宾人正在熟睡时，马尼拉著名的云顶世界酒店突发枪击和纵火事件。根据菲律宾警方描述，一名穿黑衣的蒙面男子持枪冲进酒店的赌场。他没有把枪口对准人群，而是朝赌场的电视屏幕和筹码库的门开枪，并用汽油点燃了一张赌桌。36 人在浓烟中窒息身亡，另有 50 多人受伤。在案发约 5 小时后，警方在一间酒店房间中发现了嫌犯，他自焚并朝自己的头部开枪身亡。

六、泰国南部北大年府针对军方炸弹袭击 6 名军人死亡、3 名军人受伤

6 月 19 日，泰国南部北大年府发生一起针对军方的炸弹袭击，造成 6

名军人死亡，3 名军人受伤。袭击发生在当地时间 11 时 45 分左右，数名军人当时正乘坐皮卡车巡逻，遭到预先埋设好的炸弹袭击，造成6 人死亡，3 人受伤，皮卡车被炸毁。袭击者身份不明，军方已下令封锁现场并展开调查。北大年、那拉提瓦和也拉是泰国最南端的 3 个府，通常被称为泰南三府。自 2004 年以来，泰南三府的分离主义分子不断制造爆炸事件，到目前为止至少导致 6800 人死亡。

七、其他恐怖袭击事件

1 月 4 日，菲律宾南部发生一起武装劫狱事件，158 名囚犯趁机逃脱。当天清晨 4 时左右，超过 100 名武装分子携带重型武器冲击位于该省基达帕万市的一座监狱。劫狱武装分子可能来自反政府武装“邦萨摩罗伊斯兰自由战士组织”。此次劫狱计划周密，部分囚犯在武装分子和狱方交火期间趁机出逃。监狱方面有一人伤重不治死亡，另有一人受伤，1511 名在押囚犯中有 158 人出逃。

2 月 19 日晚，一艘越南船只在菲律宾南部苏禄海域遭武装分子袭击，造成 1 名越南船员死亡、7 人被绑架。菲律宾海岸警卫队的一名发言人说，当地时间 19 日晚 7 时许，在菲律宾南部塔威塔威省巴关岛以北 17 海里处，一艘越南船只遭武装分子袭击，当时船上共有船员 25 人。菲律宾海岸警卫队在接到越南海岸警卫队报警后，迅速派遣警力和海军陆战队员前往出事地点，解救了 17 名被绑越南船员，1 名越南船员在解救行动中丧生，其余 7 人被掠走。

2 月 27 日，印尼万隆一村公所遭自制炸弹爆炸袭击，除嫌犯被警方开枪击中送医途中死亡外，未有其他人员伤亡。

3 月 30 日，泰国南部陶公府拉皑县警局发生枪击事件，造成 2 人死亡，6 人受伤。据当地媒体报道，当天上午 8 时 45 分左右，警局内约 30 名警察正在进行清晨列队，有 5 至 6 名不法分子乘坐一辆皮卡车经过警局前，朝警队开枪扫射，导致 2 名警察身亡，另有 3 名警察和 3 名村民受伤。

4 月 3 日，泰国南部也拉府孔披朗县警局凌晨 1 时许遭一伙枪手袭击，造成 9 名警员受伤。作案枪手人数不少于 10 人，当时警局内执勤的警员只有 10 人。袭击者持枪朝警局扫射半个多小时后才逃离现场。逃跑时，袭击者还将路边的树砍倒，以阻止警方追缉。

4 月 11 日，菲律宾当局称，一伙武装人员对菲律宾中部岛屿保和岛发动攻击，并与政府部队发生冲突，此事造成 5 人死亡，其中包括一名警察。菲律宾地方警察表示，武装人员 11 日乘船驶入保和岛城镇伊那班加（Inabanga），向着保和岛偏远地区航行。警方在当天早间进行调查时与武装人员发生冲突。菲律宾军方发言称，双方冲突造成 5 人死亡，其中包括一名警察。报道称，这伙武装人员共有 10 人，他们疑似为“阿布沙耶夫”反政府组织成员。

4 月 16 日，菲律宾极端组织“阿布沙耶夫”武装分子在菲律宾南部苏禄省杀害一名遭其绑架的本国人质。

4 月 19 日晚，在泰国南部制造 18 起连环爆炸，并向警方哨所和军事单位射击的武装分子中的两人，因自制炸弹提前爆炸丧生。此外，两名警察在一次袭击中受伤。

5 月 16 日，泰国首都曼谷国家剧院门口 15 日晚发生爆炸，两人受轻伤。据《民意报》报道，爆炸发生在当地时间 20 时 30 分左右，两名女性手臂受伤，已送院治疗。爆炸发生后警方封锁了现场，目前正与拆弹专家在现场调查，对爆炸物的种类进行判定。

5 月 22 日上午，泰国首都曼谷一家医院发生爆炸，造成超过 20 人受伤。警方称，有证据显示，此事件是一起炸弹袭击。据报道，由于这起爆炸发生在医院的一个退休公务员接待室内，因此伤者多为老人。

5 月 24 日晚，印尼发生连环自杀式炸弹袭击。当地警方证实，目前已有 5 人死亡，包括 3 名警察和 2 名袭击者；另外有 10 人受伤，其中 5 名伤者是警务人员。报道称，事发在首都雅加达 1 个巴士站，当地警方当晚为一个巡游活动维持秩序期间，突然发生爆炸。数分钟之后，现场附近再传来爆炸声响。

6 月 2 日，泰国曼谷警方接到报警称，拍凤育庭路一家快递公司店内发现炸弹。警方及排爆人员赶到现场发现，4 枚 M67 炸弹被装在快递纸箱内，警方随即将炸弹进行了安全处理。2 日当天，快递店工作人员清点快递时发现这个包裹长时间没有人来认领，且相当重，于是好奇打开查看，发现里面装有炸弹，随即报警。

6 月 2 日凌晨，一名枪手戴着面罩，手持一把长枪冲进马尼拉机场附近的“马尼拉云顶世界”酒店赌场，然后朝上射击并放火点燃赌桌。枪手本人在抢劫未果后于宾馆一房间内自焚身亡。警方随后在现场发现 37 具尸体，他们皆因大火造成的烟雾窒息而死。5 名中国公民在此事件中不幸遇难，包括 1 名中国大陆居民和 4 名中国台湾居民。

6 月 16 日下午，泰国首都曼谷发生一起爆炸，目前已造成两人受伤。当地时间 16 日 13 时左右，两名清洁工在位于曼谷的联合国教科文组织办公楼附近一公交车站发现一个袋子，里面装有用黑胶带缠起来的物品。清洁工拾起查看时却不慎滑落，由此引发爆炸。

6 月 17 日中午，泰国南部北大年府 2 名年仅 18 岁和 19 岁青少年在橡胶林被不明武装人员射杀，遇难者是当地佛教徒。其他 3 名同伴侥幸逃离现场。据当地警方透露，这与泰国南部近期穆斯林分离主义骚乱有关。

6 月 21 日，菲律宾军警在南部马拉维市与反政府武装持续交战之际，另一支宣称向极端组织“伊斯兰国”效忠的反政府武装在南部一个镇试图袭击政府军，并占领学校，劫持数十名平民。当晚，他们丢弃人质，逃离该镇。

6 月 22 日，菲律宾恐怖组织“马巫地组织”被指将于 6 月 30 日袭击菲律宾各重要城市的重要设施，还包括利用燃料卡车作为汽车炸弹进行自杀式袭击。

6 月 25 日，印度尼西亚北苏门答腊省警察总部发生袭击事件。一名警察遭袭身亡，两名袭击者中有一人被打死。两名手持弯刀和匕首的男子当天早晨翻越位于北苏门答腊省首府棉兰的省警察总部围墙进入大院，杀死一名正在岗亭休息的警察，并试图焚烧岗亭。其他警察在鸣枪警告无效后开火，当场打死一名袭击者，另一人受重伤。

6 月 30 日晚，印度尼西亚首都雅加达一清真寺发生袭击事件。两名警察受伤，一名袭击者被警方打死。当天晚上 7 时 40 分左右，一名手持匕首的行凶者在印尼国家警察总局附近的清真寺内刺伤 2 名警察。行凶者试图逃离现场，但受到清真寺内警察的追捕。警方在鸣枪警告和劝降无效后开火，当场打死这名袭击者。

7 月 4 日，印度尼西亚首都雅加达警局外侧围栏发现恐怖组织“伊斯兰国”的旗帜，及写有“要将雅加达变成像菲律宾南部城市马拉维一样战场”的恐吓讯息。

7 月 5 日，菲律宾军方消息，去年在菲律宾南部水域遭阿布沙耶夫武装绑架的越南船员中有两人已惨遭杀害。军方消息说，菲巴西兰省民众 5

日早晨在一个村落附近发现两具惨遭砍首的尸体，军方确认死者是去年遭绑架的越南船员。军方说，阿布沙耶夫武装杀害人质，意在向军方示威，表明其仍有足够力量与政府军抗衡。

7 月 10 日，菲律宾恐怖组织恶名昭彰，靠着薪水诱因，吸引年幼无知的青年加入。与极端组织有关连的菲律宾“马巫德集团”近日与菲律宾军方持续交火。据悉，菲律宾军方逮捕了 1 名 17 岁少年兵，该少年称自己 10 岁就加入组织，他还透露组织的“毕业”任务竟是砍下活人的头。

7 月 16 日，菲律宾武装组织“阿布沙耶夫”的持枪人员绑架了 4 名学校职员。无独有偶，疑似该组织的成员日前还参与到了一场越狱行动中，这显示，“阿布沙耶夫”组织的活动仍然猖獗。7 月 16 日早些时候，约有 20 名武装分子闯进位于苏禄省的帕蒂古镇（Patikul）的一所学校，并抓走了六名油漆工和木匠，其中一人设法成功逃脱，随后报警。军队随后救出了另外一名工人。

8 月 21 日，一伙“阿布沙耶夫”武装分子当天袭击了菲律宾南部巴西兰岛一座村庄，造成 8 名平民和 1 名民兵死亡，另有 10 人受伤。菲律宾武装部队西棉兰老指挥部发言人佩廷莱说，21 日清晨，约 20 名阿布沙耶夫武装分子对巴西兰岛一座村庄发动攻击。尽管民兵组织予以回击，仍有 8 名村民死亡、10 名村民受伤。在交火中，1 名民兵牺牲。军方赶到事发现场后，“阿布沙耶夫”武装分子撤退。

8 月 25 日，缅甸军方官员表示，罗兴亚武装分子对当地的边防哨所展开袭击，已经导致 32 人死亡。8 月 24 日凌晨 1 点左右，缅甸西部若开邦多个地区的三十多处警局在同一时间被袭击。此后，8 月 25 日凌晨 3 点左右，另有一处警局遭到袭击。

9 月 27 日晚，菲律宾武装组织——阿布沙耶夫成员在苏禄省印达南镇绑架了一名贺洛市华裔议员。

12 月 17 日，一辆从勿洞前往曼谷的双层巴士被武装分子拦截后烧毁。此次事件并没有造成人员死伤。这起袭击事件可能跟泰国方面逮捕泰南一名“宗教极端”头目有关。

第三节　东南亚地区主要反恐怖军事行动

一、菲律宾政府军在南部击毙36 名恐怖分子

（详见第一章内容）

二、菲律宾军方在棉兰老岛马拉维市击毙31 名恐怖分子

5 月 26 日，菲律宾政府军和警察连日来在棉兰老岛马拉维市追剿恐怖分子，击毙 31 名恐怖分子，菲律宾政府军和警察方面 13 人阵亡。菲律宾军方 26 日则证实，有外国恐怖分子在马拉维市参战。

（一）行动背景

棉兰老岛是菲律宾穆斯林的故土，早在 14 世纪伊斯兰教就传入这里。16 世纪后，西班牙和美国殖民者在菲律宾推行天主教，他们在菲律宾南部推行同化政策，天主教徒大量南迁，使穆斯林成为少数族裔，引发民族矛盾。《马尼拉旗帜报》专栏作家乔约·罗夫莱斯近日在一篇文章中写道："由于历史原因，棉兰老岛人对历届政府帮助他们改善生活的做法抱有怀疑态度。但是杜特尔特不同，他是菲律宾历史上第一位来自棉兰老岛的总统。他了解棉兰老岛的历史和现状，棉兰老岛人对他充满信心，他也最有决心一劳永逸地解决棉兰老岛的问题。如果他解决不了棉兰老岛的问题，这个地方就彻底没救了。"作为活动在南部棉兰老岛地区的反政府武装，"穆特组织"曾制造多起炸弹袭击和绑架勒索案。他们原本准备在斋月前夕武力夺取马拉维市，制造更大混乱，但这一计划被军方的突袭搜查打乱了。

（二）行动概况

当地时间 5 月 25 日，菲律宾棉兰老岛马拉维市，菲律宾军方使用直升机对剩余的约 40 名"穆特组织"等反政府武装成员发动打击。菲军方西

棉兰老军区透露，自 23 日政府军和警察在马拉维市与恐怖分子爆发枪战以来，已有 11 名政府军士兵和 2 名警察阵亡，其中有 6 名政府军士兵是在 25 日的战斗中阵亡。31 名恐怖分子被政府军和警察击毙，其中 18 人是在 25 日的战斗中被击毙，政府军缴获 6 件重型枪械。菲律宾武装部队第一步兵师师长保蒂斯塔称，菲律宾政府军正在一些恐怖分子占领或者盘踞的地点进行开展行动。菲律宾军方早前已证实，正在对残余的恐怖分子实施“精确空袭”，并派出坦克、特种部队和攻击直升机参战。菲律宾军方西棉兰老军区司令加尔维斯表示，不久就会消除马拉维市面临的恐怖主义威胁，让这座城市恢复正常。他强调，菲律宾政府军会竭尽全力，消灭残余的恐怖分子，让马拉维的市民尽早重返家园。

（三）行动评析

极端组织“伊斯兰国”已任命菲律宾本地极端组织“阿布沙耶夫”头目哈皮隆担任其在菲律宾分支的领导人，“棉兰老岛现在的情况已不再是菲律宾人发动反政府叛乱，而是演变成外国恐怖分子响应‘伊斯兰国’恐怖组织的号召来到菲律宾。”袭击马拉维市的恐怖分子中有马来西亚、印度尼西亚等国公民。菲律宾军方情报已证实，有外国恐怖分子在马拉维市参战。

马拉维战斗爆发后，菲总统杜特尔特宣布在棉兰老岛等地区实施戒严，并紧急中止在俄罗斯的访问行程回国。杜特尔特说，他希望借助此次在南部棉兰老岛地区实施戒严的机会，“一次性彻底”解决南部存在的所有安全问题。不过，菲律宾不少媒体和专家均表示，如果不从根源入手，想要一次性彻底终结菲南部数十年的动荡局面并不容易。

极度贫困是造成南部持续动荡的根本原因。“长期的贫困使得棉兰老岛的年轻人有了‘靠枪支生活’的习惯，靠打家劫舍获取更高收入”。据菲律宾国家统计部门的数据，棉兰老岛地区的人均 GDP 不足 1000 美元。此次爆发冲突的马拉维市所在的南拉瑙省是菲律宾经济最贫困的省份之一，贫困率高达 75%，省会马拉维 20 万人口中近 8 万人处于贫困状态。菲律宾智库人民参政权研究中心政策研究负责人博比 · 图阿松认为，造成南部武装冲突和恐怖袭击不断发生的原因还有社会不平等和穆斯林政治边缘化等问题。“即使这次针对‘穆特组织’和‘阿布沙耶夫’武装的戒严能够取得成功，也不能保证今后在棉兰老岛不会出现其他冲突和问题”①

三、菲律宾军方称在南部城市马拉维击毙 13 名武装分子

5 月 24 日，菲律宾政府军及警察在南部城市马拉维击毙 13 名武装分子，菲律宾政府军及警察方面则有 5 人阵亡，31 人受伤。从 23 日下午开始，菲律宾政府军及警察在马拉维市与“毛特”反政府武装及“阿布沙耶夫”极端组织头目哈皮隆率领的武装分子持续交火。菲律宾武装部队公共事务办公室主任阿雷瓦洛 24 日晚间表示，在被政府军及警察击毙的 13 名武装分子中，有 2 人的尸体已经被找到并确认身份。阿雷瓦洛透露，菲律宾政府军已经将武装分子清除出马拉维市政府、棉兰老岛国立大学和当地一家医院。菲律宾军方西棉兰老军区司令加尔维斯表示，可能需要二到三天才能将武装分子布置在马拉维市的狙击手和土制炸弹彻底清除，“对付这些威胁，我们需要非常小心。”有消息称，菲律宾军方估计参与马拉维市冲突事件的武装分子大约有 50—80 人。有武装分子闯入马拉维市监狱，制服狱警，释放了超过 100 名囚犯。当地已有数千民众被迫逃离家园。菲律宾总统杜特尔特早前宣布对马拉维市所在的棉兰老岛全境实行为期 60 天的军事管制。他 24 日傍晚从俄罗斯返抵马尼拉时在记者会上表示，会在棉兰老岛一些省份实施宵禁。杜特尔特向公众保证，不会容许在实行军事管制期间发生侵犯人权事件，当局所有决定及行动的根本出发点是为了保护人民的安全与福祉。

四、菲律宾政府军用直升机围剿恐怖分子

5 月 25 日，菲律宾政府军与占领南部城市马拉维部分建筑的武装分子持续交火。据当地媒体报道，菲律宾武装部队 25 日动用直升机对叛乱分子进行空中打击，菲军坦克已经开进马拉维市，试图恢复对该市的控制。据菲律宾《每日问询者报》25 日报道，至少有 5 名士兵、2 名警察和 13 名武装分子在交火中死亡，30 多人受伤。卡塔尔半岛电视台的报道显示，数

① 参见《菲律宾军方在棉兰老岛马拉维市击毙 31 名恐怖分子》，中国新闻网，2017 年 05 月 26 日。

千民众被迫冒雨逃离家园，菲律宾军警沿途设卡检查，严防武装分子渗透。菲律宾政府军与反政府武装“马巫德集团”的交火始于 23 日。当天下午，菲律宾军警联合小组在马拉维市搜捕恐怖组织“阿布沙耶夫”头目哈皮隆，遭庇护哈皮隆的“马巫德集团”顽抗，双方爆发冲突。当时正在俄罗斯访问的菲律宾总统杜特尔特 23 日被迫提前结束访问行程回国，宣布马拉维所在的棉兰老岛地区军事管制 60 天，并警告如果恐怖主义继续蔓延，军事管制范围可能扩大到菲律宾全国。《纽约时报》评论称，马拉维的战斗已经成为对杜特尔特政府的一次重大考验。法新社 25 日报道称，“阿布沙耶夫”和“马巫德集团”都已宣誓效忠极端组织“伊斯兰国”。据菲律宾军方估计，袭击马拉维市的武装分子大约有 50 至 80 人。这批武装分子一度占据了市政府、一所医院、监狱等多座建筑物和两座大桥，并在建筑物和抢来的警车上竖起“伊斯兰国”旗帜。他们焚烧天主教教堂与学校，扣押天主教人士当“人肉盾牌”。菲军方已解救超过 120 名人质。

五、缅甸政府军宣布击毙 370 名伊斯兰教武装分子

9 月 1 日，缅甸政府军宣布，自 8 月 25 日起缅甸西南部若开邦的多处警察局和哨所遭到袭击，17 名无辜市民遭到武装分子的杀害。在与武装分子的激战中，政府军已打死 370 名恐怖分子，另有 15 名政府军人阵亡。缅甸政府军还俘虏 9 名武装分子，有 1 名政府军士兵失踪。双方的激战已经导致超过 400 人丧生。自 8 月 25 日至 30 日，双方交战 90 余回。袭击政府军的武装团体“罗兴亚救世军”（ARSA）自称为罗兴亚人的权利而斗争，信仰伊斯兰教的“罗兴亚救世军”与当地人数众多的佛教徒之间的矛盾不断激化。

六、马来西亚警方逮捕 8 名恐怖主义嫌犯

马来西亚皇家警察部队在 9 月和 10 月分别在雪兰莪、沙巴、霹雳州先后逮捕 8 名恐怖分子嫌犯，他们涉嫌计划攻击教堂，试图在这多元种族宗教国家引起社会焦虑，破坏马来西亚的宗教和谐。警方称，8 名嫌犯中，有 4 人为马来西亚公民，其余为外国公民。由于马来西亚政府对国内任何涉及极端组织“伊斯兰国”的恐怖主义活动采取极其严厉的打击，因此也

一直受到“伊斯兰国”的恐怖袭击威胁。从 2013 年至 2017 年 3 月，马来西亚共扣查了 278 名来自极端组织“伊斯兰国”的恐怖分子。据悉，落网者来自马来西亚社会各个领域，部分人更受过高等教育，其中也不乏公务员。

七、其他反恐怖军事行动

1 月 12 日，马来西亚副总理扎希德日前表示，自 2013 年以来，马来西亚已经向中国遣返了 28 名试图途经马来西亚加入“伊斯兰国”恐怖组织的激进分子。被遣返的激进分子试图通过马来西亚前往土耳其，以便最终进入叙利亚或伊拉克，加入“伊斯兰国”组织。扎希德表示，“土耳其、叙利亚和伊拉克都有中国公民。他们通过别的国家来到马来西亚，然后再使用其他国家的国际证件通过土耳其伊斯兰堡或安卡拉前往叙利亚和伊拉克。”

1 月 16 日，极端组织“伊斯兰国”在该国分支的一头目在叙利亚被炸死。据马来西亚负责反恐事务的官员 15 日证实，根据收到的最新情报，3 名加入“伊斯兰国”的马来西亚籍极端分子本月 13 日在叙政府军的空袭中被炸死。其中有一人是“伊斯兰国”在马来西亚分支的一名头目——再努里・卡马鲁丁。

1 月 24 日，伊国组织为掩人耳目，计划让来自东南亚及南亚的新进成员先入境沙巴，之后才设法前往菲南的棉兰老岛马拉维市。马国警方根据情报，于本月 13 日至 19 日在沙巴及吉隆坡先后逮捕四名恐嫌，即一名菲律宾男子、两名孟加拉男子及一名马国女子。

1 月 27 日，印尼官员今天表示，警方已拘留从土耳其出境的 1 个印尼家庭，他们遭控意图前往叙利亚，加入“伊斯兰国”组织，这 1 家 5 口还包括 3 名孩童。

1 月 28 日，菲国极端组织“阿布沙耶夫”一名高级头目近日在政府军空袭行动中身负重伤。

1 月 29 日，菲律宾军方在南部持续追剿“阿布沙耶夫”极端组织，至少击毙 15 名恐怖分子。菲律宾武装部队公共事务办公室主任阿雷瓦洛透露，菲律宾政府军从 1 月 26 日开始在菲南部南拉瑙省布提格镇对“阿布沙耶夫”武装分子实施空袭，至少击毙 15 名武装分子，另有 7 名武装分子被打伤。被击毙的武装分子包括 1 名印度尼西亚籍恐怖主义嫌犯以及另外两名菲律宾本地恐怖分子。

1 月 30 日，菲律宾政府军发起了对南兰佬省境内多个反政府武装组织的打击行动。

2 月 9 日，菲律宾已向中国提交价值 1400 万美元的防务援助项目清单。中方对菲的防务援助既能满足菲律宾反恐的当务之急，对提高菲军队的作战水平也有帮助。菲律宾外交转向中国或将是必然趋势，这对所有南海周边国家，以及整个亚太地区安全而言都是好事。

2 月 13 日，缅甸全国各地举行联邦节庆祝活动，缅甸国务资政昂山素季呼吁所有民族武装加入和平进程。

2 月 14 日，缅甸若开邦一地方法庭判处一名参与 2016 年 10 月武装袭击边防警察局的袭击者死刑。

2 月 19 日，菲律宾武装部队总参谋长爱德华多·阿诺向媒体证实，300 名在工作中有过不良记录的警察将被“发配”到菲律宾南部反政府武装活跃的巴西兰省工作。菲律宾政府军根据总统杜特尔特要求，正在巴西兰省对阿布沙耶夫武装展开清剿行动。巴西兰省是阿布沙耶夫武装的盘踞地。这一宣称效忠极端组织“伊斯兰国”的反政府武装频频在当地制造袭击和绑架。

2 月 19 日，缅甸政府日前发布在若开邦孟都地区清剿暴力袭击者最新进展情况。通报说，国防军已结束在当地的清剿行动，有 69 名武装人员被打死，近 600 名涉嫌暴力袭击者被抓，另有 17 名军警和 13 名平民死亡。

2 月 21 日，中老缅泰四国执法部门在云南西双版纳关累港启动第 55 次湄公河联合巡逻执法行动，加大对湄公河流域突出治安问题的整治力度。此次联合巡逻执法船艇编队计划从中国关累港出发至老缅交界水域的老挝金木棉码头返航，全程 500 余千米，分别通过中缅交界水域、老缅交界水域。联巡勤务期间，中老缅泰四国派出指挥官和联络官到中方执法指挥艇共同指挥调度勤务。通过联合巡逻和联合查缉相结合的方式，严厉打击湄公河流域涉恐、走私、偷渡、贩毒、贩枪、拐卖人口等跨境违法犯罪活动。

2 月 26 日，菲律宾一名军方发言人说，军方 25 日对“阿布沙耶夫”反政府武装一个藏身之处发动空袭，并于次日展开地面军事行动。这一武装先前威胁菲政府，如果 26 日不交赎金，将处决一名德国人质。

3 月 6 日，马来西亚警方表示，两名恐怖分子受到“伊斯兰国”组织在马来西亚的头目莫哈末万迪的指示，准备在马来西亚用汽车炸弹发动恐袭，并计划于案后逃到叙利亚加入“伊斯兰国”组织。马来西亚警方宣布逮捕 7 名潜伏在在雪兰莪与吉隆坡的恐怖分子，并指其中两人计划在马来西亚发动汽车炸弹恐袭，其他被捕者包括 4 名也门公民。当局上个月在六天内逮捕这些嫌犯。大马全国警察总长卡立阿布巴卡 5 日下午在声明中说，警方上月 21 日在吉隆坡甲洞逮捕 41 岁的马来西亚嫌犯和 28 岁的印度尼西亚籍嫌犯。

3 月 5 日，菲律宾军方透露，菲律宾政府军连续两周在南部追剿“阿布沙耶夫”极端组织，至少击毙 20 名武装分子。

3 月 7 日，印尼当局表示，沙特确认了恐怖主义的危险，而与印尼达成谅解备忘录，这足以促使印尼通过修正案加强和扩大当局的权限，采取行动对付涉及恐怖活动的任何人。随着印度尼西亚与沙特阿拉伯警方达成反恐协议，印尼国会呼吁颁布更严厉的反恐法令打击恐怖主义。

3 月 8 日，2017 环印度洋联盟领导人会议在印尼雅加达会议中心举行。会议发表的“阻止和打击恐怖主义和暴力激进主义”宣言指出，一切形式的恐怖主义严重威胁地区和国际和平安全，严重影响经济发展和社会凝聚力，各方应在打击恐怖主义方面加强合作。来自环印联盟的 21 个成员国和 7 个对话伙伴国的领导人或代表参加了会议。这是该联盟成立 20 年来首次举行领导人会议。与会各国代表强调，打击恐怖主义和暴力激进主义不应有国界限制，需要国家、地区和国际层面的合作。

3 月 12 日，沙特国王萨勒曼说：“目前全球尤其是穆斯林面对的最大挑战是恐怖主义。我们应该放下成见，团结一致对抗恐怖和极端主义，致力为世界带来和平，以造福人类。”这是沙特国王近 50 年来第一次访问印尼。

3 月 13 日，马来西亚警方 13 日称，警方逮捕 7 名嫌犯，包括 5 名菲律宾人和一名马来西亚移民局官员。他们被指与极端组织“伊斯兰国”有关联。

3 月 20 日，新加坡面对的恐怖威胁严峻，李显龙总理呼吁国人，除了随时掌握最新讯息，参与定期安排的紧急应变活动，全民也应该保持团结一致，与不同种族的同胞有进一步认识，相互照应。

3 月 23 日，印尼警察 88 反恐部队在该国万丹省的芝勒贡市击毙 1 名、逮捕 3 名恐怖分子。

3 月 23 日，正在印尼西部岛屿视察的印尼总统佐科，就伦敦市中心议会大厦附近的恐怖袭击事件发表新闻稿，表示强烈谴责任何形式的恐怖主义行为。印尼媒体报道的该新闻稿称，佐科对英国政府和人民，特别是对受害者表示慰问，并呼吁国际社会团结起来对抗恐怖主义威胁。佐科强调，印尼再次呼吁各国在打击恐怖主义方面进行全面合作。

3 月 23 日，菲律宾军方在南部苏禄省附近海域救出两名马来西亚籍船员。两名船员于 8 个多月前在马来西亚沙巴被阿布沙耶夫武装绑架。

3 月 24 日，马来西亚警察总长哈立德在吉隆坡表示，极端组织“伊斯兰国”一成员试图以炸弹袭击霹雳州的警局，马警方成功挫败这起阴谋。哈立德当日发表声明透露，警方于 3 月 15 日至 21 日在多个州展开数次行动，成功逮捕 9 名“伊斯兰国”恐怖分子。他们涉嫌协助极端组织在马来西亚招募“圣战者”并为极端组织筹募资金。其中一名 31 岁的餐馆工作人员试图以炸弹袭击警局。

4 月 5 日，马来西亚沙巴警察总监南利丁称，为防范菲律宾南部阿布沙耶夫恐怖组织，沙巴再延长宵禁至当月 20 日。

4 月 5 日，菲律宾政府与菲律宾共产党在荷兰举行的新一轮和平谈判中达成一致，双方共同签署了临时停火协议。

4 月 7 日，据文莱当地媒体，4 名印度尼西亚籍嫌疑人因涉嫌参与“伊斯兰国”极端主义相关活动，近日被文莱政府拘捕，并被永久性驱逐出境。报道援引文莱国内安全局的一份声明说，在今年 2 月该局协同文莱其他情报和执法机构展开的安全行动中，上述 4 名印尼籍嫌疑人被拘捕，并因涉嫌传播“伊斯兰国”极端主义思想被驱逐出境。

4 月 8 日，在东爪哇图班地区印度尼西亚反恐部队击毙六名企图攻击警察的武装分子。他们都是支持“伊斯兰国”的恐怖组织的游击队成员。印尼警方指出，当两名交警发现一辆可疑车子并向前查看时，车内的人突然开枪然后逃走，军警立即展开追捕，最终在一个种植园同嫌犯驳火时，将 6 名嫌犯击毙，另有 1 人被逮捕。

4 月 12 日，马来西亚警察总长哈立德在吉隆坡表示，鉴于各国陆续遭到恐怖主义“独狼式”袭击，马来西亚警方将提高恐怖主义袭击警戒级别。

4 月 16 日，菲律宾军方透露，菲律宾 5 月将与美国在菲境内举行“肩并肩”年度联合演习。本次菲美“肩并肩”联合演习预计为期 10 天，聚焦于打击恐怖主义及救灾、人道主义救援等项目，“不会再有实弹演习环节”。

4 月 17 日，菲律宾外交部表示，尽管日前发生交火事件，一场东盟贸易会议本周仍会如期在菲国中部的薄荷岛举行。

4 月 18 日，菲律宾军方在南部苏禄海海域成功挫败一起试图劫持货轮的行动。当地时间 18 日上午 8 时左右，一艘载有 21 名船员的货轮在行至三宝颜市附近的苏禄海海域时向军方发出求救信号，称遭 3 辆摩托艇尾随，摩托艇上有不明数量的武装人员企图袭击并登上货轮。军方在收到信号后立即调配在该海域巡逻的船只驶往事发地，并派遣两架空军直升机协助。武装人员发现军方船只和飞机后立即驶离了现场。货轮在军方船只的护卫下安全抵达终点。菲军方怀疑该事件是阿布沙耶夫武装分子所为。

4 月 19 日，菲律宾总统杜特尔特宣布，悬赏捉拿或击毙 6 名企图在保和岛进行恐怖活动的阿布沙耶夫武装分子，悬赏金额为每人 100 万比索。本月 11 日，一伙“阿布沙耶夫”武装分子驾船登上菲律宾中部旅游胜地保和岛，企图进行恐怖活动，被当地居民及时发现并报告警方。随后菲律宾军警与武装分子交火，6 名武装分子被击毙，3 名政府军士兵和 1 名警察在交火中身亡。

4 月 22 日，菲律宾政府军和警察在菲律宾中部薄荷岛与极端组织“阿布沙耶夫”武装分子交火，击毙 3 名武装分子。

4 月 24 日，菲律宾当局安保官员强调，未发现任何针对东盟峰会的恐怖威胁。第 30 届东盟峰会本周将在菲律宾首都马尼拉举行，

4 月 28 日，马来西亚国防部长希沙慕丁透露，为了打击日益猖獗的海上跨境犯罪，马来西亚、印度尼西亚及菲律宾三国已同意在下月启动联合海空巡逻。

4 月 27 日，俄罗斯国防部副部长福明 27 日表示，俄罗斯与泰国将签署安全领域合作协议，共同消除恐怖主义威胁。

5 月 1 日，马来西亚国防部长希沙慕丁表示，随着菲律宾南部阿布沙耶夫武装一重要头目被击毙，马来西亚将加强海上特别是沙巴州海域的防卫，严防阿布沙耶夫武装分子进入马来西亚。

5 月 1 日，菲律宾国防部长洛仁萨那反驳了伊斯兰国组织于 4 月 28 日表示周五的爆炸是其所为的说法。洛仁萨那昨天在短信中说：“‘伊斯兰

国'组织有权自己表达他们所想的，但那不是他们的所为。”据 SITE 情报组说，“伊斯兰国”组织通过阿马克通讯社承认爆炸事件与他们有关。

5 月 3 日，马来西亚总警长卡立阿布巴卡发布声明表示，大马警方在 3 月 24 日至 4 月 25 日成功于 5 个州逮捕 6 名涉嫌参与“伊斯兰国”恐怖袭击的男女，将扣留他们协助调查。

5 月 4 日，鉴于有消息称极端组织“伊斯兰国”一成员携带枪支从泰国南部边境入境，泰国当局表示，正在就此展开调查。

5 月 4 日，菲律宾“Rappler”新闻网称，在菲律宾总统杜特尔特表达出与中国举行联合军演的意愿后，菲律宾安全官员着手研究与中国签订《军队到访协议》等相关必要程序，以便让菲中联合军演能顺利举行。菲律宾总统国家安全顾问埃斯佩龙 4 日表示，我们将与国防部及其他安全部门共同研究相关问题，如果是总统的意愿，我们将着手实施。埃斯佩龙说，8 日的内阁会议上，将就军演一事与总统进一步确认。埃斯佩龙还表示，杜特尔特提到，与中国在苏禄海举行联合演练，将有助菲律宾打击恐怖主义及海盗威胁。

5 月 7 日，马来西亚副总理兼内政部长扎希德证实，警方以资助极端组织“伊斯兰国”为由逮捕 3 名土耳其嫌犯。扎希德 6 日出席一个活动时表示，马来西亚不希望有外国人以受训、工作或以游客身份在马来西亚境内进行违法行动，破坏国家安宁和谐。

5 月 8 日，马来西亚警方逮捕 6 名参与“伊斯兰国”组织活动的嫌犯，有消息称另一名来自同个组织的 27 岁嫌犯携带一把手枪和两把 M4 卡宾枪逃到泰国南部边境地区。泰国国家警察总署长乍戈提表示还没有收到“伊斯兰国”组织嫌犯通过边境检查的报告，如果其携带武器不可能通过边境检查，不清楚是否通过两国边境进入泰国。已经要求警方调查消息的真实性，并联系马来西亚了解相关情况。

5 月 8 日，印尼政府宣布正式解散伊斯兰解放阵线，原因是该组织的活动已威胁到国家的安全与稳定。

5 月 8 日，新加坡议会通过一项新的立法，根据该法律，在新加坡使用放射性物质或核爆炸装置开展致命恐怖活动的人，将被执行强制死刑。

5 月 8 日，马来西亚警方证实，该国头号极端组织“伊斯兰国”恐怖分子已于上月在叙利亚一场袭击中身亡。马来西亚警察总监哈立德·阿布·巴卡尔 8 日晚通过“推特”发布消息：情报机关获悉，马来西亚籍的

“伊斯兰国”成员穆罕默德·万迪·吉迪堡于 4 月 29 日在叙利亚城市拉卡的一场袭击中身亡。

5 月 21 日，菲律宾军方发表声明称，东盟各国军队将加强合作，打击威胁地区和平与安全的恐怖主义。菲律宾武装部队公共事务办公室主任阿雷瓦洛当天透露，东盟各国军方高层日前签署一份联合宣言，宣示要加强联合军事演习、人道主义援助和救灾能力建设。

5 月 23 日，菲律宾当局宣布在南部的棉兰老岛实行为期 60 天的军事管制，菲律宾当局 24 日会从马尼拉和三宝颜增派更多军队前往马拉维市。

5 月 24 日，因国内南部叛乱组织作乱，正在俄罗斯访问的菲律宾总统杜特尔特紧急返回首都马尼拉。当天下午，在马尼拉机场召开的记者会上，杜特尔特誓言消除菲律宾的恐怖分子。此前一天，杜特尔特在莫斯科宣布对菲南部实行为期 60 天的军事管制。这是菲律宾 45 年来再次出现总统宣布军管。杜特尔特 24 日表示，将采取更严厉的措施对付叛乱分子，可能将军管扩大至全国，以打击伊斯兰极端主义武装。

5 月 26 日，印度尼西亚警方逮捕 3 名雅加达两次爆炸的嫌疑人。5 月 24 日，两名自杀式恐怖分子引爆自己身上的炸弹。据目击者称，两次爆炸相隔 5—10 分钟，分别发生在公交车站和摩托车停车场附近。印尼警方表示，恐怖团伙“伊斯兰国”涉嫌爆炸事件。爆炸至少造成 3 人死亡，另有人受伤，包括 3 名执法人员。

5 月 26 日，印尼总统佐科要求该国国会尽快修订关于肃清恐怖主义罪行的法令，为打击恐怖主义提供法律依据。

5 月 26 日，菲律宾安全部队空袭南部城市马拉维住宅区，并出动战斗直升机与特种部队，扫荡挟持人质的伊斯兰好战分子，后者可能杀害了至少 11 名平民。菲律宾有关部门表示，在 3 天的战斗中，有 11 名士兵和 2 名警员殉职，好战分子则有 31 人丧命。军方的消息称，另有 39 名士兵受伤。报道称，这批武装分子宣誓效忠极端组织“伊斯兰国”。23 日，他们在居民以穆斯林为主的马拉维发动攻击。菲律宾总统杜特尔特因而宣布，在南部地区实施戒严。

5 月 26 日，印度尼西亚反恐特遣队逮捕了三名雅加达东部巴士总站爆炸案的嫌犯，目前正在加紧盘问及调查。

5 月 27 日，菲律宾政府军继续在南部棉兰老岛马拉维市对负隅顽抗的反政府武装展开清剿行动，菲律宾媒体援引陆军第一步兵师发言人的话报道称，截至27号夜间，已经有61名武装分子在清剿行动中被打死。军方缴获了25到30件大火力武器。而被武装分子打死的平民人数还在核实中。此前有报道说有13名政府军士兵、2名警察在行动中死亡，另有45名士兵受伤。

5月29日，泰国副总理兼国防部长巴维表示，警方仍在对本月22日发生在曼谷一家军用医院的爆炸案进行调查，目前已经拘留了近50名涉嫌与此案有关的人员。

5月30日，在当天菲武装部队和政府举行的联合记者会上，帕迪利亚说，除个别区域外，军方已几乎控制马拉维市。目前仍有必要对个别区域进行空袭，以确保清剿全部武装分子，预计战事将很快结束。

5月30日，泰国军方根据民众举报，在曼谷市区一地铁站出口附近拆除了一个简易爆炸装置。

5月30日，菲律宾政府向占领了该国南部城市马拉维部分地区且效忠于IS的武装分子下达最后通牒：要么投降，要么死亡。菲律宾军方发言人雷斯蒂图托·巴迪亚准将在一份声明中说："我们呼吁剩下的恐怖分子投降，现在还有机会这样做。对恐怖分子来说，不投降将意味着他们必死无疑。"

6月2日，国务委员、公安部部长郭声琨在吉隆坡会见马来西亚副总理兼内政部长扎希德，并共同主持中马第三次打击跨国犯罪合作联合工作组会议。

6月4日，印度尼西亚官员说，印度尼西亚、菲律宾和马来西亚将从本月开始在苏禄海执行联合海上巡逻任务，以防止极端分子通过海路进入其境内。在新加坡举行的第16届香格里拉对话会上，印度尼西亚国防部长里亚米扎尔德·里亚库杜宣布了这一消息。他说，海上巡逻任务将由来自三国的部队共同执行，稍后三国还会将共同巡逻拓展至空中和陆上。

6月5日，作为对菲律宾反恐援助计划的一部分，美国当天向菲律宾海军陆战队移交数百支机关枪、手枪以及榴弹发射器。美国驻菲大使馆在声明中说，上述武器装备将提升菲律宾的反恐能力，并有助于保护在菲南部从事反恐行动的士兵。

6月5日，菲律宾总统杜特尔特宣布，悬赏1000万比索收买极端组织在菲领袖伊斯尼隆·哈皮隆的人头。阿尼奥说，杜特尔特总统也各悬赏500万比索收买"穆特"兄弟阿卜杜拉和奥马尔的人头。

6 月 8 日，印尼警方证实，今年 5 月底雅加达公交站爆炸案主谋 7 日在万隆落网。此间《国际日报》报道，印尼警方发言人马提努斯上校 7 日通报，该国 88 反恐特遣队于当天上午 7 点 45 分在万隆某村逮捕雅加达公交站自杀爆炸案涉案嫌犯 MA。

6 月 8 日，为防止恐怖分子渗透，“千岛之国”印度尼西亚宣布将在离岛建设更多军事基地，其中包括靠近菲律宾南部棉兰老岛的莫罗泰岛。

6 月 10 日，位于菲律宾南部的马拉维市遭与“伊斯兰国”结盟的武装分子围困。美国驻马尼拉大使馆发言人日前表示，美国特种作战部队正在帮助菲律宾武装部队结束围困局面。

6 月 10 日，菲律宾军警正在马尼拉以南约 800 公里处的马拉维市与效忠极端组织“伊斯兰国”的反政府武装激战。菲律宾武装部队总参谋长爱德华多·阿诺 8 日说，反政府武装补给线被切断，受到重挫，清剿行动可望在“数日内”结束。

6 月 10 日，马来西亚国防部长希沙姆丁在会见菲律宾国防部官员时表示，马来西亚全力支持菲律宾政府反恐，打击与“伊斯兰国”有关的各种武装组织。

6 月 10 日，菲律宾军方证实，13 名菲海军陆战队员 9 日在南部城市马拉维清剿恐怖分子的行动中阵亡，另有 40 多人受伤。至此，在马拉维战斗中阵亡的菲律宾军警人员已有 58 人。菲律宾军方说，政府军在 9 日的战斗中重创了恐怖分子，恐怖分子的伤亡情况还有待核实。目前，政府军正逐步缩小对马拉维城内恐怖分子的包围圈，清剿行动仍将继续。

6 月 10 日，菲律宾军方和美国驻菲律宾大使馆证实，美军特种部队参与了菲律宾南部城市马拉维的反恐作战。这是双方首次承认美军介入这场战事。菲律宾军警眼下正在马尼拉以南约 800 千米处的马拉维市与效忠极端组织“伊斯兰国”的反政府武装“穆特组织”和“阿布沙耶夫”武装等激战。反政府武装占据的地盘已被压缩到仅剩 3 个街区，至少 200 名极端分子还在负隅顽抗。菲律宾军方发言人乔—阿尔·埃雷拉 10 日在马拉维召开的新闻发布会上说，美军特种部队向菲律宾军方提供了“技术支持”，但没有参加地面作战。

6 月 12 日，据外媒援引泰国媒体报道，泰南沿海旅游胜地包括甲米、普吉等地已加强保安，以防范恐怖袭击。据情报机构接到的报告称，泰南武装分子可能发动新一轮袭击，目标主要是甲米及南部沿海两个府的旅游胜地。当局已在甲米及普吉市区各处装置电眼，并加强国际机场及海港的保安。

6 月 12 日，新加坡内政部宣布，该国一名女子因公开支持“伊斯兰国”并试图投奔这一极端组织而被逮捕。这是新加坡首次逮捕“伊斯兰国”的女性支持者。

6 月 15 日，印尼将于本月底主办多边协调会议，邀请新西兰、澳大利亚、文莱、马来西亚、菲律宾共商对策，消灭在东南亚地区的恐怖主义基地。

6 月 15 日，泰国军警逮捕了一名涉嫌制造上月曼谷军队医院爆炸案的 62 岁男子，并在其家中搜出一些塑料管状爆炸装置和电线、螺旋钉等物。

6 月 16 日，据外媒报道，马来西亚全国总警长阿布巴卡说，马来西亚警方于本月 12 日和 15 日在霹雳仕林河和沙巴三达根，逮捕 4 名“伊斯兰国”组织恐怖分子。

6 月 16 日，参与占领菲律宾南部城市马拉维的恐怖分子中已经有人扮作平民逃离了菲律宾军方的包围。菲律宾准将帕迪利亚当日表示，军方已经加强了伊利甘市和卡加延德奥罗市的安全措施，政府和军方正在搜查“试图散播混乱或散播恐惧”的可疑人员。

6 月 18 日，菲律宾军方在棉兰老岛马拉维市清剿恐怖分子行动中，在一处据悉是极端组织“毛特”据点的房屋内查获 11 千克高纯度毒品甲基安非他命，价值达 220 万至 500 万美元。

6 月 20 日，据菲律宾《商报》报道，总检察官办公室在一份递交大理院的备忘录中说，菲律宾已有 4 个激进组织与“伊斯兰国”组织挂勾，而且正与另 20 个分支联手，企图分裂菲律宾。报道称，总检察官办公室这份备忘录，旨在说服最高法院，杜特尔特有必要实施戒严，以平定恐怖分子的叛乱。

6 月 21 日，一伙武装分子袭击菲律宾南部北哥打巴托省皮格瓦亚镇，与政府军发生交火。武装分子在逃离途中占领当地一所学校，并挟持 5 名平民。菲律宾媒体援引皮格瓦亚镇警察局长雷亚伦·马蒙的话报道说，警方 21 日收到报告，一伙数量不明的反政府武装“邦萨摩洛伊斯兰自由战士组织”成员当天袭击皮格瓦亚镇，并与政府军发生交火。菲律宾武装部队发言人雷斯蒂图托·帕迪利亚证实了此次交火，并表示政府军已击退武装分子，当地局势恢复安全。

6 月 19 日上午，菲律宾、印度尼西亚、马来西亚三国在印尼宣布正式启动“三边海上巡逻”，打击苏禄海域的恐怖主义和跨国犯罪。近年来，东南亚地区非传统安全威胁日益上升，“伊斯兰国”极端组织有意在东南亚建立据点，以及本区域赴中东参与“圣战”的武装分子回流，给区域国家安全带来了新的挑战。此次东南亚三国的联合行动，体现出区域国家排除分歧开展安全合作的强烈意愿。

6 月 20 日，菲律宾总统杜特尔特在该国棉兰老岛南部城市伊利甘接见被疏散的冲突地区民众，并向他们分发现金。据报道，杜特尔特当天就此前在菲南马拉维发起的空袭行动道歉，并称这是打击恐怖分子的必要手段。

6 月 21 日，菲律宾军方发言人称，亲“伊斯兰国”组织的武装分子在菲律宾南部一所小学劫持学生的事件已经结束，没有人在这起事件中伤亡。菲律宾陆军准将帕蒂拉说：“事情已经解决，他们已经撤退，学校再次安全。”但他表示，军方正在调查此前遭劫持的 5 个平民是否仍在武装分子手里。

6 月 21 日，印度尼西亚议员们表示，该国将通过一项法律，允许执法部门关押参与国外激进组织的归国公民，且关押时间可长达 15 年。报道说，印度尼西亚加紧反恐法律之际，正值有越来越多的人担心极端组织“伊斯兰国”影响力在不断扩大，以及担心“伊斯兰国”组织在失去中东地区根据地之后，欲在东南亚地区寻找落脚点。立法议员撒尼谈及恐怖主义时说：“这项新刑法采取普遍性原则，这意味着无论印度尼西亚公民在何地犯了罪，都能够按照印度尼西亚的法律对其处置，这些犯罪分子可能会面临 15 年监禁。”

6 月 23 日，据马来西亚《中国报》报道，马来西亚、菲律宾和印度尼西亚政府在马尼拉达成协议，加强合作，以有效应对恐怖主义和极端主义的威胁，包括对付在菲南马拉维市发动骚乱、与“伊斯兰国”有联系的恐怖组织。

6 月 23 日，菲律宾南部穆斯林城市马拉维市的恐怖分子动乱持续了将近 1 个月都未能平定，作风强硬的菲律宾总统杜特尔特警告称，如有必要，他将下令进行地毯式轰炸，“摧毁所有的物体”。据报道，杜特尔特日前探视加牙渊黎奥洛市军营时向媒体表示，“我不会置士兵们于险地，如果需要炸平那个地方，我会去做，我会负全责。”他补充称，“这会是地毯式轰炸，炸平所有物体”。面对持续的战斗局面，杜特尔特寻求居民谅解，表达歉意称将一举消灭被包围的恐怖分子，以免动乱扩散至其他地方。

6 月 23 日，据马来西亚《星洲日报》报道，印尼警方表示，继上月雅加达巴士总站发生连环爆炸案后，当局已在全国逮捕 41 名嫌犯，其中 9 人怀疑涉及此次袭击，其他嫌犯则是因涉及其他恐怖主义活动被捕。

6 月 27 日，菲律宾政府拒绝反政府武装“穆特组织”此前提出的人质交换条件，并表示“与恐怖分子没有谈判”。

6 月 28 日，马拉维的反恐战事还在持续，而上周开始，有传言称，“穆特组织”的恐怖分子很可能要在本月底、在菲律宾首都马尼拉制造恐怖袭击。对此，菲律宾官方已经辟谣，但马尼拉的公共场所还是加强了戒备。根据菲律宾《商报》报道，疑似来自于菲律宾警方的一封备忘录文件近日在网络上疯传，文件显示，“穆特组织”随时会袭击首都马尼拉，袭击目标是教堂和商场等人流密集区。菲律宾所有机场，尤其是马尼拉市、克拉克自由港区、宿务市和达沃市的四个主要国际机场，都已提高至红色安全警戒。菲律宾警方也在大马尼拉地区设立了更多的检查站，同时由特种部队、爆炸品处理单位及警犬单位组成特别反应部队，加强对任何炸弹威胁的监测。在机场和大型酒店周围，可以看到密集的检查站，警察和安保人员荷枪站岗，对过往人员仔细检查。

6 月 28 日，据菲律宾《今日达沃》报道，中国政府 27 日向饱受战乱困扰的菲律宾南部城市马拉维捐助 1500 万菲律宾比索，用以难民安置和城市重建。5 月 23 日，宣誓效忠“伊斯兰国”的菲南部极端分子“毛特组织”和“阿布沙耶夫”武装发生叛乱，菲律宾军队与叛乱分子大规模交火至今，已造成至少 300 余人死亡。27 日下午，中国驻菲律宾大使赵鉴华将 1500 万比索的支票交与菲律宾总统杜特尔特。菲律宾总统新闻办公室的公报称，“来自中国的捐助是两国日益茁壮的伙伴关系的一个例证，象征着两国对地区持久和平的共同承诺”。

6 月 30 日，菲律宾反恐战局正值胶着之际，中国援助给菲律宾的第一批武器运抵菲律宾，且由菲律宾总统杜特尔特亲自迎接并验收。对于中国的援助，这两天来杜特尔特“感谢”二字不离口。而与之形成鲜明对比的是，杜特尔特对美国向菲律宾军队“提供技术支持”一事反应冷淡。据《参考消息》援引菲媒报道，当被媒体问及此事时，杜特尔特很“不情愿地”对美国表示感谢，同时强调说，他并“没有要求美方帮助”。

6 月 30，菲律宾军方披露，菲律宾政府军迄今已在南部城市马拉维击毙逾 300 名恐怖分子。马拉维是棉兰老岛上南拉瑙省的省会城市，人口大约有 20 多万。菲律宾政府军从 2017 年 5 月 23 日开始与武装分子在马拉维交火，持续至今。菲律宾武装部队发言人帕迪利亚 30 日透露，截至 29 日 18 时，菲律宾政府军在马拉维击毙的“毛特”团伙恐怖分子人数已达 303 人；共有 44 名平民和 82 名政府军士兵遭“毛特”团伙恐怖分子杀害。

7 月 4 日，据联合早报网消息，几个月前，又有两名在新加坡本地工作的外籍女佣因自我激进化被遣返，使这方面的人数上升到 9 人。新加坡内政部 2017 年 1 月曾披露，过去两年里共有 7 名在本地工作的外籍女佣受互联网影响后自我激进化，对新加坡的安全构成威胁，已被遣送回国。新加坡内政部长兼律政部长尚穆根在个人社交网络账户上透露，英国曼彻斯特和印尼雅加达相继发生恐袭事件后，新加坡提升了安全警戒级别，加强防范。各安全部门加紧巡逻与检查，包括各个海陆空出入境关口。

7 月 4 日，菲律宾最高法院支持菲律宾总统杜特尔特在该国南部实施戒严。据悉，菲律宾反对派提交了有关取消戒严的诉状，但最高法院以多数票驳回了该诉状。据报道，杜特尔特日前探视加牙渊黎奥洛市军营时向媒体表示，“我不会置士兵们于险地，如果需要炸平那个地方，我会去做，我会负全责。”他补充称，“这会是地毯式轰炸，炸平所有物体”。

7 月 4 日，2017 国际刑警组织国际展览与论坛活动在新加坡开幕。国际刑警组织主席孟宏伟在致辞时呼吁所有国际安全利益相关方共同参与应对犯罪全球化的威胁。

7 月 5 日，菲律宾总统府举行“棉兰老时间”发布会，菲律宾总统府称目前政府方面在马拉维战役中取得了重大进展。菲律宾武装部队透露，截至 4 日下午 6 时，菲律宾军方共击毙恐怖分子 343 名，缴获武器 420 件，解救平民 1722 人。政府军方面共有 85 人在战斗中牺牲。此外，共计 39 名平民被恐怖分子杀害。

7 月 5 日，澳大利亚空军派遣的两架侦察机已在菲律宾执行情报搜集任务，同时菲律宾军方从美国紧急采购了一批装备，希望能在 7 月 24 日前结束在马拉维的战斗。

7 月 5 日，菲律宾国防部长洛伦扎纳 3 日表态称，菲律宾国防部可立即与中方开展情报共享。他说，菲中两军已经达成相关军事合作协议，包括军官互训。双方依此可以立刻实现情报共享。但是对于开展联合反恐演习，洛伦扎纳的说法是“还要等一等”。上周，中国驻菲律宾大使赵鉴华在转交中方捐赠的军事装备时表示，中方希望探讨在反恐领域进行联合军事训练与情报搜集合作的可能性。对此，菲律宾总统府回应说，对菲中举行联合军事演习持开放态度。

7 月 5 日，菲律宾总统杜特尔特再次直截了当地对绑架斩首越南籍船员的“阿布沙耶夫”武装分子们发出了怒吼。当晚杜特尔特对当地官员发表讲话时，对该武装组织喊话，“如果你们想我的话，我会把你们活吃了。给我盐和醋就行，我就在你们眼前吃。”

7 月 6 日，在新加坡对极端分子威胁保持高度警惕之际，该国日前将两名在社交网站上激进化的印度尼西亚籍女佣遣返回国。

7 月 7 日，菲律宾军方证实，军方在马拉维市与反政府武装“穆特组织”“阿布沙耶夫”武装人员的交战仍在继续，当天在距离马拉维不远的一座村庄逮捕了武装人员的主要资助者和枪械提供者。

7 月 11 日，新加坡边境入口点采用了新型科技，用以保障新加坡与马来西亚边境的安全稳定，其中包括面部识别系统。除了面部识别系统，此次投入使用的新技术还包括一个可检测生物威胁的实验室。

7 月 13 日，印尼总统佐科签署有关社会组织管理 2017 年第 2 号新法令，替代 2013 年颁布的法令。依据新法令，今后印尼司法人权部将有权解散违反该国建国原则和宪法的民间激进组织。

7 月 13 日，印尼国防部长里亚米扎尔德称，早已预测到极端组织“伊斯兰国”会向亚洲地区渗透，印尼将坚决铲除该极端组织。

7 月 13 日，菲律宾军方发言人帕迪利亚在菲律宾武装部队总部阿奎纳尔多军营召开发布会，通报了南部城市马拉维反恐战局的最新情况。帕迪利亚称，截至目前，政府军方面已经击毙恐怖分子 392 人。由于在 12 日菲军方发生空袭误炸事件，导致己方 2 名士兵牺牲，这使得政府军的死亡人数上升至 92 人。另一方面，军方也发现了更多的平民伤亡，截至目前，已经有 45 人遭到恐怖分子杀害。军方从恐怖分子手中缴获的大火力武器接近 500 件。

7 月 13 日，印度近期与菲律宾扩大在反恐和反激进主义方面的合作伙伴关系，并向菲律宾马拉维市提供了经济援助。马拉维市位于首都马尼拉以南大约 800 千米，这里正经历一场与效忠于极端组织“伊斯兰国”的恐怖分子作战的战争。作为此次合作的一部分，印度政府为马拉维市提供了

3200 万卢比的经济援助。此外，印度还正为菲律宾安全部门人员提供网络安全训练，特别是在反激进主义方面的训练。

7 月 17 日，菲律宾总统杜特尔特表示，愿意让菲穆斯林少数族群自治。他此举旨在谋划击溃极端组织“伊斯兰国”武装分子。当天，杜特尔特在对政府官员和“摩洛伊斯兰解放阵线”领袖的演说中表示，他们追求终结数世纪以来的仇恨、猜忌和不公平正义，这个时刻是此目标往前迈进的重要一步。

7 月 20 日，“伊斯兰国”组织在马来西亚的新领袖弗哈尔奥玛，据称上个月已在叙利亚北部城市拉卡的一场空袭中被炸死。据悉，25 岁的弗哈尔奥玛是前“伊斯兰国”组织马来西亚头目莫哈末万迪的接班人。

7 月 22 日，菲律宾国会以压倒性多数通过一项决议，将在南部棉兰老岛等地实施的戒严令延长到今年年底。

7 月 25 日，随着中老缅泰四国指挥官一声令下，第 60 次中老缅泰湄公河联合巡逻执法编队在云南西双版纳关累港鸣笛起航，进行为期 5 天的联合执法行动。此次行动，中老缅泰四方共派出执法船艇 7 艘、执法人员 200 余名，累计航程 532 千米。巡航编队由云南省公安边防总队长董海担任中方指挥长，泰国第五警区副司令楚拉担任泰方指挥长，老挝波乔省军区政委玛尼桑担任老方指挥长，缅甸万崩水警局局长腊莫担任缅方指挥长，共同指挥调度勤务。编队将采取分段联巡、编组巡航、夜间航行等方式，加大执法力度，对沿湄公河违法犯罪行为形成有力震慑。联合巡逻执法行动期间，四国执法船艇编队还将在金三角、班相果等重点水域开展联合走访、禁毒宣传、联合应急演练、船艇业务交流等活动，加大联合巡逻执法力度，增强执法合力，严厉打击湄公河流域涉恐、走私、偷渡、贩毒、贩枪、拐卖人口等跨境违法犯罪行为，全力维护湄公河流域的航运安全。

8 月 1 日，菲律宾警方说，他们已在马尼拉部署逾 1.3 万名警察，并采取密切监控等措施，以确保东盟系列会议顺利举行。作为东盟轮值主席国，菲律宾将于 8 月 2 日至 8 日举办东盟外长会、东盟与中日韩（10 + 3）外长会、东亚峰会外长会、东盟地区论坛等一系列会议，还将举办东盟成立 50 周年相关庆典活动。菲律宾国家首都地区警察局局长奥斯卡 · 阿尔巴业德说，鉴于将有约 1700 名各国代表来到马尼拉参加东盟外长会等系列会议及活动，菲方部署逾 1.3 万名警察加强安保，确保系列会议顺利举行。

8 月 1 日，菲律宾武装部队发言人说，军方此前一日在南部马拉维市的军事行动中消灭 11 名“穆特组织”武装人员。军方自 5 月 23 日在马拉维同反政府武装交火以来，已经打死 502 名武装人员。

8 月 5 日，马来西亚警方日前在吉隆坡表示，在即将举行的东南亚运动会期间，警方将出动 1 万名以上的警力，确保赛事顺利举行。第 29 届东南亚运动会将于 2017 年 8 月 19 日至 30 日于马来西亚吉隆坡举行。全国警察总长哈立德在出席“东南亚运动会反恐演习”时对媒体表示，警方已经研究发生在印尼、英国和法国等地的恐怖袭击事件，并采取了预防与应对的所有措施，以确保运动会顺利举行。

8 月 8 日，马来西亚副总理兼内政部长扎希德日前在国会回答议员质询时表示，自 2013 年到 2017 年 6 月 30 日，马来西亚共逮捕 310 名涉极端组织“伊斯兰国”恐怖活动的嫌犯，其中包括 258 名马来西亚公民以及 14 个国家的 52 名外国人。他称，政府也及时追踪 95 名在伊拉克及叙利亚涉该组织恐怖活动的马来西亚公民。他透露，其中 8 人已经回国并被警方逮捕，34 人已经死亡，其余 53 人仍在这些动荡地区。由于马来西亚政府对国内任何涉及“伊斯兰国”的恐怖主义活动采取极其严厉的打击，因此也一直受到“伊斯兰国”的威胁。2016 年 6 月，马来西亚发生恐怖袭击事件，“伊斯兰国”成员首次用手榴弹袭击了位于雪兰莪州的一间酒吧，造成 8 人受伤。

8 月 9 日，东南亚运动会即将在马来西亚首都吉隆坡开幕，东道主绷紧反恐神经，多个执法部门连日来展开联合反恐行动，逮捕 400 余名可疑人员。警方扣押嫌疑人后，会将其个人资料输入国际刑警组织资料库，以确认其身份。此外，警方还从国际原子能机构借来扫描放射性物质的仪器，严防恐怖分子利用放射性武器发动袭击。第 29 届东南亚运动会定于本月 19 日至 30 日举行。赛事期间，马来西亚警方也将开展类似行动，严防恐怖分子发动袭击。

8 月 9 日，正在印度尼西亚访问的俄罗斯外长拉夫罗夫与印尼外长蕾特诺在雅加达举行会晤，双方承诺加强在打击恐怖主义和网络安全等领域的合作。蕾特诺在会晤后举行的记者会上说，印尼和俄罗斯两国政治关系密切，双方同意进一步深化这一关系。作为两国合作的重点内容，双方就反恐、网络安全等领域合作进行了深入讨论。

8 月 10 日，菲律宾政府军与“阿布沙耶夫”武装在菲律宾南部苏禄省交火，造成包括2名政府军和5名阿布沙耶夫武装分子在内的7人死亡、1名政府军和多名武装分子受伤。苏禄联合特遣部队司令索贝哈那说，当日凌晨4时左右，参与解救人质行动的一支海军陆战队与一伙约30名全副武装的阿布沙耶夫武装分子相遇并发生交火，战斗持续一个多小时，但未发现被劫走的人质。

8月11日，印度尼西亚总统佐科在雅加达表示，包括恐怖主义和毒品走私在内的跨国犯罪是东盟共同面临的重大挑战，东盟国家应加强团结、合作应对。佐科当天在东盟秘书处出席东盟成立50周年纪念仪式上说，恐怖主义是东盟“实实在在的威胁”。东盟国家在打击恐怖主义上应快速响应，加强团结和协作。

8月15日，印度尼西亚警方逮捕了5名涉嫌策划对总统府等多个地点实施化学炸弹袭击的武装分子。印尼西爪哇省警察局发言人尤斯里·尤努斯对媒体说，警方当天早上在西爪哇省首府万隆市的3个地区逮捕了这5名隶属于恐怖组织“神权游击队”的嫌疑人，并在搜查嫌疑人住处时发现了盛在多个容器里的危险液体化学品。

8月24日，菲律宾总统杜特尔特前往南部城市马拉维视察反恐进展，并举枪向与极端组织“伊斯兰国”关系密切的武装分子开火。杜特尔特24日身着作战服和防护背心、头戴头盔，对马拉维这座受困城市进行第三次公开视察。此前，菲律宾军方已经收复了该市一座重要的清真寺，标志着为期三个月的战斗进入了最后阶段。

8月28日，菲律宾军方发表声明说，军方当日在南部马拉维市附近截获一伙试图从水路进入市区的反政府武装分子，挫败了对方增援马拉维的企图。声明说，根据当地居民提供的情报，军方增加了位于马拉维市南部拉瑙湖上的巡逻力量，当日凌晨发现一伙武装分子驾驶两艘泵船向市内方向驶来，双方随后发生交火。经过3个小时的战斗，军方击退武装分子，在缴获的一艘泵船上发现5具尸体和一支突击步枪。另一艘泵船在逃跑过程中沉没，至少有5人死亡。

8月28日，印度尼西亚雅加达一家法院宣布已对2016年底在印度尼西亚总统府门前企图引爆自杀式炸弹的女子宣判，该女子获得7年半的徒刑。这也是印度尼西亚首次有女性因为策划袭击而被定罪。

8月28日，缅甸西部若开邦连续三天发生恐怖袭击，造成上百人死亡。昂山素季领导的缅甸国务资政宣布，军警已在当地展开反恐行动。在此局势胶着之际，昂山素季办公室指责说，有部分国际救援人员帮助“恐怖分子”。这一说法引起了人们对自身安全的担忧，并被人权组织谴责是危险和极不负责任的。

9 月 1 日，菲律宾军警在南部城市马拉维与支持极端组织“伊斯兰国”的反政府武装人员作战超过百日，收复市警察局和大清真寺等“标志性”建筑。总统罗德里戈・杜特尔特 8 月 30 日说，战事已进入“决定性阶段”。分析人士指出，收复马拉维后，菲律宾政府应考虑采取军事手段以外的其他措施应对恐怖主义。反政府武装人员企图在菲南部建立“伊斯兰国”在东南亚的据点，令地区安全形势更加复杂、严峻。杜特尔特透露，菲律宾、印度尼西亚、马来西亚三国领导人拟召开会议，探讨联合反恐事宜。

9 月 6 日，联合国秘书长古特雷斯呼吁缅甸政府向若开邦穆斯林提供法律地位，并在可能的情况下提供国籍。

9 月 6 日，缅甸政府发布恐怖袭击预警通告说，政府获悉有恐怖分子企图在首都内比都以及仰光和曼德勒等大城市实施爆炸袭击。通告说：“有消息说，部分极端恐怖分子企图在内比都、仰光和曼德勒等大城市制造爆炸袭击，旨在引起国际关注。”通告表示，政府各安全部门正采取措施，维护安全稳定，并向因恐袭而转移的民众提供紧急援助。

9 月 7 日，缅甸国务资政府部发表缅印联合声明表示，缅甸将与印度加强反恐合作。在联合声明中，印度谴责近期发生在缅甸若开地区的恐怖袭击事件。双方一致认为恐怖主义是该地区和平稳定所面临的严重威胁，呼吁国际社会尽早通过关于打击国际恐怖主义的全面公约。

9 月 11 日，缅甸外交部发表声明说，政府将向所有因恐怖袭击而迁移的民众提供人道主义援助。缅甸外交部在声明中说：“所有迁移民众都将获得人道主义援助。一个由政府领导的与红十字机构合作建立的机制已经在开展人道主义援助活动。缅甸欢迎东盟成员国及其他国家伸出援手。”声明指出，近期若开邦发生的恐袭导致多个族群的民众流离失所，缅甸政府欢迎国际社会对若开地区恐袭给予的谴责，同时呼吁国际社会支持缅甸为实现若开邦稳定、和平与发展所做的努力。

9 月 11 日，文莱苏丹哈桑纳尔・博尔基亚在广西南宁接受中国—东盟博览会秘书处组织的“要人高端专访”时表示，东盟的成立对东南亚地区而言具有里程碑意义，不仅在国际事务中发挥着越来越重要的作用，成为推动东亚区域合作的关键力量，也成功地维护了东南亚区域的和平与稳定。

9 月 18 日，菲律宾武装部队发言人帕迪利亚向媒体通报了马拉维反恐战事的最新进展，帕迪利亚表示，根据最新数据，恐怖分子的人数有所增加。不过在过去的几天内，菲律宾军方再次成功解救出两名被恐怖分子劫持的人质，军方有决心尽快结束马拉维地区的战事。

9 月 25 日，4 名企图策划在第 29 届东南亚运会闭幕式及马来西亚国庆日检阅仪式发动恐袭的男子被控。据报道，这 4 名被告是 25 岁的哈查阿都慕宾、56 岁的阿末奥玛、25 岁的阿都沙米尔及 26 岁的嘉法阿末。其中，马来西亚男子阿都沙米尔同时被控为“阿布沙耶夫”组织成员，若罪成可能面临终身监禁。其他 3 名被告则是菲律宾人。

10 月 5 日，菲律宾国防部和武装部队在马尼拉接收了由中国援助的一批武器装备，这是中国今年第二次向菲方提供用以打击恐怖主义的武器。菲国防部长洛伦扎纳和武装部队总参谋长阿诺当天在菲武装部队总部从中国驻菲大使赵鉴华手中接收了中国援助的步枪、子弹和瞄准镜等武器装备。

10 月 12 日，俄罗斯驻菲律宾大使馆宣布，本月俄罗斯将捐赠菲律宾 5000 支 AK－47 突击步枪和 100 万发子弹及 20 辆军用卡车，以增援菲军正在进行的反恐反极端主义行动。俄驻菲律宾大使伊戈尔·霍瓦耶夫表示，俄罗斯全力支持菲律宾军方在南部城市马拉维与恐怖分子的战斗。菲律宾国防部长洛伦扎纳说，这批武器弹药于本月 22 日运抵菲律宾，于 25 日正式交接给菲律宾军方。

10 月 12 日，在马来西亚苏邦空军基地，马来西亚特种部队士兵在启动仪式后展示反恐技能。马来西亚、菲律宾和印度尼西亚三国 12 日宣布正式启动联合空中巡逻，以应对三国交界的苏禄海区域的恐怖主义威胁、海盗和跨国犯罪等活动。

10 月 15 日，菲律宾军方轰炸据守南部城市马拉维、效忠“伊斯兰国”的好战分子，表示冲突很快就会结束，截至目前死亡人数已超过 1000 人。

10 月 16 日，菲律宾官员表示，盘踞菲南马拉维市数月的激进组织“伊斯兰国”旗下武装团体，最后两名头目已遭政府军击毙，包括美国高价悬赏追缉的“伊斯兰国”东南亚头目哈皮隆。

10 月 16 日，菲律宾国防部证实，两名重要恐怖组织头目 16 日早晨被击毙，军方正在围捕另一名马来西亚恐怖分子，民答那峨岛大城马拉韦市反恐战事可望终结。

10月17日，菲律宾总统杜特尔特宣布，历经5个月反恐作战的菲南部城市马拉维“已经从恐怖分子手中解放”。今年5月23日，位于棉兰老岛的马拉维市爆发反恐战争，目前已造成800多名极端分子、162名政府军士兵和47名平民在战争中丧生，另有十数万人逃离家园。周一早些时候，占领马拉维的两名恐怖组织头目在政府军行动中被击毙。

10月18日，据新加坡《联合早报》报道，国外数个机场接连遭受恐怖袭击，新加坡樟宜机场也很可能成为恐袭的目标。各个公共和私人机构应紧密合作，确保恐袭一旦发生时，能有效地结合资源，迅速化解危机。有鉴于此，新加坡内政团队今年首次把跨机构的大型反恐演习带入樟宜机场，以加强各个机构的紧急应变与协调能力。

10月20日，菲律宾武装部队发言人少将帕迪拉在新闻发布会上呼吁公众保持警惕，担心马拉维市解放后，恐怖分子可能发动报复性袭击。菲律宾总统杜特尔特此前一日在马尼拉第43届商业会议上已表示，最后一名恐怖分子消灭之前，棉兰老岛的军管不会解除。

10月22日，菲律宾军方在马拉维市召开新闻发布会称，在南部城市马拉维的反恐战局中，最后的20名人质已经全部被救出，但目前战斗仍然没有结束，恐怖分子可能发动报复性袭击。

10月24日，菲律宾国防部长洛伦扎纳感谢菲律宾的伙伴国家在5个月的马拉维危机中的帮助。他在东盟地区安全论坛外告诉记者：“我要感谢帮助过我们的国家——中国、美国、澳大利亚、马来西亚、印尼，还有文莱及新加坡。”

10月24日，印度尼西亚指出，本区域的极端主义和恐怖主义正日益成为亚细安最大的安全威胁，印尼防长里亚古都因此建议，设立一个包括六个国家的“迷你国际刑警组织”，共同分享情报。据报道，里亚古都23日在菲律宾举行的第11届亚细安防长会议上提出这个建议。他所指的六个国家包括印尼、泰国、马来西亚、文莱、新加坡和菲律宾。他指出，六个国家之间进行多层联系将有助于遏阻恐怖分子的行动。里亚古都说：“这些防御措施将为我们提供存在于亚细安国家的恐怖组织的广泛情报。这么一来，我们就可以在这些组织壮大之前就铲除它们。”

10月24日，印度尼西亚当局逮捕了涉嫌策划对多个警察局发动攻击的9名男子。印尼警方说，这9名嫌犯与印尼本土极端组织“神权游击队”（JAD）有关连。该组织效忠于恐怖组织“伊斯兰国”。报道称，其中8人在南苏拉威西省被捕，另一人则在廖内省落网。

10月25日，澳大利亚国防部长玛丽斯·佩恩宣布，澳大利亚将派出流动教官团队为菲律宾军队提供城市反恐培训，加强防务合作以遏制极端组织“伊斯兰国”在东南亚地区蔓延。

10月25日，澳大利亚政府将派遣约80名军事人员到菲律宾，帮助该国武装部队打击与“伊斯兰国”有关的武装分子。澳大利亚防长玛丽斯·佩恩称，澳军人将训练菲律宾军人在城市作战和进行反恐行动。

10月25日，随着近期菲律宾政府军从已效忠“伊斯兰国”的“阿布沙耶夫”组织和“穆特”组织手中收复菲律宾南部城市马拉维，菲律宾政府打击极端组织的战斗进程已经取得了重大进展。然而，持续5个月才结束的马拉维战事，以及目前仍在棉兰老岛肆虐的恐怖组织，依然对菲律宾国家安全构成危胁。同时，在马拉维反恐战事中，菲律宾军队和警察表现出的较差战斗力和普遍落后的装备水平，也给菲律宾总统杜特尔特打击毒贩武装和恐怖分子的雄心平添了几分阴影。正是在这样的大背景下，东南亚三国的联合海空巡逻行动应运而生。

10月25日，杜特尔特携包括菲律宾国防部长在内的多位安全官员一起接收了来自俄方的军事捐赠。杜特尔特现场并没有发表任何讲话，但他向俄国防官员表示感谢。杜特尔特当天还参观了停靠在马尼拉港口的俄罗斯军舰。

10月25日，即将结束对美国正式访问之际，新加坡总理李显龙接受了媒体采访。李显龙称此次访问“有用”，将使美国增加在亚太地区的介入和关注。

10月31日，印度尼西亚警方表示，印尼警方日前在西努沙登加拉省松巴哇岛和武装分子交火，打死2名恐怖嫌疑人。

11月8日，印度尼西亚警方宣布，警方粉碎了一起恐怖攻击阴谋，一名武装分子计划袭击缅甸使馆以及印尼总统佐科女儿的婚礼。雅加达警方发言人宣布，策划展开恐怖袭击的25岁嫌疑犯里斯基在6日下午已经落网，警方当时突击嫌疑犯位于雅加达附近勿加泗镇的租屋，将其逮捕归案。嫌疑犯及其44岁母亲在该处住了一段时间。

11月15日，菲律宾总统杜特尔特称他将归还中国一把步枪，正是这把步枪击毙了极端分子头目伊斯尼龙·哈皮隆，这把枪将成为中国援助菲律宾反恐的象征。他还称，希望菲律宾在未来几年，能回报中国所做的一切。

11月18日，由于冲突地区普遍存在安全威胁，菲律宾总统杜特尔特将接受菲武装部队寻求延长实施棉兰老岛军管措施的任何建议。菲武装部队发言人巴迪惹于周五告诉记者，军方可能请求延续棉兰老岛的军管措施，即使在马拉维市已从马巫地恐怖分子手中解放，以便打击该域内的其他激进组织。

11月19日，菲南反恐战争结束后，菲律宾总统杜特尔特表示，考虑视菲律宾共产党为恐怖组织，将菲共游击分子当罪犯来追击。

11月22日，缅甸国务资政兼外交部长昂山素季说，缅甸和孟加拉国有望在本周就若开邦问题达成谅解备忘录，在难民遣返问题上初步达成一致。

11月39日，印尼武装部队和新加坡警察部队参加了在新加坡喜来登酒店举行的关于反恐模拟演习的闭门讨论。双方均十分关切曾在海外参与恐怖行动的武装分子重返该地区的问题。据报道，来自新加坡和印尼的27名军事和安全官员进行了为期两天的闭门讨论，设法讨论如何应对该地区日益增长的威胁。双方需要讨论和解决问题主要有四个方面，其中包括持枪者袭击购物商场等。

12月6日，菲律宾总统杜特尔特签署公告，正式将菲律宾共产党及其所属游击队“新人民军”列为恐怖组织。

12月15日，中央军委联合参谋部参谋长助理姜国平在马尼拉与菲律宾国防部副部长戴维共同主持了中菲第五次国防部防务安全磋商。姜国平说，在中菲两国元首引领和双方共同努力下，中菲关系全面转圜，各领域务实合作稳步推进。中方高度重视发展对菲关系，愿与菲方一道，积极开展高层互访、联演联训、反恐交流、人员培训等领域合作，妥处敏感问题，推动两国两军关系继续向前发展。

12月19日，菲总统杜特尔特宣布，政府军将于2017年12月24日至2018年1月2日暂停军事行动。哈里·罗克表示，单方面的停火将会减少今年圣诞节期间公众的忧虑。预计菲律宾共产党、新人民军等武装组织会做出类似回应。

12月22日，据新加坡《联合早报》报道，尽管新加坡水路偷渡情况受到控制，却仍可能是恐怖分子潜入的途径。警察海岸卫队不敢掉以轻心，除了严守海岸线和注重实战训练，也试用新科技和装备。

12 月 22 日，圣诞及新年假期将至，为防范恐怖行动，印度尼西亚将部署 18 万警力，加强国内安保。此外，警方已逮捕 20 名嫌疑人，阻截恐怖主义活动。

12 月 23 日，马来西亚最大的华基政党马华公会总会长廖中莱在吉隆坡表示，在欢度圣诞的和谐氛围下，马来西亚必须对极端种族与宗教主义保持警惕。

12 月 28 日，越南政府指控 15 名嫌犯于今年 4 月在胡志明市新山一国际机场发动炸弹攻击，27 日，当地法院以“反人民政府恐怖攻击罪”对他们判处 5 年至 16 年不等的有期徒刑。

12 月 28 日，澜沧江—湄公河综合执法安全合作中心启动仪式在云南省昆明市举行，这标志着澜沧江—湄公河流域第一个综合性执法安全合作政府间国际组织正式启动运行。

2017 年东南亚地区遭受恐怖袭击次数及伤亡人数

时　间	菲律宾		泰国		马来西亚		缅甸	
	袭击次数	伤亡人数	袭击次数	伤亡人数	袭击次数	伤亡人数	袭击次数	伤亡人数
1 月							2	35
2 月	1	1						
3 月			1	8				
4 月	1	1	1	9				
5 月	2	19	3	82	1	15		
6 月	2	124	3	13	1	1		
7 月								
8 月			1	9			2	57
9 月								
10 月								

续表

时间	菲律宾		泰国		马来西亚		缅甸	
	袭击次数	伤亡人数	袭击次数	伤亡人数	袭击次数	伤亡人数	袭击次数	伤亡人数
11 月								
12 月								
合计	7	147	9	121	2	16	2	57
全年，东南亚地区共遭受恐怖袭击 20 次，伤亡 341 人。								

第十三章 ╱ 2017年中亚地区反恐怖军事行动*

第一节 中亚地区反恐怖军事行动综述

2017 年，在各国武装力量持续不断的强力围剿之下，极端组织“伊斯兰国”在叙利亚似乎已经走向了穷途。但各方还没有来得及为此欢呼庆祝，大量武装人员向阿富汗北部聚集并引发相邻中亚地区安全形势紧张的消息，就再度成为国际社会关注的焦点。中亚各国与国际社会加强反恐合作，搜集情报，积极开展反恐军事行动，堵截“恐怖组织”的跨境通道，力保本地区安全稳定。

一、中亚地区面临的恐怖形势

2017 年，极端组织“伊斯兰国”实体在伊拉克和叙利亚几近消亡，但其思想的扩散不容小觑。由于朱兹詹、昆都士等阿富汗北方省份同中亚的乌兹别克斯坦、土库曼斯坦、塔吉克斯坦等国接壤，因此，阿富汗北方地区的紧张局势对中亚地区的安全形势构成压力。多位中亚安全问题专家认为，在同阿富汗接壤的三个中亚国家中，乌兹别克斯坦军事实力较为突出，而阿富汗与土库曼斯坦、塔吉克斯坦边境一线的安全形势则非常严峻。哈萨克斯坦、吉尔吉斯斯坦虽然在地理位置上同阿富汗没有接壤，但

---

* 中亚地区是指中亚细亚地区，包括土库曼斯坦、乌兹别克斯坦、吉尔吉斯斯坦、塔吉克斯坦和哈萨克斯坦五个国家。

因为在叙利亚参战的极端武装人员随时可能回流，所以同样面临巨大安全压力。本年度，虽然在中亚国家没有发生重大恐怖袭击，但“伊斯兰国”极端思想正在中亚蔓延，威胁正日益扩大。尽管集体安全条约组织和中亚多国等都曾举行过大规模反恐演习，旨在对此形成高压威慑，但却效果有限。在“伊斯兰国”于中东地区受到严厉打击后，国际舆论分析认为该组织或许会在中亚地区开辟新的“战线”，该组织长期准备了吉尔吉斯语、哈萨克语、乌兹别克语和塔吉克语的宣传材料。“伊斯兰国”组织在中亚地区的分支组织“马维兰纳赫尔”也正活跃于吉尔吉斯斯坦、乌兹别克斯坦边境等地。

此外，据吉尔吉斯斯坦 2016 年统计，该国妇女和儿童加入极端组织的数量正逐年上升。吉尔吉斯斯坦强力部门逮捕多名极端组织成员。据悉，这些被捕人员中就有人曾在叙利亚作战，回流本国后试图建立地下据点。据吉内务部门统计，约有 500 名吉国公民在叙利亚加入“伊斯兰国”组织。对此，有吉国安全问题专家认为，中东地区的战火正在向中亚国家转移，阿富汗只是一个开端，尽管吉尔吉斯斯坦并不与阿富汗接壤，但同样需要保持警惕。他认为，“伊斯兰国”在阿富汗大量收编原本在当地活动的极端组织和人员，其开出的招募价格是其他极端组织的数倍，这使得阿富汗原有的极端分子纷纷投靠。他们中有很多来自中亚国家，既掌握语言，又熟悉中亚国家情况，因此，无论是从事招募活动还是发动恐怖袭击都具有天然优势，这对中亚各国的安全形势而言无疑是极大的威胁和挑战。

二、中亚国家的反恐怖军事对策

（一）强化反恐军事行动 阻止涉恐事件发生

12 月 12 日，哈萨克斯坦国家安全委员会副主席努尔加利·比利斯别科夫在议会上院会议上表示，哈萨克斯坦安全部门 2017 年共阻止了 11 起恐怖主义暴力活动。哈腾格里新闻网援引比利斯别科夫的话称，这 11 起恐怖主义暴力活动均在准备阶段即被挫败，“任何恐怖主义和极端主义事件都不允许发生，以保障哈萨克斯坦国家局势的稳定”。比利斯别科夫还指出，哈萨克斯坦安全部门还在境内对 22 名宗教极端主义领导人和活跃分子进行了追捕。同时，采取措施防止极端主义思想传播扩散，打击了 81 名相关头目和参与者。哈萨克斯坦与中东国家特别是沙特阿拉伯建立了联系，可对有关宗教极端分子进行驱逐或引渡。但凡是上了“黑名单”的境外哈萨克斯坦籍武装分子或公民都处于国际刑警组织的密切监控之下，他们之中的任何人如果想要出入境或从第三国过境，都将被拘捕并引渡回哈萨克斯坦。

（二）发挥上合组织协作机能，形成共同反恐意志

3 月 30 日，上合组织地区反恐怖机构理事会第三十次会议在乌兹别克斯坦首都塔什干举行。会议通过了《上海合作组织反极端主义公约》草案。会议由中方代表团中国公安部副部长李伟主持。来自哈萨克斯坦、中国、吉尔吉斯斯坦、俄罗斯、塔吉克斯坦和乌兹别克斯坦 6 个成员国以及地区反恐怖机构执委会的代表与会。会议协商了《上海合作组织地区反恐怖机构理事会向元首理事会汇报地区反恐怖机构 2016 年工作的报告》，审议了《上海合作组织成员国打击恐怖主义、分裂主义和极端主义 2016—2018 年合作纲要》2016 年度的落实情况以及上合组织地区反恐怖机构理事会已批准决议的落实情况。会议高度评价在塔吉克斯坦境内举办的上合组织成员国主管机关“合作 2016”联合反恐演习成果，决定在 2017 年举办上合组织成员国主管机关联合反恐演习、边防部门 2017 年联合边防行动以及上合组织成员国与观察员国打击国际恐怖主义和极端主义第五次研讨会。会议赞成上合组织成员国主管机关应对具有极端主义倾向宗教流派破坏活动威胁和挑战联合措施。会议还就地区反恐怖机构执委会组织、干部、财务以及完善上合组织成员国打击恐怖主义、分裂主义和极端主义领域法律基础问题通过了一系列决议。

（三）促进交流合作，全面防范恐怖威胁

加强国际社会间的反恐合作是打击恐怖组织的根本方法。“恐怖主义不是某一个国家单独面临的问题，也绝对不是通过单个国家的力量就能解决的‘毒瘤’。”随着西方国家军队逐步撤离阿富汗，塔利班有卷土重来之势，而且“伊斯兰国”等国际恐怖组织在阿富汗的活动日益猖獗，这些给同阿富汗毗邻的塔吉克斯坦等中亚国家构成了严重的安全威胁。此外，在叙利亚和伊拉克等国，有为数不少的来自中亚各国的极端分子为恐怖组织作战。这些极端分子如果回流，将为中亚国家安全带来极大隐患。而中亚地区的安全形势又会对俄罗斯造成直接影响。而俄罗斯在中亚的首要利益就是安全利益。为此，普京同哈萨克斯坦总统纳扎尔巴耶夫、塔吉克斯坦总统拉赫蒙以及吉尔吉斯斯坦总统阿坦巴耶夫的进行会谈，都涉及了安全问题。俄罗斯与哈萨克斯坦两国领导人还着重讨论了如何借助阿斯塔纳叙利亚问题会谈这一平台推动叙利亚和平进程的问题。普京与塔吉克斯坦、吉尔吉斯斯坦总统会谈时强调了深化双方军事合作、共同打击恐怖主义和毒品犯罪以及俄罗斯驻当地军事基地对维护两国安全以及中亚地区局势的重要性。俄罗斯承诺增加对塔吉克斯坦、吉尔吉斯斯坦两国的军事援助。3 月 22 日至 23 日，乌兹别克斯坦总统米尔济约耶夫对哈萨克斯坦进行国事访问，其它中亚国家的一些领导人也将陆续对哈萨克斯坦进行了访问。各国就地区反恐、军事技术合作、打击非法移民、推动海关交流和跨界水资源联合管理等领域加强合作进行了探讨。

第二节　中亚地区主要恐怖袭击事件

一、叙伊两国战场返回中亚的极端分子进一步增多

2017 年 1 月 11 日，哈通社阿斯塔纳—哈战略研究所所长叶尔兰·哈林日前在阿斯塔纳举行的一场新闻发布会上表示，随着中东形势的变化，在叙利亚和伊拉克参与“圣战”的极端分子返回中亚的人员会进一步增多。叶尔兰说：“基于目前中东形势和相关分析，2017 年，中亚各国反恐形势会依然面临复杂局面，激进主义进一步泛滥的可能性不能排除，随着叙伊两国国内战局的变化，拿着中亚各国护照的极端分子可能会从战区返回中亚，且会逐步增多。他们具有危险的技能，这意味着他们能够抵达中亚国家而不被查出。”随着大国中东博弈转入新阶段和阿富汗国内政治斗争的激化，中亚地区局势不稳定因素将持续存在。

二、吉尔吉斯斯坦清真寺数量超过学校数量达到 2600 个

5 月 17 日，吉尔吉斯斯坦议院国际事务委员会日前在该国首都比什

凯克召开会议，商讨关于对《吉尔吉斯斯坦共和国宗教信仰自由和宗教组织法》进行补充修改。会上，吉尔吉斯斯坦宗教事务国家委员会副主席奇尔塔耶夫表示，吉尔吉斯斯坦清真寺数量超过学校数量。苏联解体时，吉尔吉斯境内共有 39 个清真寺，而现在其数量已超过学校数量，达到 2600 个。他表示，近些年来，吉尔吉斯青年对在国外接受宗教培训和社会宗教激进化进程持积极态度。大多数吉尔吉斯斯坦青年会选择前往沙特、埃及、土耳其、巴基斯坦、阿富汗、印度和伊朗等国接受宗教培训。吉尔吉斯斯坦政府尤其担心 9 至 14 岁的未成年人赴外接受宗教培训。未能预防青年赴外接受宗教培训对吉尔吉斯斯坦国家安全带来了较大影响。

第三节　中亚地区主要反恐怖军事行动

一、中吉将加强在安全和反恐领域的合作

1 月 6 日，在中吉建交 25 周年之际，中国国家主席习近平与吉尔吉斯斯坦总统阿坦巴耶夫在北京举行会晤。双方还指出了两国在其他许多领域关系方面的积极发展态势。两国领导人表示，将加强双方在实施丝绸之路经济带和与欧亚经济联盟接轨框架内的合作。双方就加快推进重大基础设施建设项目，推进落实产能投资合作，促进两国中小企业合作，做好“一带一路”建设同欧亚经济联盟建设对接，加强在教育、科技和旅游等人文领域的合作交换了意见。中方愿同吉方深化安全合作，共同打击“东突”等“三股势力”，维护两国和本地区安全稳定。中方愿继续同吉方在上海合作组织框架内密切协调和配合。吉方表示坚定支持中方维护自身核心利益的努力，将继续坚持奉行一个中国政策。吉方愿与中方密切安全合作，坚决打击“三股势力”。

二、哈萨克斯坦国安部门成功抓捕 15 名涉恐人员

2 月 11 日，据哈萨克斯坦国家安全委员会消息，哈萨克斯坦国家安全

部门近日成功抓捕了 15 名涉恐人员。哈萨克斯坦国安委称，哈萨克斯坦国安委与内务部 1 月 13 日至 24 日在阿拉木图市和阿拉木图州范围内采取了一系列反恐特殊行动，阻止了两个极端主义团伙的不法图谋。哈萨克斯坦国安委指出，有 15 人因涉嫌宣传恐怖主义、极端主义思想，图谋制造恐怖主义袭击和非法持有枪支被捕。值得注意的是，其中有 6 人已确认系极端主义宗教信仰的信徒。哈萨克斯坦国安委消息还透露，在搜查不法分子的藏身之处时，缴获了 5 枚手榴弹，并发现了国际恐怖主义组织的服饰，以及极端主义思想宣传品，包括书籍、电子音像制品等。哈萨克斯坦国安委强调，此次反恐特殊行动为阿拉木图大冬会的顺利举行提供了必要条件，保障了比赛期间的安全。第 28 届大冬会于 1 月 29 日至 2 月 8 日在哈萨克斯坦最大城市阿拉木图举行。[①]

三、哈萨克斯坦抓获 11 名激进组织成员成功制止恐怖活动

4 月 20 日，哈萨克斯坦国家安全委员会同内务部合作开展特别行动，在哈萨克斯坦阿克纠宾和南哈州抓捕了 11 名激进分子。哈萨克斯坦国家安全委员会新闻中心消息称："这 11 名激进组织成员分属 4 个组织，此次特别行动成功制止预谋中的恐怖活动，这些激进组织成员在哈萨克斯坦境内发放极端主义材料，公开号召声援国际恐怖组织。根据其宣传恐怖主义和煽动宗教仇恨的事实，警方对这 11 人进行了抓捕。

四、中吉在边境演练"清剿恐怖营地"

6 月 27 日上午，中国和吉尔吉斯斯坦边防部门在两国边境的库依鲁克区域举行代号为"天山－3 号（2017）"的联合反恐演习。据演习总指挥、公安部边防管理局局长陈定武少将介绍，此次演习主要设定为：2017 年 4 月 1 日至 4 月 20 日，中吉边境多个区域连续发现可疑人员踪迹，中吉双方立即依托三级代表联系制度，加强情报交流和信息研判，制定应对策略，加大对各自境内边境区域核查管控力度。其间，中吉边境地区接连发生多起"暴恐袭击"案件，中吉边防部门及时互通情报线索，决定启动联合指

① 参见《哈国安部门成功抓捕 15 名涉恐人员》，中国新闻网，2017 年 02 月 12 日。

挥部，组织双方处突力量展开恐怖营地清剿行动。此次演习突出了实战化特点，采取“实地、实兵、实装、实弹、实爆”方式进行，从演习内容到模拟障碍物设置都与实战紧密结合。此次演习场上还出现了排爆机器人和无人侦察机等高科技应用，我方采取“太空卫星侦察、高空无人机侦察、电子侦听侦察和地面抵近侦察”的立体侦察手段，准确掌握“恐怖营地”地形地貌和火力配置情况。从 2006 年以来，在上海合作组织框架内成员国先后举行了 3 次“天山”系列演习。此次“天山－3 号（2017）”演习的背景是，在近年来国际局势动荡和国际恐怖主义凸显的双重影响下，恐怖组织持续向中亚转移，派遣极端人员回流、偷运武器弹药入境，对中亚各国和世界安全稳定构成了严重威胁。①

五、格鲁吉亚安全部队摧毁一个武装团伙

11 月 22 日，格鲁吉亚国家安全局说，格安全部队当天在首都第比利斯展开的特别反恐行动中摧毁一个武装团伙，击毙武装分子 3 人，逮捕 1 人。格鲁吉亚国家安全局新闻发言人格奥尔戈比亚尼当天下午在新闻发布会上说，在这次反恐行动中，3 名武装分子被击毙，1 人被逮捕。格安全部队有 1 人身亡、4 人受伤。

六、其他反恐怖军事行动

1 月 1 日，哈萨克斯坦外交部发表声明，严厉谴责发生于土耳其伊斯坦布尔一家夜总会的枪袭事件，并向遇难者家属、土耳其政府和人民致以深切哀悼，期望伤者早日康复，并强调必须将恐袭实施者、组织者绳之以法。声明指出，任何形式的恐怖主义都是对国际和平与安全的最严重威胁之一。哈方坚定支持土耳其政府和人民为维护国家安全稳定、打击恐怖分子所作的不懈努力。

1 月 1 日，哈萨克斯坦、吉尔吉斯斯坦就伊斯坦布尔恐怖袭击事件，向土耳其表达慰问，并对恐袭予以严厉谴责。土耳其最大城市伊斯坦布尔一家夜总会 1 日凌晨发生枪击事件，造成至少 39 人死亡、60 多人受伤。

① 参见《中吉在边境演练“清剿恐怖营地”》，《环球时报》，2017 年 06 月 28 日。

土政府表示事件是恐怖袭击。

1 月 2 日，吉尔吉斯斯坦外交部发表声明称，吉方关于是否有吉国公民参与 1 月 1 日伊斯坦布尔恐袭事件的确认工作正在进行。

1 月 5 日，哈外交部发布消息称，哈萨克斯坦正在对土耳其媒体报道的哈国公民涉嫌伊斯坦布尔恐袭被捕一事展开调查。

1 月 7 日，7 名欲在俄罗斯制造恐袭的犯罪嫌疑人被判处 6 至 9 年有期徒刑，其中包括数名未成年人。消息称，7 人均为阿克托别州居民，他们被指控组织和参与恐怖主义团伙，传播恐怖主义，煽动民族仇恨。

1 月 9 日，哈萨克斯坦外交部发表声明，谴责耶路撒冷恐怖袭击事件。声明称，哈萨克斯坦谴责发生在耶路撒冷的恐怖袭击事件。哈方一贯反对任何形式的恐怖主义，愿同国际社会一道，加强反恐领域合作，共同打击恐怖主义。声明表示，哈方向受害者家属表示深切慰问，希望所有受伤人员早日康复。声明强调，哈萨克斯坦支持以色列政府和人民为打击恐怖主义、维护国内稳定所采取的一切措施。

2 月 6 日，吉尔吉斯斯坦国家安全委员会新闻处发布消息称，国家安全部门近日破获了一起涉嫌资助恐怖分子的案件，一名吉尔吉斯斯坦公民被逮捕。

2 月 13 日，吉尔吉斯斯坦国家安全委员会正在制定一份恐怖组织名单，这份名单则是法庭认定的。吉国最高议会议员提议，将恐怖组织统一名单公布于众。并建议围绕该题，进行社会公开讨论并推出相关法案。此外，议员提议在国家期刊上刊登恐怖组织名单。该法案倡议人认为，年轻人有可能在恐怖组织的鼓动下，加入吉国国内日益猖獗的分裂组织的活动中。因此，吉国议员希望让恐怖组织的真面目公之于众，并尽最大可能减少年轻一代受到激进组织的蛊惑，而踏上不归之路的风险。

2 月 14 日，一名 20 岁女子在国家医学科学院口腔医学系食堂吃饭时，无意间听到两名陌生男子讨论对比什凯克的商场“航空公园”进行恐怖袭击的话题。该女生通过社交软件向自己的男友讲述了所听到的内容。她的男友第一时间向“航空公园”商场里的电影院售票处打电话，并提醒商场工作人员提高警惕。2 月 14 日晚，警方接到关于娱乐场所或安装爆炸装置的消息。警方迅速撤离了人群，并封锁了现场。此外，还有专业人员前往现场准备排除炸弹。

3 月 9 日，在打击吉尔吉斯斯坦境内地下恐怖基层组织和同伙机构活动的反恐行动中，吉国国家安全委员会在奥什州抓获“基地”组织活跃分子——吉尔吉斯斯坦公民 M. M.，1977 年出生，奥什州卡拉—苏区人。

3 月 23 日，据哈萨克斯坦总统府消息，哈萨克斯坦总统纳扎尔巴耶夫就伦敦恐怖袭击事件，向英国首相特雷莎·梅致慰问电。

3 月 27 日，中共中央政治局委员、中央政法委书记孟建柱在钓鱼台国宾馆会见哈萨克斯坦国家安全委员会主席卡里姆·马西莫夫。孟建柱说，近年来，习近平主席和纳扎尔巴耶夫总统多次成功会晤，推动中哈关系进入历史最好时期。中方愿同哈方深化在反恐、网络安全等领域的交流与合作，把两国执法安全合作提升到新阶段，共同维护两国及本地区安全稳定。马西莫夫表示，愿在执法安全领域与中方密切协作，为两国长治久安作出贡献。

4 月 8 日，哈萨克斯坦外交部表示，哈方对叙利亚冲突升级表示担忧。哈外交部称，哈萨克斯坦严厉谴责任何使用大规模杀伤性武器对平民造成伤害的行为，支持联合国调查小组开展独立、客观、公正、专业的调查。哈外交部称，冲突的持续升级和冲突各方强硬的态度，将对日内瓦和谈、阿斯塔纳和平会议及国际社会此前就打击恐怖主义、和平解决叙利亚问题达成的共识产生影响。

4 月 8 日，哈萨克斯坦总统纳扎尔巴耶夫就斯德哥尔摩恐怖袭击事件向瑞典国王致慰问电。瑞典首都斯德哥尔摩 7 日发生卡车撞人事件，官方确认这是一起恐怖袭击。事件造成至少 4 人死亡，15 人受伤，其中 9 人伤势严重。警方已逮捕两名嫌疑人。纳扎尔巴耶夫特别强调，哈萨克斯坦政府严厉谴责任何形式的恐怖主义活动，并号召国际社会联合打击恐怖主义组织。

4 月 10 日，俄罗斯总统普京向塔吉克斯坦总统拉赫蒙发去贺电，表示相信两国将继续加强战略伙伴关系，协调在打击国际恐怖主义方面的努力并应对其他地区安全挑战。

4 月 10 日，哈斯克斯坦外交部长阿布德拉赫曼诺夫日前呼吁叙利亚局势调解所有有关方支持阿斯塔纳和日内瓦进程。他同时表示，正筹备于 5 月继续在阿斯塔纳举行叙利亚问题和谈。

4 月 10 日，哈萨克斯坦总统纳扎尔巴耶夫就埃及坦塔市和亚历山大市爆炸袭击事件向埃及总统塞西致慰问电。纳扎尔巴耶夫在慰问电中表示，埃及坦塔市和亚历山大市教堂爆炸袭击事件所造成的巨大伤亡，令他感到极为震惊和悲痛。“我谨代表哈萨克斯坦民众，并以我个人名义，对遇难者表示沉痛的哀悼，对遇难者家属表示诚挚的慰问。”纳扎尔巴耶夫强调，哈萨克斯坦愿同埃及共同应对危害国家和人民安全与和平的恐怖主义威胁。

4 月 12 日，据哈萨克斯坦国际通讯社报道，哈总统纳扎尔巴耶夫日前表示，加入极端组织“伊斯兰国”的哈萨克斯坦人将被剥夺公民权。

4 月 18 日，土库曼斯坦总统别尔德穆哈梅多夫抵达阿斯塔纳，开始对哈萨克斯坦进行国事访问。哈土两国签署了政府间委员会协议，加强在反洗钱、打击恐怖主义融资、信息保密等领域的互助合作。

4 月 20 日，上海合作组织成员国外交部长理事会例行会议在阿斯塔纳举行，会后发布了《上合组织成员国外交部长理事会会议新闻公报》。外长们支持进一步加强成员国在应对当今安全挑战与威胁，特别是打击恐怖主义、分裂主义、极端主义、跨国有组织犯罪、非法贩运毒品，以及巩固国际信息安全、突发情况应急处置等方面的合作。

4 月 25 日，哈萨克斯坦政府批准了哈司法部提交的关于剥夺参加恐怖活动的本国公民国籍的法律修正案草案。根据这一草案，从事恐怖活动、颠覆国家制度、破坏国家独立和领土完整等活动的哈萨克斯坦人今后将丧失哈国籍。

5 月 4 日，吉尔吉斯斯坦法院当天撤销了对多名涉嫌参与组织对中国驻比什凯克大使馆恐袭嫌疑人的指控。报道称，针对中国大使馆恐怖袭击案的审理正在吉尔吉斯斯坦首都比什凯克市五一区法院进行。此前被吉尔吉斯斯坦安全部门指控为袭击行动提供了经济援助的穆巴拉克图尔甘巴耶夫证实，在被关押了两个月之后，法院已经撤销了对他的指控，他已经从被告转为证人。

5 月 9 日，美国政府和格鲁吉亚政府在华盛顿签署了情报保护协定。美国国务院表示，协定为两国情报共享确立了法律基础，并将有助于加强两国反恐合作。

5 月 16 日，国家主席习近平在钓鱼台国宾馆会见来华出席“一带一路”国际合作高峰论坛的吉尔吉斯斯坦总统阿坦巴耶夫。习近平指出，中吉建交 25 年来，双方秉持相互尊重、合作共赢的原则，积极推进双边关系，形成了政治上高度互信、经济上密切合作、安全上互为依托、文化上交流互鉴、国际事务中相互支持的全面合作局面。

5 月 20 日，马吉利斯巡回会议在阿克托别举行 讨论反恐议题。在巡回会议上，议员们就加强反恐和反宗教极端主义相关措施，以及进一步完善相关立法工作等内容进行了讨论。

6 月 1 日，哈萨克斯坦总统纳扎尔巴耶夫就喀布尔恐袭事件向阿富汗总统加尼致慰问电。纳扎尔巴耶夫在慰问电中表示，惊悉喀布尔发生严重汽车炸弹袭击事件，造成重大人员伤亡，对加尼总统和遇难者家属的悲痛心情感同身受。

6 月 27 日，吉尔吉斯斯坦首都比什凯克市的五一区法院宣布，判处参与袭击中国驻吉使馆的 3 名犯罪嫌疑人 10 年至 18 年不等的有期徒刑并没收其个人财产。

7 月 19 日，一吉尔吉斯斯坦男子日前因在俄罗斯从事与极端组织“伊斯兰国”有关活动被当地法院判刑。该男子名为拉沁别克·哈基莫夫，出生于吉尔吉斯斯坦，现年 36 岁，系“伊斯兰国”组织成员。哈基莫夫试图在俄罗斯北高加索地区为“伊斯兰国”组织招募成员，后被当地执法机关逮捕。

8 月 28 日上午，塔吉克斯坦总统拉赫蒙在杜尚别会见中央军委联合参谋部参谋长李作成。拉赫蒙请李作成转达对习近平主席的亲切问候。拉赫蒙说，塔中是好邻居、好伙伴。近年来，两国政治、经济、安全等合作关系得到迅速发展。塔方愿与中方加强合作，共同应对恐怖主义威胁及安全挑战，有效打击“三股势力”。李作成转达习近平主席对拉赫蒙总统的亲切问候和良好祝愿。李作成表示，习主席和总统阁下多次会见，引领中塔战略伙伴关系高水平运转。中方愿与塔方共同努力，落实两国元首达成的重要共识，深化两军务实交流合作，在“四国机制”框架下，加强互帮互助，形成共同打击地区恐怖主义强大合力，为维护地区和平和繁荣作出贡献。

8 月 31 日，吉尔吉斯斯坦独立 26 周年前夕，该国国家安全部门破获一恐怖组织团伙，并在楚河州击毙其中 2 名恐怖分子。

9 月 26 日，比什凯克消息，吉尔吉斯斯坦总统大选将于 10 月 15 日举行，期间的安全与稳定成各方关注焦点。吉安全部门抓获多名预谋在大选期间制造袭击的恐怖分子。

10 月 5 日，吉国家安全委员会发布消息称，在目前正进行“防患未然”的反恐行动框架下，日前于西部贾拉拉巴德州逮捕了一名生于 1994

年的恐怖分子 A. A. 。

10 月 25 日，第 12 次上海合作组织成员国最高法院院长会议在乌兹别克斯坦首都塔什干举行。上海合作组织地区反恐怖机构执委会副主任穆卡舍夫 25 日表示，过去 3 年来，上合组织成员国的情报部门和执法机构共挫败 550 多起策划中的涉恐和极端主义犯罪。

11 月 1 日，哈萨克斯坦内务部门日前逮捕 6 名恐怖分子，阻止了一起“极端主义图谋”。哈法律网援引哈萨克斯坦卡拉干达州内务局消息称，该部门在 10 月 30 日的搜捕行动中，破获了一个 6 人宗教极端主义团伙，在他们的住处发现了宗教书籍、办公设备、优盘和数部手机。

11 月 9 日，俄罗斯总统普京与哈萨克斯坦总统纳扎尔巴耶夫会谈后表示，俄哈两国在睦邻友好、平等和相互尊重的原则上发展双边关系，双方讨论了双边合作的关键问题，确定了进一步加强各领域合作的步骤。两国相关部门当天共签署 10 份合作协议。普京和纳扎尔巴耶夫当天发表联合声明强调，俄哈两国在打击国际恐怖主义、极端主义、跨国有组织犯罪、非法贩运武器和毒品等问题上立场一致。双方将在遵循国际法、发挥联合国主导作用基础上加强国际反恐合作，防止打击恐怖主义和极端主义问题被用于干涉主权国家事务。

12 月 12 日，哈萨克斯坦国家安全委员会副主席努尔加利·比利斯别科夫在议会上院会议上表示，哈萨克斯坦安全部门 2017 年共阻止了 11 起恐怖主义暴力活动。哈腾格里新闻网援引比利斯别科夫的话称，这 11 起恐怖主义暴力活动均在准备阶段即被挫败，“任何恐怖主义和极端主义事件都不允许发生，以保障哈萨克斯坦国家局势的稳定”。

12 月 12 日，哈萨克斯坦将通过对现行法律进行补充修改，就儿童参与宗教活动和进出宗教场所作出限制。别热克强调，建立这样的标准，旨在保护未成年儿童避免受到伪装在宗教外衣下的非传统宗教思想影响。与此同时，该标准也将赋予宗教机构负责人新的责任。“当宗教机构负责人发现未成年儿童参与宗教活动不符合标准时，有责任采取相应的措施。”

12 月 29 日，吉尔吉斯斯坦国家安全委员会新闻办公室通报说，一名准备在新年期间实施恐怖袭击的武装人员近日落网。吉安全部门在执行反恐任务时获取的情报显示，叙利亚一极端组织派遣了一些成员到独联体国家，准备在新年期间实施恐怖袭击。吉安全部门在随后展开的执法行动中确认了数名武装人员的身份。行动中，安全部门逮捕了一名来自独联体国家的武装人员。这名武装人员承认参与恐怖主义活动，加入了反对叙利亚政府军的国际恐怖主义阵营，并接受了实施爆炸袭击的训练。

第十四章 ／ 2017年东亚地区反恐怖军事行动*

第一节　东亚地区反恐怖军事行动综述

2017 年，东亚地区不安全因素还是主要集中在日本和韩国。日本、韩国的对外政策，以及美国进一步加大在该地区的军事介入，东亚安全形势更加趋于复杂多变。日韩两国通过与他国合作，健全相关反恐法案，组织反恐演习，继续强化反恐能力。

一、东亚地区面临的恐怖形势

2017 年，东亚国家虽然发生的恐怖活动不多，但来自网络和其他渠道的恐怖威胁以及暴力伤人等事件还是时有发生。特别是日本和韩国，境内偶发的个体恐怖袭击与威胁，给社会和民众造成一定的恐慌，6 月 13 日，首尔市西大门区延世大学第一工学院内建筑系教授金某的研究室发生爆炸事故，被烧伤的教授已被送医。目击者称，包裹被打开后发生爆炸，迸出很多小螺丝钉，怀疑这是一起恐怖袭击。11 月 5 日，美国总统特朗普访问日本期间，日本各地相继接到了爆炸威胁电话，一些铁路车站、百货公司和轮渡公司被迫关闭。8 月 7 日，有人在东京江东区持刀伤人，受害者为两男两女，他们全部倒在血泊中昏迷不醒。

---

* 东亚，亚洲东部的简称，包括中国、日本、韩国、朝鲜和蒙古五个国家。中国反恐怖形势已在第四章作了具体分析，所以本章内容不包括中国部分。

二、东亚国家的反恐怖军事对策

（一）加强安全合作，提升应对不安全因素的能力

2月2日，韩国防长韩民求与来访的美国防长马蒂斯举行会谈。马蒂斯于2月2日至3日、3日至4日分别访问韩国与日本。分析认为，美国新一届政府成立后随即提议举办防长会议，其目的在于重申“美方协防韩国的坚定承诺”，在朝鲜威胁试射洲际导弹之际对朝释放“警告信号”。美国五角大楼方面表示，该国防长此行将强调对韩美、美日同盟负有的责任，进一步加强与韩日两国的安全合作。在美国新政府上台后首次举行的韩美防长会谈中，双方可能会就韩美同盟军事事宜广泛交换意见。“萨德”入韩、朝核问题等军事和外交事宜都将成为会议议题。韩国防部评价称，美国新任防长首次出访国家定为韩国，体现了“特朗普政府对韩半岛及亚太地区的重视、韩美同盟的牢不可破以及美国履行协防韩国承诺的决心”。

2月10日，日本首相安倍晋三在与美国总统特朗普的联合记者会上表示，日美双方就在打击恐怖主义方面加强合作达成共识，并称日本发挥着自身的作用。7月9日，日本首相安倍晋三在瑞典首都斯德哥尔摩与该国首相勒文举行会谈，鉴于4月在斯德哥尔摩闹市区发生了卡车冲撞人群的恐怖袭击事件，双方就合作加强反恐达成了一致。在会谈后的联合记者会上，安倍表示“坚决谴责卑劣的恐怖主义行径”。双方还在会谈中确认，为迎接明年两国建交150周年，将以包括防卫装备合作在内的安全保障领域为中心深化两国关系。

9月9日，“2017年首尔防务对话会”上，来自法国、马来西亚、韩国、新西兰等国的专家围绕“新恐怖主义形势与全球反恐协作”这一议题展开讨论。应对恐怖主义要加强国际和地区层面的合作，需针对激进武装势力开展合作。对于联合国通过应对恐怖主义有关决议案，要认真履行，要反映到地区战略当中去。韩国东盟政策研究所高级研究员 Jang Ji-Hyang 说，恐怖行为的传播力度不断加强，具有不可预测性。为了有效打击恐怖分子，要加强我们力量建设，通过国际协作应对恐怖分子。Jang Ji-Hyang 提到，恐怖活动不断扩散，韩国必须开展反恐活动，但同时韩国面对朝核问题，这里面有联系。韩国与东北亚人民非常担忧恐怖活动，因为韩国贸易50%左右都要经过中东地区，因此，韩国对于恐怖袭击方面非常脆弱，

经济损失规模难以形象。韩国在关注恐怖主义活动的同时也要警惕来自朝核的威胁。但是打击恐怖主义，单靠国际组织的力量不够，我们还是要考虑加强战术力量，保持合作机制，共同应对恐怖威胁。

（二）注重反恐装备和力量建设，打牢反恐防线

12 月 8 日，韩国防卫事业厅表示，将于当天下午开会全面启动研发探查、排除爆炸物的反恐防暴机器人。韩国防卫厅表示，开发工作首先从探索研发开始，包括武器系统的危险分析、模拟试验、模型制作等，探索研发成功后，正式进入体系开发。反恐机器人平时在爆炸物危险地区执行探查、排除爆炸物等反恐工作，战时执行排除障碍物、开拓非军事区（DMZ）通道等任务。该机器人开发成功后，可以接手军人所需执行的多数危险任务。随着反恐防暴机器人的研发启动，探测地下设施的探地雷达等核心技术也将正式投入研发。防卫厅方面称，通过开发反恐机器人等新技术，不仅可提高部队战斗力，也顺应了第四次工业革命浪潮。

12 月 13 日，日本政府计划在国内首次引入一款探测仪，最远可在 5000 米外确定沙林、VX 等有毒气体。这是瞄准 2020 年东京奥运会和残奥会的反恐措施的一部分。12 月 9 日，日本政府瞄准 2020 年东京奥运会和残奥会制定的《反恐对策推进纲要》的主要内容。创设跨部门组织“国际反恐对策等情报共享中心”，收集并分析外务、财务两省和警察厅等的恐怖活动相关情报。此举旨在使恐怖活动情报专家即时共享情报，以便迅速应对。该纲要在 11 日下午召开的“国际有组织犯罪等及国际恐怖活动对策推进总部”会议上敲定。纲要还计划加强已设立的情报汇总机构“国际反恐情报收集组”。该组按照东南亚、南亚、中东、西非、北非这些不同的地区，通晓当地情况的职员正在分别开展活动，今后将得到扩充。纲要还针对欧美接连发生的车辆撞人恐怖袭击提出对策。租车公司将被要求详细询问客人的租用目的。还将引进阻止失控车辆闯入街道的大型车辆。针对公共交通设施及活动会场等非特定多数人群聚集、警备较为薄弱的被称为“软目标”的场所，也将强化对策。纲要提出与设施管理者紧密合作并实施训练。为防止民宿设施成为恐怖分子的据点，纲要写明“确保民宿的恰当运营、彻底取缔违法民宿”。强化机场大楼的警备和对乘客从严安检也被写入其中。

12 月 12 日下午，韩国政府在江原道平昌冬奥会广场举行国家反恐综

合演习。演习旨在全面检验奥运期间可能发生的恐怖袭击综合对策，国务总理李洛渊到场参观。韩国国务调整室反恐中心、国家情报院、国防部、警察厅、消防厅、环境部、保健福利部、江原道等 8 个机关的 420 余人参加演习，进行处理爆炸物、镇压恐怖分子等全程反恐训练。李洛渊表示，当天的反恐演习“堪称完美”，表明韩国具备应对任何突发事件的能力，能让来韩参加奥运会的各国运动员和观众感到安全和放心。李洛渊在演习结束后还出席平昌冬奥会反恐安全对策本部的揭牌仪式。平昌冬奥会反恐安全对策本部主要负责应对恐怖威胁，并同有关机构密切配合制订赛场及设施的安全对策和紧急避难计划。军方表示，平昌冬奥会期间将构建国防部与陆海空军总部、第一野战军司令部与现场指挥所间密切配合和支援的体系，在圣火传递、警戒、医疗支援、反恐、比赛支援等各方面提供约 6000 名警力支持。

第二节　东亚地区主要恐怖袭击事件

一、韩延世大学研究室爆炸致教授负伤或涉恐

6 月 13 日，首尔市西大门区延世大学第一工学院内建筑系教授金某的研究室发生爆炸事故，被烧伤的教授已被送医。目击者称，包裹被打开后发生爆炸，迸出很多小螺丝钉，怀疑这是一起恐怖袭击。

二、特朗普到访之际 日本多地接爆炸威胁电话被迫关闭

11 月 5 日，美国总统特朗普访问日本期间，日本各地相继接到了爆炸威胁电话，一些铁路车站、百货公司和轮渡公司被迫关闭。虽然后来都没有发现爆炸物，但确实引起了不小的骚乱。当地时间 11 月 5 日中午 11 时许，位于日本京都市东山区的京阪三条车站接到了一名匿名男子电话，称一个小时之后车站将发生爆炸，铁道公司随即封锁了整个车站，并向警方报警。警方出动了爆破小组进行了长时间搜寻，但并没有发现爆炸物。而这一场骚乱导致 8000 余名乘客受到影响。另外大阪府的一家高级百货店

“松坂屋”也接到了爆炸威胁电话。百货公司立即停止营业，并对所有顾客和工作人员实施了清场避难，百货店因此关闭了一个半小时。此外，11 月 5 日上午，广岛市的一家轮船公司也接到匿名男子威胁电话，称前往世界文化遗产地严岛神社所在的宫岛的轮渡船上被安装了定时炸弹，将在一个小时之后爆炸，为此轮船公司停止了航行。据了解，为特朗普首次到访，日本东京警方特别提高首都地区安保级别，除调动多达 2.1 万警力布防，更是实施封路以及撤去垃圾箱等措施。这次特朗普访日的安保规格，是自 2001 年美国“9·11”恐袭以来最高，动员人数比 2014 年奥巴马访日时还要多 5000 人。目前东京还没有发生类似的电话爆炸恐吓案。①

三、东京持刀砍人事件 1 名妇女不幸重伤身亡、3 人受伤

8 月 7 日，有人在东京江东区持刀伤人。据 NHK 电视台报道，受害者为两男两女，他们全部倒在血泊中昏迷不醒。警方接到报警后在一座寺庙附近找到他们，其中一名妇女因伤势过重死亡。警方在作案现场发现被遗弃的日本刀剑。

第三节　东亚地区主要反恐怖军事行动

一、韩国将实施反恐计划，防止涉恐航空旅客入境

1 月 18 日，据韩媒报道，韩国政府审议通过 2017 年度国家反恐活动推进计划，决定 4 月起全面实施航空旅客预先确认制度，防止涉恐危险人员入境。韩国今年反恐工作的重点是抢先预防、快速全力应急、增强反恐力量。据悉，韩国将建立专门的信息系统，让所有反恐机构共享反恐情报并在紧急时刻迅速对外发布信息。此外，由枪支、爆炸物、核生化等 6 个领域专家组成的国家反恐检查小组将全面投入运作，查漏补缺防患未然。韩国还将加大 5 月主办的 U20 世界杯和明年平昌冬奥期间的反恐维稳力

---

① 参见《特朗普到访之际 日本多地接爆炸威胁电话被迫关闭》，海外网，2017 年 11 月 07 日。

度。另有铁路、地铁、民航等 3148 个交通工具和剧场、站点等 1431 栋公共建筑将被列入反恐管控范围。

二、日俄防长举行会谈，就反恐防务等展开合作

3 月 20 日，据外媒报道，俄罗斯国防部长绍伊古与日本防卫大臣稻田朋美在东京举行会谈。绍伊古确认了俄日关系的进展，并指出两国间防务联系的加强不应落后于政治联系的发展。据报道，绍伊古在同稻田朋美会晤时称："尽管有一定的困难，但我们两国之间的合作在持续发展。"他称："2016 年双边关系明显活跃。"绍伊古提到 2016 年底俄总统普京对日本进行了正式访问。他表示："根据十二月份峰会上有关加强在政治安全领域关系的决定，今天我们恢复了 2 +2 模式磋商。重要的是不使防务联系的加强落后于政治联系的发展"。绍伊古称，将同日防相讨论双边军事合作前景和应对国际恐怖主义的方法。他在会谈中称："会谈日程中包括了从双边军事合作前景到评估世界各危机地区局势的广泛问题。"绍伊古强调称："俄日有着共同的安全威胁，可以共同对其加以成功抵御。"他称，俄日合作"服务于加强安全领域信任和保障地区稳定"。稻田朋美则表示，她认为定于 20 日在东京举行的俄日两国外长与防长"2 +2"磋商是重要的事件。稻田在与绍伊古的会谈中称："为采取措施调解安全问题，各国之间必须合作。我认为，在这种形势下举行四年以来的首次部长级'2 +2'磋商具有重要意义"。据了解，此前有消息指出，日方正准备在与俄罗斯外长谢尔盖·拉夫罗夫的会谈上提出对俄罗斯在择捉岛部署导弹系统的关切。消息人士指出，日本外相岸田文雄将向俄外长提出对俄罗斯在千岛海脊地区军事行动的关切，日本认为这一地区是日本的"北方领土"。俄罗斯此前在择捉岛和国后岛部署"巴尔"和"堡垒"反舰导弹系统。①

三、防范恐袭，日本东京警视厅开展巴士反劫持演练

4 月 20 日，鉴于瑞典首都斯德哥尔摩发生了卡车冲撞行人导致 4 人死

① 参见《日俄防长举行会谈 确认将就反恐防务等展开合作》，中国新闻网，2017 年 03 月 20 日。

亡的事件等，使用大型车辆实施的恐怖袭击在海外接连出现，东京警视厅公安部在东京都内开展了设想巴士遭劫持的反恐演练。演练在大田区平和岛五丁目的观光巴士运营公司“哈多巴士”总部停车场内展开，警察及该公司员工等约 50 人参加。当混在乘客中的“恐怖分子”要求改变行车路线后，司机和巴士导游对按下紧急按钮报警的步骤等进行了确认。演练结束后，拍摄公安部反恐宣传海报的女演员樱庭奈奈美表示：“希望大家都提供合作，让巴士乘客免被卷入恐怖袭击。”警视厅正在面向 2020 年东京奥运会和残奥会推进反恐对策，包括对人群聚集但警力较为薄弱的“软目标”加强警戒等。

四、日本警察厅为奥运反恐成立“安全情报中心”

7 月 24 日，日本警察厅成立了“安全情报中心”，专门针对以东京奥运会和残奥会为目标的恐怖袭击和网络攻击等行动收集情报，分析其危险性。该中心将运营至奥运会结束，并将与国内外的情报机构等展开合作。据日本警察厅透露，中心将收集和分析的情报主要涉及以下 6 个方面：国际恐怖袭击相关情报；国内公安相关情报；网络空间的威胁；有组织犯罪相关情报；其他的国内犯罪；大规模灾害、其他严重影响奥运会举办及运营的可能性。报道称，除了警察、外务省和防卫省外，中心将通过主管省厅收集交通、电力等民间的基础设施相关公司提供的情报，分析内容后将结果共享给各相关机构。警察厅同日还召开了“2020 年东京奥运会和残奥会对策推进室”的第一次会议，该推进室的主要职责是为筹备大赛，探讨交通对策及会场警备等警察部门的课题。警察厅长官坂口正芳表示：“毫不夸张地说，奥运会成功与否取决于将恐怖活动防患于未然和确保运输的通畅。希望通过软目标对策等促进社会整体的反恐强韧性。”

五、日本警方实施反恐演习积极准备东京奥运安保

7 月 31 日，日本神奈川县警方在 2019 年橄榄球世界杯及 2020 年东京奥运神奈川会场和横滨市内，举行了反恐演习。日本国家公安委员长松本纯当天观摩了演习。松本乘坐直升机视察了橄榄球世界杯总决赛的举办地、日产体育场、东京奥运会棒球和垒球比赛的举办地横滨体育场、以及

江之岛的帆船比赛场馆。此次反恐演习约有 40 人参加，假定在横滨市西区的“太平洋横滨”召开国际会议时发现有可疑车辆出现。专门处理枪械的分队压制了躲在车内用枪乱射的恐怖分子，可疑物由处理爆炸品的小组拆卸带走。松本在视察后表示，警员在执行任务时都非常精力集中，期待暴恐应对能力和警备能力更上一层楼。

六、韩国举行平昌冬奥反恐演习

12 月 12 日下午，韩国政府在江原道平昌冬奥会广场举行国家反恐综合演习。演习旨在全面检验奥运期间可能发生的恐怖袭击综合对策，国务总理李洛渊到场参观。韩国国务调整室反恐中心、国家情报院、国防部、警察厅、消防厅、环境部、保健福利部、江原道等 8 个机关的 420 余人参加演习，进行处理爆炸物、镇压恐怖分子等全程反恐训练。李洛渊表示，当天的反恐演习“堪称完美”，表明韩国具备应对任何突发事件的能力，能让来韩参加奥运会的各国运动员和观众感到安全和放心。李洛渊在演习结束后还出席平昌冬奥会反恐安全对策本部的揭牌仪式。平昌冬奥会反恐安全对策本部主要负责应对恐怖威胁，并同有关机构密切配合制订赛场及设施的安全对策和紧急避难计划。媒体此前报道，韩国国防部长官宋永武 12 日下午访问位于江原道平昌的 2018 平昌冬奥会暨冬季残奥会支援部队现场统一指挥所。他表示，军方将集中全部力量，为和平安全奥运保驾护航。军方表示，平昌冬奥会期间将构建国防部与陆海空军总部、第一野战军司令部与现场指挥所间密切配合和支援的体系，在圣火传递、警戒、医疗支援、反恐、比赛支援等各方面提供约 6000 名警力支持。

七、其他反恐怖军事行动

2 月 3 日，由于美国总统特朗普此前签署命令，禁止包括伊拉克、伊朗、叙利亚在内的七国公民入境，目前日本航空公司已经先后两次拒绝相关国家旅客搭乘赴美航班。

2 月 3 日，日本首相安倍晋三在召开的众议院预算委员会上表示，日本即将迎来东京 2020 年奥运会、残奥会以及 2019 年的日本橄榄球世界杯这三大盛会，目前如若在反恐安保上存在疏漏，应当及时做出改善。同时，安倍还再次强调，有必要推进以创立“准备实施恐怖活动罪”为核心的《有组织犯罪处罚修正案》。报道称，安倍表示，曾针对参与谋划重大犯罪事件者而制定的“共谋罪”引起了日本国民的不安情绪。此次修正案中将要设立的罪名与之前截然不同。此外，安倍还称，消除国民的不安情绪是其作为行政领导者的义务。安倍认为，该修正案有必要加入在国际反恐合作方面做出规定的《联合国打击跨国有组织犯罪条约》。他表示，早在民主党当权的时代就有关于加入该条约必要性的争论，但最终却没能缔结成功。

2 月 10 日，日本首相安倍晋三在与美国总统特朗普的联合记者会上表示，日美双方就在打击恐怖主义方面加强合作达成共识。不过，关于禁止 7 个伊斯兰国家公民入境的“特朗普禁令”，安倍则是避免评论。报道指出，记者会伊始，安倍首先表示“由衷祝贺特朗普就任总统”，并引用特朗普在大选中的口号，称“美国成为伟大的国家对日本而言非常有益”。此后，安倍就特朗普政府提出加强打击极端组织一事表示，日美在加强合作打击恐怖主义这一问题上达成共识，并称日本发挥着自身的作用。

2 月 18 日，韩国外交部以发言人的名义发表评论，强烈谴责日前发生在伊拉克首都巴格达的恐怖袭击事件。当地时间 16 日，伊拉克首都巴格达的二手车交易市场上发生汽车炸弹爆炸袭击，造成至少 47 人死亡，60 余人受伤。韩方评论称，韩方向遇难者表示深切哀悼，向遇难者家属、伊拉克人民及政府致以诚挚慰问。评论强调，任何理由都不能为恐怖袭击行径开脱，韩方将继续同国际社会一道打击恐怖袭击活动。

2 月 21 日，日本政府决定向致力于帮助在叙利亚等的难民就业的联合国机构“国际贸易中心”项目出资 79.4 万美元。日本提供资金的对象是为叙利亚、约旦、苏丹、突尼斯等的难民提供职业培训和扩大就业机会等的四个项目。报道称，由于加入恐怖组织的难民和年轻人很多是失业者，此举意在通过增加工作机会来助力反恐。

2 月 23 日，关于日本海上自卫队与俄罗斯海军的共同训练，日本已开始探讨强化针对恐怖袭击及海盗对策的领域，并力争在 3 月举行的日俄外长防长磋商（2 +2 磋商）中达成协议。报道称，由于美国总统特朗普与日本首相安倍晋三会谈时对日俄间推进北方四岛领土问题谈判表示了理解，日本今后将扩大与俄罗斯的安全合作。

3 月 3 日，据日本媒体报道，日本政府将于 4 日至 5 日在东京秋叶原举行活动，旨在发掘并培养那些精通计算机、能抵御黑客攻击保护信息系统安全的“正义黑客”人才。

3 月 8 日，日本政府决定向联合国毒品和犯罪问题办公室，总部位于维也纳的反恐工作等提供总额约 2280 万美元资金，7 日举行了签字仪式。UNODC 正在推进向亚洲的机场管理部门提供国际刑警组织所掌握的涉恐嫌疑人信息，努力加大边境查处力度。

3 月 10 日，日本首相安倍晋三说，日本在南苏丹开展联合国维和行动的陆上自卫队 5 月底将结束任务。共同社援引安倍当天傍晚对媒体的话报道：“南苏丹已进入国家建设新阶段，我们决定结束陆上自卫队在朱巴的任务。”

3 月 13 日，12 日开始对日本进行访问的沙特阿拉伯国王萨勒曼，13 日在位于东京港区的国宾馆会见了日本外相岸田文雄。两国首脑还将就如何应对极端组织“伊斯兰国”等旨在实现中东地区稳定的方策等进行对话。

3 月 21 日，日本外相岸田文雄在的内阁会议上报告了汇总日本政府开发援助（ODA）实施情况和方针的外务省 2016 年版《开发合作白皮书》。报道称，去年 7 月的孟加拉国恐怖事件使得在该国参与 ODA 项目的日本人被杀害，鉴于此类情况，白皮书表明了积极支持发展中国家反恐的姿态。对于世界各地恐怖事件频发的情况，白皮书强调有必要与七国集团（G7）合作、支持发展中国家提高治安能力。作为使用 ODA 制度的具体措施，列举了生物识别认证、爆炸物探测方面的技术合作及对治安部门人员的培训。此外，白皮书还明确写到通过 ODA 向东南亚国家提供巡逻船、帮助提高海上警备能力，同时写入了推进“高质量基础设施建设”。

3 月 22 日，韩国外交部将主管驻韩美军事务的组织升级，从“组”扩编为“课”。韩国外交部 22 日消息称，外交部北美局下属“SOFA 运营组”最近升级为“韩美地位协定课”，新增一人。以加强应对恐怖袭击，保护在外公民，并新设负责履行联合国安理会对朝决议的专项工作组。

3 月 22 日，日本政府在内阁会议上敲定了修改“同谋罪”构成要件、并设立“恐怖活动等预谋罪”的法案。日本政府过去曾三次制定有关“同谋罪”构成要件的法案，但最终都未能成立。据报道，日本政府认为，为了事先防范恐怖活动等有组织犯罪，需要完善法律制度，以便在符合一定条件的情况下，即便案犯尚未实施犯罪活动，也可以对其依法惩处。

3 月 23 日，韩国外交部一位负责人表示，驻英大使馆获悉 5 名韩国公民在伦敦恐袭中受伤后，立即派遣领事部负责人赴韩国公民接受治疗的 2 所医院，并在提供必要的领事服务。该负责人表示，韩国外交部及驻英使馆第一时间启动应急机制，了解核实韩国公民的伤亡情况，向访英韩国公民发送安全提示短信。

3 月 30 日，韩国法务部表示，从 4 月 1 日起全面施行“乘机旅客预检制度”。按此，恐怖分子等外国犯罪嫌疑人将被禁止乘坐飞往韩国的航班。

3 月 31 日，美国前朝鲜半岛问题首席谈判代表格鲁奇当地时间 3 月 29 日在参议院外交关系委员会的听证会上提议，为防止可转用于核武器的钚落入恐怖分子手中，应与日本谈判“要求停止对钚进行再处理和提取”。

4 月 5 日，日本原子能规制委员会召开例会，正式批准了运转中的九州电力川内核电站 1、2 号机组的反恐对策设施的设置计划。报道称，围绕川内 2 座机组的反恐对策设施，日本原子能规制委员会今年 3 月通过了事实上相当于审查合格证的“审查草案”，结束了听取经济产业相等意见的程序。

4 月 5 日，朝鲜劳动党中央机关报《劳动新闻》报道称，朝鲜领导人就圣彼得堡恐怖袭击向俄罗斯总统弗拉基米尔·普京致慰问信。

4 月 6 日，日本国会众议院本月召开全体会议，开始对修改“同谋罪”的构成要件、新设“恐怖活动等预谋罪”的法案进行审议，这一法案的审议是本届国会后半会期的焦点问题。在审议中，日本民进党提出质疑称，该法案会使日本成为一个“处于监控之下的社会”。对此，首相安倍晋三反驳称，法案并不是为了监视国民，处罚对象也仅限于有组织的犯罪集团。安倍强调，为了防止重大犯罪活动，有必要通过这一法案。据悉，该法案规定，如果恐怖主义组织、黑社会等有组织的犯罪集团策划重大犯罪活动，且其中的成员开始为之准备，那么参与策划的所有人员都将成为处罚对象。

4 月 9 日，朝鲜内阁总理朴奉珠就在瑞典斯德哥尔摩发生恐怖袭击事件造成人员伤亡，向瑞典首相斯特凡·勒文致慰问电。朴奉珠在电文中表示，朝鲜人民同瑞典人民分担悲痛的哀伤，并重申朝鲜政府反对一切形式恐怖主义的一贯立场。

4 月 10 日，韩国外交部发言人发表评论，强烈谴责 9 日发生在埃及首都开罗的恐怖袭击事件。据报道，韩方向遇难者表示深切哀悼，向遇难者家属、埃及人民和政府致以诚挚慰问。发言人称，这类恐怖行径用任何理由都无法开脱，必须予以彻底根除，韩方将继续参与国际社会反恐行动。

4 月 10 日，应美国政府的要求，日本首相安倍晋三与美国总统特朗普举行了大约 45 分钟的电话会谈。据报道，在通话中，安倍就美军对叙利亚阿萨德政权采取的军事行动表示："我国对为了阻止化学武器的扩散和使用而希望尽到职责的美国的决心表示支持。"安倍还表示："特朗普总统在维护盟国和世界的和平与安全方面做出了坚定承诺，我们对此予以高度评价。我们希望继续保持紧密合作。"

4 月 10 日，日本外务大臣岸田文雄本月 9 日从羽田机场启程，前往意大利参加七国集团（G7）外长会议。10 日，他与美国国务卿蒂勒森举行日美外长会谈，就当前的叙利亚问题等交换意见。

4 月 10 日，朝鲜最高人民会议常任委员会委员长金永南就埃及遭遇恐怖爆炸袭击造成严重人员伤亡，向埃及总统塞西致慰问电。据报道，金永南向总统塞西、埃及政府和人民以及遇难者家属致以诚挚的慰问，并对为反对恐怖主义而斗争的埃及政府和人民表示声援。金永南对此次恐怖袭击事件表示强烈谴责，说这是企图妨碍埃及政府和人民建设稳定社会的势力所进行的"卑鄙活动"。

4 月 19 日，日本众议院法务委员会对修改"共谋罪"的构成要件、新设"恐怖活动等预谋罪"的法案进行实质性审议。安倍还表示："通过恐怖活动等预谋罪处罚法案，尽早签署条约意义重大。"

4 月 26 日，日本东京警视厅与东日本铁路公司（JR 东日本）和东京 Metro 公司等携手，在位于东京都足立区的北千住站实施了应对假想以乘客为目标的恐怖袭击的演练。当天，千住警署人员等约 50 人参加，确认了从恐袭发生到抓获犯人的步骤。

5 月 12 日，七国集团（G7）财长和央行行长会议将在意大利南部城市巴里开幕。各国将就应对催生保护主义和反全球化潮流的贫富差距的扩大、切断恐怖活动资金来源及防止国际逃税等展开磋商。

5 月 25 日，日本首相安倍晋三将出席本月 26、27 日在意大利南部西西里岛陶尔米纳举行的日美欧七国集团（G7）首脑会议，25 日搭乘日本政府专机从东京羽田机场出发。打击极端组织"伊斯兰国"等的反恐对策、全球经济成为主要课题。

6 月 1 日，韩国外交部发言人赵俊赫发表评论，强烈谴责阿富汗首都喀布尔前一日发生的恐怖袭击事件，强调任何理由也无法为攻击平民的行为开脱罪责。赵俊赫在评论中向恐袭导致多人遇难表示震惊和忧虑，并向遇难者家属及阿富汗人民致以深切慰问。评论指出，为帮助阿富汗消除恐怖组织实现和平，韩国将与国际社会一道继续致力于恢复阿富汗地区的稳定与重建工作。

6 月 5 日，围绕近日在伦敦桥发生的恐袭事件，日本首相安倍晋三在国会众议院决算行政监视委员会上说，“我向遇难市民表达衷心哀悼，向负伤市民和所有相关人员表示慰问。这是在平静的周末，对无辜市民进行的攻击。我感到强烈愤慨”。安倍还说，“我们将与恐怖主义进行坚决战斗。在陶尔米纳七国集团（G7）峰会上，我刚刚与特蕾莎·梅等各国领导人表达了反恐的坚定决心。我们将与国际社会合作，坚决反恐”。

6 月 5 日，韩国总统文在寅在社交媒体脸书上发帖哀悼伦敦恐袭遇难者，向遇难者家属表示深切慰问。文在寅写道，此次恐怖袭击是针对无辜的平民及儿童的犯罪行径，任何理由都无法为袭击平民开脱罪责，他和韩国人民为这一反人类罪行深感愤怒。文在寅还称，“我们终将克服没有人性的攻击和痛心疾首的祸难，紧密团结在一起，不失去对人性的信仰”。

6 月 13 日，韩国著名高校延世大学的一名教授在办公室被一个包裹炸伤。韩国军方派出拆弹小组，警方封锁教学楼，怀疑这是一起恐怖袭击。首尔警方说，当天上午 8 时 41 分左右，延世大学建筑系教授金某的办公室发生爆炸，金某颈部、胸部和双手轻度烧伤，在附近一家医院接受治疗。由于存在恐怖袭击的可能性，警方出动全副武装的特攻队、炸弹处理小组和刑事技术人员，一支军方拆弹小分队也被派到现场。70 多名警员在现场巡逻勘查，查找爆炸具体原因，分析爆炸装置。

6 月 15 日，日本参院全体会议以自民、公明两党等赞成票居多，通过了修改后的《有组织犯罪处罚法》，使其正式成为法律。该法新设了加入在计划犯罪阶段实施处罚的“合谋罪”主旨的“恐怖活动等准备罪”。

6 月 19 日，日本爱媛县警方和松山海上保安部在四国电力公司伊方核电站（该县伊方町）实施反恐联合训练，设想应对装有爆炸物的小型无人机从近海飞至该核电站 3 号机组周边并入侵的情况。

6 月 29 日，鉴于美国特朗普政府要求对直飞美国的航班加强登机前安检，日本各航空公司着手探讨加大安检力度等措施。

7 月 10 日，日本首相安倍晋三在瑞典首都斯德哥尔摩与该国首相勒文举行会谈，鉴于 4 月在斯德哥尔摩闹市区发生了卡车冲撞人群的恐怖袭击事件，双方就合作加强反恐达成了一致。在会谈后的联合记者会上，安倍表示“坚决谴责卑劣的恐怖主义行径”。

7 月 12 日，据日媒报道，加入对犯罪从计划阶段实施处罚的“合谋罪”主旨的日本新《有组织犯罪处罚法》本月 11 日起施行。对此，日本政府当天向联合国提交促进各国侦查合作的《联合国打击跨国有组织犯罪公约》（TOC 公约）的批准书，正式完成了公约缔结程序。日本成为第 188 个缔约国。

7 月 13 日，为防止恐怖分子利用放射性物质发动袭击，日本原子能研究开发机构正在开发可在机场行李检查中发现核物质的仪器以及通过登记核物质的形状和特征防止其非法扩散的技术。报道称，为迎接 2020 年东京奥运会和残奥会，日本防范核恐袭威胁的必要性与日俱增，该国原子能机构表示“希望提高对核恐袭的遏制效果”。

8 月 3 日，日本东京警视厅设想武装恐怖分子闯入东京都港区的美军设施“新山王美军中心”，展开了反恐演练。据悉，该中心是美军相关人士的宿舍和疗养所，又被称为“新山王宾馆”，平时严格限制非相关人员入内。在该处开展反恐演练尚属首次。

8 月 18 日，韩国政府以外交部发言人赵俊赫的名义发表声明，强烈谴责 17 日在西班牙巴塞罗那发生的恐怖袭击事件，并承诺韩方将参与国际社会的反恐行动。声明指出，在巴塞罗那市中心发生的此次恐袭事件造成大量无辜平民伤亡，韩国政府对此感到无比震惊与愤怒，并强烈谴责此次恐袭行为。声明对遇难者示深切哀悼，对遇难者遗属和西班牙人民致以诚挚慰问。声明表示，任何理由都无法为这类恐怖行径开脱，这是必须彻底根除的反文明、反人类行为。韩方支持西班牙政府的反恐努力，并将继续参与国际社会的反恐行动。

8 月 31 日，日本首相安倍晋三与到访的英国首相特雷莎・梅在东京元赤坂的迎宾馆进行了约 1 小时的会谈。双方还发表了显示经济领域和安保领域战略合作方向的联合宣言。随着英国脱欧，两国打算加速推进旨在签订双边自由贸易协定（FTA）的准备工作。今后将把重心放在加强印度洋和太平洋地区的安保合作上。

9 月 5 日，韩国国务总理室反恐中心在首尔中央政府办公大楼召开恐怖袭击对策工作委员会会议，并决定维持“注意”水平的第二级反恐预警，以应对全球恐怖袭击频发的严峻安全形势。当天韩国国家安保室、国家情报院、国防部、警察厅等 11 个相关部门人员出席会议，评估是否需要调整恐怖预警级别，讨论如何避免欧洲汽车撞人恐袭事件在韩国重演。韩国在 2015 年巴黎恐袭事件发生后将反恐预警级别从“关心”上调至“注意”，之后定期及随时召开评估会议。

9 月 7 日，日本国土交通省已开始讨论，针对所有造访机场航站楼的人员，实施爆炸物检测。此举是面向 2020 年东京奥运会、残奥会，强化防恐对策的一环。

9 月 7 日，日本与印度媒体披露，刚刚结束与中国洞朗对峙的印度正谋求与日本更加紧密的军事合作。印度和日本计划明年举行首次联合反恐演习。这是行将被取代的印度防长贾伊特利 5 日访问日本时确认的。《日本时报》称，日本防卫相小野寺五典和贾伊特利重申，在东海、南海和印度洋确保“航行自由”的重要性。

9 月 9 日，“2017 年首尔防务对话会”上，来自法国、马来西亚、韩国、新西兰等国的专家围绕“新恐怖主义形势与全球反恐协作”这一议题展开讨论。

9 月 12 日，日本外相河野太郎在访问埃及与该国总统塞西举行会谈。考虑到处于停滞状态的中东和平谈判，河野称“为实现地区的和平与稳定，日本将做出积极贡献”，表达愿与埃及合作力争重启谈判。

10 月 8 日，朝鲜代表在第 72 届联大第六委员会会议上阐明了朝鲜政府对恐怖主义的原则立场。朝鲜代表指出，国际恐怖行为至今仍未根除，很大程度上与特定国家将反恐问题恶意用于自私的政治目的、严重破坏世界和平与安全有关。美国根据需要像变色龙一样轮流打着“反恐”和“不扩散”的招牌，用武力逐一进攻和颠覆了阿富汗、伊拉克和利比亚的合法政府。美国这样一个国家继续在所谓“反恐”的旗号下，目前向叙利亚内战伸出侵略的黑手，意图推翻合法的叙利亚政府。美国的“反恐战”本质上是以更替美国看不顺眼的国家政权为目的的国家恐怖行为，是给人类带来灾难和不幸的新的变种的侵略战争活动。

10 月 17 日，韩国政府以外交部发言人的名义发表评论，对日前发生在索马里首都摩加迪沙市中心的炸弹袭击事件表示强烈谴责。韩国政府在评论中对此次恐怖袭击事件的遇难者表示深切哀悼，向遇难者遗属表示诚挚的慰问。评论指出，韩国政府坚持“任何理由都无法为这类恐怖行径开脱”的一贯坚定立场，今后将继续参与国际社会反恐行动。

11 月 22 日，一个模拟在日本遭受他国攻击的情况下保护民众的训练在该国长崎县云仙市举行，这是日本首次举行这种训练。日本长崎县地方政府、自卫队等有关人员就遭受导弹袭击时采取的措施进行了演习。据报道，这一训练在云仙市多比良港的一个填海造地的区域举行。训练模拟了遭受周边国家的导弹袭击的情况，日本中央政府、地方政府、自卫队的有关人员以及当地民众等约 230 人参加了训练。

11 月 29 日，韩国外交部表示，外交部国际机构局长李长根同中国外交部涉外安全事务司司长刘光源将于 30 日在北京共同主持韩中第八次反恐磋商。双方将就当前国际及地区反恐形势、防控暴力极端主义、信息恐怖主义等两国反恐合作交换意见。鉴于韩中两国将于明年和 2020 年相继举办平昌和北京冬奥会，韩国有意讨论冬奥反恐方案。

12 月 4 日，日本政府将在下一年度引进一种探测器，能够在发生有毒气体时，在远离发生源的场所确定有毒物质。据悉，日本国内引进这种装备尚属首次。引进这种探测器的另一个目的是在 2020 年东京奥运会期间，做好应对使用化学武器的恐怖事件。

12 月 8 日 ，近日，日本政府制订了有关 2020 年东京奥运会的《恐怖事件对策推进纲要》。其主要内容是，明年夏天将成立“国际恐怖事件对策等信息共享中心”（暂定名），日本外务省及警察厅等 11 个政府有关部门将共享国际恐怖事件信息，并与政府部门汇总的信息进行比对与分析。为防止针对不特定多数人聚集场所进行的恐怖事件，还制定了扩大官民协作的内容。

12 月 8 日，韩国防卫事业厅表示，将于当天下午开会全面启动研发探查、排除爆炸物的反恐防暴机器人。韩国防卫厅表示，开发工作首先从探索研发开始，包括武器系统的危险分析、模拟试验、模型制作等，探索研发成功后，正式进入体系开发。反恐机器人平时在爆炸物危险地区执行探查、排除爆炸物等反恐工作，战时执行排除障碍物、开拓非军事区（DMZ）通道等任务。该机器人开发成功后，可以接手军人所需执行的多数危险任务。防卫厅已选定机器人项目开发商，并于 11 月 29 日签署了规模为 76 亿韩元（约合人民币 4597 万元）的合同。随着反恐防暴机器人的研发启动，探测地下设施的探地雷达等核心技术也将正式投入研发。防卫厅方面称，通过开发反恐机器人等新技术，不仅可提高部队战斗力，也顺应了第四次工业革命浪潮。

12 月 10 日，日本政府相关人士透露了政府瞄准 2020 年东京奥运会和残奥会制定的《反恐对策推进纲要》的主要内容。其核心是创设跨部门组织“国际反恐对策等情报共享中心”，收集并分析外务、财务两省和警察厅等的恐怖活动相关情报。此举旨在使恐怖活动情报专家即时共享情报，以便迅速应对。

2 月 13 日，日本政府计划在国内首次引入一款探测仪，最远可在 5 千米外确定沙林、VX 等有毒气体。这是瞄准 2020 年东京奥运会和残奥会的反恐措施的一部分。

12 月 19 日，据“中央社”报道，美国联邦调查局 30 多名反恐特工明年 1 月将前往韩国。此行被认为与平昌冬季奥运会期间保护美国参赛选手安全有关。联邦调查局主要负责处理美国国内恐怖袭击、间谍活动、网络犯罪和黑帮暴力犯罪等问题，当联邦调查局判断有美国公民参加的国际活动和赛事可能受到恐怖系威胁时，也会派遣特工前往保护。韩国政府官员大多认为，联邦调查局特工赴韩的主要任务是保护美国运动员，并不是与韩国合作反恐活动。

12 月 24 日，近来备受关注的“人脸识别”系统将被引入 2020 年日本东京奥运会和残奥会。消息人士称，奥运会和残奥会期间将导入“人脸识别”系统，即运动员及奥运等相关人员进入赛场时，自动比对事先登录在 ID 卡上的照片和入场者本人是否一致。此举旨在迅速确认身份以实现顺畅运营，同时确保坚实的安全措施。这将是奥运会首次在比对 ID 卡时导入人脸识别。东京奥运的国际关注度高，也被担忧或发生恐怖袭击，必须防止源于 ID 卡借用、失窃和伪造的非法入场。另一方面，包括媒体等在内的奥运会和残奥会相关人员总计有 30 万至 40 万人，因此要求能让人员迅速入场，防止在赛场周围滞留。

12 月 26 日，韩国移民局证实，为确保明年 2 月举行的平昌冬季奥林匹克运动会安全，韩方驱逐了 17 名涉嫌恐怖主义的外籍人士。《韩国时报》26 日以韩国移民局官员为消息源报道，17 名遭驱逐外国人来自 5 个国家和地区，包括东南亚和中亚国家。

第十五章 ／2017年西非地区反恐怖军事行动*

第一节　西非地区反恐怖军事行动综述

2017 年，西非地区依旧遭受恐怖袭击的肆虐。极端恐怖组织“博科圣地”已在西非地区占据了自己的领地，今年制造了数十起骇人听闻的恐怖袭击，给西非各国人民造成了恐慌，反恐形势十分严峻。为了应对“博科圣地”及各种极端宗教极端组织的恐怖袭击，西非各国纷纷加大本国及联合反恐力度，持续加大对“博科圣地”的清剿活动，同时增强了反恐防御措施。西非地区的反恐道路，较之 2016 年，依然十分坎坷。

一、西非地区面临的恐怖形势

近年来，“博科圣地”的发展，掺杂在各国政治博弈、宗教文化斗争、社会矛盾等因素之中，变得日益凶残和野蛮，“博科圣地”前有“基地”组织的资助和利用，后有“伊斯兰国”的示范和影响，如同毒瘤般继续滋长繁衍，对尼日利亚、尼日尔、乍得和喀麦隆等国的经济和政治造成恶劣影响。另外，以“基地”组织北非分支为首的极端宗教组织为首，对联合国维和部队制造了多起恐怖袭击，使联合国维和部队付出了惨痛代价。

---

* 西非地区包括的国家有：塞内加尔、西撒哈拉、毛里塔尼亚、加蓬、刚果、刚果（金）、扎伊尔、冈比亚、马里、布基纳法索、几内亚、几内亚比绍、佛得角、塞拉利昂、利比里亚、科特迪瓦、加纳、多哥、贝宁、尼日尔、尼日利亚。

（一）“博科圣地”增大“人体炸弹”袭击次数，继续肆虐尼日利亚、尼日尔等国

2017 年以来，极端组织“博科圣地”所实施的爆炸袭击事件占据较大比重。据统计，约有超过 1 万名妇女和女童被极端组织“博科圣地”绑架，其中几乎所有人都遭强暴，很多被迫嫁给“博科圣地”武装分子，一部分被逼迫成为“人肉炸弹”，变成极端组织实施恐怖袭击的牺牲品。2017 年上半年就发生 83 起儿童“人体炸弹”事件，是 2016 年全年总和的 4 倍，这 83 起炸弹事件中，有 55 起所用的孩子是 15 岁以下的女童，其中一起尤为残忍，竟将炸弹绑在了女童抱着的一名婴儿身上。尼日利亚和尼日尔作为“博科圣地”重点“关注”对象，仅 3 月和 8 月份两个月就发生多起连环爆炸恐怖事件。大多数袭击事件都是以“人体炸弹”作为袭击手段，其中，1 月份发生在尼日利亚的一所大学遭炸弹袭击造成死伤 20 人，6 月份发生在尼日尔一村镇的自杀式爆炸袭击造成死伤 27 人，9 月份发生在尼日利亚孔杜加地区的自杀式爆炸袭击造成死亡 15 人。11 月份发生在尼日利亚东北部博尔诺州首府迈杜古里一起自杀式炸弹袭击造成 22 人死亡，当月，在一名身绑炸弹的小男孩，混入距离喀麦隆边境约 10 千米的小镇穆比的一座清真寺，在祈祷时引爆炸弹，造成至少 50 人死亡。12 月，尼日利亚东北部博尔诺州比乌镇的一个市场当天发生两起自杀式爆炸袭击，造成 13 人死亡、53 人受伤。种种迹象表明，自杀式的恐怖袭击作为最隐蔽、最难分辨、影响最恶劣而又最残忍的施恐手段，已经被极端组织“博科圣地”运用的淋漓尽致，这种恐怖袭击让西非各国深受其害，如何防范自杀式的恐袭也是西非国家必须加强研究防范的问题。

（二）马里国内恐怖活动猖獗，联合国马里多层面综合稳定特派团屡遭恐袭

2012 年，马里发生军事政变，马里政府与北部地区部分武装组织连年冲突不断，虽然有联合国马里稳定团维和人员的支援协助，但难见成效。近年来，马里各地都遭受恐怖组织的威胁，袭击方式也更加多样，由最初的游击骚扰、路边炸弹，逐渐演变成自杀袭击、炮弹攻击，马里军方及马里稳定团损失惨重。今年 1 月，马里北部一座兵营遭遇自杀炸弹袭击，造成 70 多人死亡、120 多人受伤。此次事件与 2015 年马里丽笙蓝标酒店恐袭事件（3 名中国公民遇难）都是由恐怖组织“基地”组织北非分支机构策划实施。而另一边，参与马里稳定团的联合国部队每时每刻也都遭受着恐袭的威胁，袭击者采取化装袭击、远程炮弹游动打击的方式，使马里稳定团受到重创。2017 年 5 月，马里中部的通布图市的两处稳定团营地都遭到炮弹袭击，共造成 1 名维和人员死亡、16 人受伤。11 月 24 日，联合国驻马里维和部队一天两次遭袭击，导致 5 人死亡、21 人受伤。恐怖分子这种远程消耗不断袭扰的方式，让人防不胜防，造成极大的威胁和损失。

（三）在恐怖阴影的笼罩之下，袭击事件频发，威胁民众正常生活

2017 年，恐怖组织对普通民众的袭击依旧持续，由于非洲地区国家的极度贫困、教育落后、宗教矛盾、政府腐败等存在的问题，导致反恐战斗难言胜利。而最终受到伤害的依旧是普通民众，部分国家和地区的袭击事件多发，以至民众生活在水深火热之中，他们宁愿流离失所充当难民，也不愿重返家乡遭受频发的恐怖袭击。据联合国统计，西非国家尼日利亚人道主义危机的受害者达到 700 万人，有 500 万人生活在饥饿中，有近 250 万人流离失所，被迫在难民营或邻国寻求庇护，有约 15 万人遭谋杀，仅博尔诺州就有至少 2000 人死于饥饿。另外，尼日尔、布基纳法索等国，2017 年间国内相继遭受恐怖分子袭击，造成数十人死亡。尤其是 2017 年 8 月，发生在布基纳法索首都瓦加杜古的土耳其餐厅袭击事件，17 人被射杀，8 人受伤，遇难者有土耳其、法国、科威特、加拿大、塞内加尔、黎巴嫩等国游客，造成较大国际影响。

二、西非国家的反恐怖军事对策

恐怖主义给西非各国带来了严重危害，恐怖活动破坏非洲发展经济的努力，特别是破坏了引进外国资本、技术和经验所需的和平环境，扰乱了经济社会发展进程。尽管从目前情况看，在非洲彻底消灭恐怖主义并不乐观，甚至在未来的某一段时间内，非洲反恐形势还可能进一步恶化，但“危险”的另一面也是“机遇”，非洲急剧动荡的局势正逐渐引起世界关注。只要国际社会和非洲各国投入更多的关注、资源和智慧，正义总能战胜邪恶，人类一定能够根治非洲恐怖主义的顽疾，从而避免陷入“轮回式动荡”的怪圈。

（一）强化区域联合协同，加强对恐怖组织的清剿力度

强化区域联合反恐，是促进长期遭受恐怖组织迫害的西非国家快速形成稳定社会状态的重要手段。西非各国对极端组织“博科圣地”深恶痛绝，从 2016 年 7 月由尼日利亚、尼日尔、乍得和喀麦隆等国军队组成的多国联合部队对“博科圣地”展开了大规模的清剿行动。自今年 1 月 26 日，“数以千计”的喀麦隆士兵在尼日利亚军队的配合下，持续对“博科圣地”位于两国边境地区曼达拉山脉的“巢穴”进行打击。至少 60 名武装分子被击毙，解救包括老人、妇女和儿童在内的 5000 多人。5 月 3 日，尼日利亚空军对“博科圣地”领导层实施了定点空袭，该组织头目谢考被炸伤，他的副手穆拉姆·阿巴和另一名高级负责人阿布·阿伊沙被当场炸死，此次空袭对“博科圣地”的打击是致命的。11 月份，尼日利亚军方在东北部博尔诺州，对“博科圣地”前重要据点桑比萨森林及周围多个村庄实施清除残余组织成员的军事行动，打死“博科圣地”4 名成员，抓捕一名该组织高级指挥官，同时成功解救 212 名人质。9 月 7 日，联合国负责维和事务的助理秘书长卡西姆·韦恩在安理会表示，萨赫勒五国集团组建 5000 人联合部队的关键步骤已经完成。萨赫勒五国联合部队的战略框架已经得到萨赫勒五国集团国防委员会、非盟和安理会的授权和批准，总部将设在马里的塞瓦雷。该部队旨在打击萨赫勒地区日益严峻的恐怖主义活动。2017 年以来，西非各国将打击恐怖活动作为重中之重，强化自身反恐能力同时，加强联合反恐力度，使恐怖组织在联合打击下节节溃败，西非地区社会发展走向稳定初见成效。

（二）继续寻求国际合作，引进硬实力、强化软实力

西非国家经相对济落后，军事装备与人员作战能力参差不齐，需要向经济和军事发达的国家寻求帮助。2017 年年初，美国总统特朗普主动与尼日利亚总统布哈里通电话，美国承诺在用于反恐的军事武器方面给予尼日利亚帮助，并将持续加强在尼日利亚联合打击恐怖分子的决心。紧接着美军非洲司令部就在西非沿海地区组织联合军演，30 多个国家的海军来到科特迪瓦海域参加军演，大大提升了西非沿海区域各个港口的反恐能力水平。美国非洲司令部在尼日尔中部城市阿加德兹的一座空军基地部署了数百名士兵。这些士兵在情报收集和监视等方面为尼日尔军队提供训练和支

持。目前，在这座基地附近，正在建造另一座更大的基地，为美国的部队、飞机和无人机提供一个更为永久的处所。法国总统马克龙年中在马里首都巴马科举行的萨赫勒五国集团特别峰会上表示，法国将为萨赫勒五国集团联合反恐部队提供70辆战术车以及通讯设备和单兵保护装备，并提供价值约800万欧元的支持。10月份，美国也通过一项决议，同意提供提供6000万美元支援萨赫勒非洲5国反恐维安行动。12月份，伊斯兰军事联盟为帮助西非国家打击恐怖势力，将训练萨赫勒集团5国的部队，并提供资金支持和情报。而作为非洲国家的理想可靠的合作伙伴——中国，现有近400名维和人员在马里稳定团执行维和任务。2017年4月，中国第五支驻利比里亚维和警察防暴队邀请尼日利亚维和警察防暴队共同开展人群控制联合训练，增进了两支防暴队的友谊与沟通，提高双方协同作战的能力，为更好完成维和任务打下坚实基础。5月份，外交部长王毅出访马里表示，坚定支持马里反对和打击恐怖主义的正义事业，将继续加强同马里在国际事务中的协调与配合，为维护马里和非洲国家及广大发展中国家的合法权益发挥作用。西非国家的反恐能力水平需要国际的支持和增援，不仅要在武器装备等方面援助，更要注重军队人员军事素质的提升，这样才能用一双硬拳头去反恐。

第二节　西非地区主要恐怖袭击事件

2017年，西非地区乱象持续，尼日利亚、马里等国饱受恐怖极端组织困扰，安全局势仍然严峻，极端组织“博科圣地”频频策划制造重大恐怖袭击。

一、马里一座兵营遭遇自杀炸弹袭击，造成110多人死伤

1月18日，马里北部一座兵营遭遇自杀炸弹袭击，造成50多人死亡、60多人受伤。①

---

① 参见《马里兵营遭自杀炸弹袭击致40人死，全国将哀悼3天》，中国新闻网，2017年01月19日，http：//www. chinanews. com /。

（一）事件背景

此次自杀炸弹袭击是该国近年来最为惨重的袭击。2015年5月，马里政府与反政府组织签署《和平与和解协议》，同年6月20日，各方完成协议最终签署。然而，马里北部地区近年来一直冲突不断，马里中部近期也呈现出暴力冲突、恐怖袭击增多的趋势。而此次遭袭击的军营属于为实现马里《和平与和解协议》而成立的协调运行机制，马里军队、亲政府武装等驻扎在此。

（二）事件经过

18日上午8时40分左右，恐怖分子控制一辆汽车炸弹对军营实施了袭击，炸弹造成百余人伤亡，现场随处可见残肢碎尸。恐怖组织“纳赛尔主义独立运动”18日通过毛里塔尼亚的一家网站发布声明，宣称制造了马里北部军营的恐怖袭击。“纳赛尔主义独立运动”由穆赫塔尔·贝勒穆赫塔尔领导，是“基地”组织北非分支机构。2015年11月，“纳赛尔主义独立运动”在马里制造了丽笙蓝标酒店恐袭事件，造成至少20人死亡，其中包括3名中国公民。

（三）事件影响

此次自杀炸弹袭击是该国近年来最为惨重的袭击。袭击发生后，马里总统办公室宣布全国哀悼3天。21日马里数百民众聚集首都巴马科哀悼18日自杀炸弹袭击中的遇难者，在此期间，马里一亲政府民兵组织巡逻之际又遭遇袭击，致14名武装成员丧生。

二、尼日利亚连环自杀式爆炸袭击，致逾百人伤亡

8月15日，尼日利亚东北部博尔诺州（Borno）遭连环自杀式爆炸袭击，爆炸造成百余人伤亡。①

---

① 参见《尼日利亚连环自杀式爆炸袭击致逾百人伤亡》，中国新闻网，2017年08月16日，http：//www.chinanews.com/。

（一）事件背景

成立于2004年的“博科圣地”是活跃在尼日尔境内乃至中非、西非地区的极端组织，在尼日尔及该国同喀麦隆、尼日利亚接壤地带频频实施恐怖袭击，造成大量平民伤亡。2015年3月，该组织宣称效忠极端组织“伊斯兰国”。爆炸发生地是尼政府军和极端组织“博科圣地”冲突的核心地带，爆炸袭击发生几小时前，尼政府军出动超2000人的地面部队，发动针对“博科圣地”头目的搜捕行动。

（二）事件经过

当日傍晚，距博尔诺州首府迈杜古里（Maiduguri）35千米的村镇孔杜加（Konduga）一处农贸市场遭自杀式爆炸袭击。一名女性在入口处的集市引爆腰带，引发混乱，随后，在商贩们忙于关门的时候，另外两名女性引爆炸弹，造成大量伤亡。爆炸造成袭击者本人和27名平民身亡，82人受伤。还有另外两名女性袭击者在附近一处流浪者收容所大门前自爆。

（三）事件影响

此次事件是今年尼日利亚遭受袭击死伤最严重的一次，在乍得周边失利的“博科圣地”，仍然在地区重要干线及战略城市发动零星攻击，阻止军队及非政府组织接触到脆弱的民众。人道主义机构数据称，过去8年间，“博科圣地”在尼日利亚及其邻国喀麦隆、尼日尔、乍得等地多次制造恐怖袭击，已致超2万人身亡。

三、布基纳法索餐厅遇袭，致多国游客死亡

8月13日，布基纳法索首都瓦加杜古，两名疑似极端武装分子袭击了布基纳法索首都瓦加杜古的一家土耳其餐厅，至少18人遇害其中包括外国人。安全部队随后乘坐装甲车赶到，与袭击者发生交火，安全部队击毙了两名袭击者。①

---

① 参见《布基纳法索餐厅遇袭致18人死亡 安全部队行动结束》，中国新闻网，2017年08月14日，http：//www. chinanews. com /。

（一）事件背景

此次袭击事件发生的地点距离 2016 年遭到恐袭的酒店仅有 200 米。2016 年 1 月，瓦加杜古市中心一家酒店和一家餐馆遭数名恐怖分子袭击，造成 29 人死亡，30 多人受伤。“基地”组织北非分支“伊斯兰马格里布基地组织”声称制造了这起袭击。

（二）事件经过

遇袭的阿齐兹·伊斯坦布尔餐厅是一家土耳其风味餐馆，很受外国人欢迎。袭击发生在 21 时左右，袭击者骑摩托车来到餐厅，随即向人群开枪扫射。安全部队 22 时 15 分发起“反击”，双方交火一度激烈，后于次日 5 时左右结束。一名服务员回忆，看到“三名男子”向“坐在（餐厅）露台的客人开枪射击”。至少三名部队成员在交火中受伤。

（三）事件影响

此次袭击事件遇害者多为儿童和妇女，遇害者中有土耳其、法国、科威特、加拿大、塞内加尔、尼日利亚、黎巴嫩和布基纳法索 8 个国家总共 18 人，另有 20 多人受伤，国际影响极其恶劣。

四、联合国驻马里维和人员连续遭袭，致多名维和人员死亡

（一）事件背景

马里 2012 年发生军事政变。联合国安理会 2013 年通过决议，决定设立马里稳定团。虽然 2015 年马里政府与北部地区部分武装组织签署《和平与和解协议》，但马里北部地区近年来一直冲突不断，安全局势严峻。马里中部近期也呈现出暴力冲突、恐怖袭击增多的趋势。

（二）事件经过

5 月以来，马里稳定团的各营地和维和人员多次遭袭。其位于马里中部通布图市的一处营地 5 月 3 日和 5 月 15 日遭炮弹袭击，造成多人

伤亡。[①] 5 月 23 日，马里稳定团一队巡逻人员在马里北部基达尔地区阿盖洛克附近遭袭，造成两名维和人员身亡，一人受伤。6 月 8 日，联合国马里多层面综合稳定特派团（马里稳定团）在马里东北部基达尔大区一处马里稳定团营地外遇袭，共有 3 名维和人员牺牲、8 人受伤。8 月 14 日当天，稳定团遭遇两次恐怖袭击，造成 9 人死亡。[②]

（三）事件影响

马里稳定团在新闻公报中以"最强烈的言辞"谴责针对维和部队的袭击，重申将持续支持马里和马里人民重建和平与安全的决心。联合国秘书长古特雷斯向为支持马里和平进程而牺牲生命的维和人员致敬，呼吁各方共同努力，加强马里稳定团执行任务的能力，以保护平民、阻断暴力极端主义的蔓延。

五、4 名美军在尼日尔共和国被伏击遇难

10 月 4 日，尼日尔共和国西南部当天发生一起袭击事件，袭击发生于尼日尔共和国首都尼亚美以北 190 千米处，造成 4 名美军士兵、4 名尼日尔士兵和另外 1 名国籍不明的人员死亡。[③]

（一）事件背景

许多受过训练的"伊斯兰国"武装人员越境进入一贫如洗的尼日尔，他们给四处蔓延的叛乱活动注入了新能量，给美军在该地区制造了新的挑战。"伊斯兰国"武装分子设法利用种族和社区的紧张关系，以及人们对贫穷和失业的怨恨，加大扩张力度。由于该地区的军队疲弱不堪，政府治理不善，边界控制漏洞百出，使得击败"伊斯兰国"的努力进一步复杂化。美国非洲司令部在尼日尔中部城市阿加德兹的一座空军基地部署了数

---

① 参见《联合国马里稳定团一处营地遇袭　一名维和人员死亡》，新华社，2017 年 05 月 04 日，http：//www. xinhuanet. com/。

② 参见《联合国驻马里维和部队营地遭恐怖分子袭击》，新华社，2017 年 08 月 15 日，http：//www. xinhuanet. com/。

③ 参见《美军非洲司令部：尼日尔伏击致 4 名美军士兵丧生》，环球网，2017 年 10 月 07 日，http：//www. huanqiu. com/。

百名士兵。这些士兵在尼日尔主要执行例行巡逻和训练士兵，以打击武装分子，同时在情报收集和监视等方面为尼军队提供训练和支持，而他所处的这片区域是世界上最复杂的战场之一。

（二）事件经过

当地时间3日，一行12人的美军陪同30人的尼日尔部队执行侦查任务，结束后第二天在一个村庄停留了一两个小时吃饭，当时美尼两支军队在尼日尔与马里的交界处，刚刚结束与村民首领的会面，而离开后就遭到了约50名带有重型武器的敌队袭击。美国方面“相信”是村民把美尼军队的方位告知了与恐怖组织有关联的人士。

（三）事件影响

如果经查实这次袭击的发动者为“伊斯兰国”组织分支，这表明“伊斯兰国”在从利比亚向萨赫勒地带做“战略性转移”。极端主义分子在弱小的中央政府长期忽视的社区建立了联系。权力真空使得武装组织可以利用人们对政府腐败无能、犯罪活动猖獗、机会缺乏而抱有的怨恨。这片区域在未来几年，依旧会是最复杂的反恐怖战场之一。

六、其他恐怖袭击事件

2016年12月30日，尼军方博尔诺州北部小城Rann的一个军事据点遭到“博科圣地”恐怖分子的突然袭击，军方成功挫败其进攻，击毙15名恐怖分子，数名士兵在战斗中受伤。

1月1日，尼日尔安全部门发布消息称，尼东南部迪法省一村庄前一天夜间遭极端组织“博科圣地”武装分子袭击，造成至少2名尼国防和安全部队士兵身亡。

1月16日，尼日利亚东北部博尔诺州首府迈杜古里一所大学遭炸弹袭击，造成至少5人死亡。

1月16日，一架由阿曼飞往德国的客机在15日起飞后疑似受到炸弹威胁，随后在科威特国际机场紧急降落。机长在飞机起飞后向科威特发出紧急降落请求并得到许可，最终迫降科威特国际机场。机上299人全部疏散，但飞机上并未找到爆炸物。

1 月 23 日，联合国马里多层面综合稳定特派团（马里稳定团）一处营地遭袭，一名乍得籍维和人员死亡，另有两人受伤。

2 月 1 日，尼日利亚阿达马瓦州警察局在此间证实，一联合国勘测团队日前在尼与喀麦隆边境地区遭不明身份武装人员袭击，造成 5 名工作人员丧生，数人受伤。

2 月 22 日，尼日尔地区一军队遭到攻击，导致 16 名士兵死亡，17 人受伤。

3 月 6 日，在尼日尔南部省发生恐怖袭击，造成 5 名尼日尔士兵死亡。

3 月 18 日，尼日利亚，东北部博尔诺州首府迈杜古里郊区发生自杀式爆炸袭击，造成包括袭击者在内的 7 人死亡、8 人受伤。

3 月 22 日，尼日利亚东北部城市迈杜古里当地时间今天凌晨发生连环爆炸事件，3 起爆炸造成至少 4 人死亡，8 人受伤。

3 月 29 日，尼日尔政府军在东南部迪法省博索市附近巡逻时遭到极端组织“博科圣地”武装分子伏击，至少 1 名政府军士兵死亡，另有 11 人受伤。据尼日尔安全部门介绍，此次武装分子袭击的目标是正在执行巡逻任务的尼日尔和乍得安全部队联合支队。交火中，尼日尔国防和安全部队击毙 3 名“博科圣地”武装分子。

5 月 3 日，联合国马里多层面综合稳定特派团（马里稳定团）位于马里中部通布图市的一处营地遭到来源不明的 6 枚炮弹袭击，造成一名维和人员死亡、9 人受伤，其中 4 名伤势严重者已被转移到马里首都巴马科。此次袭击中没有平民伤亡。

5 月 15 日，联合国马里多层面综合稳定特派团（马里稳定团）位于马里中部通布图市一处营地再遭炮袭，造成 4 名维和人员和 3 名马里士兵受伤。根据马里稳定团的初步报告，身份不明的武装分子向通布图市的机场方向发射了约 8 枚炮弹，而马里稳定团的“超级营地”就位于机场附近。

5 月 23 日，马里稳定团一队巡逻人员在马里北部基达尔地区阿盖洛克附近遭遇袭击，两名维和人员死亡、一人受伤。马里稳定团立刻向事发地派出快速反应部队并及时转移伤亡人员。

6 月 8 日，联合国马里多层面综合稳定特派团（马里稳定团）在马里东北部基达尔大区一处马里稳定团营地外遇袭，共有 3 名维和人员牺牲、8 人受伤。公报说，基达尔大区的一处马里稳定团营地遭到了十几枚炮弹的袭击，造成 5 名工作人员轻伤。炮袭后不久，一队维和人员在营地外遇袭，袭击造成 3 名维和人员身亡、3 人受伤。

6 月 18 日，马里首都巴马科东部一处颇受西方人欢迎的豪华度假区遭到武装分子袭击，造成 4 名度假村客人和一名马里安全部队士兵死亡，此前遭劫持的 32 名人质获救。与“基地”组织有关联的极端武装“支持伊斯兰与穆斯林”组织 19 日在社交媒体网站上声称策划实施了此次恐怖袭击，该组织成立于 2017 年 3 月。

6 月 28 日晚至 29 日凌晨，两名“博科圣地”成员在尼日尔恩吉格米地区一个难民营制造了自杀式爆炸袭击，造成包括袭击者在内的 4 人死亡、11 人受伤。

7 月 3 日，尼日尔东南部迪法省一个村镇遭极端组织“博科圣地”武装分子袭击，造成至少 9 人死亡，另有 45 人被劫持，其中大部分是妇女和儿童。

7 月 17 日，尼日利亚北部博尔诺州首府迈杜古里发生两起自杀爆炸袭击，以造成 12 人死亡，15 人受伤。一女性自杀袭击者在一座清真寺引爆了身上的爆炸装置，当场 10 人死亡。随后，郊区又发生一起爆炸袭击，造成 2 人死亡。当局怀疑是“博科圣地”所为。

7 月 19 日，科特迪瓦经济首都阿比让多处传出枪声，现场有人员受伤，但具体人数不详。此外，距离警察学校不远的一所宪兵学校和位于约普贡区的一个军事中心同样传出枪声。数小时前，科特迪瓦总统瓦塔拉刚刚签署总统令，批准政府改组。

7 月 25 日，布基纳法索北部苏姆省三个村庄遭不明身份武装分子袭击，造成至少 5 人死亡。报道说，24 日晚，一伙不明身份武装分子骑摩托车先后到达苏姆省通戈马耶尔市和吉博市下辖的三个村庄发动突袭，造成至少 5 人死亡。经甄别，5 名死者是当地极端组织“安萨鲁尔伊斯兰”成员，布基纳法索国防和安全部队一直在积极搜索该组织成员。

7 月 26 日，一支石油勘探车队在尼日利亚北部遭到极端组织“博科圣地”伏击，至少 10 人丧生，数人被绑架。遇害人员为一名军官、8 名士兵和一名平民，石油公司员工全部获救。军方在搜寻人质中打死数名极端分子，夺回 4 部车辆，大量弹药、各种药品以及爆炸装置的制作材料。

7 月 28 日，驻扎在科特迪瓦西南部弗雷斯科市的一宪兵队驻地遭不名武装分子袭击。28 日 21 时左右，一伙不明身份的武装分子突袭该市宪兵队驻地，扣押数名宪兵作为人质，并从驻地抢夺武器。

7 月 27 日，一伙不明身份武装分子在布基纳法索北部苏姆省吉博市下辖的一个村庄发动突袭，造成一名市议员及其两名家人死亡。袭击者还抢夺了当地村民饲养的多头牲畜。

8 月 6 日，尼日利亚东南部阿南布拉州一教堂当天清晨，一名不明身份武装分子冲向教堂，打死一人后向人群疯狂开枪，造成 8 人死亡，另有 18 人受伤。据了解，当时有 100 多人在教堂内。

8 月 5 日和 6 日，极端组织“博科圣地”近日对尼东北部博尔诺州的一个捕鱼区发动两次袭击，共造成 31 名渔民死亡。

8 月 14 日，联合国驻马里维和部队在马里北部的一处营地遭恐怖分子袭击，造成至少 9 人死亡。据驻扎在马里北部通布图的马里军方人士消息，该地一处联合国维和部队营地当天下午遭恐怖分子袭击，维和部队与驻扎在营地外围的马里军队联合作战，很快击退恐怖分子。交战中，4 名恐怖分子被击毙，1 名马里宪兵和一家私人保安公司的 4 名保安丧生。

9 月 5 日，联合国马里多层面综合稳定特派团在马里东北部，联合国维和部队士兵乘坐的一辆汽车碰到了爆炸物，爆炸导致 2 名士兵死亡，另有 2 人严重受伤。该特派团物流车队的一辆汽车往泰萨利特行进途中，在距离基达尔地区阿盖洛克大约 15 公里处，撞上爆炸物。事故导致 2 名维和士兵死亡，另有 2 人受重伤，被紧急送去接受医疗护理。

9 月 18 日，尼日利亚尼东北部孔杜加地区附上午发生自杀式爆炸袭击，造成至少 15 人丧生。此次袭击是针对一个援助分配点的自杀式袭击，这疑似是极端组织“博科圣地”针对平民发起的最新一起袭击。

9 月 27 日，尼日利亚东北部一清真寺遭恐怖袭击，导致 5 人死亡、3 人受伤。当地官员称，很可能是恐怖组织“博科圣地”所为。

10 月 16 日，不明人士对尼日利亚中部国内难民营的武装袭击造成约 30 名平民死亡。事件发生于 10 月 16 日上午高原州当地一所小学的建筑内。安全部门人员也在该建筑内，但他们未能阻挡袭击者。此前有当地媒体报道称，事件发生前一天，同一州发生另一起袭击造成 6 人死亡。

10 月 21 日，尼日尔西部蒂拉贝里省一宪兵营当地时间 21 日早晨遭不明武装分子袭击，造成至少 11 名宪兵死亡，另有 3 名宪兵受重伤。

11 月 7 日，尼日利亚中部高原州发生武装分子袭击村民事件，造成 11 人死亡、4 人受伤。

11月15日，尼日利亚东北部博尔诺州首府迈杜古里发生一起自杀式炸弹袭击，造成包括袭击者在内的22人死亡。

11月17日，布基纳法索北部苏姆省遭不明身份武装分子袭击，造成至少6人死亡。

11月21日，尼日利亚一名男孩身穿炸弹背心紧随早祷的人流进入距离喀麦隆边境约10公里的小镇穆比的一座清真寺，引爆炸弹造成至少50人死亡。

11月24日，马里维和部队两次遭不明武装人员袭击，导致4名维和人员和1名马里士兵死亡，另有21人受伤。

12月2日，尼日利亚东北部博尔诺州比乌镇的一个市场当天发生两起自杀式爆炸袭击，造成13人死亡、53人受伤。

第三节 西非地区主要反恐怖军事行动

一、尼日利亚、喀麦隆联合打击“博科圣地”极端组织，解救5000余人

（一）行动背景

“博科圣地”成立于尼日利亚，该组织武装人员长期活跃在尼日利亚与喀麦隆、尼日尔接壤地区，实施暴力恐怖袭击。2014年2月，为抑制“博科圣地”的跨境袭击，尼日利亚关闭同喀麦隆的边界。从去年开始，由尼日利亚和喀麦隆两国军队组成的联合部队对“博科圣地”展开大规模清剿行动。

（二）行动概况

今年1月底以来，尼日利亚、喀麦隆两国军队在打击极端组织“博科圣地”的行动中，共击毙至少60名武装分子，解救包括老人、妇女和儿童在内的5000多人。军方击毙至少60名武装分子，捣毁一处武装分子的“避难所”、一个石油仓库、一座炸药厂和一名“博科圣地”头目的住所，缴获大量武器、汽车和摩托车。另有21名武装分子被捕，没有军方人员在

行动中死亡。①

（三）行动评析

此次对“博科圣地”恐怖组织打击行动是在多国联合作战的条件下实施的，已将“博科圣地”武装分子从尼喀边境地区的桑比亚森林中驱赶出去，桑比亚森林一度是“博科圣地”的大本营。虽然“博科圣地”在多国联合部队的打击下“火力锐减”，但该组织已再次开始组织大量的自杀式炸弹袭击。

二、尼日尔政府军击退极端组织“博科圣地”的武装袭击，击毙50名武装分子

4月10日，尼日尔政府军9日夜至10日凌晨在东南部迪法省击退极端组织“博科圣地”武装发动的袭击，击毙至少50名武装分子。②

（一）行动背景

成立于2004年的“博科圣地”是尼日尔境内乃至中非、西非地区最主要的极端组织。近年来，频繁在尼日尔同喀麦隆、尼日利亚接壤地带频频实施恐怖袭击，造成大量平民伤亡。从2016年7月底开始，由尼日利亚、尼日尔、乍得和喀麦隆等国组成的多国联合部队在尼日尔和尼日利亚边境地区对“博科圣地”展开大规模清剿行动。

（二）行动概况

百余名“博科圣地”武装分子当地时间9日21时左右袭击驻扎在迪法省盖斯凯鲁附近的尼日尔政府军军营，尼日尔国防和安全部队进行猛烈反击，击毙至少50名武装分子，其余武装分子仓皇逃窜。10余名政府军士兵在交火中受伤。尼政府军随后对逃跑的武装分子展开陆路追击和空中搜索。

---

① 参见《喀麦隆尼日利亚联合打击“博科圣地”》，新华社，2017年03月16日，http://www.xinhuanet.com/。

② 参见《尼日尔政府军击毙50名“博科圣地”武装分子》，新华社，2017年04月11日，http://www.xinhuanet.com/。

（三）行动评析

此次反击是今年较为成功的一次反袭击行动，行动中尼日尔军队能够及时应对突如其来的恐怖袭击，进行快速反应和猛烈还击，以最小的代价，对恐怖组织造成了沉重的打击。近年来，尼日尔军队在国际社会的帮助下，自身武器装备和战斗能力都得到了较大的提升，这次的恐怖袭击也是对其最好的检验。

三、尼日利亚政府对“博科圣地”组织实施斩首行动，发起多次定点空袭

今年，尼日利亚对“博科圣地”组织实施了多次定点恐袭，两次将“博科圣地”组织头目阿布巴卡尔·谢考炸伤，5 月 3 日的空袭，炸死了谢考的副手穆拉姆·阿巴和一名高级负责人阿布·阿伊沙。①

（一）行动背景

2004 年“博科圣地”成立之后，阿布巴卡尔·谢考一度是“二号人物”，2010 年伴随着“博科圣地”在尼日利亚一度大举扩张，谢考开始掌控“博科圣地”。自谢考掌权并掀起血雨腥风以来，“博科圣地”已经不再提供社会救济、传播宗教观点和抗议政府，而只是局限于在冲突中保持自身的活跃：袭击村庄获取食物；绑架男性，逼迫他们为组织卖命；绑架女性，奴役她们；袭击政府军运输车来获得武器；杀死不屈从于该组织思维方式的所有人。2016 年 6 月起，美国政府将其列入全球恐怖分子“黑名单”，悬赏 700 万美元缉拿谢考。奇布克镇绑架事件（2014 年 4 月“博科圣地”武装劫持了一所中学的 276 名女学生）发生后，尼日利亚政府也加大打击“博科圣地”的力度。

（二）行动概况

5 月 3 日，尼日利亚空军两架战机日前对“博科圣地”领导层实施了

① 参见《法新社：“博科圣地”头目在空袭中受伤》，人民网—国际频道、中国青年网，2017 年 05 月 04 日，http：//www. people. com. cn/、http：//www. admaimai. com/newspaper。

定点空袭，被空袭的地点位于尼日利亚东北部一个叫巴拉的城镇，该组织头目谢考被炸伤，他的副手穆拉姆·阿巴和另一名高级负责人阿布·阿伊沙被当场炸死。8 月 23 日，尼空军对“博科圣地”北部博尔诺州桑比萨森林地区的据点又发动的空袭，将阿布巴卡尔·谢考再一次炸成重伤，3 名下属被炸身亡。10 月 7 日，尼军方对东北部博尔诺州伊扎镇的“博科圣地”一个藏匿地发起突袭，打死至少 30 名武装分子。这次行动中，采取空袭和地面袭击，打死 30 多人，其中包括一名该组织的高级指挥官。10 月 11 日，尼空军采取战斗机、武装直升机组合战斗方式，摧毁了桑比萨森林的据点，进一步削弱了该组织的后勤和行动能力。

（三）行动评析

1 月 18 日，尼日利亚空军由于指挥失误，误炸了北部博尔诺州一处难民营，无国界医生组织表示，死亡人数攀升至 90 人，但也宣称可能攀升高达 170 人。尼总统穆罕马杜·布哈里对误炸事件深表悲伤，承认这是一次令人后悔的军事行动错误。此后，尼日利亚政府在实施空袭作战时，就加强了对情报的搜集和研判。2017 年，尼空军加大对“博科圣地”组织的空袭力度，其中有两次以上差点炸死组织头目谢考，几次的空袭，对“博科圣地”组织的打击是致命的。

联合国预计尼日利亚人道主义危机的受害者达到 700 万人。有 500 万人生活在饥饿中，有近 250 万人流离失所，被迫在难民营或邻国寻求庇护。有约 15 万人遭谋杀，仅博尔诺州就有至少 2000 人死于饥饿。①

四、其他反恐怖军事行动

1 月 6 日，尼日利亚抓获一名“中国公民在尼中部遇袭身亡案”的嫌疑人。报道说，尼日利亚警方日前抓获了 9 名嫌疑人。除这 9 人外，一名尼执党全体进步大会党的高层人员也被列为嫌疑人。2016 年 11 月 28 日晚，一名中国公民在尼日利亚中部的纳萨拉瓦州一矿场回驻地的途中遭武装分子袭击，当场身亡。同车的 3 名尼日利亚公民也遇袭身亡，其中一人

---

① 参见《尼日利亚军机误袭难民营 造成 50 多人死 120 人伤》，中国新闻网，2017 年 01 月 18 日，http：//www. chinanews. com/。

为护送警察。另有一名中国公民受伤。

1 月 25 日，联合国安理会 24 日晚发表媒体声明，强烈谴责联合国马里多层面综合稳定特派团（马里稳定团）一营地遭袭并造成乍得籍维和人员死伤事件，并敦促当局将袭击者绳之以法。

1 月 30 日，第 28 届非盟首脑会议在埃塞俄比亚首都亚的斯亚贝巴召开，反恐成为此次会议的重要议题。从今年年初起，所有非盟成员国对非成员国进口产品征税所得的 0.2% 用于支持非盟运转，这样每年可为非盟带来 12 亿美元的资金，将提升非盟的反恐行动能力。目前，肯尼亚、卢旺达、乍得、埃塞俄比亚等国已采取行动，落实这一决定。

2 月 13 日，马里安全和公民保护部长萨利夫·特拉奥雷表示，马里与阿尔及利亚将加强安全方面的合作，共同对抗恐怖主义威胁。

2 月 13 日，美国总统特朗普主动与尼日利亚总统布哈里通电话，特朗普向布哈里保证，美国已经准备拿出新的方案，在用于反恐的军事武器方面给尼日利亚提供帮助。

3 月 27 日，科特迪瓦加强了该国两个港口的安保措施，随即按照《国际船舶和港口设施保安规则》，提升了阿比让港和圣佩德罗港的安保级别，并加强对港口和来往船只的检查，以应对潜在恐袭威胁。

3 月 20 日至 4 月 1 日，美军非洲司令部在西非沿海地区组织联合军演，30 多个国家的海军来到科特迪瓦海域参加军演。

4 月 29 日，中国第五支驻利比里亚维和警察防暴队邀请尼日利亚维和警察防暴队共同开展人群控制联合训练，这是中外维和警察防暴队首次在利比里亚任务区开展的联合训练。此次联合训练采取混合编队的方式进行，以应对任务区大选期间发生大规模暴力骚乱事件为背景，重点进行了队形展开、强行驱散和抓捕控制等科目的训练，整个训练过程都由中国维和警察防暴队策划、协调和组织。邀请尼日利亚防暴队一起开展联合训练，增进了两支防暴队的友谊与沟通，提高了双方协同作战的能力，为更好完成维和任务打下了坚实基础。

5 月 6 日，尼日利亚官员证实，又有 82 名被极端组织“博科圣地”绑架的少女在尼日利亚东北部的博尔诺州获释。由尼日利亚军方和红十字会组成的联合团队于 6 日在尼日利亚东北部博尔诺州班基镇与“博科圣地”代表进行人质交换，政府用 5 名在押的“博科圣地”高级指挥官换取 82 名被绑架女生。

5 月 19 日，法国总统马克龙前往马里萨赫勒地区，视察在当地执行“新月形沙丘”行动的法国驻军，并强调加强与德国在马里的安全合作关系以及马里的反恐合作。据情报分析，在马里以及周边猖獗的恐怖分子，约有 400 多人。法国军队在马里驻军已达 1600 人。

5 月 18 日至 22 日，中国第四批赴马里维和部队分成两个梯队，乘坐联合国包机回国归建。一年里，中国维和部队处置汽车炸弹和曲射火器袭击 5 起，预警恐怖袭击威胁 20 余次，驱离武装人员侦察 30 余次，妥善处理涉外问题 10 余起。训练有素、纪律严明、军容严整的中国维和部队被誉为联马团的“王牌”。

6 月 24 日，在马德里落网的圣战组织地方性头目拉彻德·艾罗马里在与警方的交谈过程中放出狂言：“这里还将有更加糟糕的事情发生”。三名落网的恐怖组织嫌疑人，其中一人已被收监，另外两人暂时得以保释。

7 月 2 日，法国总统马克龙在马里首都巴马科举行的萨赫勒五国集团特别峰会上表示，法国将为萨赫勒五国集团联合反恐部队提供支持。马克龙表示，法国将提供 70 辆战术车以及通讯设备和单兵保护装备，并提供资金支持。2 月，萨赫勒五国集团成员马里、毛里塔尼亚、布基纳法索、尼日尔和乍得共同决定成立由 5000 人组成的萨赫勒五国集团联合反恐部队，在法国“新月形沙丘”行动士兵的支持下，共同打击萨赫勒地区日益严峻的恐怖主义威胁。

8 月 14 日，联合国安理会和联合国秘书长古特雷斯分别发表声明，谴责联合国马里多层面综合稳定特派团（马里稳定团）当天遭武装分子袭击事件。袭击造成一名多哥籍联合国维和士兵死亡、一名维和士兵受伤，以及多名马里人死亡。

8 月 28 日，尼日利亚军方证实，伊萨马埃伊拉已经在尼东北部地区向军方投降。一名“博科圣地”高级指挥官伊萨马埃伊拉的忏悔，“此前犯下的累累罪行令我痛心疾首，如有余生，我也将活在悔恨与自责中。”

9 月 7 日，联合国负责维和事务的助理秘书长卡西姆·韦恩在安理会表示，萨赫勒五国集团组建联合部队的关键步骤已经完成。联合部队开始在沿马里与尼日尔和布基纳法索的边界区域执行跨境任务，待毛里塔尼亚和乍得的部队于明年春具备行动能力后，再加强五国之间的双边与多边合作。

10 月 24 日，尼日利亚军方在东北部博尔诺州打死了极端组织“博科圣地”11 名成员，并成功解救 85 名人质。

11 月 29 日，尼日利亚军方打死极端组织“博科圣地”4 名成员，抓捕一名该组织高级指挥官，并成功解救 212 名人质。

12 月 15 日，伊斯兰军事联盟为帮助西非国家打击恐怖势力将训练由毛里塔尼亚、尼日尔、马里、乍得和布基纳法索组成的萨赫勒五国集团的部队，同时还将向五国集团提供资金支持和情报，目的是帮助这些国家打击恐怖势力。

2017 年西非地区遭受恐怖袭击次数及伤亡人数

时　间	尼日利亚		尼日尔		布基纳法索		马里	
	袭击次数	伤亡人数	袭击次数	伤亡人数	袭击次数	伤亡人数	袭击次数	伤亡人数
1 月	1	5	1	2			2	113
2 月	1	10	1	33				
3 月	4	27	2	17				
4 月								
5 月							6	30
6 月			1	15			3	27
7 月	3	37	1	54	2	7		
8 月	4	166			1	18	3	18
9 月	2	23					1	4
10 月	2	44	1	9				
11 月	4	153			1	6	1	26
12 月								
合计	21	465	7	130	4	31	16	218
7 月份，科特迪瓦发生 2 次袭击事件，并未报道伤亡人数。 全年，西非地区共遭受恐怖袭击 50 次，伤亡 844 人。								

第十六章 ╱ 2017年东非地区反恐怖军事行动*

第一节　东非地区反恐怖军事行动综述

2017 年，索马里“青年党”极端组织恐怖活动依旧猖獗，恐怖力量势力范围不断强化。东非各国努力加强自身政府和安全机制的建设，继续加强与国际社会的合作，加大反恐和维稳的力度，但是要想彻底消灭恐怖主义并不乐观，甚至在未来的某一段时间内，反恐形势还可能进一步恶化。恐怖主义是制约经济发展的主要矛盾，将恐怖组织彻底铲除也是东非乃至整个非洲地区关键的问题，漫长的反恐道路上充满着荆棘与困难。

一、东非地区面临的恐怖形势

近年来，索马里“青年党”极端组织的发展在不断“进化”，借助与国际恐怖组织勾连、利用信息高技术等手段，肆意制造恐怖袭击事件，对东非各国的发展造成恶劣影响。12 月份，联合国人权事务高级专员办事处与联合国索马里援助团发布报告说，从 2016 年 1 月至 2017 年 10 月 14 日，索马里境内发生的各类武装冲突共造成 2078 名平民死亡，另有 2507 人受伤。其中，60% 的死伤数字是由索马里极端组织“青年党”造成，由部族民兵、政府军士兵与警方、非盟驻索马里特派团造成的死伤人数分别为

* 东非地区包括的国家有：埃塞俄比亚、厄立特里亚、吉布提、索马里、肯尼亚、乌干达、卢旺达、布隆迪、坦桑尼亚和塞舌尔。

13%、11%和4%，另有12%是由不明身份的武装分子造成。

（一）索马里“青年党”加大对索马里军政机关的袭击频率

索马里“青年党”极端组织把袭击军政机关作为主要攻击方向，以炸弹袭击方式加大了袭击的频率，造成了严重的伤亡。上半年，索马里军营就遭受了7次较大的路边炸弹和自杀性爆炸袭击，死伤上百名索马里军人。6月份，一伙全副武装的青年党极端分子袭击了索马里邦特兰省的一个军事基地，导致近70人死亡，另有几十人受伤。针对政府机关的袭击也居高不下，其中最严重的一次是10月份发生在首都摩加迪沙的“大屠杀”式爆炸恐袭事件，爆炸地点发生在政府部门建筑附近，由于使用了军事级别的炸药并引爆了一辆油罐车，此次事件造成至少276人死亡，约300人受伤，是索马里历史上最致命的一次单一袭击事件。12月底时，索马里一个警察学院遭到自杀式袭击造成18人死亡，15人受伤。索马里“青年党”利用汽车炸弹、路边遥控炸弹等方式对军政机关实施破坏，形势虽然单一，但是手段方式却让人防不胜防，虽然索马里政府部门加大了各个重要目标的安保力度，但是无孔不入的索马里“青年党”却不断利用新的科技手段和投弹方式加大了袭击的频率，并妄图制造更大的伤亡和影响。

（二）接连不断的恐怖袭击事件扰乱了东非各国的生活秩序，恐怖阴影的持续笼罩影响正常生活

东非各国成立的非盟驻索特派团，虽然将索马里“青年党”逐出索马里首都摩加迪沙，但是“青年党”仍然控制着索马里南部广大的农村地区，他们肆意制造更多的恐怖袭击事件，使国家民不聊生，恐怖阴影的笼罩让平民对政府不抱有希望，加之受贫穷、饥饿等因素的影响，慢慢就被恐怖组织招募，持续的恶循环使得东非国家的反恐道路极其艰难。今年共发生针对平民的爆炸袭击事件就多达三十多起，自杀式爆炸袭击、路边炸弹袭击、汽车炸弹袭击、持枪袭击等多种手段共用，让生活在索马里地区的人们饱受精神的煎熬，尤其是普通的平民。东非地区发生的恐怖袭击事件，有90%是发生在索马里，受其影响，肯尼亚、埃塞俄比亚、布隆迪等国也出现一些针对平民的袭击事件。另外，“青年党”在其控制的区域，强迫一些孩子参与作战、侦察情报、运输弹药等工作，今年索马里共有3335名儿童被强征入伍，其中71.5%的儿童被“青年党”招募，部分孩

子被充当“人弹”。总之，针对平民的袭击事件手段多样，严重影响普通民众正常生活，使民众对政府部门和国家安全体系失去了信任，加之心灵受挫、逐渐的边缘化和被忽视，很容易就会极端恐怖组织拉拢。

（三）索马里海盗呈“死灰复燃”迹象

2010—2013 年间，平均每年发生超过 100 起海盗劫持船只事件，各国每年支付的赎金数以百万计。索马里海盗活动猖獗时，一个月内就有 32 艘船被海盗劫持和 736 名人质被扣押，但是自从国际社会联合开展反海盗行动后，索马里海域最近几年一直未发生大型商船遭劫持事件，尤其是 2015 全年和 2016 年的大部分时间里，连一起劫持船只事件都没发生。今年上半年，索马里沿岸海域至少已发生 5 起劫持船只事件，仅 3 月份，就出现了三起劫持船只事件，其中包括“阿里斯 13” 号油轮和 1 艘渔船。海盗劫持这艘渔船后，将其改装为发动海上袭击的“母舰”。近年来，索马里当局虽然将船只的获取及使用渠道把控的十分严格，但是索马里海盗的犯罪网络并未彻底瓦解，因此，在沉寂了几年，当世界似乎将他们遗忘之时，袭击和劫持又开始死灰复燃。索马里年轻人的失业率极高，只有通过发展教育、文化、体育等社会事业，让年轻人能够寻找生活的目标，才能从根本上消除海盗滋生的根源。

（四）索马里恐成“伊斯兰国”新据点

极端组织“伊斯兰国”在伊拉克和叙利亚全面溃败，并不代表这一组织行将消亡。联合国 11 月发布的一份报告显示，一年来，“伊斯兰国”在索马里势力不断壮大，这里很有可能成为外国极端分子蜂拥而至的新据点。由于“伊斯兰国”的理念更具有蛊惑性和欺骗性，较之“青年党”更容易吸纳新成员，加之他们能从“伊斯兰国”总部获得更多资金，导致“伊斯兰国”在索马里的成员比 2016 年多了三倍。今年 2 月，“伊斯兰国”在邦特兰省经济中心博萨索袭击了一家酒店。5 月，该组织对博萨索附近的一个警方检查站发动自杀式袭击，导致 5 人死亡。

二、东非国家的反恐怖军事对策

今年以来，索马里“青年党”极端恐怖组织在索马里及其邻国连续发动袭击，制造数十次骇人听闻的连环爆炸袭击事件，为铲除索马里“青年党”恐怖组织，非盟军队和索马里安全部队展开了一系列军事行动，加大打击“青年党”组织高层指挥人员，并强化与国际社会的合作。东非国家面临的恐怖主义、腐败和贫困三大严峻考验，而恐怖主义则是制约发展的关键因素，要想解决这个难题，就必须加强政府机构和安全机制的建设，借助国际支援发展自身潜力。因此，东非国家的反恐之路依旧曲折坎坷。

（一）主动出击，强化国家反恐信念，加大反恐力度

索马里作为受“青年党”迫害最严重的东非国家，持续的动乱给其造成了巨大损失，为实现国家的稳定与和平，即使面临再大的威胁，也绝不向恐怖主义屈服。2017 年年初，索马里总统穆罕默德·阿卜杜拉希·穆罕默德就宣布全国进入战争状态，敦促索马里人民与政府军一道向极端组织“青年党”宣战。同时，不断寻求国际社会的支援帮助，并为政府军提供先进武器，以确保全力打击极端组织的决心。作为同样受迫害的肯尼亚政府，以主动出击的方式对极端组织采取武力行动。3 月份，肯尼亚国防军袭击了“青年党”的两处营地，击毙了 31 名武装分子并缴获大量军用资源；4 月份，隶属于非盟驻索马里特派团的肯尼亚军人在索马里南部打死 52 名极端组织“青年党”武装分子。12 月份，索马里政府军在该国中部希兰地区击毙 11 名极端组织“青年党”武装分子。

（二）瞄准“青年党”高层人员实施打击，不断削弱其行动能力

东非各国为将索马里“青年党”恐怖组织彻底铲除，联合多国及国际社会支援，加大了对“青年党”高层实施定点清除行动，通过小股力量渗透突袭和定点空袭等方式，击毙多名“青年党”骨干领导成员，削弱了其组织行动能力。今年 5 月初，“青年党”位于索马里南部下谢贝利州的一处重要据点，被索马里安全部队渗透攻击成功，击毙了一名“青年党”高级头目，有利削弱了其在谢贝利州的行动能力。7 月底，索马里在美军情报部门和空中力量的支援协同下，对摩加迪沙的“青年党”恐怖网络实施打击，一枚导弹直接命中“青年党”在首都摩加迪沙的“影子市长”阿里·穆罕默德·侯赛因所乘坐的汽车，阿里作为“青年党”最高调的头目之一，他参与领导的“青年党”网络在摩加迪沙策划和制造多起爆炸和袭击，导致众多平民丧生。阿里的毙命将削弱“青年党”袭击索马里人民、东非邻国和国际社会的能力。8 月，索马里“青年党”二号人物穆赫塔尔·鲁布在联合打击下，正式宣布同“青年党”脱离关系，并向政府投诚。

（三）非盟及国际社会继续协助索马里打击极端恐怖组织

今年 5 月，索马里问题国际会议在伦敦举行，此次会议重点关注索马里的贫困问题和安全形势，与会各国和国际组织代表承诺在 2020 年之前继续向索马里提供人道主义援助。联合国秘书长古特雷斯在会上表示，目前索马里有 600 多万人需要人道主义援助，占该国总人口的近一半。联合国敦促国际社会协助索马里政府建设国家军队和警察，加强索马里安全部门的能力。今年 8 月，联合国批准将非洲联盟（非盟）驻索马里特派团任期延长至 2018 年 5 月底，将联合国驻黎巴嫩临时部队（联黎部队）任期延长至 2018 年 8 月底。同时，美国也宣布重返索马里进行军事援助，现在在索马里进行援助的大约有 50 名反恐顾问，主要为索马里部队进行反恐、后勤等方面的训练。今年 3 月，美国总统唐纳德·特朗普批准五角大楼扩大在索军事行动规模的请求，其中包括加强对“青年党”等极端武装和恐怖组织的空袭力度。

第二节　东非地区主要恐怖袭击事件

一、索马里首都摩加迪沙遭遇严重炸弹袭击事件

10 月 14 日，索马里首都摩加迪沙市区发生严重的汽车炸弹袭击事件，造成至少 276 人死亡，约 300 人受伤，死者大多是平民，也有部分外交人员和媒体记者。[1]

---

① 参见《马里炸弹袭击已致 276 人死亡 伤亡数字恐仍将上升》，中国新闻网，2017 年 10 月 16 日，http：//www. chinanews. com/。

（一）事件背景

索马里“青年党”在索马里安全部队及国际组织的联合打击下损失严重，尤其是其多名领导骨干在国际社会的援助下被索马里安全部队“斩首”成功，“青年党”高层及其愤怒，接连不断的展开炸弹袭击事件，并将袭击军队及政府机关作为主要目标，持续对索马里政府官员施加压力。此次事件的发生，就是索马里“青年党”要针对前几次的打击进行报复性的袭击活动，但是，此次事件造成的人员伤亡却出乎他们的意料，因此，并未宣称对此次事件负责。

（二）事件经过

14 日下午，一辆载有爆炸物的汽车行驶到摩加迪沙市区一个位于重要的政府部门建筑附近的十字路口处后，引爆了车上的炸弹，造成多起车辆连环爆炸，并引爆了一辆加油车，周边商店、酒店和外交部大楼都受到牵连，部分建筑物倒塌，数十辆汽车被烧毁。与此同时，另外一条街道也发生了一起爆炸。

（三）事件影响

此次事件是索马里历史上最致命的一次单一袭击事件。索马里总统宣布全国进行为期三天的哀悼。奥斯曼称，此次袭击是“野蛮的”。联合国秘书长古特雷斯 10 月 15 日通过发言人发表声明，对 14 日在索马里首都摩加迪沙发生的袭击事件表示强烈谴责。他向死难者家属表示哀悼，并希望伤者迅速康复。美国则“以最强烈措词”谴责这一事件，表示攻击“毫无意义、懦弱”，并强调将会支持索马里打击恐怖主义。

二、索马里一军事基地遭青年党袭击伤亡惨重

6 月 8 日，一伙全副武装的“青年党”极端分子袭击了索马里邦特兰省的一个军事基地，导致近 70 人死亡，另有几十人受伤。[①]

---

① 参见《美媒：索马里一军事基地遭青年党袭击伤亡惨重》，参考消息网，2017 年 06 月 09 日，http：//www. cankaoxiaoxi. com/。

（一）事件背景

今年年初，索马里总统宣布任命了国民军司令、国家警察局长、情报局长等，并要求国民大力支持国民军打击恐怖势力，紧接着，“青年党”极端组织就针对刚上任的国民军司令阿尔菲德发动了一次自杀式袭击，造成多名警卫人员和平民死亡，这是赤裸裸的挑衅。索马里国家武装力量加大对极端组织的打击力度，在接下来的两个月中，连续摧毁“青年党”组织的基地并击毙了几名骨干成员，使“青年党”组织活动的能力严重受损。

（二）事件经过

此次袭击发生在商业中心博萨索以西大约 100 千米处的一个军营，约 100 名武装分子参与了此次事件。袭击开始时发生了一次爆炸，然后极端分子冲入军营近距离射杀士兵。袭击发生时的混乱场面，袭击者对一些平民进行了斩杀。极端组织派出的自杀式袭击者从三个方向对军营发起袭击，迫使军营内的士兵撤退。随后，增援部队抵达，并将极端分子逐出军营，此次事件造成至少 60 名军人和平民死亡。

（三）事件影响

索马里官员说，这是近年来邦特兰省地区遭遇的死亡人数最多的一次袭击。青年党宣称在袭击中打死了至少 61 名士兵，并缴获了大量武器弹药以及十多辆军车。

三、索马里首都一酒店遭连环汽车炸弹袭击

1 月 25 日，索马里首都摩加迪沙一家酒店上午遭遇两起汽车炸弹袭击，造成数十人死伤。①

---

① 参见《索马里首都一酒店遭连环汽车炸弹袭击 致数人死伤》，中国新闻网，2017 年 01 月 25 日，http：//www. chinanews. com/。

（一）事件背景

索马里“青年党”不断针对政府官员、商人、外国人经常出入的酒店等发动袭击，他们将袭击目标重点放在政府机关及政客、外籍人员常驻区域，目的就是制造更大的影响。

（二）事件经过

一批武装分子在索马里首都摩加迪沙一家酒店外引爆炸弹，再闯入酒店向周围人群开枪扫射，造成至少 11 人死亡，并有数十人受伤。随后，又发生了第二次爆炸，导致至少 4 名想要靠近现场的记者受伤。索马里安全部队在事件发生后攻入了酒店，目前已解除了武装分子对酒店的控制。4 名参与实施袭击的武装分子在与警方的交火中丧生。

（三）事件影响

遇袭的大亚酒店经常有政客光顾，据报事发时有多名国会议员在场。索马里“青年党”宣布对此次袭击负责。

四、布隆迪一家酒吧发生手榴弹袭击

7 月 9 日，位于布隆迪北部的卡扬扎省加塔拉地区一家酒吧发生手榴弹袭击，造成至少 8 人死亡、50 人受伤。①

（一）事件经过

当日晚，一名身份不明的男子进入卡扬扎省加塔拉地区一家酒吧中，而后向酒吧里的人群投掷了一枚手榴弹，爆炸致使 50 多人受伤，多人重伤被送往附近医院，4 人在 10 日上午不治身亡。

（二）事件影响

据当地警方调查，此次事件确实是一起恐怖袭击事件，袭击者具体动

---

① 参见《布隆迪一家酒吧发生手榴弹袭击 致 8 人死 50 人伤》，新华网，2017 年 07 月 11 日，http：//www. xinhuanet. com/。

机不详，事件发生后，对当地居民的正常生活影响较大，尤其是近期布隆迪还发生多起爆炸袭击致人员伤亡事件，使多数平民人心惶惶。

五、其他恐怖袭击事件

1 月 2 日，非盟驻索马里特派团位于索马里首都摩加迪沙的营地附近发生两起爆炸袭击事件，造成至少 2 人死亡、数人受伤。一名自杀式袭击者当天在该营地入口前的检查站旁引爆车上爆炸装置，随后另一辆装有爆炸装置的汽车在附近一家豪华酒店外爆炸。

1 月 23 日，肯尼亚东北部靠近索马里边境的曼德拉镇凌晨遭到一伙武装分子袭击，造成一名预备役警察丧生。大约 8 名武装分子当天凌晨 2 时左右闯入该镇中心地区，向一所银行及其旁边的一家旅馆投掷爆炸物。附近的预备役警察随即赶到，与武装分子发生交火。

1 月 27 日，非盟驻索马里特派团位于索南部小镇库勒比约的营地当天上午遭索马里极端组织“青年党”袭击，造成 9 名肯尼亚籍士兵死亡、15 名士兵受伤。该营地部队已击退袭击营地的“青年党”武装，打死至少 70 名武装分子。

2 月初，“伊斯兰国”在索马里邦特兰省经济中心博萨索袭击了一家酒店。

2 月 12 日，“青年党”凌晨袭击了摩加迪沙郊外的军营，造成至少 8 名士兵死亡。

2 月 16 日，索马里举行总统权力交接仪式。在仪式进行中，极端组织索马里“青年党”在总统府附近发动炮击，造成至少 3 人死亡。在仪式即将完成时，总统府附近的一个住宅区遭到多枚迫击炮袭击，造成包括两名儿童在内的至少 3 人死亡、4 人受伤，另有多间房屋受损。

2 月 19 日，索首都摩加迪沙一集市当天发生汽车炸弹袭击事件，造成 39 人死亡，27 人受伤。

3 月 1 日，埃塞俄比亚政府西部靠近苏丹边境的复兴大坝遭到了武装分子的袭击。安全部队击毙了 13 名袭击者，7 名袭击者被捕。厄立特里亚的一支名叫“本尚古勒—古马兹民族解放运动”的组织发动了这一针对复兴大坝工地的袭击。

3 月 13 日，索马里首都摩加迪沙上午发生两起汽车炸弹袭击事件，造成至少 10 人死亡、13 人受伤。

3 月 13 日，索马里一艘船只遭到乘坐快艇和小船的海盗的袭击。船员被扣作人质，在发生交火和进行谈判之后，人质才获得释放。

3 月 14 日，索马里海域发生一起海盗劫持事件，一艘阿联酋公司的小型油船被劫持，船上有 8 名斯里兰卡籍船员。

3 月 17 日，一艘载运索马里难民的船只在也门外的红海上遇袭，联合国官员称，已经发现 42 具遗体。攻击者身份目前仍不明朗。

3 月 23 日，一艘渔船遭到劫持，船员虽被释放，但他们的船只遭到扣留，海盗们或许将用其对其他过往商船发动新的攻击。

4 月 1 日，一艘货船遭到伏击。据报道，目前这艘船上的 11 名船员被索马里海盗扣为人质。

4 月 4 日，索马里 4 名参与世界卫生组织工作的人员当天在索马里南部遭疑似极端组织“青年党”武装分子绑架。遭绑架的 4 人都是索马里人，正在参与世卫组织开展的脊髓灰质炎疫苗接种工作。

4 月 9 日，索马里国民军司令阿尔菲德遭恐怖分子自杀式袭击，多名安全警卫人员和 15 名平民死亡。

4 月 10 日，索马里首都摩加迪沙一个军营遭遇自杀式炸弹袭击。导致至少 5 名士兵死亡、15 人受伤。

4 月 23 日，索马里一辆政府军卡车遭路边炸弹袭击，造成至少 9 名索马里士兵丧生，另有数人受伤。

4 月 27 日，索马里南部朱巴兰地区发生地雷爆炸事件，造成地方政府武装 3 名士兵死亡，另有 4 名士兵受伤。

5 月 8 日，索马里首都摩加迪沙发生一起汽车爆炸袭击事件，造成 5 人死亡，其中包括一名索马里政府军高级指挥官。

5 月 12 日，索马里官员南部当天下午发生一起自杀式炸弹袭击事件，造成包括袭击者在内至少 3 人死亡。

5 月 16 日，肯尼亚东北部靠近索马里边境地区当天发生一起路边炸弹袭击事件，造成至少 4 人死亡。

5 月 17 日，布隆迪首都布琼布拉南部发生一起手榴弹袭击事件，造成 3 人死亡、3 人受伤。

5 月 18 日，索马里首都摩加迪沙西部地区遭遇汽车炸弹袭击，至少 3 名安全部队士兵遇袭身亡。

5 月 22 日，索马里南部重镇拜多阿附近发生一起路边炸弹袭击事件，造成地方政府武装 5 名士兵死亡。

6 月 14 日，索马里首都摩加迪沙一家餐厅遭受袭击，袭击者驾驶一辆装有爆炸物的汽车冲进这家餐厅所在的酒店。袭击者在餐厅入口制造爆炸后，持枪冲入餐馆挟持现场至少 20 名人质与警方对峙。袭击者切断电力，与警方周旋，双方在夜间多次交火。此次袭击已造成至少 18 人死亡、19 人受伤。遇难者包括在餐厅工作的外国员工。

6 月 16 日，肯尼亚东北部与索马里相邻的曼德拉郡当天发生一起路边炸弹袭击事件，造成至少 4 人死亡、11 人受伤。

6 月 20 日，索马里首都摩加迪沙遭到汽车炸弹袭击，导致至少 9 人死亡。

6 月 20 日，索马里首都摩加迪沙一区政府大楼遭到汽车炸弹袭击，造成至少 15 人死亡，另有多人受伤。

6 月 22 日，索马里首都摩加迪沙一警察局当天遭到汽车炸弹袭击，造成至少 3 人死亡，另有多人受伤。

6 月 27 日，肯尼亚东部沿海靠近索马里边界的拉穆郡当天发生一起路边炸弹袭击，造成至少 8 人死亡，另有多人受伤。

7 月 2 日，位于索马里首都摩加迪沙西北方向约 30 千米处的阿夫戈耶地区当天发生一起路边炸弹袭击事件，造成至少 2 人死亡、5 人受伤。

7 月 4 日，索马里首都摩加迪沙总统府附近区域遭迫击炮袭击，造成至少 2 名士兵死亡。

7 月 8 日，肯尼亚一伙武装分子当天袭击了该国东部沿海靠近索马里边界的一个村庄，造成多人死亡。袭击发生在当天凌晨，15 名武装分子杀死了 8 名至 10 名男子。本月 5 日，曾有一伙武装分子袭击拉穆郡的一处警察营地，造成 3 名警员死亡。

7 月 20 日，与索马里交界的肯尼亚边境拉穆地区的一个村庄遭到武装分子袭击，至少两名村民死亡。

7 月 30 日，索马里首都摩加迪沙市中心当天发生一起汽车炸弹袭击事件，造成至少 5 人死亡，另有多人受伤。

7 月 30 日，非洲联盟驻索马里维和部队一支车队遭到“青年党”伏击，至少 24 名军人死亡。

8 月 2 日，一辆客车当天在肯东部沿海靠近索马里边界的拉穆郡遭武装分子伏击，至少 3 人丧生，另有多人受伤。

8 月 3 日，一伙武装分子当天袭击了肯尼亚东北部与索马里相邻的曼德拉郡的两处警察驻地，造成 1 名警员死亡、数人受伤。

8 月 4 日，索马里首都摩加迪沙发生汽车爆炸袭击事件，袭击导致至少 3 人死亡，另有 6 人受伤。

8 月 9 日，索马里南部下朱巴州当晚发生路边地雷爆炸事件，造成 2 人死亡。

8 月 11 日，索首都摩加迪沙中央监狱当天发生一起自杀式炸弹袭击事件，造成包括袭击者在内至少 2 人死亡，另有多人受伤。

8 月 14 日，索马里首都摩加迪沙机场附近当天发生一起汽车炸弹袭击事件，造成一人死亡、一人受伤。

8 月 15 日，索马里首都摩加迪沙霍丹区当天发生一起枪击事件，造成一人死亡、一人受伤。

9 月 3 日，极端组织“青年党”武装分子日袭击了索马里南部城市基斯马尤附近的一处军事基地，政府军在反击中打死 20 名武装分子。

9 月 5 日，一伙武装分子袭击了肯尼亚东部拉穆郡的一个村庄，杀害了 4 名村民。

9 月 10 日，索马里中部希兰地区当天发生一起自杀式炸弹袭击，造成两人死亡、15 人受伤。

9 月 11 日，极端组织索马里“青年党”凌晨对索马里和肯尼亚边境城市马加拉哈瓦发动攻击，随后索马里政府军进行了反击。交火造成 17 人死亡。

9 月 20 日，首都摩加迪沙当天发生一起汽车爆炸袭击事件，索马里国家情报与安全机构一名官员在爆炸中身亡，另有两人受伤。

9 月 28 日，索马里首都摩加迪沙一个繁忙的市场当晚发生一起汽车爆炸袭击事件，导致 7 人死亡、10 人受伤。

9 月 29 日，索马里首都摩加迪沙附近一处军事基地当天上午遭极端组织“青年党”武装分子袭击，造成至少 17 名士兵死亡。

10 月 29 日，索马里首都摩加迪沙一家酒店遭到自杀式炸弹袭击，导致 25 人死亡。

12 月 14 日，索马里首都摩加迪沙市区一所警察学院当天早晨遭自杀式炸弹袭击，死亡人数已升至 18 人，另有 15 人受伤。

第三节　东非地区主要反恐怖军事行动

一、索马里全国进入战争状态，将联合国际社会全力打击极端组织

（一）行动背景

极端组织“青年党”与“基地”组织有密切联系，近年来在索马里和肯尼亚发动了多次恐怖袭击。除了安全问题，索马里还面临腐败、贫穷两大难题。索马里处于战争状态，并不是反恐单方面的，而是多条战线的。除此之外，索马里今年还遭遇了严重干旱，联合国表示，索马里有600多万人面临饥饿威胁，急需人道主义援助。索马里为此次宣战做好了各方面准备。4月6日，穆罕默德新任命了摩加迪沙市长，并撤换了军队、警察、情报机关、监狱等系统的最高长官。今年3月，美国总统唐纳德·特朗普批准五角大楼扩大在索军事行动规模的请求，其中包括加强对“青年党”等极端武装和恐怖组织的空袭力度，这也是索马里宣战的主要原因之一。①

（二）行动概况

索马里总统穆罕默德·阿卜杜拉希·穆罕默德4月6日宣布索马里全国进入战争状态，以打击极端组织“青年党”。他呼吁索马里人民与政府军一道，向极端组织宣战，政府军将向他们发起全面攻势。今年2月上台的穆罕默德承诺将致力于索马里国家和人民的安全。虽然索马里“青年党”没有能力控制较大城镇，但依旧占据不少农村地区，并经常对摩加迪沙和其他城镇的政府机构、平民发动汽车炸弹袭击和其他形式的武装进攻，造成不小的人员伤亡。随后，索马里在非盟、美国等国际社会的支援下，对“青年党”组织实施定点空袭并捣毁多个恐怖分子营地，击毙数名头目、要员，削弱了其在索马里的行动能力。

---

① 参见《索马里宣布全国进入战争状态 向极端组织宣战》，新华网，2017年04月07日，http：//www. xinhuanet. com/。

（三）行动评析

此番宣战的底气来自于美国的支持。美国政府批准了国防部的一项建议，将向非索团和索马里安全部队提供空中打击的支持，美国增加的支援将帮助他们加大对极端组织施压，并保护美国在该地区的利益和侨民安全。但是没过多久，索马里国防部附近发生自杀式汽车炸弹袭击，13 人死亡，刚刚上任的索马里国民军参谋长躲过一劫。一天后，摩加迪沙一处军事训练营发生自杀式爆炸袭击，至少 5 名士兵死亡、15 人受伤。“青年党”声称，这些血腥袭击是对美军支持索马里打击“青年党”扩大行动范围的恶果与报应。

二、肯尼亚军队多次突袭“青年党”组织营地，击毙数十名武装分子

（一）行动背景

自从 1991 年索马里总统西亚德·巴雷的军政府被推翻以来，索马里一直没有组建成一个强有力的中央政府。索马里“青年党”是索马里主要的反政府武装组织，同“基地”组织有关联，控制着索马里大片国土并试图推翻非盟支持的中央政府。因为屡屡受到“青年党”武装分子的跨境袭扰，肯尼亚从 2011 年开始派军队参与非盟在索马里的维和行动，御武装分子于国门之外，并协助索马里政府维持国家的安全秩序。目前，有近 4000 名肯尼亚国防军士兵在索马里驻扎。肯尼亚此举也引发“青年党”的疯狂报复，2013 年 9 月，“青年党”制造了肯尼亚内罗毕韦斯特盖特（西门）购物中心恐怖袭击事件，导致 67 人死亡。

（二）行动概况

3 月 27 日，肯尼亚军队根据事先获得的情报，地面部队在武装直升机和火炮的支援下，袭击了索马里南部伊斯兰极端组织“青年党”的两处营地，其中一处是其指挥机构，另一处是其后勤营地，共击毙 31 名武装分子，缴获了一批武器。4 月 21 日，肯尼亚军人在索马里南部下朱巴州发现“青年党”一处营地，而后在炮火的掩护下对其发动了地面打击，击毙 52

名武装分子，并缴获大量枪支弹药。[①]

（三）行动评析

这两次对“青年党”组织营地的打击行动取得的效果是比较显著的，正确的情报搜集与分析与有效的空地协同配合打击，加上肯尼亚军队近年来在国际社会的援助下，作战部队训练有素，是两次战斗成功的必然条件。

三、索马里与美军及非盟展开联合军事行动

11 月 11 日，索政府军及其国际伙伴当天在该国南部展开联合军事行动，共击毙 81 名极端组织“青年党”武装分子。21 日，美军与非盟驻索马里特派团和索马里安全部队展开合作，空袭了“青年党”的训练基地，打死 100 余名武装分子。[②]

（一）行动背景

索马里近期安全形势恶化，首都摩加迪沙市区仅 10 月份就发生两起汽车炸弹袭击，分别造成至少 358 人死亡和 27 人死亡。

（二）行动概况

位于索马里南部中朱巴州的城镇吉利卜镇是“青年党”的一个重要据点，“青年党”原计划从吉利卜镇调集力量袭击与中朱巴州相邻的盖多州，因此，此次军事行动将重点放在了此镇。索马里政府军在美军及非盟部队的联合军事行动下，对吉利卜镇发起了猛烈的攻击，击毙了 84 名武装分子，摧毁了大量的武器装备和车辆。10 天后，美军与非盟驻索马里特派团和索马里安全部队展开合作，空袭了“青年党”的训练基地，打死 100 余名武装分子。

---

① 参见《肯尼亚国防军在索马里击毙 31 名“青年党”武装分子》，中国新闻网，2017 年 03 月 28 日，http：//www. chinanews. com/。

② 参见《索马里官员说 81 名“青年党”武装分子在索南部被击毙》，新华网，2017 年 11 月 12 日，http：//www. xinhuanet. com/。

（三）行动评析

这两次军事行动都是在国际社会的支援协助下实施的，由于美军今年加强了对索马里的联合反恐力度，增大了空袭支援力量和援助培训人员，加上非盟延长了对索马里的驻守支援时间，在一定程度上对索马里政府军打击恐怖组织提升了自信与战斗力。两次军事行动不但消弱了“青年党”组织在南部的行动能力，对索马里下步进行全面反击也增强了更多的信心。

四、其他反恐怖军事行动

3 月 2 日，埃塞俄比亚政府西部靠近苏丹边境的复兴大坝 1 日遭到了武装分子的袭击。安全部队击毙了 13 名袭击者，7 名袭击者被捕。

3 月份，美国总统唐纳德·特朗普批准五角大楼扩大在索马里军事行动规模的请求，其中包括加强对“青年党”等极端武装和恐怖组织的空袭力度。

4 月 16 日，来自第 101 空降师大约 40 名美国大兵踏上索马里的土地，将担任索马里军队后勤训练的教官，以强化索马里军队在打击极端武装方面的后勤能力。

5 月 5 日，极端组织“青年党”一名领导索马里南部下谢贝利州的高级头目及其 3 名随从被索安全部队击毙。

5 月 11 日，索马里问题国际会议在伦敦举行，此次会议重点关注索马里的贫困问题和安全形势，与会各国和国际组织代表承诺在 2020 年之前继续向索马里提供人道主义援助。拟在今年底之前为索马里追加 9 亿美元的援助，用于应对该国因旱灾而凸显的人道主义危机。

5 月 28 日，索马里一家法院宣布，判处 5 名极端组织“青年党”成员死刑，这 5 人被控今年 4 月将大量炸药运至索马里北部省份邦特兰省，并试图在三个不同的场合将其引爆。

7 月 29 日，极端组织“青年党”在首都摩加迪沙的“影子市长”阿里·穆罕默德·侯赛因，在美军与索马里政府军协同实施的空袭中被炸死。

8 月 15 日，索马里极端组织“青年党”前二号人物穆赫塔尔·鲁布正式宣布同“青年党”脱离关系，并向政府投诚。

8 月 30 日，联合国安理会通过决议，批准将非洲联盟（非盟）驻索马里特派团任期延长至 2018 年 5 月底，将联合国驻黎巴嫩临时部队（联黎部队）任期延长至 2018 年 8 月底。非盟驻索马里特派团的重要战略目标是逐步将安全责任移交给索马里安全部队。

9 月 3 日，极端组织“青年党”武装分子袭击了索马里南部城市基斯马尤附近的一处军事基地，政府军打死 20 名武装分子。

10 月 2 日，索马里政府军南部的一次军事行动中打死 9 名极端组织“青年党”武装分子。

11 月 3 日，美军当天对索马里境内极端组织“伊斯兰国”武装进行了两次空袭，打死多名武装分子。

11 月 5 日，美国首次在非洲国家索马里境内对极端组织“伊斯兰国”展开空袭，用无人机歼灭了数名恐怖分子。

11 月 6 日，索马里政府军当天在索南部展开军事行动，击毙 5 名极端组织“青年党”武装分子，逮捕了 7 人。

11 月 9 日，索马里政府军当天在索南部展开的军事行动中，击毙 3 名极端组织“青年党”武装分子，击伤 4 人。

11 月 9 日，美军对索马里境内的极端组织“青年党”进行了一次空袭，击毙多名极端分子。

11 月 25 日，苏丹东部的杰拜特军事基地开展野战军事演习，来自 10 个东部非洲国家的部队参加此次演习。这次代号为“马沙里基・敬礼 II”的演习将一直持续到 12 月 6 日结束。此次军事演习将有助于东非快速反应部队为执行多样化的军事任务做好准备，以便更好地开展维和行动。

11 月 27 日，美军当天对索马里境内极端组织“伊斯兰国”武装发动空袭，打死一名武装分子。

12 月 1 日，索马里政府军在该国中部希兰地区击毙 11 名极端组织“青年党”武装分子。

12 月 12 日，一架美军无人机当天在索马里挫败一起汽车炸弹袭击图谋，未造成平民伤亡。美军指认此次袭击的策划者是极端组织索马里“青年党”。

2017 年东非地区遭受恐怖袭击次数及伤亡人数

时 间	索马里		肯尼亚		布隆迪		埃塞俄比亚	
	袭击次数	伤亡人数	袭击次数	伤亡人数	袭击次数	伤亡人数	袭击次数	伤亡人数
1 月	5	85	1				1	20
2 月	4	81						
3 月	6	73						
4 月	7	97						
5 月	4	16	1	4	1	6		
6 月	5	176	2	30				
7 月	4	43	3	15	1	58		
8 月	6	27	2	10				
9 月	6	91	1	4				
10 月	2	601						
11 月								
12 月	1	33						
合计	50	1323	10	63	2	64	1	20
全年，东非地区共遭受恐怖袭击 63 次，伤亡 1470 人。								

第十七章 ╱ 2017年中非地区反恐怖军事行动*

第一节 中非地区反恐怖军事行动综述

2017 年，中非地区承受着极端恐怖组织威胁、国家内部武装斗争和边界冲突等多重因素的困扰，袭击、暗杀等暴力事件层出不穷，既影响中非地区人民的正常生活，也严重制约中非地区社会经济的发展状态。改善中非地区的发展形势，不单单是加大力度打击恐怖主义的蔓延，更重要的是建立稳定的国家政权，解决国内矛盾才能更加顺利地反恐怖，才会有适宜的发展环境。

一、中非地区面临的恐怖形势

国家内部斗争的持续使得恐怖组织趁虚而入，国家政权的不稳定也让恐怖组织变得更加的变本加厉，中非地区在动乱之中持续发生恐怖袭击事件，加上连年的武装冲突，即使有联合国维和部队和人权组织等国际组织的支持与帮助，短时间内也很难改善当前的现状。

（一）报复性自杀式袭击事件频发

极端组织“博科圣地”长期活跃在喀麦隆与尼日利亚、尼日尔接壤地

---

* 中非地区通常包括的国家有：乍得、中非、喀麦隆、赤道几内亚、加蓬、刚果（布）、刚果（金）、圣多美和普林西比。

区，在各国制造了大量惨绝人寰的恐怖袭击，即使喀麦隆与西非的尼日利亚、尼日尔等国组成联合反恐部队加强了对“博科圣地”的清剿行动，但是要想将其彻底根除，依旧困难重重。持续的打击与清剿，也使“博科圣地”更加肆无忌惮地实施报复行动。尤其是在一些偏远地区和边境区域，针对平民的报复性爆炸袭击持续不断，仅今年 6 月份 1 个月，喀麦隆就遭受了 4 起自杀式恐怖袭击，造成 50 多人伤亡。绝大多数恐袭均为自杀式爆炸袭击，且多针对平民，如 8 月份和 10 月份发生在喀麦隆的四起自杀式爆炸袭击事件，都发生在人群聚集场所，造成至少 43 人伤亡。

（二）联合国维和部队及国际救援组织持续受恐怖组织重点“关注”

中非地区是联合国重要关注的区域，有较多的维和人员在此实施人道主义援助，帮助中非地区人民摆脱困境，但是中非区域各国内部战乱重重，恐怖组织与各地叛乱武装趁机对联合国维和人员发动袭击，仅上半年，就发生十余次针对联合国维和部队的袭击，导致三十多人伤亡。中非共和国作为中非地区受到冲击最严重的国家，在连年内乱和恐袭的双重打击下，当地平民长期生活在水深火热之中，2017 年 5 月份，“反巴拉卡”武装分子向当地平民以及联合国中非共和国多层面综合稳定团（中非稳定团）发动袭击，造成一名摩洛哥籍联合国维和人员死亡，根据联合国统计，此次枪击等暴力活动导致班加苏 3000 多人在几小时内逃离家园，躲藏在清真寺、教堂、医院等地，一些人还跨境逃至境外。

（三）政治内乱的加剧，暴力袭击事件多发

中非地区多个国家处于国家内部动乱期，有些国家内部战乱已持续 6 年之久，其中中非共和国和刚果（金）两个国家的内部战乱尤为突出，在各路武装斗争的持续对抗中，夹杂着极端组织恐怖笼罩。暴力袭击事件频发已经使两国的各业发展滞后甚至倒退，国家安全的堡垒在双重压力的摧残下几近崩塌，虽然联合国在其中也不断地进行协商与沟通，但利益的驱使无法完全满足各种派别及武装的要求，因此也很难达成共同的目的，而最终受伤的还是国家平民百姓。2017 年 5 月，中非共和国发生两起武装暴力冲突事件，最终造成 22 人死亡，36 人受伤，更有 2 万人流离失所，接着在 6 月份又发生一起武装冲突，造成 100 多人死伤。刚果（金）民主共和国 3 月份发生一起袭击事件，造成 40 名警察被武装分子斩首，6 月份也

出现一起与袭击军方的事件，造成 13 人死亡。2017 年以来，刚果（金）超过 170 万人口流离失所，局面比叙利亚、也门和伊拉克更为严峻，平均每天有 5500 人被迫逃离家园。

二、中非地区反恐怖军事对策

持续的动乱与冲突，使得中非地区的安全局势令人担忧。尽管中非地区持续加大出台稳定国家政权的政策办法，但依旧难以解决现实情况下的矛盾冲突问题，从而影响打击恐怖组织的进度，其安全局势令人担忧。

2017 年以来，中非地区国家在冲突和斗争中继续寻找解决争端的方法，同时也继续强化国家反恐对策。11 月美国与法国驻刚果（布）使馆相继受到恐怖袭击威胁，随后刚果（布）政府随即加强了对两国使馆及相关机构的警戒工作，并首次针对恐怖主义袭击威胁发布警报，当日晚逮捕了一名刚果（布）籍嫌疑人，挫败这起恐怖袭击威胁。12 月份，盘踞在刚果（金）东部地区的乌干达反政府武装“民主同盟军”在北基伍省发动针对联合国维和部队的袭击，军方在交火中共击毙至少 72 名袭击者。

联合国安理会不断加强中非共和国多层面综合稳定团在中非的维和力度，继续协助中非国家做好安全稳定工作，在应对各类袭击事件同时，也从多方向着手维稳事宜，强化与当地部门的合作、引导化解各个部族之间冲突，同时也不断谴责各类针对平民和维和人员的袭击事件。虽然恐袭事件在联合国稳定团及当地政府部门的合力打击下有所缓和，但因部族冲突及各类穿插型的恐怖袭击相互交织，中非共和国的反恐形势依旧艰巨。

第二节　中非地区主要恐怖袭击事件

一、中非共和国武装冲突死亡人数升至近 100 人

6 月 20 日，中非共和国中东部城市布里亚市发生的武装冲突造成的死

亡人数已达到 100 人，另有数十名伤者被就近送往医院接受救治。[①]

（一）事件背景

2017 年 3 月以来，中非共和国部分地区安全局势持续恶化。5 月中旬，“反巴拉卡”和前“塞莱卡联盟”成员在布里亚的暴力冲突迅速升级，造成至少 22 人死亡，2 万人流离失所。冲突发生的前一天，中非境内 14 支反对派武装中的 13 支刚刚在意大利首都罗马和中非政府签订停火协议。根据该协议，中非各武装力量应在国际社会监督下立即在全国范围内实现停火。

（二）事件经过

当日上午，当地武装组织“反巴拉卡”在布里亚一处平民营附近对隶属前“塞莱卡联盟”的“中非复兴人民阵线”发动进攻。激烈枪战从当地时间上午 6 时就已开始，“反巴拉卡”配有重型武器，冲突持续了数小时。

（三）事件影响

事件发生后，联合国中非共和国多层面综合稳定团已介入冲突。“中非复兴人民阵线”发言人贾米勒表示，该反对派武装签署了停火协议，但面对袭击也不会放弃抵抗。

二、刚果（金）一群武装分子袭击当地警方，斩首 40 名警察

3 月 26 日，在刚果民主共和国，一群武装分子袭击了当地警方，并斩首了 40 名警察。[②]

（一）事件背景

2016 年刚果（金）军方打死“Kamuina Nsapu”民兵的首领后，双方

① 参见《中非共和国最新武装冲突死亡人数升至近 100 人》，新华网，2017 年 06 月 22 日，http：//www. xinhuanet. com/。

② 参见《刚果一群武装分子袭击当地警方 斩首 40 名警察》，环球网，2017 年 03 月 27 日，http：//www. huanqiu. com/。

冲突升级，2017 年 2 月份，双方再次爆发冲突，政府军方使用机枪向民兵反复扫射，至少打死 109 人，包括 39 名妇女，此次事件是“Kamuina Nsapu”武装分子对政府的一次报复性行动。

（二）事件经过

地方当局代表弗朗索瓦·卡拉姆巴对该社称，“Kamuina Nsapu”团伙的武装分子周五对警察实施了进攻，他们是经奇卡帕市各居民点沿路前往卡南加市的。而后抓住了这些警察，并斩首了 40 人，俘虏多人后抢走了警察的武器和汽车。

三、其他恐怖袭击事件

1 月 4 日，联合国中非共和国多层面综合稳定团（中非稳定团）当天遭武装组织袭击，导致两名摩洛哥籍维和人员死亡，另有两名维和人员受伤。

1 月 6 日，联合国中非共和国多层面综合稳定团（中非稳定团）再次遭武装组织袭击，导致一名孟加拉国籍维和人员死亡。

3 月 12 日，2 名联合国工作人员在刚果（金）中开赛省被绑架。遭到绑架的 2 名联合国工作人员分别是美国籍和瑞典籍，随行的 4 名刚果（金）本地人一并被绑匪控制。

5 月 8 日，联合国中非共和国多层面综合稳定团（中非稳定团）一车队遭武装分子袭击，导致 5 名维和人员死亡、10 人受伤。

5 月 14 日，“反巴拉卡”武装分子于 12 日、13 日向当地平民以及联合国中非共和国多层面综合稳定团（中非稳定团）发动袭击，造成一名摩洛哥籍联合国维和人员死亡。13 日前后，枪击等暴力活动导致班加苏 3000 多人在几小时内逃离家园，躲藏在清真寺、教堂、医院等地，一些人还跨境逃至刚果（金）。

5 月 20 日，联合国中非共和国多层面综合稳定团发布公告说，近日来发生在中非东部城市布里亚的暴力冲突已累计造成包括 17 名平民在内的 22 人死亡、36 人受伤。

5 月 26 日，喀麦隆极北大区乍得湖区域一军事基地遭到疑似“博科圣地”成员袭击，造成 1 名士兵死亡。

6 月 2 日，喀麦隆一处平民营地遭遇两起自杀式袭击，造成至少 4 人死亡、超过 20 人受伤。

6 月 2 日，喀麦隆极北大区当天发生的自杀式袭击已造成至少 11 人死亡、30 人受伤。

6 月 10 日，喀麦隆极北大区一处军营当天上午发生自杀式袭击，造成 3 死 1 伤。

6 月 11 日，北基伍省一所监狱遭到袭击，900 多名囚犯出逃。袭击者与安全部门人员发生交火，造成至少 11 人死亡。

6 月 21 日，喀麦隆极北大区发生自杀式爆炸袭击，造成 5 名平民死亡，另有多人受伤。

6 月 22 日，刚果（金）东部北基伍省发生民兵武装袭击事件，袭击者与军方发生交火，造成至少 13 人死亡。

7 月 25 日，联合国中非共和国多层面综合稳定团（中非稳定团）维和人员在中非共和国南部城市班加苏遭袭击，袭击造成 2 名摩洛哥籍维和人员死亡、1 名维和人员受伤。安理会发表媒体声明说，疑似“反巴拉卡”武装制造了此次袭击。

8 月 5 日，喀麦隆极北大区日前发生两起自杀式袭击事件，造成至少 9 人死亡，另有多人受伤。当地时间 5 日晚间，在极北大区靠近尼日利亚边境的利马尼市一人群聚集地，一名疑似极端组织“博科圣地”成员的自杀式袭击者引爆随身携带的炸药，造成至少 8 名平民死亡、数人受伤，袭击者也当场身亡。距离利马尼市不远的瓦扎市当晚也发生一起自杀式袭击事件，造成至少 13 人受伤。

8 月 17 日，多国联合部队当天在喀麦隆极北大区遭武装分子伏击，3 名士兵死亡。

9 月 6 日，喀麦隆北部 5 日夜间至 6 日凌晨发生两起武装分子袭击事件，共造成至少 6 人死亡。

9 月 13 日，喀麦隆北部发生一起自杀式袭击，造成包括 4 位平民在内的 5 人丧生，6 人受伤，疑似极端组织“博科圣地”成员的袭击者也当场死亡。

10 月 30 日，喀麦隆极北大区靠近尼日利亚边境的一座村庄 29 日夜间至 30 日凌晨遭极端组织“博科圣地”袭击，致 13 名平民丧生，另有数人受伤。

10 月 31 日，喀麦隆北部晚发生疑似极端组织“博科圣地”成员实施的自杀式袭击，造成包括袭击者在内的 6 人丧生，另有 2 人受伤。

11 月 30 日，喀麦隆西南大区靠近尼日利亚的边境地区 29 日夜间至 30 日凌晨再次发生军警遇袭事件，造成 2 名警察死亡，另有 1 名警察和 1 名士兵受伤。此次袭击发生前夜，距离事发地点不远的一座军事哨所亦遭疑似分裂主义者袭击，造成 4 名士兵死亡。

12 月 11 日，喀麦隆极北大区边境地带发生两次袭击，共造成 4 人死亡，另有 3 人失踪。

12 月 18 日，喀麦隆西南大区靠近尼日利亚边界一处宪兵驻地当天下午遇袭，4 名宪兵死亡。

12 月 23 日，喀麦隆极北大区 22 日夜间和 23 日上午分别发生一起袭击事件，共造成 3 名平民丧生。

第三节　中非地区主要反恐怖军事行动

1 月底以来，喀麦隆和尼日利亚两国军队在打击极端组织“博科圣地”的行动中，共击毙至少 60 名武装分子，解救包括老人、妇女和儿童在内的 5000 多人。

1 月 31 日，一联合国勘测团队由尼日利亚阿达马瓦州进入喀麦隆后，在喀孔查镇（Kontcha）遭不明身份武装人员袭击，造成 5 名工作人员丧生，数人受伤。

4 月 17 日，刚果（金）政府已经将一个民兵部落领袖的遗体归还回部落，以期缓和开赛省的紧张局势。

10 月 19 日，非洲大湖地区国际会议第七届首脑会议在刚果（布）首都布拉柴维尔举行，与会领导人关注刚果（金）东部安全局势，呼吁国际社会帮助加速实现刚果（金）和平进程，消除该国东部所有非法武装威胁。

10 月 28 日，喀麦隆军方在当地村民情报协助下对周边“博科圣地”成员进行清剿，第二天喀麦隆极北大区靠近尼日利亚边境的一座村庄遭极端组织“博科圣地”报复性袭击。

11 月 29 日，美国与法国驻刚果（布）使馆相继收到恐怖袭击威胁。刚果（布）政府随即加强了对两国使馆及相关机构的警戒工作，并首次针对恐怖主义袭击威胁发布警报。随后逮捕一名刚果（布）籍嫌疑人，挫败了这起恐怖袭击威胁。

12 月 7 日，盘踞在刚果（金）东部地区的乌干达反政府武装“民主同盟军”在北基伍省发动针对联合国维和部队的袭击，军方在交火中共击毙至少 72 名袭击者。

2017 年中非地区遭受恐怖袭击次数及伤亡人数

时　间	喀麦隆		刚果（金）		中非共和国	
	袭击次数	伤亡人数	袭击次数	伤亡人数	袭击次数	伤亡人数
1 月					2	5
2 月						
3 月			2	46		
4 月						
5 月	2	1			4	74
6 月	6	90	1	13	1	150
7 月					1	3
8 月	2	25	1	14		
9 月	3	17				
10 月	2	28				
11 月	2	8				
12 月	2	7				
合计	19	176	4	73	8	232
全年，中非地区共遭受恐怖袭击 31 次，伤亡 481 人。						

第十八章 ／2017年北美洲地区反恐怖军事行动*

第一节 北美洲地区反恐怖军事行动综述

2017 年，除美国之外的北美洲地区恐怖形势总体平稳并逐步向好，就恐怖事件发生的时间分析来看，仅在年初和岁尾有零星恐怖事件发生。虽然总量屈指可数，但在国际反恐斗争的大形势下，该地区恐怖活动仍有发生，而且施恐者的成分复杂，手段多样，各种类型恐怖活动交织，毫无规律可循，加之大量难民的接收，一定程度上给恐怖组织成员回流以可乘之机，使得该地区反恐形势依然严峻。此外，美国总统特朗普在美墨边境继续修建隔离墙的计划，使得墨西哥各地游行活动此起彼伏，更加重了该地区的反恐负担。对此，该地区国家积极强化与有关国家在边境安全、执法、反恐等方面的多边合作，持续推进难民计划，放宽军方在反恐方面的行动权限，竭力维护地区和平与安全稳定。

---

* 北美洲位于西半球的北部，东濒大西洋，西临太平洋，北濒北冰洋，南以巴拿马运河为界，同南美洲分开；北美洲包括北美、中美洲和加勒比海地区，位于北美的国家有：加拿大、美国、墨西哥、格陵兰（丹）；位于中美洲的国家有：危地马拉、伯利兹、萨尔瓦多、洪都拉斯、尼加拉瓜、哥斯达黎加、巴拿马；位于加勒比海地区的国家和岛屿有：巴哈马、古巴、牙买加、海地、多米尼加共和国、安提瓜和巴布达、圣基茨和尼维斯、多米尼克、圣卢西亚、圣文森特和格林纳丁斯、格林纳达、巴巴多斯、特立尼达和多巴哥、波多黎各（美）、英属维尔京群岛、美属维尔京群岛、安圭拉（英）、蒙特塞拉特（英）、瓜德罗普（法）、马提尼克（法）、荷属安的列斯、阿鲁巴（荷）、特克斯和凯科斯群岛（英）、开曼群岛（英）、百慕大（英）。美国反恐怖形势已在第二章作了具体分析，所以本章内容不包括美国部分。

一、北美洲地区面临的恐怖形势

在国际恐怖活动持续蔓延的大背景下，北美洲地区面临的恐怖形势依然严峻。从有关组织的报告显示，“伊斯兰国”和其他恐怖组织的支持者已经返回自己的国家。该地区恐怖活动短时间内难以根除，极端恐怖事件时有发生。同时，受难民和美国特朗普政府的隔离墙计划影响，该地区涉恐隐患指数依然保持在高位态势。

（一）枪击事件多点开花，恐怖阴霾令人窒息

2017 新年伊始，墨西哥、加拿大两个国家接连发生的枪击事件，使北美洲地区的恐怖形势直线恶化。先是 1 月 16 日在墨西哥度假胜地普拉亚市一个电子音乐节现场，至少一名枪手在一家俱乐部开枪。事件造成 5 人死亡，15 人受伤，其中一些人因为踩踏受伤。十多天后，1 月 29 日在加拿大魁北克清真寺再次发生枪击案。袭击共造成 6 人死亡，19 人受伤，其中 5 人伤势严重。加拿大官方将此次枪击案定性为“独狼式”恐怖袭击。接连发生的枪击事件，直接给当地人民群众蒙上了一层厚厚的心理阴影，增加了安全负担，提高了安全成本。特别是加拿大的恐怖袭击，从施恐嫌疑人来看，是一名现年 27 岁，在加拿大拉瓦勒大学读人类学和政治学专业的在校大学生，而且在大学和社交媒体以民粹主义和反女权主义立场为人所知。从施恐地区来看，魁北克省属法语区，在对种族和宗教宽容问题上，一直与加拿大政府总体上对移民和各种宗教的开放态度存在不同意见。以高学历施恐，外加区域性种族和宗教问题分歧相叠加，致使该地区恐怖阴霾只会愈加浓重。

（二）科技手段惊现，警方反恐措手不及

近年来，国际恐怖组织一个非常突出的特点就是，施恐方式上的多样化和技术化手段不断翻新，并且随着反恐行动的深入，其制恐行为越来越隐蔽。11 月 8 日一早，加拿大 Prince Albert 市警察局的官网（papolice. ca）被黑。警员打开网站，主页上竟然出现了“我爱 ISIS”的字样，同时背景还播放着一段非英语的音频。尽管警方把这个网页紧急撤下来，迅速交给 IT 部门处理，调查官网被黑的过程，同时设法让网站重新上线。然而，截

止当天下午，该网站仍未恢复正常。这种以计算机为载体，通过专业技术人员实施的恐怖活动，虽然不能对人民群众进行直接的伤害，也不能对社会和平稳定带来直接的影响，但是其从一个侧面反映出恐怖分子实施恐怖行动的升级变化，同时也暴露出警方和政府方面在反恐方面的一些漏洞。警方反恐措手不及的同时，民众对自身所处环境的安全感也荡然无存。

（三）毒源难除，疑似贩毒团伙袭警

众所周知，锡那罗亚州位于墨西哥加利福尼亚湾沿岸地区，是墨西哥大型贩毒团伙“锡那罗亚集团”的根据地。正是在这一地区马萨特兰港附近，6 月 30 日下午发生一起武装分子袭警事件，15 名警察遭武装分子袭击。参与袭击的 19 名武装分子分乘 4 辆汽车向警方开火，交火中，19 名武装分子全部被击毙，5 名警察受伤，警方还缴获 20 余件武器。从某种程度上说，在这样一个相对特殊的区域发生袭警事件，不足为奇。但是，由此可以看出，一方面政府强力部门对根除毒源的措施还有不足甚至不当之处；另一方面，疑似贩毒团伙的嚣张气焰并没有随着反恐行动的深入而受到影响，反而越发张扬，使得地区安全稳定形势一时难以好转。

二、北美洲地区的反恐怖军事对策

针对地区恐怖形势的实际情况，北美各国立足国内、放眼全球多方施策，积极从经济、政治、安全等多个领域寻求应对策略。就军事方面来看，一是从政策法规上入手，放宽军事行动参与反恐的路子，加大军事反恐的力度和强度；二是特殊情况下，果断采取非常措施，注重在反恐行动的主动性上下真功夫，保持对恐怖势力和恐怖行为的强硬措施，提高反恐行动的时效性，努力维护地区社会稳定；三是加强国际合作，不断提高国际反恐合作的广度和深度，互惠互利，积极发挥地区的政策和行动优势，推动国际反恐局面的良好发展。

（一）放宽反恐行动权限，推动反恐行动更加积极主动

2001 年 9 月 11 日，三架被恐怖分子劫持的民航客机分别撞向美国纽约世界贸易中心和五角大楼，导致数千人死伤。在“9・11”的恐怖阴影下，北美地区国家，从政策法规方面实施积极反恐应对，不断放宽军方反

恐行动权限，提高反恐行动的实效性。根据加拿大国防参谋部机密文件，当客机对加拿大城镇居民造成威胁时，加军方可将其击落。文件中的计划不仅明确提到处于战备状态的战机数量，而且还举例说明了加歼击机和美军飞机“可以使用武力”的情况。此文件与 2001 年发生的“9·11”恐怖事件密切相关，是发生类似“9·11”的劫持客机实施恐怖袭击情况时的详细行动计划。

（二）总统选举引发暴力冲突，洪都拉斯强力实行宵禁

在特殊时期、特殊情况下，北美地区国家在反恐维稳方面实施特殊措施，由军方和警方联合行动，采取强力手段，全力维护地区稳定。11 月 26 日洪都拉斯举行总统选举。由于投票结束后，执政党国民党候选人埃尔南德斯和纳斯拉亚各自宣称胜出。另外，纳斯拉亚指认选举舞弊。纳斯拉亚的支持者在多地示威，一些场合发生暴力冲突。对此，洪都拉斯政府于 12 月 1 日宣布全国进入紧急状态，施行为期 10 天的宵禁，晚 6 时至次日早 6 时由军方协助警方维持治安。在此强力态势下，大约一周时间，就有 44 人因涉嫌恐怖活动遭拘押。特殊时期的特殊手段，为维护洪都拉斯总统选举时期的社会稳定发挥了极其重要的作用。

（三）进一步拓展国际反恐合作，加强全球军事往来

在恐怖主义全球无死角的形势下，北美各国积极参与反恐国际事务，不断拓展国际反恐军事合作的广度和深度，积极改善共同打击恐怖主义的良好合作局面。2 月 23 日，在美国国务卿雷克斯·蒂勒森与凯利访问墨西哥期间，与墨西哥总统恩里克·培尼亚·涅托等人举行会谈，议题涉及边境建设、遣返政策、中美洲移民问题、毒品问题、武器走私问题和打击恐怖主义等。6 月 22 日，中共中央政法委员会秘书长汪永清与加拿大总理国家安全与情报顾问丹尼尔·让共同主持了第二次中加高级别国家安全与法治对话。双方就一系列广泛议题如司法与法治、反恐怖、网络安全、打击跨国有组织犯罪等，以及叙利亚和朝鲜半岛局势等国际和地区安全挑战，进行了深入交流并确定了共同关心的问题。在反恐方面，双方同意，加强反恐怖合作，包括通过加强现有的双边反恐磋商和打击利用互联网煽动、招募、资助或策划实施恐怖活动。

第二节　北美洲地区主要恐怖袭击事件

在国际反恐斗争的大形势下，北美洲地区恐怖活动时有发生，而且施恐者的成分复杂，手段多样，各种类型恐怖活动交织，行动隐蔽，难以防范。难民接收、毒品犯罪，以及特朗普的“隔离墙”计划，更加刺激了该地区恐怖事件的发生。

一、加拿大清真寺“独狼式”恐怖袭击

1月29日，加拿大魁北克清真寺发生枪击案。袭击共造成6人死亡，19人受伤，其中5人伤势严重。加拿大官方将此次枪击案定性为“独狼式”恐怖袭击。①

（一）事件背景

加拿大魁北克省属法语区，在对种族和宗教宽容问题上，该地区一直与加拿大政府总体上对移民和各种宗教的开放态度存在不同意见。施恐嫌疑人亚历山大·比索内特是一名现年27岁，在加拿大拉瓦勒大学读人类学和政治学专业的在校大学生，而且在大学和社交媒体以民粹主义和反女权主义立场为人所知。

（二）事件经过

当地时间1月30日晚，魁北克市穆斯林文化中心遭到持枪歹徒袭击。清真寺内当时约有50人。袭击共造成6人死亡，19人受伤，其中5人伤势严重。6名死者均是持有双重国籍的加拿大人，一人为摩洛哥裔，一人为突尼斯裔，两人为阿尔及利亚裔，另两人为几内亚裔。实施恐怖活动后，疑犯比索内特自己主动打电话报警自首。当局以六项一级谋杀及五项企图谋杀罪名起诉施恐疑犯。

① 参见《加拿大魁北克枪击案已6死8伤 官方定性为恐怖袭击》，中国新闻网，2017年1月30日，http：//www. chinanews. com/。

（三）事件影响

加拿大政府将这起事件定性为恐怖袭击。穆斯林协会的一名负责人说，已经与警方联系，希望能加强对魁北克清真寺的保护。不容置疑，此次“独狼式”恐怖袭击，将使该地区种族、宗教矛盾进一步凸显，恐怖形势不容乐观。

二、加拿大警察局官网被黑

11 月 8 日，加拿大 Prince Albert 市警察局的官网（papolice. ca）被黑。打开网站，主页上竟然出现了“我爱 ISIS”的字样，同时背景还播放着一段非英语的音频。[①]

（一）事件背景

近年来，随着国际反恐合作不断深入和务实，对恐怖主义的打击力度空前增大，国际恐怖组织的活动空间受到极度压缩。当前，其施恐方式上的多样化和技术化手段不断翻新，并且随着反恐行动的深入，其制恐行为越来越隐蔽。

（二）事件经过

11 月 8 日一早，加拿大 Prince Albert 市警察局的官网（papolice. ca）被黑。警员打开网站，主页上竟然出现了“我爱 ISIS”的字样，同时背景还播放着一段非英语的音频。尽管警方把这个网页紧急撤下来，迅速交给 IT 部门处理，调查官网被黑的过程，同时设法让网站重新上线。然而，截止当天下午，该网站仍未恢复正常。

（三）事件影响

这种以计算机为载体，通过专业技术人员实施的恐怖活动，虽然不能对人民群众进行直接的伤害，也不能对社会和平稳定带来直接的影响，但

---

① 参见《黑客占领加拿大警察局官网 网站上写着“我爱 ISIS”》，海外网，2017 年 11 月 9 日，http：//www. haiwainet. cn/。

是其从一个侧面反映出恐怖分子实施恐怖行动的升级变化。同时，尽管警方发表声明明确表示，这次官网被黑并不会影响正常的出警，也不会泄露数据信息。并且如果任何人收到了可疑邮件或者其他内容，都应该及时联系加拿大反诈骗中心。但是，警方在反恐方面的措手不及，使得民众对自身所处环境的安全感也荡然无存。

三、墨西哥 19 名武装分子袭警被击毙

6 月 30 日下午，墨西哥西北部的锡那罗亚州发生一起武装分子袭警事件，19 名武装分子被警方击毙。①

（一）事件背景

锡那罗亚州位于墨西哥加利福尼亚湾沿岸地区，是墨西哥大型贩毒团伙“锡那罗亚集团”的根据地，涉毒犯罪依然猖獗。在国际恐怖势力活动范围大受挤压的背景下，毒贩的犯罪行为也受到极大影响，反毒与贩毒矛盾逐渐走向白热化，双方的对抗更加激烈。

（二）事件经过

6 月 30 日下午，在墨西哥西北部的锡那罗亚州马萨特兰港附近，发生一起武装分子袭警事件，15 名警察遭武装分子袭击。参与袭击的 19 名武装分子分乘 4 辆汽车向警方开火，交火中，19 名武装分子全部被击毙，5 名警察受伤，警方还缴获 20 余件武器。

（三）事件影响

从某种程度上说，在这样一个相对特殊的区域发生袭警事件，不足为奇。但是，由此可以看出，一方面政府强力部门对根除毒源的措施还有不足甚至不当之处；另一方面，疑似贩毒团伙的嚣张气焰并没有随着反恐行动的深入而受到影响，反而越发张扬，使得地区安全稳定形势一时难以好转。

---

① 参见《墨西哥警方打死 19 名武装分子》，新华社，2017 年 7 月 2 日，http：//www. xinhuanet. com/。

四、加拿大发生“独狼式”袭警和驾车撞人恐怖袭击

9 月 30 日晚，加拿大西部艾伯塔省埃德蒙顿市相继发生袭警和驾车冲撞行人的独狼式恐怖袭击。①

（一）事件背景

加拿大政府接收大量难民，一定程度上给恐怖组织成员回流以可乘之机，使得该地区反恐形势依然严峻。数月以来，加拿大非法入境事件飙升，许多来自中东等地的非法移民试图入境申请难民身份。围绕是否收紧边境管控，加拿大国内各派仍在激辩。

（二）事件经过

9 月 30 日晚，一名男子在加拿大西部艾伯塔省埃德蒙顿市驾驶一辆雪佛兰迈锐宝轿车撞倒一名警察，随后下车对这名警察连捅数刀，接着徒步逃逸。数小时后，警方注意到一辆可疑的厢式货车，大约 30 辆警车展开围追堵截，最终逮捕司机。受追捕过程中，货车司机蓄意冲撞 4 名行人。

（三）事件影响

遇袭警察面部和头部多处被捅刺，但伤势不致命，已于 1 日出院。4 名受伤行人中，一人伤势危重，另一人头部骨折、但已脱离昏迷状态，其余两人 1 日出院。警方说，在雪佛兰轿车内发现一面极端组织“伊斯兰国”的旗帜，而后来被捕的货车司机据信就是驾驶雪佛兰轿车并持刀袭警的男子。这名嫌疑人来自索马里，在加拿大申请庇护，如今被捕后面临 5 项谋杀未遂和恐袭指控。下一步，加拿大政府不得不考虑加大对难民庇护申请的核查，在难民政策上继续加大人力和财力等方面的投入。

---

① 参见《加拿大埃德蒙顿恐袭致多伤 警方称是“独狼”行动》，中国新闻网，2017 年 10 月 2 日，http：//www. chinanews. com/。

五、其他恐怖事件

1 月 16 日，墨西哥度假胜地普拉亚市一个电子音乐节现场发生枪击事件，造成 5 人死亡，15 人受伤，并引发踩踏。

6 月 21 日，来自加拿大魁北克的 Amor Ftouhi 在美国弗林特机场持刀刺伤一名警察。该行凶嫌犯当即被捕，并被控公共场合暴力犯罪。

第三节　北美洲地区主要反恐怖军事行动

为有效打击恐怖主义，防范恐怖事件发生，北美洲地区国家，积极采取政策措施调整、非常时期采取非常手段、进一步拓展国际合作等方式，在国际反恐中发挥地区性的特殊作用。

一、洪都拉斯政府施行为期 10 天的宵禁

12 月 1 日，洪都拉斯政府宣布全国进入紧急状态，施行为期 10 天的宵禁，晚 6 时至次日早 6 时由军方协助警方维持治安。①

（一）行动背景

11 月 26 日，洪都拉斯举行总统选举。由于投票结束后，执政党国民党候选人埃尔南德斯和纳斯拉亚各自宣称胜出。另外，纳斯拉亚指认选举舞弊。纳斯拉亚的支持者在多地示威，一些场合发生暴力冲突。

（二）行动概况

洪都拉斯政府于 12 月 1 日宣布全国进入紧急状态，施行为期 10 天的宵禁，晚 6 时至次日早 6 时由军方协助警方维持治安。在此强力态势下，大约一周时间，就有 44 人因涉嫌恐怖活动遭拘押。

---

① 参见《总统选举结果待定洪都拉斯施行宵禁》，新华社，2017 年 12 月 4 日，http：//www. xinhuanet. com/。

（三）行动评析

在特殊时期、特殊情况下，北美地区国家在反恐维稳方面实施特殊措施，由军方和警方联合行动，采取强力手段，全力维护地区稳定。强力采取宵禁这种非常时期的非常手段，为维护洪都拉斯总统选举时期的社会稳定发挥了极其重要的作用。

二、其他反恐怖军事行动

3 月 2 日，据加拿大广播公司（CBC）援引加拿大国防参谋部机密文件报道称，客机对加拿大城镇居民造成威胁时，加军方可将其击落。

3 月 2 日，加拿大蒙特利尔警方拘捕一名涉嫌前一天制造康考迪亚大学炸弹威胁事件的嫌疑人。

6 月 22 日，在渥太华中共中央政法委员会秘书长汪永清与加拿大总理国家安全与情报顾问丹尼尔・让共同主持了第二次中加高级别国家安全与法治对话。在对话中，双方就一系列广泛议题如司法与法治、反恐怖、网络安全、打击跨国有组织犯罪等，以及叙利亚和朝鲜半岛局势等国际和地区安全挑战，进行了深入交流并确定了共同关心的问题。

6 月 22 日，一名加拿大军人早前在摩苏尔以狙击枪在 3540 米外射杀一名“伊斯兰国”武装分子，射程打破了全球军事纪录，成为新的世界纪录。加拿大为协助剿灭占领伊拉克北部城市摩苏尔的极端组织“伊斯兰国”分子，派出官兵到当地训练伊拉克士兵作战。

2017 年北美洲地区遭受恐怖袭击次数及伤亡人数

时间		1 月	2 月	3 月	4 月	5 月	6 月	7 月	8 月	9 月	10 月	11 月	12 月	合计
墨西哥	袭击次数	1												1
	伤亡人数	20												20

续表

时间		1月	2月	3月	4月	5月	6月	7月	8月	9月	10月	11月	12月	合计
加拿大	袭击次数	1												1
	伤亡人数	25												25
全年，北美洲地区功遭受恐怖袭击 2 次，伤亡 45 人。														

第十九章 ╱ 2017年南美洲地区反恐怖军事行动*

第一节　南美洲地区反恐怖军事行动综述

2017 年，南美洲地区恐怖形势总体向好。但在国际反恐斗争的大形势下，该地区恐怖活动仍然时有发生，且监狱、军营、议会、最高法院等敏感目标，以及夜总会、购物中心等人员密集场所，始终是该地区恐怖分子实施恐怖活动的主要对象和区域。对此，南美洲地区各国积极采取针对性反恐对策，通过和谈解决武力冲突，加大对恐怖活动和恐怖分子的惩处和打击力度，积极维护地区安全稳定。

一、南美洲地区面临的恐怖形势

随着国际反恐行动的深入发展，各地恐怖活动持续蔓延，南美洲地区面临的恐怖形势也不容乐观。尤其是其北部地区，受地理环境和历史问题的影响，恐怖事件多有发生。

---

* 南美洲是南亚美利加洲的简称，位于西半球南部，东面是大西洋，西为太平洋。陆地以巴拿马运河为界与北美洲相分，南面隔海与南极洲相望。位于南美北部的国家有：哥伦比亚、委内瑞拉、圭亚那、法属圭亚那、苏里南；位于南美中西部的国家有：厄瓜多尔、秘鲁、玻利维亚；位于南美东部的国家有巴西；位于南美南部的国家有：智利、阿根廷、乌拉圭、巴拉圭。其中，智利，巴西，阿根廷是南美洲的三大国。

（一）政治争端诱发不安定因素，“政变恐袭”阴谋论四起

委内瑞拉深陷经济和政治危机，一时难以走出困境。随着制宪大会临近，委内瑞拉反对派加大了反政府游行的频率，旷日持久的政治争端使得骚乱、抗议、纵火、毁坏、流血事件和暴力恐怖事件不断上演。6 月 26 日晚，一家税务办公室、一处政府电话办公室和数处执政党分支办公地遭纵火。6 月 27 日下午，该国科学刑事和犯罪调查局警员奥斯卡·佩雷斯劫持一架警用直升机，向最高法院扔手榴弹，并向内政部大楼开枪射击，袭击未造成人员伤亡。7 月 5 日，委内瑞拉加拉加斯，亲政府的民兵组织手持棍棒冲入国民议会大楼，并将大楼包围，阻止工作人员离开，在委内瑞拉独立日举行的议会特别会议上攻击了反对派议员，造成 4 名议员受伤。8 月 6 日凌晨，委内瑞拉北部卡拉沃沃州瓦伦西亚市一处军营遭到袭击，造成 2 名袭击者死亡、1 人重伤。政治争端诱发的种种不安定因素，给该国社会稳定造成极大伤害，同时对南美洲地区稳定也是一颗不小的“定时炸弹”。

（二）爆炸接连不断，地区安全形势难以稳控

爆炸现场的血腥场面总会使人“终生难忘”，并会由此形成心理阴影。而恐怖分子以爆炸手段实施的恐怖活动，更是以其极大的伤害力，冲击着无辜群众的身心，考验着军警的处置能力，破坏着全社会共同维护的安全稳定。当地时间 4 月 16 日晚间，哥伦比亚西部考卡省圣佩德罗市的一个夜总会遭手榴弹袭击，造成至少 36 人受伤，有 2 名重伤者被送入重症监护室接受治疗。6 月 17 日，哥伦比亚首都波哥大一个繁忙的购物中心发生强烈爆炸，造成至少 3 名女性死亡，多人受伤。同一个国家，接二连三地发生涉恐爆炸事件，在痛恨施恐者、为受伤害民众感到悲伤的同时，深感该国反恐态势难以拨云见日。同时，民众对警方的反恐对策以及地区难以稳控的安全形势将逐步失去信心。

（三）贩毒团伙冲突诱发监狱暴乱，涉毒恐怖难以根除

走私贩毒和团伙犯罪是威胁南美洲地区安全的一大隐患，大毒枭和其犯罪集团的触角涉及社会的方方面面，不同的利益集团时常发生冲突，甚至与政府相抗衡，严重影响着该地区的社会稳定。1 月 1 日，巴西亚马孙

州北部一监狱发生囚犯暴动。事件持续了 17 个小时，造成数十名囚犯死亡。紧接着，该州一间监狱又发生因犯人不同派系间的冲突引发的暴乱，造成 60 人死亡。1 月 6 日早间，巴西罗赖马州再次发生一起监狱暴乱事件，造成至少 33 名囚犯死亡。据称，这起事件或与贩毒团伙有关。南美洲地区愈演愈烈的贩毒活动，使犯罪集团利益冲突不断，涉毒恐怖活动接连发生，严重影响着该地区的安全形势。

二、南美洲地区的反恐怖军事对策

面对严峻的反恐困境，南美洲地区各国采取积极措施，不断寻求各种解决办法，持续加强与反政府武装的谈判，加速推进和平进程，充分利用国际合作的丰硕成果，加大对涉恐问题的治理。

（一）军队反袭击平息军营袭击，消除负面影响

随着委内瑞拉政治争端的不断升级，反对派实施的暴力、恐怖活动持续发酵。自 4 月份以来，委内瑞拉反对派持续组织大规模反政府示威活动，还鼓动军方“倒戈”。8 月 6 日凌晨，20 名身着军装的持枪者袭击了委内瑞拉卡拉沃沃洲巴伦西亚市一座军营。袭击者当天进入军营，抵达武器库。士兵随即与袭击者发生交火，冲突持续约 3 小时。最终，两名袭击者被击毙，8 人被捕。另外 10 名袭击者逃走，其中一些人夺走了军营里的武器。袭击发生后，一些人在巴伦西亚市用燃烧物封堵道路，“以示对袭击的支持”。警察随后驱散了他们。军方启动防御计划积极应对，巴伦西亚市有军车巡逻，空中有直升机盘旋，维护军队反袭击所取得的成果。

（二）“哥武”解除武装进程完结，哥伦比亚迎来和平进程里程碑

在联合国支持下，哥伦比亚政府与该国最大反政府武装“哥伦比亚革命武装力量”（简称“哥武”）积极展开和谈磋商，为地区和平稳定贡献力量。2012 年，哥伦比亚政府与“哥武”举行和谈，并于 2016 年 8 月达成最终全面和平协议。但该协议在同年 10 月 2 日举行的全民公投中遭到否决。随后，哥伦比亚政府与“哥武”在古巴首都哈瓦那再次举行谈判。同年 11 月 24 日，哥伦比亚总统胡安・曼努埃尔・桑托斯和“哥武”领导人罗德里格・隆多尼奥・埃切韦里签署一份新的和平协议。新协议随后获得

国会通过。8 月 16 日，哥伦比亚总统桑托斯，在该国北部瓜希拉省朋多尔斯亲自关上了“哥武”的最后一个武器集装箱，并宣布政府与“哥伦比亚革命武装力量”之间的战争结束。联合国监督了停火以及“哥武”解除武装过程。历时 5 年的和谈，结束了自 20 世纪 60 年代以来，“哥武”与哥伦比亚政府军的武装冲突，同时，也给南美洲地区和平带来了一丝曙光。

（三）对试图袭击里约奥运会嫌犯依法进行宣判，坚决维护法律尊严

被吐槽为“里约大冒险”的 2016 年巴西里约奥运会，极大地考验了巴西当局在世界各国和民众支持下，对大型体育盛会的安保能力。奥运会期间，巴西共逮捕了 15 人，其中 7 人随后被无罪释放。5 月 4 日，巴西对 8 名曾试图袭击 2016 年里约奥运会的嫌疑犯进行了宣判，他们还被认定在互联网上宣传“伊斯兰国”恐怖组织。奥运会开幕前两周，FBI 就通知了巴西当局。巴西当局随后调查发现，这些人的确在试图购买武器，并在网上分享制作炸弹的视频。这 8 人不是“伊斯兰国”成员，但是他们试图与该组织取得联系。然而他们不知道的是，FBI 早就盯上了他们。在 FBI 提供情报的支持下，巴西当局逮捕并依法宣判袭击嫌犯，一定程度上，减轻了奥运会期间的反恐工作压力，更重要的是，体现了政府严厉打击涉恐犯罪的决心，维护了法律尊严，为地区的安全形势添砖加瓦。

第二节　南美洲地区主要恐怖袭击事件

受地理环境、历史问题、政治争端、走私贩毒等方面的影响，南美洲地区的不安全因素不断凸显，针对敏感目标和人员密集场所的恐怖事件不断发生，使地区安全问题越来越令人担忧。

一、政治争端引发的恐怖事件涌现

委内瑞拉独立日前后，亲政府组织与反对派之间的斗争达到白热化，纵火、围攻、偷袭、劫持、枪击等暴力恐怖活动轮番“上演”。

（一）事件背景

自 2015 年在议会选举中失去议会控制权后，委内瑞拉马杜罗领导的左翼政府与反对派便陷入激烈斗争之中。马杜罗 5 月 1 日宣布启动制宪大会重新制定委内瑞拉宪法，以维护国家和平、促进国内对话、解决当前政治危机。制宪大会定于 7 月 30 日举行。不过，反对党联盟认为这是马杜罗政府找借口逃避应于今年下半年举行的地方选举，拒绝参加制宪大会，并呼吁进一步升级反政府示威活动。旷日持久的政治争端使得骚乱、抗议、纵火、毁坏、流血事件和暴力恐怖事件不断涌现。

（二）事件经过

6 月 26 日晚，一家税务办公室、一处政府电话办公室和数处执政党分支办公地遭纵火。

6 月 27 日下午，该国科学刑事和犯罪调查局警员奥斯卡 · 佩雷斯劫持一架警用直升机，直升机首先飞到内政部所在地，向大楼射击了约 15 发子弹，之后飞至最高法院，向法官、工作人员办公室及周边国民警卫队射击并投掷了至少 4 枚手榴弹，袭击未造成人员伤亡。①

7 月 5 日，委内瑞拉加拉加斯，亲政府的民兵组织手持棍棒冲入国民议会大楼，并将大楼包围，阻止工作人员离开，在委内瑞拉独立日举行的议会特别会议上攻击了反对派议员，造成 4 名议员受伤。②

8 月 6 日凌晨，委内瑞拉北部卡拉沃沃州瓦伦西亚市一处军营遭到袭击，造成 2 名袭击者死亡、1 人重伤。③

（三）事件影响

委内瑞拉危机持续的过程中，美洲地区许多国家间组织都对委内瑞拉的政治、社会、经济状况表达了关切。特朗普当局表示，美国将对委内瑞

---

① 参见《最高法院遭恐袭？委内瑞拉总统誓言缉凶》，新华社，2017 年 6 月 29 日，http：//www. xinhuanet. com/。

② 参见《委内瑞拉议会遭多人攻击：数百人被困 4 名议员受伤》，澎湃新闻网，2017 年 7 月 6 日，http：//www. ThePaper. cn/。

③ 参见《委内瑞拉一军营遭袭 2 人死亡》，新华网，2017 年 8 月 7 日，http：//www. xinhua-net. com/。

拉采取新的、目标明确的制裁措施。持续的政治危机，不仅对委国内政治、经济、安全环境造成严重伤害，而且给怀有异心的国家和组织以可乘之机，委内瑞拉国家安全令人堪忧，南美洲地区安全局势将更加恶化。

二、巴西发生监狱暴乱

1 月 6 日，巴西罗赖马州发生一起监狱暴乱事件，造成至少 33 名囚犯死亡。据称，这起事件或与贩毒团伙有关。①

（一）事件背景

走私贩毒和团伙犯罪是威胁南美洲地区安全的一大隐患，大毒枭和其犯罪集团的触角涉及社会的方方面面，不同的利益集团时常发生冲突，甚至不惜与政府相抗衡，各种暴力冲突成了家常便饭。

（二）事件经过

1 月 6 日早间，一间位于巴西罗赖马州的监狱发生暴乱，造成至少 33 名囚犯死亡。根据相关报道显示，此次暴乱与圣保罗地区的一个贩毒团伙有关。目前尚不清楚有关事件的具体情况，但在 2016 年 10 月，这间监狱就曾发生贩毒团伙冲突，造成 10 人死亡。

（三）事件影响

接连发生的监狱暴乱事件，充分显现出南美洲地区愈演愈烈的贩毒活动，将会使犯罪集团利益冲突不断，涉毒恐怖活动接连发生，严重影响着该地区的安全形势。

三、哥伦比亚首都一家购物中心发生爆炸

6 月 17 日，哥伦比亚首都波哥大一个繁忙的购物中心发生强烈爆炸，

---

① 参见《巴西监狱暴乱至少 33 人死 事件或与贩毒团伙有关》，中国新闻网，2017 年 1 月 6 日，http：//www. chinanews. com/。

导致至少 3 名女性死亡，多人受伤。[①]

（一）事件背景

此前，哥伦比亚发生多起爆炸事件。2 月 19 日，其首都一处斗牛场附近发生爆炸，造成至少 31 受伤，伤者中大部分是警察；4 月 16 日，考卡山谷省圣佩德罗市的一个夜总会遭手榴弹袭击，造成至少 36 人受伤，有 2 名重伤者被送入重症监护室接受治疗。由此，造成了连锁反应和后继者的不断效仿。

（二）事件经过

6 月 17 日，哥伦比亚首都波哥大北部的安迪诺购物中心二层的女性洗手间发生强烈爆炸，导致至少 3 名女性死亡，多人受伤。爆炸威力巨大，现场大量浓烟涌出。波哥大市长佩纳洛萨在社交网站上表示，此次事件为“懦弱的恐怖主义爆炸事件”。

（三）事件影响

这家购物中心位于波哥大旅游区中心，是一家高档购物中心。此次爆炸袭击，明显有针对女性这一弱势群体的倾向，对地区稳定和哥伦比亚经济危机来说，无疑将是雪上加霜。

四、其他恐怖袭击事件

2 月 10 日，由于当地警察持续罢工，巴西圣埃斯皮里图州 6 天来的暴力事件导致 100 多人死亡。

2 月 19 日，哥伦比亚首都一处斗牛场附近发生爆炸，造成至少 31 受伤，伤者中大部分是警察。

4 月 16 日，哥伦比亚考卡山谷省圣佩德罗市的一个夜总会遭手榴弹袭击，造成至少 36 人受伤，有 2 名重伤者被送入重症监护室接受治疗。

---

① 参见《哥伦比亚首都一家购物中心发生爆炸 已致 3 人死亡》，中国新闻网，2017 年 6 月 18 日，http：//www. chinanews. com/。

第三节 南美洲地区主要反恐怖军事行动

在反恐军事行动方面，南美洲各国十分重视依法反恐，严厉打击涉恐犯罪。同时，面对政治危机和经济危机等多重社会困境，保持军警系统稳定运行，坚决平息军营袭击，积极寻求联合国帮助，推进“哥武”解除武装进程，竭力维护地区安全稳定。

一、巴西对试图袭击里约奥运会的嫌犯进行宣判

5 月 4 日，巴西对 8 名曾试图袭击 2016 年里约奥运会的嫌疑犯进行了宣判，他们还被认定在互联网上宣传“伊斯兰国”恐怖组织。①

（一）行动背景

奥运会期间，巴西共逮捕了 15 人，其中 7 人随后被无罪释放。奥运会开幕前两周，FBI 就通知了巴西当局。巴西当局随后调查发现，这些人的确在试图购买武器，并在网上分享制作炸弹的视频。这 8 人不是“伊斯兰国”成员，但是他们试图与该组织取得联系。

（二）行动概况

5 月 4 日，巴西对 8 名曾试图袭击 2016 年里约奥运会的嫌疑犯进行了宣判，他们还被认定在互联网上宣传“伊斯兰国”恐怖组织。其中，主谋雷奥尼（Leonid El Kadre de Melo）被判 15 年，目前正绝食抗议。其余从犯被判 5 到 6 年不等，所有人均表示他们将上诉。不论他们上诉后的结果如何，在证据确凿的情况下，他们被判入狱是必然的。

（三）行动评析

在 FBI 提供情报的支持下，巴西当局逮捕并依法宣判袭击嫌犯，一方

① 参见《曾试图袭击 2016 年里约奥运会 8 名巴西人被判入狱》，国际在线，2017 年 5 月 5 日，http：//www. cri. cn/。

面是，在一定程度上，减轻了奥运会期间巴西警方的反恐工作压力。但更重要的是，体现了政府严厉打击涉恐犯罪的决心，维护了法律尊严，极大地震慑了域内恐怖分子，为地区社会的和平稳定添砖加瓦。

二、委内瑞拉军队坚决平息军营袭击

8 月 6 日凌晨，20 名身着军装的持枪者袭击委内瑞拉卡拉沃沃洲巴伦西亚市一座军营，被军队士兵坚决平息，击毙 2 人、逮捕 8 人。①

（一）行动背景

反对党联盟 2015 年底赢得委内瑞拉议会控制权后，该国“府院之争”日趋激烈。今年 4 月以来，政府与反对派之间的冲突愈演愈烈，委国内爆发持续大规模反政府示威活动，已有 120 余人死于示威中的暴力事件。反对派此前多次鼓动军方“倒戈”，放弃支持政府。

（二）行动概况

8 月 6 日凌晨，在位于委东北部城市巴伦西亚，距离首都加拉加斯大约 150 公里的帕拉马凯堡军营，20 名身着军装的持枪袭击者进入军营，抵达武器库。士兵随即与袭击者发生交火，冲突持续约 3 小时。最终，两名袭击者被击毙，8 人被捕。另外 10 名袭击者逃走，其中一些人夺走了军营里的武器。

（三）行动评析

这是一起“准军事化”性质的“恐怖袭击”，袭击者系“身着军装的平民违法分子”和一名此前擅离职守的中尉。袭击发生后，一些人在巴伦西亚市用燃烧物封堵道路，“以示对袭击的支持”。警察随后驱散了他们。军队启动了防御计划，作出部署以维护内部安全，其他军队的情绪并未受到影响。虽然这次军营袭击，以士兵的迅即反应和坚决打击而平息下来，但是由此可见军营的防袭击措施存在很大的漏洞，在旷日持久的政治争端

---

①　参见《委内瑞拉军队士兵平息军营袭击 击毙两人》，新华社，2017 年 8 月 8 日，http：//www. xinhuanet. com/。

中，军营更要在做好自身防护的基础上，加强练兵备战，做好随时出击的准备。

三、其他反恐怖军事行动

2 月 7 日下午，在厄瓜多尔首都基多，哥伦比亚政府与哥第二大反政府武装“哥伦比亚民族解放军”举行和平对话启动仪式，正式启动旨在结束双方长达半个世纪武装冲突的谈判。双方将从 8 日开始举行闭门谈判，讨论受害者赔偿、停火等内容。预计首轮谈判将持续 45 天。

8 月 16 日，哥伦比亚总统胡安·曼努埃尔·桑托斯在瓜希拉省朋多尔斯（Pondores）亲自关上了“哥武”的最后一个武器集装箱，宣布政府与“哥伦比亚革命武装力量”之间的战争结束。联合国监督了停火以及“哥武”解除武装过程。

9 月 22 日，哥伦比亚波哥大，在哥伦比亚总统桑托斯和联合国驻哥伦比亚特派团主席的共同见证下，此前“哥武”上缴的 8994 件武器被采用切割破坏法破毁，下一步将被浇筑成三座和平纪念碑。

2017 年南美洲地区遭受恐怖袭击次数及伤亡人数

时间		1月	2月	3月	4月	5月	6月	7月	8月	9月	10月	11月	12月	合计
巴西	袭击次数	2	1											3
	伤亡人数	33	100											133
哥伦比亚	袭击次数		1		1		1							3
	伤亡人数		31		36		3							70

续表

时　间		1 月	2 月	3 月	4 月	5 月	6 月	7 月	8 月	9 月	10 月	11 月	12 月	合计
委内瑞拉	袭击次数						1	1	1					3
	伤亡人数						0	4	3					7
全年，南美洲地区功遭受恐怖袭击 9 次，伤亡 211 人。														

第二十章／2017年大洋洲地区反恐怖军事行动*

第一节　大洋洲地区反恐怖军事行动综述

2017 年，大洋洲地区面临的恐怖形势较为严峻，随着国际恐怖主义思想在该地区蔓延，本土性恐怖活动从未间断，涉恐人员呈现低龄化，施恐手段呈现高技术化，施恐对象选择追求高效益。对此，大洋洲地区国家陆续出台防范措施，从法律法规、基础设施建设、特殊性规章等方面积极强化反恐的政策法规保障。持续加强国际合作反恐，注重跟踪研判国内外恐怖形势，及时发布防恐预警，严查涉恐阴谋，有效减少了涉恐案件的发生，维持了地区社会的安全稳定。

一、大洋洲地区面临的恐怖形势

受国际恐怖主义的影响，大洋洲地区面临的恐怖形势不容乐观。国际犯罪组织将目标瞄准澳洲反恐警察，企图通过黑客入侵电脑系统盗取信息，极端恐怖思想持续扩散，地区内涉恐活动不断。

---

* 大洋洲位于太平洋西南部和南部的赤道南北广大海域中，在亚洲和南极洲之间，西邻印度洋，东临太平洋，并与南北美洲遥遥相对。大洋洲有 14 个独立国家，其余十几个地区尚在美、英、法等国的管辖之下；在地理上划分为澳大利亚、新西兰、新几内亚、美拉尼西亚、密克罗尼西亚和波利尼西亚六区。14 个独立国家为：澳大利亚联邦、巴布亚新几内亚独立国、斐济群岛共和国、基里巴斯共和国、马绍尔群岛共和国、密克罗尼西亚联邦、瑙鲁共和国、帕劳共和国、萨摩亚独立国、所罗门群岛、汤加王国、图瓦卢、瓦努阿图共和国、新西兰。

（一）系列暴力袭击事件，引起澳方高层关注

随着国际恐怖主义思想的世界性蔓延扩散，受极端思想影响的青少年越来越多，且实施恐怖活动的决心坚决、意志坚定、手段直接。在澳大利亚新南威尔士州和首都堪培拉交界的昆比恩地区，4 月 6 日晚至 7 日凌晨发生系列暴力袭击事件，造成 1 人死亡，3 人受伤。两名年龄分别为 15 岁和 16 岁的男子先是在昆比恩的一个加油站刺死了一名加油站工作人员，随后他们私闯民宅，用利器袭击了另一名男子，在公园内用啤酒瓶袭击了第三名男子，最后又用刀刺伤了第四名男子。根据警方收集到的资料显示，两名犯罪嫌疑人中的 16 岁男子可能与恐怖主义有关。澳大利亚总理特恩布尔认为，这起系列暴力事件值得引起大家“足够的关注”，并要求联合反恐小组参与对此案的调查。

（二）敏感场所屡现涉恐事件，地区安全受到极大影响

公寓、学校、公交车站、繁华的十字路口，既是人员密集场所，又是学生、无辜群众等弱势群体聚集地，在追求恐怖效果和事件影响最大化的恐怖组织看来，这都是他们实施恐怖活动的理想选择。6 月 5 日下午 4 时左右，墨尔本一处酒店式公寓发生劫持人质事件，警方在 2 小时的交火中将劫持者击毙。事件造成 2 人死亡，3 名警察受伤。另有一名在酒店式公寓工作的华人被枪杀。极端组织“伊斯兰国”宣称对此事负责。恐怖分子的身份为索马里来澳难民，他在制造劫持案时仍处于假释期。8 月 3 日，澳大利亚墨尔本斯高丘澳本学院遭到炸弹威胁，一度紧急疏散学院师生，由警方进行安全排查。10 月下旬，两名中国高中生在堪培拉 Woden 公交车换乘车站等车时，被至少两名陌生青少年要求他们给烟抽，但是被拒绝了，随后便遭到殴打。12 月 21 日下午 4 点多，澳大利亚墨尔本一个繁忙的十字路口发生汽车冲撞行人事故，造成至少 19 人受伤。澳警方称事故系“故意行为”。

二、大洋洲地区的反恐军事对策

大洋洲地区国家一直有比较好的地区安全合作基础，在加强和改善域内恐怖形势方面发挥了极其重要的作用。同时，该地区国家还积极扩大

"朋友圈"，不断强化反恐的世界合作。此外，在法律法规、基础设施建设、特殊性规章等方面，大洋洲地区各国积极强化反恐的政策法规保障，切实打牢反恐的法规基础，加大军事打击力度。

（一）域内强化情报先行，主动反恐显成效

反恐行动最理想的状态就是发现涉恐于无形、打击涉恐于无声。2017年，大洋洲地区各国积极发挥商业评估、军方反馈等作用，强化反恐情报工作，细致研判涉恐信息，多方联合共同打击地区内的恐怖活动。4月6日，澳大利亚政府表示，有情报显示土耳其的加里波利可能在4月25日，也就是"澳新军团日"当天遭受恐怖袭击，同时提醒计划前往土耳其参加纪念活动的国人注意安全。此外，针对25日举办的数千人参加的黎明悼念仪式活动，悉尼警方也采取额外的预防措施。因为近日时常有机动车沿着行人专用道驶向悉尼歌剧院方向，也使人不得不担心悉尼歌剧院是否存在安全漏洞。在警方的主动反恐行动中，先后挫败数十起恐怖袭击阴谋，取得显著成效。2月28日，澳大利亚一名男子因涉恐犯罪在新南威尔士州杨格市被联邦警察逮捕。6月15日上午，澳大利亚新南威尔士州警方联合反恐小组在悉尼国际机场逮捕一名22岁中东裔男性居民，警方怀疑该男子欲赴叙利亚加入"伊斯兰国"极端组织。7月29日下午，澳警方突击搜查了悉尼周边4个社区，并逮捕4名嫌疑人，挫败策划炸毁航班的恐怖袭击阴谋。11月27日，澳大利亚维多利亚州警方在墨尔本市近郊，突击逮捕了嫌犯索马里裔男子阿里（Ali Khalif Shire Ali）。该男子企图跨年夜当晚在墨尔本市中心实施大规模枪击袭击，不过他在被捕前还未能获得枪支。11月29日，两名年龄分别为16岁和18岁的男子企图利用枪械和炸药袭击一所学校，遭澳大利亚执法单位控告。若非阴谋败露，可能造成重大伤亡。4月27日，维州、新州以及南澳三地警方展开联合行动，逮捕了一名17岁的维州少年，此人可能与数十所学校炸弹威胁事件有关。

（二）加强国际合作，参与军事打击恐怖主义行动

面对恐怖主义这一国际社会毒瘤，大洋洲地区各国凭借良好的地区安全合作基础，不断加强国际反恐合作，在国际事务中彰显团结的战斗力。1月29日，澳大利亚总理特恩布尔与美国总统特朗普进行了电话会议，讨论了边境安全的重要性，以及非法移民、非常规移民对安全的威胁，并意

识到应加强对跨境移民的把控。此后，澳政府表示有决心与美方共同打击“伊斯兰国”恐怖组织。4 月 23、24 日，澳总理分别对伊拉克和阿富汗进行低调访问，传达了共同打击恐怖主义的决心。10 月 24 日，有报道称澳大利亚政府将派遣约 80 名军事人员到菲律宾，帮助该国武装部队打击与“伊斯兰国”有关的武装分子。6 月 14 日报道显示，在澳大利亚的支持下，反“伊斯兰国”的联盟军已断绝恐怖分子的油气来源，并成功将 25 万名儿童送回伊拉克和叙利亚的学校。6 月 22 日，澳大利亚国防部宣布恢复刚刚暂停 2 天的对叙利亚空袭行动。6 月 23 日，澳大利亚政府表示，将派出侦察机到菲律宾南部执行任务，协助对抗在当地作乱的伊斯兰武装分子。4 月 21 日，中澳首次高级别安全对话在悉尼举行。双方就两国领导人确认的反恐、打击网络犯罪、打击跨国犯罪、司法和法律事务以及其他与安全相关的重要议题进行了讨论。在打击恐怖主义方面，双方一致认为，在相互尊重的基础上开展反恐怖合作符合双方共同利益。6 月 5 日，澳美部长级会谈在悉尼拉开帷幕。恐怖主义、朝鲜核武器项目日益增加的威胁等问题成为当天会议的主要话题。美国防长马蒂斯表示，希望两国同盟关系能继续巩固，共同消灭恐怖分子。

（三）完善政策法规，挫败恐怖活动阴谋

一系列完备有效、可执行的政策法规，是反恐行动的可靠保障。一年来，大洋洲地区国家在这一方面开展了紧锣密鼓的工作，不断将恐怖活动阴谋挫败在萌芽状态。6 月 8 日，澳大利亚新南威尔士州拟出台反恐新规，警察可以在“与恐怖分子相关”的事件中击毙嫌疑人，即使袭击者未构成紧迫的威胁。7 月 17 日，澳大利亚总理特恩布尔和国防部长佩恩宣布了澳国家安全法律改革新内容，将简化用军事部署应对恐袭事件程序，使部队在反恐行动中将发挥更大作用。另外，针对假释制度、双国籍极端分子、非法持有的枪支、网络恐怖主义、暴力集会、未成年人涉恐等颁布实施的法规政策也在年内陆续出台。10 月 4 日，澳大利亚维多利亚州警察厅长莉萨·内维尔宣布，该州将投资 3160 万澳元（1 澳元约合 5.23 元人民币），设立“狂热分子威胁评估中心”，以防范“独狼式”恐怖袭击事件。7 月 18 日，澳大利亚总理特恩布尔宣布，澳大利亚安全情报组织、联邦警局及边境保护处等安全机构在维持法令独立性的前提下，全部并入由都顿领导的新内政部，集中安全力量打击犯罪及恐怖主义。

（四）加强基础设施建设，辅助打击恐怖主义

在防范和打击涉恐犯罪上，单纯依靠军方或警方的强力打击还远远不够，必要性基础设施的建设，将为军方打击恐怖主义的行动发挥必不可少的作用。为此，6 月 11 日，澳大利亚新南威尔士州政府宣布，计划投资 4700 万澳元升级改造 Supermax 高度戒备监狱，项目包括建设澳大利亚首个专门关押恐怖分子的监狱。特别配置隔音、监听及监控设备，以便监察访客，同时防止极端主义囚犯煽动影响其他囚犯。6 月 10 日上午开始，在墨尔本 CBD 一些行人较为密集的区域将会陆续部署上极重的水泥墩，用以防止汽车冲撞行人类似恐怖袭击案件再次上演。额外安装 30 个监控摄像头，并部署警报系统。同时，在电车轨道沿线还将部署电子护桩，防止 Bourke 街车辆冲撞行人类似事件再次发生。为了保护紧急情况下的维州人，12 月 28 日，澳大利亚墨尔本安装了新警报扬声器，并于当日进行了首次测试。这套警报系统采用了最新的方法，以便在发生恐袭时，可以警告人们进行转移等行动。此外，另外 30 处警报扬声器将于 2018 年底安装完毕。

第二节　大洋洲地区主要恐怖袭击事件

随着国际恐怖主义思想在大洋洲地区蔓延，本土性恐怖活动从未间断，而且涉恐人员逐步呈现低龄化、施恐手段呈现高技术化等特点日渐显现。另外，在施恐时间、地点和对象选择上更加追求高效益。

一、澳大利亚发生系列暴力袭击事件

4 月 6 日晚至 7 日凌晨，在澳大利亚新南威尔士州和首都堪培拉交界的昆比恩地区发生系列暴力袭击事件，造成 1 人死亡、3 人受伤。[①]

---

① 参见《澳大利亚发生暴力袭击事件致 1 死 3 伤》，新华社，2017 年 4 月 8 日，http：// www. xinhua. org/。

（一）事件背景

在国际恐怖主义影响下，受极端思想毒害的青少年越来越多。这些青少年在实施恐怖活动时，往往行动决心更加坚决、意志更加坚定、手段更加直接、社会影响更加深刻。“伊斯兰国”在人员招募时，也更加注重把选择对象往20岁左右的青年人集中，以便于其更好地实现施恐目的。

（二）事件经过

4月6日晚至7日凌晨，两名年龄分别为15岁和16岁的男子，先是在澳大利亚昆比恩的一个加油站刺死了一名工作人员，随后他们私闯民宅，用利器袭击了另一名男子，在公园内用啤酒瓶袭击了第三名男子，最后又用刀刺伤了第四名男子。案发后，警方立即对行凶者展开追捕，于7日早晨将两名犯罪嫌疑人逮捕。警方收集到的资料显示，两名犯罪嫌疑人中的16岁男子可能与恐怖主义有关。

（三）事件影响

涉恐人员的低龄化再次引起人们的警醒。极端主义和激进思想已经多次在非常年轻的青少年身上出现，但是人们无法知道涉恐嫌疑人的年龄底线到底是多少，这在给警方反恐增加工作难度的同时，更使得民众对恐怖事件的恐慌感急剧增加。

二、墨尔本一处酒店式公寓发生劫持人质事件

6月5日下午4时左右，墨尔本一处酒店式公寓发生劫持人质事件，警方在2小时的交火中将劫持者击毙。事件造成2人死亡，3名警察受伤。[①]

（一）事件背景

正像澳大利亚总理特恩布尔在讲话中提到的那样，伊斯兰威胁及受

---

① 参见《澳大利亚人质劫持案致2死3伤“伊斯兰国”宣布负责》，中国新闻网，2017年6月6日，http：//www. chinanews. com/。

“伊斯兰国”启发的恐怖主义活动正在澳大利亚崛起。就实施这次劫持人质事件的恐怖分子来看，这名 29 岁的恐怖分子曾有着长期的吸毒、枪支犯罪及极端暴力历史。在其还是一个孩子的时候，与祖父母从家乡索马里逃出，在肯尼亚的难民营待过一段时间，最终来到澳大利亚定居。在其父母随后来到澳大利亚后，他拒绝了父母对自己“保守、传统、严厉”的抚养方式。2012 年，他开始疏远自己的家庭。在实施这次恐怖事件时，他还正在假释期内。

（二）事件经过

6 月 5 日下午 4 时左右，一名身份为索马里来澳难民的持枪男子，在澳大利亚墨尔本一处酒店式公寓劫持了一名女性。下午 4 时 30 分许，这处公寓附近据称发生了爆炸。联邦警察随后赶到，发现一名男子已被凶手击毙。就在不到下午 6 时，警力资源已被全部部署在该处公寓附近，这名 29 岁的难民射杀了酒店里一名无辜的澳籍华人职员，欲做为引诱警方进入这处酒店式公寓的圈套。下午 6 时左右，恐怖分子卡尔出现在公寓大厅，开始向身着防弹衣、正在等待行动的战术指挥官开枪，3 名警察被子弹碎片擦伤，其中一名警察伤到脖子。而在被围攻 2 小时后，卡尔在一次激烈交火中被击毙。另有 3 名男性警察被该名男子射伤，其中 2 名被送至医院救治，另有 1 名在事发现场接受治疗。

（三）事件影响

事件发生后，“伊斯兰国”宣称对发生在墨尔本造成劫持者及无辜男子死亡的袭击事件负责。澳大利亚总理特恩布尔在讲话中指出，显而易见地是，我们在澳洲、区域内部及世界各地都面临着日益增多的伊斯兰恐怖主义威胁。他还将敦促各州州长增强反恐举措并改革保释法律，重申设立（与恐怖主义仍有关联的）罪犯在刑期结束后继续被关押制度的重要性。经过这次恐袭事件，维州的假释制度将受到仔细审查。

三、两名中国高中生在堪培拉一公交车站遭到殴打

10 月下旬，两名中国高中生在堪培拉 Woden 公交车换乘车站等车时，

遭到无端殴打。①

（一）事件背景

10 月下旬以来，堪培拉南部发生多起袭击中国学生的事件，并引起警方关注。其中有一起是被（袭击者）追逐，被迫躲进了一家中国餐馆，而那些袭击者则守在餐馆外面。在另外一起事件中，一名（中国）学生也被人追逐，最后她跌倒并导致膝盖出现瘀伤。

（二）事件经过

事发当日两名中国高中生在堪培拉 Woden 公交车换乘车站等车，这时至少两名陌生青少年走近了他们。陌生男子要求他们给烟抽，但是被拒绝了，随后便对他们进行了殴打。其中一名中国高中生的脸上依然有割伤和瘀伤，另外一名高中生的伤势则尚未可知。事件发生后，堪培拉警方已经在公交换乘站车站附近，增派了巡逻警力。

（三）事件影响

一些中国学生表示，他们受到了“惊吓”，这些被描述为中国学生遇袭的照片，通过社交媒体在当地中国社区已广泛流传。多名学生匿名表示，中国学生正在遭受恐吓。一名学生表示，天黑了他们都不敢出门。

四、澳大利亚墨尔本发生汽车冲撞行人恐袭事件

12 月 21 日下午 4 点多，澳大利亚墨尔本一个繁忙的十字路口发生汽车冲撞行人事故，造成至少 19 人受伤。②

（一）事件背景

随着圣诞节来临，澳大利亚正在进入袭击风险最高的季节。不论是有

---

① 参见《堪培拉频发中国学生遇袭事件 警方已增派巡逻警力》，中国新闻网，2017 年 10 月 27 日，http：//www. chinanews. com/。

② 参见《澳大利亚汽车撞人事故致 19 伤 警方：系“故意行为”》，中新网，2017 年 12 月 21 日，http：//www. chinanews. com/。

预谋的恐怖活动，还是偶发性的独立恐怖事件，都将有可能在这一重大节日出现，增加地区的安全负担。

（二）事件经过

12 月 21 日下午 4 点多，在澳大利亚墨尔本一个繁忙的十字路口，一名 32 岁的阿富汗裔男子驾驶一辆白色 SUV 冲向站台等车的人。事件造成至少 19 人受伤，包括一名学龄期儿童。其中，4 人重伤，15 人伤势稳定。受伤者中包括肇事司机和制服司机的警察。事发时周围民众较多，大家四散奔逃，场面一度十分混乱

（三）事件影响

事件发生在墨尔本市中心最繁忙的地区，又正值圣诞节前夕，对圣诞活动造成一定影响。21 日晚，墨尔本市区和达克兰区的圣诞活动被迫取消。

五、其他恐怖事件

1 月 29 日，据《每日电讯报》报道，国际犯罪组织最近瞄准澳洲反恐警察，通过黑客入侵电脑系统盗取信息，自用或售予恐怖分子，试图通过了解警方策略——包括反应次数、行动以及调查等——来对抗监控。联邦与州警方最近数月内数次遭到黑客攻击，源头来自嫌疑犯罪组织甚至外国政府。

8 月 3 日下午，澳大利亚墨尔本斯高丘澳本学院接到一个匿名电话，警告该学院受炸弹威胁。

第三节　大洋洲地区主要反恐怖军事行动

面对错综复杂的国际恐怖形势，大洋洲地区国家综合施策、主动出击、高效反恐。各国持续加强国际合作反恐，突出反恐情报研究，注重跟踪研判国内外恐怖形势，及时发布防恐预警；多方合作，严查涉恐阴谋，

及时打击涉恐犯罪；陆续出台各项针对性政策法规，有效推进反恐的法制性保障，有效打击了各种涉恐案件阴谋，较好地维持了该地区社会的总体安全。

一、澳大利亚联合反恐小组逮捕一名疑赴中东参加极端组织的男子

6 月 15 日上午，澳大利亚新南威尔士州联合反恐小组在悉尼国际机场逮捕一名 22 岁中东裔男性居民，警方怀疑该男子欲赴叙利亚加入“伊斯兰国”极端组织。①

（一）行动背景

自 2011 年叙利亚内战爆发以来，已有超过 200 名澳公民出境，前往叙利亚并加入极端组织。2014 年 12 月，澳联邦政府修改法律，规定无合理原因前往包括叙利亚拉卡市在内的战区为严重犯罪行为。当前澳警方已拦截多名澳居民出境前往中东参战。

（二）行动概况

澳大利亚警方于 2017 年 1 月开始调查这名男子，发现其通过网络与海外人员勾结，思想逐渐激化。6 月 15 日上午，该男子单独行动，乘车前往悉尼国际机场，计划购买飞往黎巴嫩或土耳其的机票，然后再辗转进入叙利亚参加极端组织。当天上午，澳大利亚新南威尔士州联合反恐小组紧急出动，在悉尼国际机场将其逮捕。

（三）行动评析

近几年，数百名澳大利亚居民出境前往中东加入极端组织并参战。针对这一情况，澳警方加大相关情报搜集和分析研判，加强对疑似涉恐人员排查，主动逮捕类似涉恐人员，有效打击了国际恐怖主义的嚣张气焰，遏制恐怖主义的扩散，为维护地区和平安全树立了良好的风向标。

---

① 参见《澳一男子疑赴中东参加极端组织在悉尼被捕》，新华社，2017 年 6 月 16 日，http://www.xinhua.org/。

二、澳大利亚皇家空军恢复对叙利亚的空袭行动

6月22日，澳大利亚国防部宣布，澳皇家空军决定恢复对叙利亚的空袭行动。①

（一）行动背景

自2011年叙利亚国内冲突爆发以来，澳大利亚作为美国主导的打击极端组织“伊斯兰国”多国军事联盟的成员，多次参与实战行动。澳大利亚皇家空军于今年4月开始参与对叙利亚空袭行动。当前，共有六架澳大利亚皇家空军飞机在叙利亚和伊拉克执行空袭行动。6月18日，美军战机在叙境内击落一架叙政府军战机并致飞行员失踪，这是叙利亚国内冲突2011年爆发以来美军首次击落叙利亚战机。随后俄外交部警告，任何出现在幼发拉底河西部空中的飞机将会被俄地空导弹视为空中打击目标。

（二）行动概况

6月20日，澳大利亚国防部发表声明，为了应对一系列潜在威胁，有必要定期对国防军部队进行保护审查。澳国防军将继续密切监测叙利亚空中局势，并将在适当时候恢复对叙空袭。尽管澳将暂停对叙空袭，但对伊拉克的空袭行动仍将继续。6月22日，澳大利亚国防部再次发表声明说，在美国领导的多国军事联盟对飞行进行风险评估后，澳方决定恢复对叙利亚的空袭行动。

（三）行动评析

澳大利亚皇家空军此前宣布暂停对叙利亚的空袭行动，可能与近日俄罗斯外交部的警告有关。而仅仅时隔两天就再次宣布恢复对叙利亚的空袭行动。排除政治方面的因素，就地区反恐行动而言，这样的行动彰显了澳政府对打击极端组织“伊斯兰国”的坚定决心，对大洋洲地区的恐怖组织和涉恐活动起到一定的震慑作用。

---

① 参见《澳大利亚国防部宣布恢复对叙利亚空袭行动》，新华社，2017年6月22日，http：//www. xinhua. org/。

三、澳大利亚派侦察机协助菲律宾对抗伊斯兰武装分子

6 月 23 日，澳大利亚政府表示，澳大利亚侦察机将开始在菲律宾南部执行任务，协助对抗在当地作乱的伊斯兰武装分子。[①]

（一）行动背景

5 月 23 日，菲律宾南部的马拉维市遭“马巫地”及“阿布沙耶夫”武装分子进攻并占领了大部分地区。菲律宾总统杜特尔特随即宣布棉兰老岛全岛戒严，军方也立即展开围剿行动。战事进至第五周，即已造成约 350 人死亡，包括 257 名武装分子、62 名士兵与 26 名平民。

（二）行动概况

6 月 23 日，澳大利亚派了两架 AP－3C 猎户座侦察机前往菲律宾，为菲军方提供支援。将在菲律宾南部执行任务，协助对抗在当地作乱的伊斯兰武装分子。

（三）行动评析

面对伊斯兰武装分子的主动攻击，作为大洋洲的地区大国，澳大利亚选择对域外的菲律宾提供直接军事支援。首先，有利于加强对伊斯兰武装分子的打击力度，帮助菲军方有效打击恐怖分子；其次，有利于增进双方的军事互信，加深相互了解；再次，有利于威慑澳大利亚本国乃至大洋洲地区的涉恐组织，有效降低恐怖事件的发生概率。

四、澳大利亚挫败一起企图炸毁飞机阴谋

7 月 29 日下午，澳大利亚警方突击搜查了悉尼周边 4 个社区，并逮捕

---

① 参见《澳大利亚派侦察机到菲南部 对抗伊斯兰武装分子》，中国新闻网，2017 年 6 月 23 日，http：//www. chinanews. com/。

4 名嫌疑人，成功挫败一起企图炸毁飞机阴谋。①

（一）行动背景

事发前几天，安全部门根据有关情报获知，有恐怖分子正在策划一起利用简易爆炸装置炸毁航班的恐怖袭击阴谋。

（二）行动概况

7 月 29 日下午，澳大利亚联邦警察、新州警方和澳大利亚安全情报组织 29 日下午突击检查悉尼沙梨山、雷坎伯、威利公园和庞彻宝等 4 个社区，并逮捕 4 名嫌疑人。一架从悉尼飞往阿布扎比的阿提哈德航空班机曾是本次恐袭阴谋的袭击目标，这架飞机可承载多达 500 名乘客和机组人员。这 4 名男子本打算使用厨房绞肉机帮忙掩盖“简易的制造气体”装置。而这个装置本将被隐藏在绞肉机的中空底座内，并可能产生气体或被引爆。警方在被缴获的物品中发现了这些男子的旅行证件和手写便条，这证明他们已在准备订票事宜。

（三）行动评析

此次事件，暴露了澳大利亚国内航线的安检措施过于宽松。只要提前在网上办理好登机取得电子机票，不需要相关身份证件核实身份，即可通过安检去登机口候机。同时，允许顾客随身行李携带超过 100 毫升的液体，甚至整箱的红酒、打火机等也可以随身带上国内航班。此次突击逮捕行动，得益于情报准确及时、行动果断坚决、打击恐怖活动的同时，对处于反恐被动方的军警是一次极大的鼓舞。

五、澳大利亚警方挫败元旦前夕恐怖袭击阴谋

11 月 27 日，澳大利亚警方在墨尔本郊外展开行动，逮捕一名疑似企

---

① 参见《谋炸毁航班 澳大利亚警方反恐搜查逮捕 4 名嫌疑人》，新华网，2017 年 7 月 30 日，http：//www. xinhuanews. cn/。

图制造大规模袭击事件的男子。①

（一）行动背景

涉恐嫌犯索马里裔男子阿里在澳大利亚出生，父母来自索马里。他接触过教授如何实施恐怖行径以及如何使用枪支武器的“指导手册”，这些文件都是由“基地”组织阿拉伯半岛分支制作的。他还同情极端组织“伊斯兰国”。警方自 2017 年初就开始监控他，发现其行为越来越激进。联邦广场位于墨尔本心脏地带，对面是繁忙的弗林德斯大街火车站和圣保罗大教堂。此处是墨尔本人庆祝新年的主要场地，每年 12 月 31 日都人山人海。该广场不止一次成为恐怖袭击的优选目标。

（二）行动概况

警方在监控过程中发现，索马里裔男子阿里策划跨年夜当晚在墨尔本市中心实施大规模枪击袭击，企图在新年前夕动手，用自动步枪在联邦广场向人群扫射制造大规模伤亡。11 月 27 日，澳大利亚警方在墨尔本近郊一栋房子展开突击行动，一举将嫌犯阿里逮捕。

（三）行动评析

此次反恐行动的胜利，反映出澳大利亚警方对重点涉恐对象和敏感区域在反恐工作中所下的苦功和真功。警方对敏感区域高度关注，及时搜集梳理相关信息，分析研判涉恐形势，果断采取应对措施，全力防范恐怖分子对相关区域下手。同时，警方对涉恐重点对象更是以极大的耐心，开展细致缜密的工作，坚持长达 1 年之久的盯守监控，掌握大量的相关资料，分析其行为走向，关键时刻果断出手，极大地挫伤了“独狼式”恐怖分子实施恐怖活动的意志。

六、其他反恐怖军事行动

2 月 28 日，在新南威尔士州杨格市，联邦警察逮捕一名涉恐怖主义犯

① 参见《意图跨年夜发动大规模袭击 澳大利亚一男子被捕》，中国新闻网，2017 年 11 月 28 日，http：//www. chinanews. com/。

罪男子，对其住所进行了突击式检查。

4 月 15 日，澳大利亚制定了一系列与信息安全有关的法律、标准和指南，包括《广播服务法》《反垃圾邮件法》《互联网内容法规》《数字保护法》等，规定了各社会主体对网络安全承担的责任和义务。帮助有子女的家庭过滤互联网上的有害内容，积极开展网络安全教育，提高全民网络风险意识。

4 月 24 日，针对 25 日举办的数千人参加的黎明悼念仪式活动，悉尼警方采取额外的预防措施。除了增加巡逻的警察人数外，将关闭一些道路与码头的使用，从而限制车辆访问 CBD，以免发生“独狼恐袭事件”。

4 月 27 日，维州、新州以及南澳三地警方展开联合行动，逮捕了一名 17 岁的维州少年。此人可能与多所学校接到炸弹威胁，引发严重校园恐慌有关。

6 月 14 日，澳大利亚总理特恩布尔表示，在澳大利亚的支持下，反“伊斯兰国”的联盟军已断绝恐怖分子的油气来源，并成功将 25 万名儿童送回伊拉克和叙利亚的学校。

11 月 29 日，澳大利亚两名年龄分别为 16 岁和 18 岁的少年企图利用枪械和炸药袭击一所学校，阴谋败露被警方逮捕。澳大利亚执法单位在本月初发现这两名少年的袭击阴谋，企图对南澳水果产地阿德莱德东北部里弗兰地区的一所学校策划袭击。

2017 年大洋洲地区遭受恐怖袭击次数及伤亡人数

时　间		1 月	2 月	3 月	4 月	5 月	6 月	7 月	8 月	9 月	10 月	11 月	12 月	合计
澳大利亚	袭击次数				1		1				1		1	4
	伤亡人数				4		5				2		19	30
全年，大洋洲地区功遭受恐怖袭击 4 次，伤亡 30 人。														

后　记

《世界反恐怖军事行动年鉴（2017）》，是武警部队反恐怖研究中心所结的又一枚硕果，是编著者们坚持不懈、齐心协力、共同努力的辛勤成果。

王晓东，作为机关主要负责人，时刻关注着课题的研究进展情况，把关验收课题的初稿，送审呈报课题成果，并多方协调《年鉴》出版的有关事宜。王兴东，负责收集整理国际国内每天发生的恐怖事件，记录着不同国家与地区的主要反恐军事行动，分析研究世界全局和美国的反恐怖军事行动，撰写第一章和第二章内容，并完成后期的统稿、送审工作。宿庆武，负责分析研究俄罗斯的反恐怖军事行动，撰写第三章内容。张远水，负责分析研究中国的反恐怖军事行动，撰写第四章内容。余本伟、周华鹏、刘海涛，负责分析研究中东地区的反恐怖军事行动，撰写第五章内容。周红涛，负责分析研究欧洲地区的反恐怖军事行动，撰写第六章至第十章内容。吴忠超，负责分析研究亚洲地区的反恐怖军事行动，撰写第十一章至第十四章内容。刘猛，负责分析研究非洲地区的反恐怖军事行动，撰写第十五章至第十七章内容。王斌，负责分析研究北美洲、南美洲和大洋洲地区的反恐怖军事行动，撰写第十八章至二十章内容。赵轶佳，负责书稿的汇总、编排和初步校对工作。

此项研究成果，得到武警总部首长机关的关注与支持，得到学院首长的有力指导，得到有关专家的关心与厚爱，得到时事出版社认真负责地出版发行，在此表示衷心地感谢！同时，书中大量引用了互联网上的有关文字资料，是原作者的辛勤劳动，成就了此项研究成果，因此对原作者表示由衷地敬意！

作　者

2018 年 5 月 5 日